LA TRADUCCIÓN
PARA EL DOBLAJE
Y LA SUBTITULACIÓN

Miguel Duro (Coord.)

LA TRADUCCIÓN
PARA EL DOBLAJE
Y LA SUBTITULACIÓN

Rosa Agost • Ana Ballester Casado • Xosé Castro Roig
Frederic Chaume Varela • Jorge Díaz Cintas • Miguel Duro
Joan Fontcuberta • Anna Gilabert • Román Gubern • Natalia Izard
Fernanda Leboreiro • Iolanda Ledesma • Adela Martínez García
Roberto Mayoral Asensio • Francisco Pineda Castillo • Jesús Poza
Marcos Rodríguez Espinosa • Alberto Trifol
Patrick Zabalbeascoa • Juan Jesús Zaro

CATEDRA
Signo e imagen

Director de la colección: Jenaro Talens

Fotografía de cubierta: Fotograma de *Postales desde el filo,*
de Mike Nichols, 1990.
(Columbia Pictures, cortesía Kobal)

© Rosa Agost, Ana Ballester Casado, Xosé Castro Roig,
Frederic Chaume Varela, Jorge Díaz Cintas,
Miguel Duro Moreno, Joan Fontcuberta i Gel, Anna Gilabert,
Román Gubern, Natalia Izard Martínez, Fernanda Leboreiro Enríquez,
Iolanda Ledesma, Adela Martínez García,
Roberto Mayoral Asensio, Francisco Pineda Castillo,
Jesús Poza Yagüe, Marcos Rodríguez Espinosa, Alberto Trifol,
Patrick Zabalbeascoa Terran, Juan Jesús Zaro Vera
© Ediciones Cátedra (Grupo Anaya, S. A.), 2001
Juan Ignacio Luca de Tena, 15. 28027 Madrid
Depósito legal: M. 11.341-2001
I.S.B.N.: 84-376-1893-2
Printed in Spain
Impreso en Closas-Orcoyen, S. L.
Polígono Igarsa. Paracuellos de Jarama (Madrid)

A Juan Crespo Hidalgo, mentor y amigo.
A mi familia, cada vez más grande y cada vez
más feliz.

Nómina de colaboradores

Rosa Agost (Universitat Jaume I, Castellón).
Ana Ballester Casado (Universidad de Granada).
Xosé Castro Roig (traductor profesional, Madrid).
Frederic Chaume Varela (Universitat Jaume I, Castellón).
Jorge Díaz Cintas (University of Surrey Roehampton).
Miguel Duro Moreno (Universidad de Málaga).
Joan Fontcuberta i Gel (Universidad Autónoma de Barcelona).
Anna Gilabert, Iolanda Ledesma y Alberto Trifol (Q. T. Lever, S. A., Barcelona).
Román Gubern (Universidad Autónoma de Barcelona).
Natalia Izard Martínez (Universitat Pompeu Fabra, Barcelona).
Fernanda Leboreiro Enríquez y Jesús Poza Yagüe (Bandaparte, Tres Cantos, Madrid).
Adela Martínez García (Universidad de Málaga).
Roberto Mayoral Asensio (Universidad de Granada).
Francisco Pineda Castillo (Universidad de Málaga).
Marcos Rodríguez Espinosa (Universidad de Málaga).
Patrick Zabalbeascoa Terran (Universitat Pompeu Fabra, Barcelona).
Juan Jesús Zaro Vera (Universidad de Málaga).

Preámbulo

Siete veces siete habría que multiplicar el número de letras de esta obra colectiva para dar cuenta cumplida, sin hacer violencia de la justicia, del torrente de inquietudes y saberes brotado en torno a esa modalidad de la traducción —la audiovisual— que se presta sin pudicia a ponerse al servicio del cine y de la televisión (dos medios que, junto con Internet, están peleando hasta la última sangre por hacerse merecedores de la conciencia y del bolsillo de los cinco mil millones de personas que, comenzado el tercer milenio, pueden verlos y escucharlos) y que, especialmente en España, alienta un pujante sector económico integrado por profesionales de extraordinaria valía y esforzada entrega a su labor de cada día.

Pero los libros, como la paciencia de los pueblos sojuzgados y de los santos distintos a Job, tienen sus límites cabales, y éste, con su voluminoso corpachón de varios cientos de páginas, ya los ha desbordado. Otros vendrán de seguro —quizá algunos de los aquí presentes— a hacer copia de lo mucho que hay discurrido y falto de difusión en las empresas y universidades ubicadas en España y a transitar los cauces, territorios y materiales que aquí se han quedado sin explorar. En ellos será preciso confiar.

La presente monografía surgió, hace ahora aproximadamente tres años, de la súbita certidumbre de no dejar sin registro escrito lo mucho que se dijo y se escuchó durante el curso de especialización en traducción titulado *La traducción para el doblaje y la subtitulación* que se celebró en la Universidad de Málaga en febrero de 1998, así como de la necesidad de aportar al yermo predio bibliográfico hispanoparlante un ins-

11

trumento de consulta, debate y formación que tratase, desde esquinas diversas, las tan complejas como ricas relaciones existentes entre el cine y la televisión, por un lado, y la traducción, por otro. El modesto interés que pueda presentar se constriñe a que constituye el primer trabajo de su índole en lengua española, que abarca al mismo tiempo e indistintamente las dos manifestaciones más habituales de la traducción de imágenes y palabras entreveradas: el doblaje y la subtitulación. En razón de esta circunstancia de absoluta primicia, el público al que puede aspirar —la muchedumbre de alumnos de traducción y comunicación audiovisual que salen todos los años de los centros universitarios españoles e hispanoamericanos, los profesores e investigadores de estos mismos campos de conocimientos, los profesionales del sector audiovisual, los aspirantes a colocarse como actores de doblaje, los cinéfilos, los curiosos, etc.— es moderadamente extenso y alentadoramente cultivado.

Puesto que el tema examinado, tan fértil y tentacular, no admitía, en un primer envite, una mirada monolítica y cerrada, el enfoque que ha recibido en la obra es deliberadamente multidisciplinar: en él hablan los traductores, analizan los traductólogos, sacan conclusiones los lingüistas y comunicólogos, hacen memoria los historiadores del cine y opinan los directores de estudios de doblaje y subtitulación (no están todos los que son, podrá argüirse, pero al lector le debe quedar, al menos, el consuelo de saber que sí son todos los que están). La nómina completa de colaboradores está ligada adrede al ámbito universitario o profesional (español) de la traducción audiovisual —éste hace y vende la traducción, aquél la compra y la fija, el de más allá la enseña, el siguiente la calibra desde una perspectiva histórica o teórica, etc.— y se articula en torno a tres grandes secciones fácilmente discriminables.

La primera, resguardada bajo el epígrafe «Teoría», es la más nutrida y atiende a cuestiones de exploración de campos de estudio, traductología especulativa y aplicada, compensación de restricciones, infidelidad, análisis del discurso, cultura y depauperación lingüística... La abre Roberto Mayoral Asensio con un repaso tan documentado como exhaustivo de lo que se ha hecho y dicho y queda por hacer y decir en los campos de la investigación relativa a la traducción para el doblaje y de la subtitulación dentro y fuera de las estrictas fronteras nacionales de la Europa de fines del segundo milenio. Su capítulo está seguido por el de Juan Jesús Zaro Vera, quien, en un soberbio ejercicio reflexivo, sale al encuentro de conceptos traductológicos tan convergentes como divergentes en el plano de la traducción fílmica (normas, escopo, hábitus, *domestication / foreignization*, estatus y nivelación) y se pregunta, tras diseccionarlos, qué papel desempeñan, desde la perspectiva del doblaje y de la subtitulación, en la sociedad actual. Frederic Chaume Varela da muestra de su profundo dominio de la teoría y la práctica de la traducción audiovisual en su propuesta de análisis del texto audiovisual para la traducción desde el punto de vista de los mecanismos de cohesión, la cual intenta ir más allá de las realizadas hasta ahora desde posturas estrictamente lingüísticas y contemplar la interacción de los diferentes sistemas de significado y códigos en juego presentes en los textos audiovisuales. Román Gubern administra con inteligencia su insondable caudal de saberes para construir una admirable disquisición sobre las causas promotoras de las infidelidades que afectan al doblaje —ese «invento del fascismo mussoliniano»—, que él cifra en cuatro: la censura, la autocensura, las dificultades intrínsecas de la traducción y la ignorancia o la incompetencia. Jorge Díaz Cintas propone, en su brillante estudio, situar el análisis traductológico de las películas dobladas o subtituladas dentro del marco epistemológico de los *Translation Studies,* para lo cual sugiere permutar el concepto *literatura* —consustancial a este marco— por el de *corpus fílmico* y superar el cansino enfrentamiento entre los partidarios del enfoque lingüístico y los defensores del enfoque cultural. Marcos Rodríguez Espinosa, tras escrutar con extrema agudeza las prácticas venutianas de *domestication / foreignization* ejercidas en cuatro o cinco cintas dobladas o subtituladas (o ambas cosas) en español a partir del inglés, expresa su desaliento por la sustitución —mediante el traumático procedimiento del injerto— de los elementos de la cultura foránea por otros de la vernácula y advierte de la amenaza constante de colonización cultural que sufre España desde el poderoso baluarte audiovisual angloamericano. Francisco Pineda Castillo, en un deslumbrante trabajo ejecutado con paciencia benedictina, se ocupa de despiezar, escena a escena y por el método del análisis del discurso, las cuarenta y seis secuencias del guión de *The Great Gatsby* (1974) que presentan problemas de traducción en su versión doblada en español. Adela Martínez García echa una no por perspicaz menos inquisitiva mirada al entorno cultural de las películas cinematográficas, tantas veces recusado en las operaciones de traducción afectas al doblaje y la subtitulación, e ilustra su exposición con el examen de *El paciente inglés* (1997). Cierra la sección la contribución de Miguel Duro Moreno, que discurre sobre la alarmante penetración que el español traducido del inglés —¿o es el inglés barnizado de español?— que se escucha en las películas está teniendo en todos los estratos de la sociedad española, inclusive en los más cultos (la gente corriente ha empezado a decir, sin rebozo alguno, 'eres patético' o 'patética' —del inglés *you're*

13

pathetic— para referirse a alguien que antes, simplemente, daba lástima por lo ridículo de su pensamiento o comportamiento).

La segunda sección, titulada «Historia y géneros», está consagrada a la crónica desapasionada del devenir en el tiempo del doblaje y de la subtitulación, aunque no menos que al desglose y tratamiento de sus modalidades. La inaugura la espléndida colaboración de Natalia Izard Martínez, que se ocupa de inspeccionar ese período en el que el cine no hablaba (1895-1927), o bien profería sus primeros balbuceos (de 1927 a fines de los años treinta), y que concluye con la formulación de un hermoso *desideratum:* el de que España podría ser el primer país europeo donde el público tendría siempre la última palabra sobre cómo ver el cine (doblado o subtitulado). Ana Ballester Casado, basándose en las normas tourinianas y en el modelo de análisis de la traducción audiovisual desarrollado por Delabastita entre 1989 y 1990, compone un excelente retrato traductológico de los avatares históricos del doblaje en la España de la posguerra a partir del examen pormenorizado de los recursos de naturalización, eufemización y explicitación utilizados en el largometraje *Sangre y arena* (1948). En su magnífico trabajo, Rosa Agost Canós llama la atención sobre la importancia que tienen los géneros como mecanismos de orientación y organización de los materiales audiovisuales que pueden verse a diario en televisión (entre ellos, el cine), reflexiona con larguexa acerca de los factores —la tecnología, el dinero, la política, la función que haya de cumplir un producto o un servicio dados, el destinatario y la intertextualidad— que determinan que dichos materiales se doblen o no y ausculta felizmente los cuatro géneros de la traducción susceptibles de ser doblados (los dramáticos, los informativos, los publicitarios y los de entretenimiento). Patrick Zabalbeascoa, por fin, hace en su aportación una exposición magistral de sus bien sedimentados conocimientos en torno a la traducción del humor en los textos audiovisuales, buena muestra de los cuales es la originalísima taxonomía traductológica que efectúa de los chistes (para él, hay chistes internacionales, chistes culturales / institucionales, chistes nacionales, chistes lingüisticoformales, chistes no verbales, chistes paralingüísticos y chistes complejos): preocupado por los frecuentes errores producidos en la traducción de éstos al español, reclama en sus conclusiones «una mayor profesionalización y especialización dentro de la profesión» y que las soluciones que se ofrezcan se deriven «de tácticas encaminadas a conseguir un mismo efecto por medios diferentes».

La tercera y última sección, al frente de la cual figura el rótulo «Práctica», concita las colaboraciones encomendadas a los profesionales del sector. La inicia la de Xosé Castro Roig, quien, con la particular perspectiva del traductor fajado en mil películas, enumera con gran seguridad y minuciosidad qué requisitos son necesarios para convertirse en un solvente profesional de la traducción audiovisual; según él, son tres: ser consciente de la especificidad del material que se tiene entre las manos, tener «curiosidad por aprender» y dotarse de «una equilibrada combinación de lingüista, ortógrafo y cinéfilo»; desvela el arcano que pesa sobre la ignominiosa traducción del título de muchos de los largometrajes que se exhiben en las pantallas españolas, pequeñas o grandes; recorre despaciosamente el tortuoso itinerario seguido por las cintas dobladas y subtituladas desde que salen de las compañías distribuidoras hasta que regresan a ellas; y aprieta, en un pequeño pero enjundioso repertorio terminológico, las voces que con mayor frecuencia se emplean en el tráfago cotidiano del doblaje y la subtitulación. Joan Fontcuberta i Gel —que derrama en su capítulo tanta sabiduría pragmática como buena memoria— confiesa, con la seguridad que otorgan los muchos años de experiencia acumulados, algunas de sus más interesantes vivencias profesionales como traductor de guiones destinados al doblaje (vivencias que, según declara, lo fuerzan a descreer de que ahora se traduzca mejor que hace unas décadas: léanse con especial atención sus abominaciones de las versiones mocosuena que se realizan del inglés) y desgrana con pesar la diversa etiología de los alifafes que sufren casi todas las películas dobladas que pueden verse en España hoy en día. Fernanda Leboreiro Enríquez y Jesús Poza Yagüe, en un penetrante trabajo de elevada concentración informativa, vindican la subtitulación como el único procedimiento válido para conservar, respetar y apreciar los diálogos y los sonidos originales de una película; revelan cuánto tiempo se tarda en llevarlo a cabo; detallan con apasionante meticulosidad las fases de que está compuesto (telecinado, localización, traducción y adaptación, simulación, impresión, lavado, visionado, expedición y archivo); recuerdan que las cualidades que más aprecian en los traductores que habitualmente trabajan con ellos son la profesionalidad, la experiencia y la pulcritud gramatical y ortográfica; y terminan con un mensaje para muchos tranquilizador: «Al mundo de los subtítulos se le presenta un futuro estable». Cierra la sección el perspicaz y reflexivo capítulo elaborado por Anna Gilabert, Iolanda Ledesma y Alberto Trifol en torno al *ajuste* —mecanismo técnico del doblaje inmediatamente posterior al de la traducción—, el cual, según hacen saber, está formado por dos procesos distintos pero simultáneos (la *sincronización* y la *adaptación),* responsables ambos de que el doblaje sea lo más natural y transparente posible («un buen doblaje es el que no se nota», afirman con buen tino) y de que, como música que es, deba ser tratado sobre todo como una cuestión de ritmo.

Cierra el volumen el epígrafe «Referencias bibliográficas», que recoge, ordenadas por capítulos sucesivos, las deudas que los autores de estos últimos han contraído, a la hora de componerlos, con la erudición propia o ajena.

Aun a riesgo de hacer todavía más excesivo este ya vasto preámbulo, tal vez no resulte insensato ponerle, a suerte de remate, una advertencia y un agradecimiento. La primera, casi innecesaria, consiste en que el libro puede leerse, al modo cortazariano, de principio a fin (secuencialmente), por secciones (temáticamente), o bien por capítulos sueltos (espigadamente): la elección de una u otra opción dependerá de las necesidades y preferencias personales del lector, no menos que del trámite profesional, investigador o académico que haya de superar. El segundo quiere dejar constancia de la gratitud del coordinador y compilador de esta obra a todos los que en ella han colaborado —robándole tiempo al tiempo, trabajo al trabajo, esfuerzo al esfuerzo y dedicación a la dedicación—; a Ediciones Cátedra —en especial a su director, Gustavo Domínguez León, y al director de la colección «Signo e Imagen», Jenaro Talens—, por su interés y apoyo incesantes; a Ángela Said, Nuria Campos Muñoz, Miguel Ángel Rivas Valdés, Ulrika Siggstedt, Rebeca Jiménez Cirujano, José Manuel Mencía, Dem Eleso, Beatriz Butler Díaz, Marisa Martínez Rodelgo y María José García Vizcaíno, por el precioso regalo de su afecto y amistad; y, sobre todo, a Inmaculada Moreno Nogueras, por tanto amor y tanta indulgencia.

MIGUEL DURO MORENO
Universidad de Málaga

PRIMERA PARTE

TEORÍA

Capítulo primero

Campos de estudio y trabajo en traducción audiovisual

Roberto Mayoral Asensio
Universidad de Granada

1. Introducción

No creo que existan teorías parciales de la traducción, sino teorías generales que han de esforzarse por incluir en su ámbito los diferentes tipos de traducción. Así, la traducción audiovisual podría ser abordada desde la teoría del sentido, la teoría funcionalista, la teoría de la manipulación o la teoría cognitiva, por ejemplo. En realidad, no se ha producido todavía —y probablemente no se produzca jamás— este asalto general de las diferentes teorías a la traducción audiovisual (ni a otros muchos campos especializados de la traducción) ofreciendo visiones diferentes de los mismos fenómenos; más bien, lo que ha ocurrido es que estudiosos de diferentes tendencias han escogido para su estudio aspectos diferentes. Además, estos enfoques —semióticos, comunicativos, de la manipulación, sociolingüísticos, psicolingüísticos— han llegado al estudio de la traducción audiovisual en la mayoría de las ocasiones importados desde otras disciplinas más antiguas y no desde la traductología, dado que el estudio del cine tiene mayor solera que el estudio de la traducción. Otra buena parte de los estudios sobre la traducción audiovisual son estudios empíricos, originados en la práctica profesional, y no parten de unos supuestos teóricos claros.

Ésta es la razón por la que hemos abandonado el propósito inicial de hablar sobre una aproximación teórica a la traducción audiovisual y vamos a abordar, en la medida de nuestras posibilidades, una descripción de lo que se hace y de lo que se puede hacer en el estudio de la traducción audiovisual, con alguna pequeña referencia a la teoría, y con más atención a aspectos aplicados, profesionales y de formación. Uno de los resultados de nuestra descripción va a ser el despliegue de un pequeño *Who's who* de los estudios de traducción audiovisual, principalmente en España. La enumeración va a ser necesariamente incompleta, en algunos casos debido a nuestra propia ignorancia y en otros debido a las características y objetivos de este trabajo, pero preferimos cumplir con muchos aun a costa de ser injustos con unos pocos.

2. CONCEPTO DE «TRADUCCIÓN AUDIOVISUAL»

Los estudios de traducción audiovisual se originaron en el estudio de la traducción cinematográfica. La incorporación de la traducción para televisión y vídeo llevó a la introducción de la denominación *traducción audiovisual*. La traducción audiovisual incluye diferentes tipos de traducción —doblaje, subtitulado, *voice-over*, traducción simultánea, narración, *half-dubbing*— para diferentes géneros audiovisuales: ficción, documentales, publicidad, telediarios, etcétera.

El subtitulado se puede presentar, además de en la forma habitual para las películas en cine y televisión, en *display* electrónico, continuo para telediarios, para sordos, o en productos multimedia (con *efecto karaoke,* subtitulado de transcripción, en lugares diferentes de la pantalla). El subtitulado, además, se puede generar electrónicamente, mediante ordenador. Asimismo, existe una forma de subtitulado para introducir las películas de cine en el mercado, siempre en inglés, que reviste características algo diferentes a las del subtitulado para la proyección comercial.

Con posterioridad, se introdujo la denominación de *traducción para la pantalla (screen translation),* que pretende ser más amplia que la de traducción audiovisual al incluir el monitor del ordenador en programas multimedia y permitir su extensión a la localización (traducción) de productos informáticos en general, de productos multimedia y de juegos de videoconsola.

La traducción audiovisual está experimentando una revolución fomentada por el incremento espectacular de la demanda y la oferta de productos audiovisuales, que se manifiesta en:

a) La multiplicación de cadenas de televisión regionales y locales.
b) El incremento de actividades como la enseñanza a distancia.
c) La aparición de las plataformas digitales, la televisión a la carta, etc.
d) La extensión de la televisión por cable.
e) La extensión de las emisiones de televisión por satélite.

Otro aspecto que fomenta esta revolución es el avance técnico, concretado en los últimos tiempos en la emisión por satélite, la transmisión por fibra óptica, el DVD y los productos multimedia.

La emisión por satélite permite en estos momentos la emisión de dos señales de audio (versión dual), con lo que se puede escoger entre ver la versión original o la versión doblada. En un futuro próximo se podrá emitir por satélite en siete canales diferentes, ampliándose la posibilidad de recibir versiones dobladas a más lenguas. La fibra óptica abaratará las limitaciones económicas actuales y será posible recibir tres señales de vídeo para una de audio, de aplicación para las versiones subtituladas. Las emisiones para sordos pueden simultanear ya la versión original con una ventana con interpretación en lenguaje de signos con teletexto con subtitulado especial para sordos.

El DVD o disco videodigital, que se está introduciendo en estos momentos en el mercado, ofrece la posibilidad de 8 horas de música o vídeo con calidad digital, con versiones original y doblada en 8 lenguas y 32 bandas para subtitulado. Se prevé que sustituya en corto plazo a la cinta de vídeo tradicional.

La revolución en el mercado audiovisual debería haber producido ya una incremento fortísimo en la demanda de traducción (actualización de versiones dobladas, doblaje de nuevos productos), pero la crisis económica junto con otras circunstancias ha paralizado el desarrollo del sector y ha producido, además, un desplome de los ingresos del estudio y, por lo tanto, del traductor o del localizador, que entre otras consecuencias ha llevado al cierre o al reciclaje de estudios de doblaje.

En todo caso, todos estos acontecimientos han convertido la traducción audiovisual en uno de los temas más novedosos y de más empuje dentro de los estudios de traducción.

3. PANORAMA GENERAL

El primer gran hito en los estudios de la traducción audiovisual fue la aparición en 1960 de un número monográfico de la revista de la FIT *Babel* dedicado a la traducción del cine. Como era de esperar para ese momento, los trabajos de este número son básicamente descriptivos y con un enfoque predominantemente profesional. Anteriormente a eso se puede encontrar alguna escasa referencia al tema, como la de Edmond Cary (1956), que, al igual que mucha de la literatura inmediatamente posterior al número de *Babel* (Reiss, 1971; Reiss y Vermeer, 1984; Basnett-McGuire, 1991; Snell-Hornby, 1988; Hurtado, 1995), se centran en la ubicación de la traducción audiovisual dentro de descripciones o estudios generales de la traducción. Habrá que esperar hasta hace dos décadas para encontrar trabajos que arrojen alguna luz teórica sobre este tipo de traducción desde el campo de los estudios de traducción. Entre tanto, y todavía hoy, una buena parte de lo que se escribe sobre traducción audiovisual se origina en campos diferentes al de los estudios de traducción.

El profesor de la Universidad de Turku, en Finlandia, Yves Gambier, es, junto con Lambert, Dries e Ivarsson, una de las grandes figuras contemporáneas de los estudios de traducción audiovisual. Ha producido magníficas visiones de conjunto de la traducción audiovisual (1994a, 1994b, 1996, 1997, 1998, en prensa), además de organizar la mayoría de las actividades, editar la mayoría de las publicaciones y dirigir la mayoría de las asociaciones que se dan en el ámbito internacional en torno a la traducción audiovisual.

Dirk Delabastita es un autor relacionado con el grupo belga de la Escuela de la Manipulación que ha ampliado sus horizontes más allá de su primera adscripción. Su trabajo, publicado en 1989, «Translation and mass-communication: film and TV translation as evidence of cultural dynamics», es un excelente trabajo crítico que no sólo trata los problemas culturales de la traducción audiovisual, sino que además aborda otros muchos problemas, intenta definir y reorientar su estudio, no renunciando ni mucho menos al estudio de la traducción como proceso.

Federico Chaume es una de las figuras centrales en nuestro campo en España. Profesor de la Universitat Jaume I de Castellón y traductor de doblaje para Canal 9, publicó (1997) su trabajo «La traducción audiovisual: el estado de la cuestión», que constituye una magnífica introducción al tema. En él se discuten cuestiones y se facilita información que no aparecen en este trabajo.

Patrick Zabalbeascoa, profesor de la Universitat Pompeu Fabra, y otra de las figuras destacadas en el campo de la traducción audiovisual en España, ofrece un curso de doctorado en esta Universidad sobre «Metodología de la traducción audiovisual y su relación con modelos teóricos para la traducción».

Estudios y revisiones generales se encuentran también en las tesis doctorales que sobre traducción audiovisual proliferan (afortunadamente) en los últimos años en España. De Patrick Zabalbeascoa es la tesis doctoral *Developping Translation Studies to Better Account for Audiovisual Texts and Other New Forms of Text Production* (1993), pionera en los estudios audiovisuales en España; esta tesis trabaja sobre el doblaje de comedias televisivas para, en relación con una teoría general de la traducción, analizar el humor, la tipología de textos y los factores, prioridades y restricciones en la traducción. También tenemos la tesis (1996) de M.ª José Chaves, profesora de la Universidad de Huelva y actriz y traductora de doblaje, sobre *La traducción cinematográfica: el doblaje*, trabajo con un fuerte énfasis en los aspectos profesionales del doblaje (donde propone al traductor como ajustador de forma pionera) y en los aspectos del lenguaje cinematográfico relacionados con la traducción. La tesis doctoral de Rosa Agost (1996), profesora de la Universitat Jaume I y traductora de doblaje, sobre *La traducció audiovisual: el doblatge*, aporta una tipología de textos audiovisuales, además de otros aspectos teóricos y descriptivos. De Francisco Pineda es la tesis leída en la Universidad de Granada en 1997, *Ficción y producción cinematográfica: estudio de cuatro novelas vertidas en el cine;* este trabajo propone un método de análisis para mejorar la calidad del doblaje cinematográfico basándose en los modelos de estudios textuales y discursivos de De Beaugrande, Dressler, Hatim y Mason. Federico Chaume (2000), traductor audiovisual y profesor de la Universitat Jaume I, en su tesis *La traducción audiovisual. Estudio descriptivo y modelo de análisis de los textos audiovisuales para su traducción,* ofrece una exhaustiva descripción de la traducción audiovisual y propone un modelo de su proceso, además de un modelo de análisis de los textos audiovisuales para su traducción. Jorge Díaz, profesor de la Universidad de Roehampton, en su tesis *El subtitulado en tanto que modelo de traducción fílmica dentro del marco teórico de los estudios sobre traducción* (Misterioso asesinato en Manhattan, *Woody Allen, 1993*) (1997), se centra en el proceso del subtitulado desde los enfoques de su posicionamiento cultural en el polisistema español y del análisis de los datos empíricos de acuerdo con el modelo de análisis descriptivo de Lambert y Van Gorp. Ana Ballester, profesora de la Universidad de Granada, en su tesis *Traducción y nacionalismo: la recepción del cine americano en España a través del doblaje (desde los inicios del sonoro hasta los años cuarenta)* (1999), estudia la traducción como producto cultural sujeto a manipulación ideológica y política. Adrián Fuentes, profesor de la Universidad de Cádiz, en su tesis *La recepción del humor audiovisual traducido: estudio comparativo de fragmentos de las versiones do-*

blada y subtitulada al español de la película Duck Soup, *de los Hermanos Marx* (2001), estudia la traducción audiovisual desde el punto de vista de la recepción cultural, centrándose en los casos de las referencias culturales y el humor, e incluye un estudio empírico de la recepción de su corpus. Laura Santamaría, profesora de la Universidad Autónoma de Barcelona, está realizando una tesis doctoral, *Las referencias culturales, aportación informativa y valor expresivo. El subtitulado,* sobre la traducción de las referencias culturales en la subtitulación, describiendo los procesos cognitivos por los cuales los espectadores asocian los personajes relacionados con los referentes en un espacio social determinado y les otorgan un valor expresivo concreto.

Algunas de estas tesis han sido antecedentes más o menos directos de los libros publicados en los últimos años en España a propósito de la traducción audiovisual. Así ocurre con los libros *Traducción y doblaje: palabras, voces e imágenes* (Rosa Agost, 1999a); *La traducción cinematográfica. El doblaje* (M.ª José Chaves, 2000); *La traducción audiovisual. El subtitulado* (Jorge Díaz, 2001) y *Traducción y nacionalismo. La recepción del cine americano en España a través del doblaje (1928-1948)* (Ana Ballester, 2001). La publicación de estos libros y la lectura de esas tesis doctorales muestran —junto con otros indicios— un panorama magnífico de los estudios de traducción audiovisual en nuestro país.

Subtitles, Translation and Idioms, de Henrik Gottlieb (1997), es una obra que contempla el subtitulado desde perspectivas muy diversas: historia, procedimientos, estudios empíricos de calidad, experimentos sobre la reacción del espectador, traducción de expresiones idiomáticas, etc.

Irena Kovačič (1992, 1994, 1995b) es una influyente estudiosa del subtitulado y de la formación de subtituladores. Relaciona en su obra el análisis del subtitulado con la teoría de la relevancia.

Roberto Mayoral (en prensa a y en prensa b) plantea las tendencias actuales y futuras de la traducción audiovisual, al igual que, como hemos señalado, ya lo hace Gambier.

Lourdes Lorenzo (2000) también traza un panorama general de definición de la traducción audiovisual.

4. DOCUMENTACIÓN

El profesor de la Universidad de Turku, en Finlandia, Yves Gambier, es autor de una exhaustiva bibliografía (1994a) comentada de la traducción audiovisual.

El European Institute for the Media de Düsseldorf ha elaborado también (1996) una completa bibliografía basada en los fondos de su biblioteca.

Otra bibliografía que hay que considerar es la elaborada por Ana Ballester (sin fecha), de la Universidad de Granada.

5. ESTUDIOS CENTRADOS EN EL PRODUCTO

5.1. *Estudios semióticos (o semiológicos)*

En un primer apartado, tendríamos la enorme cantidad de trabajos publicados sobre el lenguaje fílmico, la gramática del cine, etc. Se originaron en la obra de Roland Barthes. Son representantes muy cualificados de estos estudios Christian Metz (1971) y Yuri Lotman (1973), y en la tesis doctoral y libro de M.ª José Chaves (1996, 2000) se encuentran apartados marcados por este enfoque (esta tesis adopta puntos de vista de la teoría del sentido en su enfoque traductológico). La escuela semiótica estudia el lenguaje de las imágenes en el cine (y en otros medios) de forma desvinculada del lenguaje verbal y analiza el papel que cumplen los diferentes elementos narrativos no verbales (planos, *rapport*, música, etc.).

Al no establecer una relación entre lenguaje icónico y lenguaje verbal en la narración audiovisual, estos enfoques son independientes de la lengua utilizada y de los procesos de traducción, por lo que, a pesar de su utilidad en el bagaje cultural del traductor audiovisual, se puede considerar que no forman parte propiamente de los estudios de traducción.

En un segundo apartado, podemos considerar los trabajos dedicados a establecer la relación entre las obras literarias y sus adaptaciones al cine; es también un enfoque semiótico, pues considera la relación entre mensajes transmitidos con sistemas de códigos diferentes.

Como punto de referencia de lo que se hace en nuestro país en este campo podemos citar a José M.ª Bravo, profesor de la Universidad de Valladolid y editor de la obra *La literatura en lengua inglesa y el cine* (1993) y a Federico Eguíluz, Raquel Merino, Miguel Santamaría y Eterio Pajares, profesores de la Universidad del País Vasco en Vitoria, organizadores de los congresos sobre *Transvases culturales: literatura, cine, traducción* (2000, 1996, 1993) y editores de sus actas (Eguíluz, 1994; Santamaría, 1997; Pajares, 2001).

También resulta muy difícil incluir este enfoque en los estudios de traducción con propiedad, ya que no se ocupa de la traducción entre lenguas diferentes, sino entre novelas y cine. Aun así, sigue siendo un tema de obligado estudio para aquellos que se dedican a la traducción de películas basadas en obras literarias.

Uno de los manuales más interesantes disponibles sobre la traducción audiovisual es el del húngaro István Fodor *Film Dubbing: Phonetic, Semiotic, Esthetic and Psychological Aspects* (1976), que incluye el estudio de aspectos semióticos, pero esta vez en la conjunción de todos los tipos de signos y desde una perspectiva traductológica.

La colección «Signo e Imagen» de Ediciones Cátedra, consagrada a los estudios audiovisuales y dirigida por el profesor de la Universidad de Valencia Jenaro Talens, está muy centrada, aunque no de forma exclusiva, en estudios semióticos.

La dimensión semiótica en la traducción se mantiene, acompañada de las dimensiones pragmática y comunicativa, en el modelo teórico de la traducción de Hatim y Mason (1990). En España, los esquemas de estos autores constituyen el marco de trabajo de la investigación que se desarrolla en la Universitat Jaume I en torno a la traducción. Amparo Hurtado (antes profesora de la Universitat Jaume I y ahora de la Universidad Autónoma de Barcelona) ha consolidado este modelo en Castellón al actuar como directora de tesis doctorales y directora de proyectos de investigación. Así, los esquemas de Hatim y Mason llegan hasta tesis doctorales en traducción audiovisual como la ya señalada de Rosa Agost (1996) y la de Federico Chaume (2000), ambas sobre doblaje.

El libro titulado *The Semiotics of Subtitling* (Linde y Kay, 1999) incluye enfoques semióticos desde una perspectiva diferentes a los anteriores; estos autores se centran en el estudio de las relaciones semióticas entre el texto y la imagen que afectan al significado del mensaje y a la forma en que éste es recibido. Se apoyan en el trabajo de Kovačič (1992, 1994) sobre las omisiones y restricciones aplicables al elemento lingüístico en el proceso del subtitulado.

Schröder (1992) discute la relación entre los aspectos semióticos y los lingüísticos, refiriéndose con «semiótico» a lo relacionado con la imagen en el mensaje audiovisual.

5.2. *La cultura en el producto de la traducción*

Los estudios de traducción han heredado de la crítica literaria una de las perspectivas sobre la traducción de más resonancia hoy en día. Bajo diferentes denominaciones y enfoques ligeramente diferentes, podemos incluir aquí estudios denominados como de la manipulación, del polisistema, del poscolonialismo, de la visibilidad del traductor, etcétera. En ellos se estudia la traducción como un producto cultural, no como un proceso, y se estudian las relaciones entre la cultura emisora y la cultura receptora desde una perspectiva ideológica. Especialistas en estos estudios son los profesores Juan Jesús Zaro (2000) y Marcos Rodríguez (1998). Ya hemos mencionado a Dirk Delabastita (1989) como uno de los autores cercanos a estas posturas y es necesario citar también a Jose Lambert, de la Universidad de Lovaina la Nueva, como uno de los grandes impulsores de las grandes figuras mundiales en el campo de la traducción audiovisual, en general, y en los enfoques culturales, en particular.

Una de las materializaciones de los enfoques de la manipulación en nuestro país ha sido la del estudio de las relaciones entre la lengua española y las otras lenguas, peninsulares o extranjeras, en la traducción audiovisual. Éste es el caso, por ejemplo, de Ana Ballester, profesora de la Universidad de Granada, que propone (1995) la conclusión de que en España se sigue una política de doblaje y no de subtitulado debido a la política de censura de Franco. En otros casos, como en la tesis de Rosa Agost (1996) o el libro de Alejandro Ávila (1997), la conclusión es que el doblaje se consagró en tiempos de Franco para impedir el desarrollo de las lenguas peninsulares diferentes al castellano. Creemos que el tema de la elección de uno u otro sistema de traducción en un país está desarrollado con más matices y profundidad en la obra (1992) de Natalia Izard, profesora de la Universitat Pompeu Fabra, *La traducció cinematogràfica,* para la que la consagración del sistema de doblaje en España no se debe de forma exclusiva a las razones argüidas, sino que, además, encuentra argumentos de peso en otros factores que contribuyeron a establecer nuestra propia tradición, como son el elevado grado de analfabetismo en la España de los años treinta (que debilita la posición del subtitulado), el que el español sea una de las lenguas más habladas del mundo (por lo que para Hollywood resultó rentable doblar películas al español, al francés y al alemán y no a otras lenguas) y los escasos conocimientos que los españoles hemos tenido tradicionalmente del inglés.

Ha tomado gran empuje en los últimos años en nuestro país el estudio de la censura cinematográfica. A la obra de Ana Ballester señalada (1999, 2001), hay que sumar a las autoras incluidos en el libro editado por Rosa Rabadán (2000) *Traducción y censura inglés-español: 1939-1985. Estudio preliminar* (Camino Gutiérrez-Lanza, 2000 y Marta Miguel, 2000).

5.3. *Normalización de procedimientos y estilo*

A la preocupación por una homogeneización de procedimientos de traducción audiovisual que sirva para garantizar niveles de calidad mínimos responde el trabajo de Josephine Dries y el European Institute for the Media *Dubbing and Subtitling Guidelines for Production and Distribution* (1995).

El hecho incontestable de que la traducción audiovisual produce (tanto por las condiciones de sincronismo como por la falta de calidad de algunas de ellas) multitud de formas incorrectas que incluso pasan después a la lengua ordinaria produce una gran preocupación. Ésta sería una de las líneas de trabajo que habrían de presentar una gran utilidad para la mejora de la calidad de los productos audiovisuales traducidos. Son manifestación de intentos de estudio los trabajos de Juan Gómez «Calcos sintácticos, fraseológicos y pragmáticos en los doblajes del inglés al español» (inédito), Mayoral (1991), Ávila (1997) y TV3 (1997) con los *Criteris linguistics sobre traducció i doblatge* elaborados por su Comisión de Normalización Lingüística; esta misma Comisión edita una revista, *Versió doblada*, que reviste un gran interés, especialmente por su tratamiento de los anglicismos.

Un interesante trabajo sobre las normas para el subtitulado se puede encontrar en Karamitroglou (1998).

Queda, sin embargo, un largo camino que recorrer a este respecto.

5.4. *El neutro*

Una tendencia que ha acompañado al cine desde su nacimiento en el cine mudo es la de encontrar un lenguaje universal, de modo que un mismo producto llegue a la generalidad de los espectadores. Al mismo tiempo, se ha dado una tendencia contraria a dirigir los productos cinematográficos a grupos muy diferenciados de espectadores a fin de ajustarse lo máximo posible a sus peculiaridades. Esta última tendencia a la especificidad conduce a la multiplicación de las traducciones para ajustarse a las necesidades y gustos de grupos concretos de hablantes (versiones austriaca, alemana y suiza para un mismo producto). No es exclusiva de los productos audiovisuales; en el caso de los productos informáticos ha llevado al concepto de *localización,* o adaptación de la traducción a un grupo de clientes hasta el punto de que éstos perciban el producto como originado en su propia comunidad.

La máxima expresión de la intención de universalidad es el *neutro*. El neutro es una lengua artificial, que no corresponde a ningún grupo de hablantes, que intenta evitar aquellos elementos que pueden caracterizar un discurso como perteneciente a un grupo particular de ellos. El caso más notorio es del neutro en las películas dobladas en Argentina: se evitan los elementos del lunfardo, se evitan las aspiraciones del español porteño, se escogen los tiempos verbales y las formas en general utilizadas de forma más amplia por los hablantes de la lengua. Los actores de doblaje deben aprender a trabajar en neutro. En cierto modo, este neutro existe también en España, pues los locutores de los medios de comunicación y los actores de doblaje utilizan también un español neutro, que no corresponden a ninguna variedad regional concreta. También se da el neutro en el campo de la localización, donde, en estos momentos, por ejemplo, se está buscando un neutro aceptable para los productos multimedia que permita vender una sola versión a todo el mundo hispanoparlante (se está barajando la idoneidad del español de Canarias).

Xosé Castro, profesional de la traducción audiovisual y de la localización informática con una gran vocación de cooperación con la Universidad, es un especialista en el tema del neutro que habla del tema con más fundamento que yo.

5.5. *Aspectos sociológicos*

Los aspectos sociológicos de la traducción audiovisual son tratados de forma específica y especializada por el European Institute for the Media en su obra *Overcoming Language Barriers in Television* (Georg-Michael Luyken *et al.*, 1991). En este libro, publicado en versiones inglesa y francesa, encontramos todo tipo de datos sobre la traducción audiovisual, además de descripciones también de los procesos para el subtitulado y el doblaje. Otras consideraciones y datos al respecto los vamos a encontrar en Natalia Izard Martínez (1992) en su historia de la traducción cinematográfica en el mundo, y datos sobre esta actividad en España los podemos encontrar en la obra de Alejandro Ávila (1997). Para el estudio del subtitulado resulta especialmente recomendable el libro de Jorge Díaz (2001). En general, todas las tesis doctorales sobre traducción audiovisual presentan un apartado dedicado a estos aspectos.

Trabajos recientes sobre este campo en España son los de Rosa M.ª Carmiña (2000), Xosé Castro (2000) y Ana M.ª Pereira (2000).

5.6. *Aspectos históricos*

La principal obra sobre la historia de la traducción audiovisual es para nosotros la de Natalia Izard Martínez (1992). Resulta fundamental, entre otras cosas, para entender las razones por las que se dobla o se subtitula en diferentes ámbitos geográficos. M.ª José Chaves (1996, 2000) y Laurentino Martín (inédito) vienen trabajando sistemáticamente en la historia del doblaje en España, en la que Alejandro Ávila (1997) también realiza algunas incursiones. Ana Ballester también realiza trabajos (1999, 2001) al respecto. Gottlieb (1997) expone la historia del subtitulado, al igual que hace Jorge Díaz (1997, 2001).

Como en el apartado anterior, todas las tesis doctorales sobre traducción audiovisual suelen dedicar un apartado a este tema.

6. ESTUDIOS CENTRADOS EN EL PROCESO

Incluimos en este apartado estudios que, siguiendo la metodología propuesta por Hatim y Mason y que se sigue en Granada (de acuerdo con Ricardo Muñoz en un trabajo inédito), constan de los siguientes pasos:

a) Observación empírica.
b) Formulación de hipótesis.
c) Reconstrucción en la práctica del proceso.

6.1. *Los estudios comunicativos*

Una de las vertientes de los estudios de la comunicación es la relacionada con la semiótica, con la comunicación, los signos y el significado. Ya hemos hecho referencia a ella. Ahora vamos a referirnos a la segunda vertiente de los estudios de la comunicación, la relacionada con la teoría matemática de la comunicación.

El generativismo adoptó en los años sesenta los análisis matemáticos sobre la comunicación, sobre la transmisión de información. Así, se adoptaron las propuestas de Shannon y Weaver (1948), *The Mathematical*

Theory of Communication, propuestas que fueron incorporadas a los estudios de traducción por Nida (1964) *Toward a Science of Translating.* Este tipo de análisis de la traducción como un proceso de comunicación ha resultado uno de los más fértiles (aunque no agote las posibilidades de estudio), especialmente en el campo de la traducción audiovisual. Se incorporan a este enfoque diferentes conceptos como *canal, medio, ruido, redundancia, emisor, receptor,* etc., aunque quizás el producto más fértil de esta cosecha sea para los estudios de traducción el del estudio del *sincronismo (ajuste* en la jerga profesional) entre los diferentes tipos de señales que constituyen el mensaje audiovisual. Son autores que se han ocupado de este tema Lucien Marleau (1982); Titford (1982), que introduce el concepto de traducción subordinada para el subtitulado, y Roberto Mayoral, Dorothy Kelly y Natividad Gallardo, que en 1986 amplían y desarrollan el concepto de traducción subordinada para otros tipos de traducción como el doblaje, la traducción simultánea de películas, los cómics, los textos publicitarios, etc. Roberto Mayoral (1993) desarrolla el tema en el estudio del subtitulado y lo amplía a restricciones informáticas y a la traducción de productos multimedia en 1997.

István Fodor (1976) ha producido un gran desarrollo de los estudios sobre sincronismo en su estudio del doblaje. Además de distinguir diferentes tipos de sincronismo (de caracterización, de contenido, fonético), Fodor desarrolló la denominada fonética visual, una disciplina que correlacionaba los movimientos visibles del habla en pantalla con los sonidos que el espectador podía escuchar al mismo tiempo sin advertir falta de sincronismo. De aquí, llegaba a proponer tablas en las que para una posición (plano y ángulo) determinada de la cámara se establecían qué sonidos de la versión original se podían traducir por qué sonidos en la versión doblada sin que el espectador advirtiera asincronismo. También proponía Fodor un sistema de transcripción para facilitar el trabajo del traductor.

Como trabajo teórico y académico, las propuestas de Fodor son muy valiosas y sugerentes, pero como ayuda al trabajo profesional pierden mucho de su valor. Las exigencias de sincronismo son tan grandes para el traductor bajo este sistema, que resultan prácticamente inalcanzables y además la actividad de traducción paralizaría la industria por la enorme cantidad de tiempo y dinero que consumiría. Fodor ya establece la posibilidad de relajar las exigencias de la sincronización de labios cuando la fidelidad al significado sea prioritaria, pero hay que pensar que en España en estos momentos apenas se sincroniza la cantidad de sílabas y las labiales finales y tan sólo en primeros planos y planos de detalle. También hay que pensar que en España se considera que una buena interpretación de los actores de doblaje desvía la atención de los espectadores del sincronismo.

Han trabajado los enfoques comunicativos o informativos también Carmen Torregrosa (1996) —para el subtitulado—, Federico Chaume (1994, 1997, 2000), M.ª José Chaves (1996, 2000), Jorge Díaz (1997, 2001) y Linde y Kay (1999). Existen introducciones generales a los problemas informativos de la comunicación visual como la de Mariano Cebrián (1983).

Quedan enormes problemas de sincronización que resolver en la localización de productos multimedia. Algunos de estos problemas se describieron en el simposium celebrado en Granada en 1996. Empresas como Doblaje y Localización Multimedia (Laurentino Martín) e ITP (Antonio Tejada) los van resolviendo en su trabajo profesional día a día. Joan Parra, profesor de la Universidad Autónoma de Barcelona, está elaborando una tesis doctoral al respecto.

Existen perspectivas de la traducción como proceso de comunicación que podrían arrojar más luz sobre el proceso de la traducción audiovisual. Nos referimos a las aportaciones de las máximas de eficacia en la comunicación, relevancia, etc., de autores como Grice (1967), Sperber y Wilson (1986) y Gutt (1991).

6.2. *Efectos lingüísticos de la sincronización*

El lenguaje del subtitulado resulta a críticos y espectadores poco natural. Ya ha sido descrito el fenómeno por Marleau (1982), Mayoral (1984), Chaves (1996) y Agost (1996), Gottlieb (1997) y Kovačič (1992, 1994, 1995a, 1995b), entre otros.

La necesidad de expresar los mismos contenidos en un período de tiempo más reducido (del 25 al 30% entre lenguas de características semejantes en televisión) lleva en el subtitulado a dos tipos de soluciones. El primer tipo consiste en recortar los significados y desechar los secundarios o más redundantes; este tipo de solución encuentra en la crítica un rechazo generalizado en atención a una supuesta obligación de «fidelidad» al original, pero también debido a que una parte apreciable de los espectadores de versiones subtituladas es capaz de apreciar la desaparición de significados por sus conocimientos de la lengua original y estar oyendo la versión hablada. El segundo procedimiento consiste en utilizar una expresión más sintética para expresar los mismos contenidos. Esta síntesis se alcanza escogiendo, cuando existe la opción, tiempos verbales más cortos, sustituyendo nombres por pronombres, mediante omisiones, con la supresión de vocativos, lenguaje fático, apelativos, etc. El producto puede llegar a provocar la impresión de un estilo *telegráfico*. La labor de síntesis se refuerza todavía más cuando la traducción se hace desde lenguas más sintéticas que aquella a la que traducimos. Éste es el caso del subtitulado del inglés al español. Un caso extremo de necesidad de síntesis es cuando se traducen subtítulos bilingües (como en Bélgica) y se impone distribuir el mismo espacio del subtítulo entre dos lenguas diferentes.

En el caso del doblaje, la comparación entre las lenguas es crucial para saber si se produce este proceso de síntesis. Si la velocidad de dicción es alta, como sucede con el español peninsular, en la versión doblada española pueden caber contenidos hasta más amplios que en una versión original inglesa, a pesar de ser esta lengua más sintética.

La comparación entre los estilos de las versiones original y/o la versión doblada y/o la subtitulada puede dar lugar a trabajos de gran interés y, por ejemplo en la Universidad de Granada, ya comienza a ser una línea de trabajo muy popular en trabajos de fin de carrera.

6.3. *Aspectos psicolingüísticos*

Estos aspectos son tratados por István Fodor (1976), por Gottlieb (1997) y por Jan Ivarsson (1991), este último en su gran tratado sobre el subtitulado *Subtitling for the Media: A Handbook of an Art*. Ivarsson es traductor profesional de subtitulado en Suecia y uno de los grandes protagonistas de los estudios de traducción audiovisual de hoy en día.

Fodor trata de los factores psicológicos que inciden en la percepción del asincronismo en el doblaje: tipos de espectadores, circunstancias de la acción, circunstancias de la proyección, tipos de espectador, factores quinésicos, velocidad de dicción... Ivarsson toca los factores psicolingüísticos de relevancia en la traducción para subtitulado: velocidad de lectura y factores que la afectan, diferentes tipos de espectadores y su repercusión en la forma de los subtitulados, formato de los subtítulos, etc.

Es probablemente en este campo donde la experimentación y el estudio puedan producir resultados más beneficiosos para la práctica profesional. Los parámetros con los que trabajamos están elaborados en Estados Unidos en su mayor parte y se impone una caracterización más exacta de los tipos de espectadores españoles para los diferentes formatos de cine, vídeo, televisión y multimedia. El trabajo ha de ser necesariamente un trabajo interdisciplinar, en colaboración con psicólogos del lenguaje.

El trabajo de Ivarsson es una obra muy completa y actual, basada en la práctica profesional, sobre el subtitulado en televisión (que tiene un sistema de trabajo diferente al del subtitulado de cine).

Gottlieb (1997) hace un experimento para evaluar la reacción de los espectadores a las desviaciones de la norma en el subtitulado.

6.4. *Estudios profesionales*

Este tipo de trabajos persigue discutir y resolver problemas específicos de la actividad profesional y puede ser de varios tipos:

6.4.1. Estudios descriptivos

Describen los diferentes procesos de traducción audiovisual. Pensamos, principalmente, en Fodor (1976), Ivarsson (1991), Ivarsson y Carroll (1998), Chaves (1996, 2000), (1996, 1999a), Martín (1994), Ávila (1997), Marleau (1982), Torregrosa (1996), Gottlieb (1997), Chaume (2000), Díaz (1997, 2000), Torrent (2000), Faura (2000), Rico (2000), Fontcuberta (2000), etc.

En algunos de estos trabajos se manifiestan opiniones a favor o en contra de determinadas formas de traducir. Por ejemplo, Ivarsson (1991) y Torregrosa (1996) se muestran favorables a que el *spotting* del subtitulado lo haga el mismo traductor y no venga hecho en los guiones posteditados, de modo que el traductor mantenga el control sobre una parte mayor del proceso de traducción. Para el caso del doblaje, Martín (1994), Chaves (1996) y Mayoral (1995) se muestran a favor de que el ajuste sea realizado por el mismo traductor y no por un profesional distinto, con el fin de asegurar traducciones de mejor calidad y también que el traductor tenga un mayor control de un proceso en el que, además de él, adoptan decisiones sobre traducción ajustadores, actores de doblaje y directores de doblaje, a veces sin ningún conocimiento o con conocimientos deficientes de la lengua de la versión original.

6.4.2. La localización de productos multimedia como traducción audiovisual

En la localización de productos multimedia se produce una fusión del trabajo de localización informática y del trabajo de traducción audiovisual. Los productos multimedia son productos informáticos y productos audiovisuales al mismo tiempo. Las anteriores empresas de localización informática están reciclándose a empresas de localización multimedia y antiguas empresas de traducción audiovisual se han reciclado también a empresas de localización multimedia. Aquí se produce una fusión entre la vertiente artística de la traducción audiovisual y la vertiente técnica de la localización multimedia que no resulta fácil de superar ni para unas empresas ni para otras y las exigencias de formación para nuestros titulados universitarios se han incrementado de forma considerable. Baste recordar para comprender sus repercusiones que la mayoría de los licenciados en traducción e interpretación de las universidades Autónoma de Barcelona y la de Granada encuentran su salida profesional en este sector.

Los problemas de sincronismo que presenta la localización de productos multimedia parecen en un principio insuperables, pues en estos productos se pueden presentar de forma simultánea los mismos mensajes bajo la forma de versión doblada y versión subtitulada. La versión subtitulada suele ser una transcripción de la versión doblada y a veces incluso presenta el *efecto karaoke*. Además, la traducción tiene que ser compatible con las exigencias planteadas por el producto informático como tal. Una dificultad adicional es la frecuente presencia de canciones.

La relación entre informática y traducción audiovisual se da también en cuanto a los útiles de trabajo del traductor. Se han implantado en televisión sistemas informáticos (Cavena, Screen Subtitling Systems) de subtitulado y el doblaje de vídeo y multimedia utiliza ya sistemas y *kits* informáticos. La misma producción de productos multimedia está encontrando ya soportes informáticos (como el DVD) que han de desplazar en un futuro no muy lejano a soportes más tradicionales de cinta.

Este tipo de problemas se trató de forma pionera en el Simposio sobre Localización Multimedia celebrado en Granada en 1996, con la participación, entre otros, de Tejada, Martín y Mayoral. Mayoral (en prensa-a) discute estos aspectos.

En Dublín se celebra un máster de localización en colaboración entre la empresa ITP y la Dublin City University. En la Universidad de Granada se ha producido la integración de la enseñanza de la localización y de la traducción audiovisual en una sola asignatura optativa denominada Traducción Informática y Audiovisual.

Joan Parra es el autor (1998) de un trabajo de investigación sobre la localización de software, en relación con aspectos audiovisuales y multimedia.

6.4.3. La traducción de la variación

El grupo de profesores de la Universitat Jaume I de Castellón dirigido por Amparo Hurtado (Agost, Chaume) basa sus estudios sobre la traducción audiovisual en la tipología de la traducción de la profesora Hurtado, que considera a la traducción audiovisual un tipo de traducción determinado por su modo traductor. La traducción audiovisual se analiza entonces desde las perspectivas de Hatim y Mason (comunicativa, pragmática, semiótica) y a continuación se procede a realizar una tipología de los textos audiovisuales (géneros) de acuerdo con las categorías utilizadas por Hatim y Mason para la clasificación de la variación lingüística o registro (variedades de usuario: idiolecto, dialectos y variedades de uso: campo, modo y tenor o tono), categorías que a su vez Hatim y Mason toman de Gregory y Carroll (1967, 1978). Es un tipo de trabajo orientado fundamentalmente hacia la tipología.

El hecho de que en Castellón el estudio de la variación en los textos audiovisuales conduzca como uno de sus principales resultados a la tipología de textos no significa que no se trabaje o pueda trabajar con otros objetivos diferentes, como pueden ser la traducción de los dialectos, el tabú o los marcadores de formalidad.

Rosa Agost ha publicado un trabajo reciente (2000) sobre el tema. La tesis doctoral del profesor Chaume (2000) también estudia coherencia y cohesión en la traducción audiovisual.

6.4.4. El humor

Patrick Zabalbeascoa ha estudiado este problema en su tesis doctoral presentada en la Universidad de Lérida, *Developping Translation Studies to Better Account for Audiovisual Texts and Other New Forms of Text Production* (1993). En ella estudia en particular la traducción del humor en series televisivas. Otro trabajo suyo reciente a propósito del tema ha sido publicado en el año 2000.

Adrián Fuentes ha defendido recientemente en la Universidad de Granada una tesis doctoral sobre la traducción del humor en las películas de los hermanos Marx (2001).

6.4.5. La cultura

Los problemas planteados por las diferentes culturas en la traducción se pueden estudiar centrándose en la traducción como producto (escuela de la manipulación) o centrándose en la traducción como proceso. Esta última perspectiva es la de aplicación más directa a la resolución de los problemas que el profesional se encuentra en el desarrollo de su actividad. Hay que señalar las obras ya citadas a este respecto de Delabastita (1989) y Fodor (1976).

Adrián Fuentes (2001) estudia la traducción de las referencias culturales, así lo hacen también Laura Santamaría (tesis doctoral en curso) y Mavi Dolç y Laura Santamaría (2000).

6.4.6. Los nombres propios

Cuestiones como la traducción de la variación lingüística, del humor, de las referencias culturales o de los nombres propios (Mayoral, 2000) encuentran difícil acomodo dentro de los estudios de traducción audiovisual, pues no es evidente que siempre presenten problemas específicos por el hecho de darse en un contexto audiovisual. Su inclusión sólo se justificará cuando se evidencia la presentación de estas particularidades, pero no si la aparición de determinada circunstancias no hace más que ilustrar que en la traducción audiovisual también se dan problemas que ya se han detectado para campos más amplios de la traducción.

7. APLICACIÓN INSTRUMENTAL DE LA TRADUCCIÓN AUDIOVISUAL

La profesora Emma Sopeña, de la Universidad de Valencia, es una pionera en España en todo lo que tiene que ver con lo audiovisual. Ha desarrollado la aplicación de lo audiovisual en general al aprendizaje de lenguas extranjeras, además de haber promovido la edición de una revista especializada en lo audiovisual, *Claquette*.

La traducción audiovisual en sus diferentes formas (doblaje, subtitulado, *voice-over)* será pronto, sin ninguna duda, un poderoso instrumento no sólo en la enseñanza de lenguas extranjeras, sino también en la formación general de traductores, no necesariamente con el objetivo de especializarlos en traducción audiovisual. El trabajo de traducción audiovisual presenta una vertiente instrumental que sirve para que el futuro traductor desarrolle habilidades de síntesis, creación, trabajo bajo restricciones, etc., que le han de resultar luego útiles en cualquier actividad profesional. Éste es un tema que necesita más estudio y elaboración, aunque la maduración de los estudios de traducción audiovisual se constate en la ya abundante literatura disponible sobre la formación de traductores audiovisuales y del papel de la traducción audiovisual en la formación general de traductores. Algunos trabajos al respecto son de Rosa Agost (1999b), Francesca Bartrina y Eva Espasa (en prensa-a, en prensa-b, en prensa-c, en prensa-d), Herman Brondeel (1994), Mary Carroll (1998), Patrick Cattrysse (1998), Henrik Gottlieb (1992), Heulwen James (1998), Jan Klerx (1998), Irena Kovačič (1995b, 1998) y Else Morgessen (1998).

8. EL SUBTITULADO PARA SORDOS

Éste no es tema específico de traducción porque en esta actividad lo que se da no es una comunicación entre lenguas diferentes, sino dentro de la misma lengua. Pero, a pesar de ello, es un tema muy cercano a los traductores porque ellos constituyen candidatos muy cualificados a este tipo de trabajo si ya cuentan con cierta experiencia en la traducción de subtítulos. El tema ha sido desarrollado por la Universidad de Bristol y la Independent Television Commission británica (1993) en su *ITC Guidance on Standards for Subtitling* (aparecido en una versión anterior como *Handbook for Television Subtitlers*, de R. G. Baker y otros, 1984). La ITC tiene editados más informes relacionados con este tema.

El libro de Zoe de Linde y Neil Kay (1999) está dedicado básicamente al estudio del subtitulado para sordos; en él queda patente el enorme trabajo experimental realizado sobre este tipo de subtitulado y el hecho de que una buena de los resultados de esta investigación son generalizables a todo tipo de subtitulado. Especial interés presenta la descripción de los experimentos basados en los movimientos oculares durante la lectura y comprensión de los subtítulos.

Esta actividad es de reciente aparición en la televisión española, pero ya presenta un fuerte desarrollo, tanto en los medios públicos como en los privados, como resultado de una creciente sensibilización social hacia las minusvalías y también por los avances técnicos que permiten emitir estos subtítulos como teletexto o en canales suplementarios de vídeo. Su desarrollo viene dado principalmente en nuestro país por su coexistencia con la incorporación de ventanas con interpretación de signos en los productos audiovisuales.

9. EL CASO ITALIANO

Italia es uno de los países más claramente dobladores y en los últimos años se ha generado en este país un poderoso movimiento de estudio del doblaje, casi tan poderoso como ocurre con el caso de España. Publicaciones, congresos y seminarios nos ofrecen un panorama muy dinámico en el que el interés por los temas es también muy variado. Así, vemos como se tratan temas de ideología, cultura, semiótica, humor, variación, adaptación literaria y géneros, constituyendo así el caso de Italia una muestra muy representativa de lo que se hace en nuestro campo.

Podemos enumerar como autores los incluidos en las obras editadas por Eleanora Di Fortunato y Mario Paolinelli (1996) y Baccolini y otros (1994); a universidades activas en este campo como las de Forlí, Bolonia, Pavía y Trieste y reuniones científicas de importancia como la celebración en septiembre de 1997 del *Multimedia and Translation Research Seminar*, organizado por el Centro Internazionale di Studi sull'Interpretazione e la traduzione de Rimini.

10. CURSOS DE FORMACIÓN

Pasamos a describir de forma muy sintética los cursos de formación de los que tenemos conocimiento:

10.1. *Universitarios*

UNIVERSIDAD ALFONSO X EL SABIO (MADRID)

Licenciatura de Traducción; Traducción e Imagen; 9 créditos; optativa.
Profesores: Cristina McLaren, Antonia Montes, Antonio Roales.
Simposio *Primera Tertulia de Trujimanes: traducción audiovisual;* 1999; Manuel Mata, Alejandro Ávila; Clara Cerón; Jorge Díaz, Xosé Castro, Adrián Fuentes, Óscar Jiménez, Pilar Jimeno.

UNIVERSIDAD DE ALICANTE

Licenciatura de Traducción; 1 optativa; 6 créditos; cine y teatro.
Profesor: John Sanderson.

UNIVERSIDAD AUTÓNOMA DE BARCELONA

Licenciatura de Traducción; seminario de Traducción Especializada; 2.º; doblaje (ocasional).

Curso de doctorado; 1998; 1 asignatura con Heulwen James.
Profesores: Laura Santamaría, Joan Fontcuberta, Joan Sallén.

UNIVERSIDAD EUROPEA DE MADRID

Licenciatura de Traducción; optativa de traducción audiovisual.
Profesor: Antonio Bueno.

UNIVERSIDAD DE GRANADA

Diplomatura de Traducción; Traducción I (1 trimestre); subtitulado y *voice-over* (desde aproximadamente 1982).
Licenciatura de Traducción; Traducción General; desde 1997; subtitulado y *voice-over;* optativa; Traducción Audiovisual; 6 créditos; subtitulado, doblaje, *voice-over,* multimedia (con la colaboración de ITP y DL Multimedia);
Profesores: Roberto Mayoral, Laurentino Martín, Antonio Tejada.
Licenciatura de Traducción (2001-2): *Traducción de Informática y Audiovisual;* optativa, 6 créditos, localización, multimedia, subtitulado, doblaje, *voice-over.*
Doctorado: Federico Chaume.
Curso de especialización *Voces en la sombra* (1994); profesores: Roberto Mayoral, Laurentino Martín, M.ª José Chaves, Federico Chaume, Carmen Torregrosa.
Congreso de Localización Multimedia (1996).

UNIVERSITAT JAUME I (CASTELLÓN)

Licenciatura de Traducción; 1 troncal; 3.º curso; 3 créditos; doblaje.
1 troncal especialización 4.º; 3 créditos; subtitulado.
1 optativa; 3 créditos; teoría.
Profesores: Federico Chaume, Rosa Agost.
Curso de posgrado próximo en traducción audiovisual.
Jornadas Internacionales sobre Traducción Audiovisual (octubre de 1999).

Universidad de Las Palmas

Curso de especialización en doblaje y subtitulado (1995).
Profesores: Laurentino Martín, Roberto Mayoral.

Universidad de Málaga

Licenciatura de Traducción; módulo de traducción general; desde 1990; subtitulado.
Profesores: Miguel Duro Moreno, Marcos Rodríguez Espinosa.
Curso de especialización titulado *Curso de traducción para el doblaje y la subtitulación (inglés-español)*, celebrado en Málaga en febrero de 1998. Coordinador: Miguel Duro Moreno. Profesores: Xosé Castro, Miguel Duro, Óscar Jiménez, Adela Martínez, Manuel Mata, Roberto Mayoral, Marcos Rodríguez , Juan Jesús Zaro.

Universidad de Oviedo

Curso de verano titulado *La traducción Audiovisual: de la Práctica Académica al Mundo Profesional*, Gijón, 2000.
Profesores: Marta Mateo, Cristina Valdés, Patrick Zabalbeascoa, Raquel Merino, John Sanderson, Eva Espasa, Camino Gutiérrez, Richard Bueno, Roberto Mayoral.

Universitat Pompeu Fabra (Barcelona)

Posgrado: gestión, edición y traducción; doblaje y gestión de textos profesionales: traducción, subtitulado; análisis, tratamiento de la información.
Doctorado: metodología de la traducción audiovisual y su relación con los modelos teóricos para la traducción; teoría.
Taller de traducción: cine y televisión, el doblaje y la subtitulación.
Profesores: Patrick Zabalbeascoa, Natalia Izard.

Universidad de Salamanca

Licenciatura de Traducción; técnicas de traducción optativa 4.º; bloque de 2 créditos.

Ocasional; doblaje, subtitulado, *voice-over*.
Profesores: Fernando Toda, Laurentino Martín, Roberto Mayoral.

Universidad de Sevilla

Seminario sobre Traducción Subordinada (1998): M.ª José Chaves, Laurentino Martín, Roberto Mayoral, Francesco Ardolino, Martine Goedefroy, Anne Hoovelbeke, Mireia Porta.

Máster Universitario en Traducción de Textos con Fines Específicos, Interpretación y Doblaje de las Lenguas Española y Alemana (MATRI): 6 créditos de traducción audiovisual: Rafael López, Jesús Díaz, M.ª José Chaves.

Universidad de Valencia

Diploma de Posgrado en Traducción; un módulo anual de audiovisual.

Universidad de Valladolid

Filología Inglesa 2.º ciclo; Traducción de Textos Cinematográficos; optativa; 6 créditos.

Licenciatura Traducción; Traducción e Imagen; optativa. Profesor: Antonio Bueno.

Máster de Traducción Inglés-Español: 1 módulo de 2 créditos (doblaje); 1 módulo de 2 créditos (subtitulado).

Doctorado en Traducción; 1 curso de Traducción Audiovisual.

Curso de Posgrado; Historia y Estética de la Cinematografía; 1 módulo de Traducción Cinematográfica (ocasional).

Profesores: José M.ª Bravo y otros.

Universidad de Vic

Licenciatura en Traducción; Traducción Audiovisual; optativa; 6 créditos.

Doctorado; Perspectives de Recerca en la Traducció Audiovisual; 3 créditos.

Curso de verano; Cinema, comunicació i traducció; 2000.

Grup de recerca en Traducció i Comunicació Audiovisual de la Universitat de Vic (GRAV).
Profesores: Eva Espasa, Francesca Bartrina.

UNIVERSIDAD DE VIGO

Licenciatura de Traducción; Traducción General; obligatoria; bloque de 1,5 créditos. Profesores: Lourdes Lorenzo, Ana M.ª Pereira, José Yuste, Alberto Álvarez.
Licenciatura de Traducción; 2001-2; Traducción para los Medios Audiovisuales; optativa.

10.2. *Privados*

Madrid; Doblaje y Localización Multimedia (antes CEPAV, Centro de Estudios del Doblaje).
Profesores: Laurentino Martín, Roberto Mayoral, M.ª José Chaves y otros (1994, 1995).
Prácticas en localización multimedia.

10.3. *Extranjeros*

En los últimos años se ha producido una gran proliferación de cursos de traducción audiovisual en centros universitarios, tanto en España como en otros países, con una información difícil de controlar dada la rapidez de los cambios que se producen y la enorme variedad de contenidos de los cursos, en los que términos como «audiovisual», «multimedia», etc. se utilizan con contenidos muy diferentes. Vamos a dar a continuación una lista no exhaustiva, a la espera de que un grupo de trabajo del ESIST finalice la ardua tarea emprendida de inventariado y catalogación de estos cursos:

   a) University of Wales, Lampeter; Heulwen James; subtitulado; curso dentro de un BA para el galés y cursos intensivos para otras lenguas.
   b) Mercator College, Gante; subtitulado.
   c) Erasmus Hogeschool; Bruselas.

d) ISTI, Bruselas.
e) Université de Mons-Hainaut.
f) Universidad de Copenhague.
g) Université de Lille; doblaje; subitulado..
h) Université de Strasbourg.
i) Dublin City University.
j) School of Translation, Maastricht.
k) Universidad de Turku.
l) Universidad de Ottawa.

11. CONGRESOS

La enumeración siguiente no es exhaustiva:

a) Federico Eguíluz, Raquel Merino, José Miguel Santamaría, Eterio Pajares; Universidad del País Vasco (Vitoria); *Transvases culturales: literatura, cine, traducción;* 1993, 1996, 2000 (carácter trianual).

b) Yves Gambier/Consejo de Europa; Estrasburgo; *Audiovisual Communication and Language Transfers;* 1995.

c) Roberto Mayoral; Universidad de Granada; *Simposium de Localización Multimedia;* 1996.

d) Yves Gambier/Language International/ICEF; Berlín; *Languages and the Media 96;* 1996.

e) Yves Gambier; Centro Internazionale di Studi sull'Interpretazione e la Traduzione; *Research Seminar Multimedia and Translation;* Rímini; 1997.

f) Ann-Beylard-Ozeroff; Ginebra; *Seminar on Audiovisual Translation;* 1997.

g) Yves Gambier; Berlín; *Languages and the Media 98: Quality in Audiovisual Language Transfer;* 1998.

h) José Yuste, Alberto Álvarez; *Novas Perspectivas na Traducción Audiovisual;* Vigo; 1999.

i) Manuel Mata; *Primera Tertulia de Trujimanes: traducción audiovisual;* Madrid; 1999.

j) Rosa Agost, Federico Chaume; *V Jornades sobre la traducció: la traducció audiovisual al segle XXI;* Castellón; 1999.

k) Yves Gambier; *Languages and the Media 3;* Berlín; 2000.

l) Federico Chaume, Laura Santamaría, Patrick Zabalbeascoa; *I Congreso SETAM;* Barcelona; 2001.

12. INSTITUCIONES

ESIST: EUROPEAN ASSOCIATION FOR STUDIES IN SCREEN TRANS-
LATION. Creada en 1995 con quince universidades. Presidente: Yves
Gambier; Directivos: Heulwen James, Josephine Dries, Mary Carroll,
Corine Imhausser, Martine Goedefroy, Aline Reamael, Jorge Díaz, Su-
sanne Monnerjahn-Day. Propuso en 1996 una red temática con vein-
ticinco centros de enseñanza superior europeos. Grupos de trabajo:
Research and standards in screen translation; *Training in screen translation;*
ESIST public relations. Publicaciones: *Newsletter.* www.esist.org.

EIM: EUROPEAN INSTITUTE FOR THE MEDIA/INSTITUT EUROPÉEN
DE LA COMMUNICATION/EUROPAÏSCHES MEDIENINSTITUT e.v. (Man-
chester, Düsseldorf). Centro de documentación. Fundado en 1983 por
European Cultural Foundation y University of Manchester. Directi-
vos: Josephine Dries, Anne English. Publicaciones: *The Bulletin of the
EIM*; *Overcoming Language Barriers in Television*; *Dubbing and Subtitling.*
Guidelines for production and distribution; *Bibliografía;* otras muchas pu-
blicaciones relacionadas en su *Publications Catalogue 1997.*

SETAM: SEMINARIO DE ESTUDIOS SOBRE LA TRADUCCIÓN
AUDIOVISUAL Y MULTIMEDIA. Grupo temático del ámbito catalano-
parlante que cuenta con la participación de profesores de las universidades Autónoma de Barcelona, Pompeu Fabra, Vic y Jaume I, inscrito
en el Instituto Lluís Vives. Con vocación estatal e internacional, está
abierto a otras colaboraciones. Fundado en 1999. Con interés en la didáctica y la investigación de la traducción audiovisual. Organiza su primer congreso en Barcelona en abril de 2001 (setam@grup.upf.es;
www.ijlv.uji.es/tematics/setam.html;   www.upf.es/dtf/activitats/activita.
htm).

Capítulo II

Conceptos traductológicos para el análisis del doblaje y la subtitulación

Juan Jesús Zaro Vera
Universidad de Málaga

1. Introducción

El doblaje y la subtitulación de textos audiovisuales son las dos modalidades más recientes de la traducción audiovisual, por lo que todavía no hay una perspectiva histórica suficiente que permita investigarlos cómo se analizan otros tipos de traducción Por lo general, tampoco se suele evaluar el producto final de estas traducciones, ni se acostumbra a distinguir los trabajos bien hechos de los que no lo están tanto. La calidad o falta de calidad de doblajes y subtitulados son sistemáticamente ignoradas por la crítica cinematográfica de hoy, que sólo se queja, a veces, cuando las deficiencias del producto son muy evidentes. La labor de los traductores y de los estudios de doblaje es prácticamente invisible, aunque el hecho es que dicha labor, complementaria pero esencial para la recepción del texto audiovisual extranjero, se da por sentada en el cine que se proyecta hoy en día en España.

Desde el punto de vista académico, cualquier repaso a la bibliografía de carácter científico sobre doblaje o subtitulación arroja unos resultados desoladores por su escasez y poca profundidad, con alguna excepción que no hace sino confirmar la regla[1]. Evidentemente, estos

---

[1] El reciente libro de Rosa Agost, *Traducción y doblaje: palabras, voces e imágenes* (1999), es el primer título publicado que pone en relación el doblaje con los actuales estudios de traducción.

dos campos de la traducción audiovisual necesitan de una mayor investigación, que puede abordarse desde distintos enfoques: estudios de cultura popular *(Popular Culture)*, cinematografía y medios audiovisuales, teoría de la comunicación, etc., así como, lógicamente, desde todos ellos, de manera interdisciplinar. También, por supuesto, desde la traductología, ciencia de la que he seleccionado ciertos conceptos básicos que aplico a estas dos modalidades de traducción en el contexto español. A partir de ellos propongo, además, temas de investigación concretos.

Comenzaré haciendo un poco de historia, centrándome especialmente en el caso del doblaje y subtitulación de material audiovisual desde el inglés al español, aunque de vez en cuando me refiera a otras lenguas y al recorrido inverso, es decir, al doblaje y la subtitulación de material audiovisual desde el español al inglés. El artículo de Ana Ballester, «The Politics of Dubbing. Spain: A Case Study» (1995), describe cómo y por qué el doblaje se impuso en España a la subtitulación y se convirtió en la práctica habitual. Si bien en un determinado momento (el fin de la guerra civil y la instauración del régimen de Franco), la elección del doblaje como práctica exclusiva tuvo un sentido político, resulta difícil pensar que, con un régimen distinto, la historia hubiese podido ser diferente. Los grandes países de Europa occidental (Alemania, Francia, Italia, e incluso la Gran Bretaña de los años cuarenta y cincuenta) también han preferido el doblaje a la subtitulación, independientemente de su trayectoria histórica, por razones nacionalistas y proteccionistas de sus respectivas industrias cinematográficas[2]. Además, las características socioculturales de la España de la posguerra habrían favorecido siempre al doblaje y no a la subtitulación, que requiere un esfuerzo cognitivo del espectador que habría sido un serio impedimento para el acceso y disfrute del cine por parte de las capas menos preparadas de la población, así como para el éxito comercial del cine extranjero en España, especialmente el estadounidense. Sin embargo, de hecho, como señala Martine Danan (1994, 607), el público de los países donde la norma es subtitular, como Bélgica, Dinamarca, Holanda, Israel o Portugal, acaba acostumbrándose y prefiriéndolo al doblaje.

---

[2] Con la excepción de Estados Unidos, adonde curiosamente ahora llegan dobladas películas de ínfima calidad, pero de gran éxito comercial (procedentes de Hong Kong o Asia en general), destinadas sobre todo al mercado del vídeo, pero no se doblan las procedentes de Europa (información aparecida en *El País*, 12 de enero de 1998, pág. 39).

Lo importante es que el doblaje se impuso, y que en la actualidad, más de veinte años después de la normalización de la vida democrática, sigue siendo la modalidad de traducción audiovisual más favorecida, aunque hoy exista un público minoritario que prefiera la subtitulación, al que haré mención más adelante. Paso ahora a la aplicación de los conceptos traductológicos al análisis del doblaje y la subtitulación.

2. Normas en traducción

El primer concepto que queremos aplicar es el de *norma*, acuñado por Gideon Toury (1977). Las normas, recordemos, son las estrategias de traducción preferidas a otras en un sistema cultural o textual dado. Para Toury, una de las normas *preliminares* es aquella que define la política de selección de obras, en este caso películas, que han de traducirse. Parece evidente, echando una ojeada al panorama cinematográfico español, que se traduce todo lo que se exhibe en las salas comerciales de nuestro país. Ninguna película que vaya a explotarse comercialmente queda sin traducir, ya sea mediante doblaje o subtitulación. No existen en España circuitos de distribución comercial de películas no habladas o subtituladas en español o en alguna otra lengua del Estado (sobre todo catalán). Los residentes extranjeros que viven en España no tienen fácil acceso a películas en sus propias lenguas de manera directa[3], a menos que las graben de canales de televisión en dichas lenguas o las adquieran, de manera muy limitada, en videoclubes especializados de áreas geográficas con elevada población de residentes extranjeros.

En cuanto a la selección de películas que se doblan o subtitulan, parece haber tres opciones principales:

a) Películas que sólo se doblan. Son películas destinadas directamente al gran público y consideradas, desde el punto de vista crítico, como «populares» o de poca enjundia intelectual. Por poner un ejemplo, cualquier película con Jean-Claude Van Damme o Eddie Murphy como protagonistas.

b) Películas que se doblan y que también se subtitulan para su exhibición en salas de versión original. Son películas destinadas

---

[3] Sí la tienen, sin embargo, a películas subtituladas. En lugares como Marbella, con un alto índice de población extranjera, se proyectan simultáneamente películas tanto dobladas como subtituladas.

al gran público, pero que gozan de cierto prestigio artístico. Ejemplos de la temporada 1997-1998 son *Titanic, Seven Years in Tibet* o *Full Monty*. Estas películas se estrenan simultáneamente en las dos modalidades, aunque la versión subtitulada no suele llegar a todas las ciudades españolas, y se proyecta sólo en salas de Madrid, Barcelona, Valencia, Bilbao y Valladolid[4]. Un particular «reflejo» de esta política se extiende también a canales televisivos como Canal Plus, que programa tanto películas dobladas como películas en su doble versión con doblaje y subtitulación.

   c) Películas que sólo se subtitulan. Esta última opción afecta a un número muy limitado de cintas que normalmente no se proyectan en ningún otro lugar que no sean salas especializadas de ciudades como las ya citadas. Entre ellas, y por poner ejemplos recientes, se pueden citar: *Lisboa Story,* de Win Wenders (1995), *Entre dos mares-Li* (1995), de Marion Hänsel (1995), y *El sabor de las cerezas* (1996), de Abbas Kiarostami (Palma de Oro en el Festival de Cannes de 1997), las dos primeras exhibidas también, en versión original subtitulada, por Canal Plus durante 1997.

En mi opinión, para adoptar estas tres modalidades, se consideran cuatro criterios decisivos:

   a) El *estatus previo* de la película en la cultura de origen, al que volveré más adelante. Cuando la película se adscribe a públicos minoritarios en la cultura de origen (CO), hay muchas posibilidades de que lo sea también en la cultura meta (CM) y de que, por tanto, se subtitule. Viene sucediendo con muchas películas estadounidenses amparadas bajo la denominación «Free American Cinema». A este respecto, resulta curioso que películas de este tipo como *Smoke, Clerks, Blue in the Face* o las películas de Woody Allen o Hal Hartley, gocen de muchísimo más éxito en Europa y otros mercados que en Estados Unidos.

   b) La *complejidad intelectual* de la obra, criterio directamente relacionado con el anterior. Ninguna de las películas mencionadas, quizá con la excepción de alguna de Woody Allen, es precisamente una «película de masas», sino un producto marcado por cierta sofisticación intelectual que lo aleja del gran público.

---

   [4] Sevilla (según nuestras averiguaciones) ya tiene una sala exclusivamente de proyección de películas subtituladas (información aparecida en *El País,* suplemento Andalucía, 26 de enero de 1998, pág. 10).

Aunque esta consideración se decide en gran medida de antemano, también depara, de cuando en cuando, alguna sorpresa. Recuérdese a este respecto el sorprendente éxito en España de *Choose Me* hace unos años, cinta de culto minoritario en Estados Unidos y que terminó proyectándose aquí tanto en versión subtitulada como doblada, con enorme éxito de público.

c) Los *canales de distribución* de la película. Ninguna de las películas mencionadas es distribuida por una de las «grandes» compañías (CB Films, Columbia, Filmayer, Lauren, etc.), sino distribuidoras pequeñas como Golem, Araba y Musidora, esta última ligada a la cadena de cines madrileña Alphaville.

d) El *escopo* de la traducción, posiblemente el criterio dominante, con el que se relacionan también los tres anteriores. Se trata de un nuevo concepto traductológico que analizo y aplico en el siguiente apartado.

3. ESCOPO

Concepto elaborado por Hans J. Vermeer[5], base de la denominada «teoría funcionalista» de la traducción. Con él, Vermeer y Katharina Reiss quisieron subrayar la importancia de la *función* del texto traducido en la cultura meta, que se convierte en el elemento extratextual más importante, es decir, el que determina prácticamente todas las estrategias del traductor. La importancia de dicha función se deriva del carácter de encargo *(brief)* de las traducciones en general, por lo que en su definición cobran un papel destacadísimo el *receptor,* o *receptores,* de la traducción.

En el caso del doblaje y la subtitulación, la aplicación de la teoría del escopo puede contribuir a explicar, sobre todo, la elección de una u otra modalidad de traducción. Mi opinión personal, ciñéndome a la actualidad, es que en esta decisión ya no cabe hablar de influencias políticas o ideológicas intencionadamente manipuladoras. Como se ha señalado antes, el primer criterio es el público al que va destinada la película, por lo que se trata ante todo de una decisión *comercial* basada en la existencia de públicos concretos que demandan productos específicos. Desde este punto de vista, en el mercado español se reconocen básicamente dos: uno minoritario, que prefiere ver películas subtituladas; y otro, que abarca la gran mayoría, que las prefiere dobladas.

---

[5] La teoría se formula por primera vez en 1978 (véanse las referencias bibliográficas).

El primero es un público preparado intelectualmente y concentrado, como ya hemos dicho, en núcleos urbanos muy poblados, como Madrid, Barcelona, Valencia y otras capitales. Este público exige que películas comercialmente importantes, agrupadas en la clasificación anterior en el segundo apartado, que se estrenan y distribuyen en versión doblada, sean también exhibidas (en circuitos limitados normalmente a estas ciudades) en versión subtitulada. Lo que esta demanda implica, en realidad, es la creencia de que la subtitulación «altera» el producto original mucho menos que el doblaje, por lo que su apreciación y consiguiente disfrute son mayores[6]. Un curioso reflejo de esta situación se produce de nuevo en la televisión, donde la posibilidad de obtener emisiones NICAM, es decir, en dos lenguas simultáneamente, se reduce, por lo que sabemos, a Madrid y a Barcelona. A este sector del público van también destinadas las cintas exclusivamente subtituladas, aunque, como ya he señalado antes, estas películas ya llegan a España con la etiqueta de «especiales» desde su país de origen, al proceder de canales de distribución independientes.

Por otra parte, el denominado «gran público» español de cine prefiere las versiones dobladas, y en general no se cuestiona siquiera el porqué de este doblaje. A él se destinan la gran mayoría de las películas, entre las que se encuentran los grandes éxitos de taquilla, siempre doblados. No obstante, ¿puede todavía hablarse de razones no comerciales por las que el doblaje sigue siendo una industria tan boyante en España? Para tratar de contestar a esta pregunta recurriré a otro concepto, esta vez no traductológico sino procedente de la sociología, en concreto del teórico francés Pierre Bourdieu: el *hábitus*.

4. Hábitus

El hábitus es el producto de la internalización y generalización de principios culturales arbitrarios emitidos originalmente por un poder cultural también arbitrario. En palabras de Bourdieu, el hábitus se compone de modos de percepción, evaluación, clasificación y acción, es decir, de un conjunto de expectativas y aprehensiones forjadas por la experiencia individual, que en el caso del ámbito cultural determina, entre otras cosas, cómo se entienden las reglas del juego. Aunque este

---

[6] Aun así, Izard (1995, 109-110) cita algunos inconvenientes de la subtitulación. El más importante es su carácter de «texto paralelo» al oral, y, por tanto, mucho menos natural en un medio audiovisual como el cine.

concepto ha dado lugar a interpretaciones muy distintas, el caso particular de la utilización del doblaje y la subtitulación en la España contemporánea podría considerarse como un reflejo del hábitus cultural predominante.

El concepto de hábitus está directamente relacionado con el de «capital simbólico» o «cultural», que para Bourdieu es un término paralelo al de capital económico del materialismo histórico. La posesión de capital cultural es para el sociólogo francés mucho más importante que la del económico para la perpetuación de las desigualdades sociales en las sociedades avanzadas de nuestros días. En nuestro campo concreto de estudio, podría decirse que el hábitus favorece el doblaje no sólo porque es rentable comercialmente, sino porque es lo asumido, lo conocido y, también, la modalidad más fácil y comprensible para el gran público. En este sentido, el ensayista estadounidense Matthew P. McAllister (1996, 2) considera la «accesibilidad» simbólica, es decir, la fácil e inmediata comprensión por parte del público, como una de las tres[7] características principales de los medios de masas de nuestro siglo. Por el contrario, la subtitulación, al tratarse de una modalidad prestigiosa reivindicada y disfrutada por la minoría más preparada intelectualmente, sería uno más de los rasgos de posesión de capital cultural que distinguen a dicha minoría del grueso de la población. Estos rasgos conforman un estilo de vida que para Bourdieu es lo que en la sociedad actual diferencia, sobre todo, a las clases sociales, y en el que se sitúa una «disposición estética» o marca de sensibilidad artística de la que formarían parte prácticas como la visión de películas subtituladas y no dobladas.

Para alterar un hábitus concreto, se necesita modificar lo que Bourdieu denomina *acción pedagógica* del capital simbólico o cultural, concepto poco desarrollado en la teoría del sociólogo francés, que en cualquier caso juega mayoritariamente a favor del doblaje. La propia sociedad, mediante sus sistemas educativos, tendría que asumir, en este caso, que el doblaje no es la modalidad de traducción apropiada e irla sustituyendo, poco a poco, por la subtitulación[8].

Mi opinión es que es difícil que este cambio de mentalidad tenga lugar en un futuro próximo. Es sintomático, a este respecto, que ni siquiera la enorme presión que se ejerce continuamente sobre las autori-

---

[7] Las otras dos son la diversidad y la amenidad (1996, 2-4).

[8] Bourdieu ha prestado, en general, poca atención a la influencia de los medios de comunicación en la conformación de la sociedad actual. Un resumen sucinto pero completo de las opiniones de Bourdieu al respecto se encuentra en Swartz (1997, 231).

dades educativas españolas para mejorar la enseñanza de lenguas extranjeras en nuestro país haya sido suficiente para alterar la situación. Como se sabe, en las publicaciones sobre enseñanza de lenguas extranjeras parece haber un consenso general en torno a la decisiva influencia de la subtitulación en el aprendizaje de otras lenguas, como sucede en países cercanos a nuestro entorno, como Portugal o Marruecos, en los que se subtitula y no se dobla. Se dice que la subtitulación motiva tanto la escucha o aprendizaje de una lengua extranjera como el interés por la cultura que habla dicha lengua. Iniciativas recientes, como la serie *Speak Up*, aprovechan precisamente las ventajas del carácter «estereoscópico» (o de doble código) de la subtitulación, realizado en la propia lengua de origen. Sin embargo, las razones didácticas no parecen ser suficientes. Las grandes distribuidoras de películas, casi todas de origen estadounidense, están en este caso mucho más interesadas en obtener recaudaciones en taquilla que en promocionar el inglés, dejando que se oiga en todas las salas cinematográficas españolas. Es decir, el beneficio económico que se obtiene con el actual sistema se sitúa por encima de cualquier razón de carácter propagandístico o difusor del inglés, y ninguna decisión proveniente de instancias gubernativas podría, en estos momentos, contravenirlo.

Cuando a principios de la década de los cuarenta, la dictadura franquista, poder arbitrario con jurisdicción sobre lo cultural, decidió adoptar el doblaje como norma, se impuso un modo de actuar sobre otro, en este caso la subtitulación. Hemos visto que las razones que en su día se esgrimieron para escoger el doblaje ya no existen o, dicho de otra forma, han sido superadas, y que, en estos momentos, no hay censura cinematográfica en España ni posibilidad de manipulación abierta de las películas por medio del doblaje[9]. Sin embargo, en el hábitus artístico español actual, el doblaje se ha perpetuado como norma, y a nadie que conozca un poco nuestro mercado cinematográfico se le ocurriría ahora que la subtitulación pudiera sustituirlo, al menos en un período breve de tiempo.

Una cuestión, no obstante, queda sin resolver: ¿Significa este predominio del doblaje que la cultura española está protegida con mayor eficacia de la invasión lingüística y cultural de los países de habla inglesa? Para examinar este aspecto, hay que recurrir a otros conceptos traductológicos.

---

[9] Según Ávila (1997, 47), la censura en el doblaje fue oficialmente abolida en 1978.

5. Domesticación/extranjerización

Ambos son conceptos acuñados por Lawrence Venuti (1995) para describir dos modos distintos de traducción. La domesticación consiste en traducir siguiendo un estilo claro, fluido y aceptable para el receptor de la cultura meta (CM), anulando todas las posibles dificultades derivadas de su carácter extraño o extranjero. La extranjerización es el proceso contrario: traducir manteniendo este carácter extraño en el texto meta (TM) aun cuando ello suponga adoptar un estilo opaco, poco claro y de difícil comprensión para el receptor de la CM. Los conceptos de Venuti se enmarcan en una actitud política descontenta con la hegemonía e impermeabilidad del inglés con respecto a las demás lenguas y culturas del mundo, que se demuestra en el escasísimo número de traducciones publicadas en dicha lengua.

Según Danan (1994, 612),

> Dubbing is an attempt to hide the foreign nature of a film by creating the illusion that actors are speaking the viewer's language... Dubbing, in short, is an assertion of the supremacy of the national language and its unchallenged political, economic and cultural power within the nation's boundaries.

Es, por tanto, una modalidad de traducción orientada claramente a la cultura meta. Por el contrario, el público de una película subtitulada es siempre consciente de lo «extranjero» al escuchar la banda sonora original, lo que define a la subtitulación como una modalidad de traducción orientada en principio a la cultura de origen.

Como ejemplo de esta última modalidad, veamos un fragmento del guión original y su subtitulación en español, dividido en títulos, de *Flirt*, de Hal Hartley (1995), una película adscrita al *Free American Cinema*, y, por tanto, marcada desde su país de origen como producto «especial» destinado a un público concreto. La película se proyectó en España sólo subtitulada y, de manera continua, sólo en salas de Madrid, Barcelona, Valencia y otras capitales. Con todo, según los datos del Ministerio de Educación y Cultura, recaudó unos once millones de pesetas. En el diálogo que inicia la película, alguna de las decisiones tomadas por los traductores señalan, a mi juicio, la naturaleza del público destinatario de la película:

55

TEXTO ORIGEN (TO):
Bill: What time's your flight?
Emily (packing): Seven.
Bill (pacing): Seven, huh. OK. It's four now...
She keeps packing while watching him pace, He's thinking. He lights a cigarette and stops.
Bill: Look. Let me go get Michael's truck. I'll drive you to JFK.
Emily: I can take a taxi.
He comes over and takes her by the arm.
Bill: No, I want to. Can you wait here?
Emily: How long?
Bill (considers): An hour and a half.
Emily: And then what?
Bill: I'll tell you the future.
Emily (looks at her watch): At five-thirty?
Bill: Without fail.

TEXTO META (TM):
1. ¿A qué hora es tu vuelo?
—A las siete.
2. A las siete, ¿eh?
3. Muy bien. Son las cuatro.
4. Deja que vaya a por el camión de Michael y te llevo al JFK.
5. Puedo ir en taxi.
6. Quiero hacerlo. ¿Me esperas aquí?
7. ¿Cuánto tiempo?
—Hora y media.
8. ¿Y luego qué?
—Te hablaré del futuro.
9. ¿A las 5:30?
—Sin falta.
10. A las 5:30.

Obsérvese cómo se mantiene el calco (o, en cualquier caso, no se intenta la aclaración) de las siglas *JFK,* por las que normalmente se conoce al aeropuerto Kennedy de Nueva York. En este caso, el público al que va dirigida la película hace posible este calco, imposible de mantener si se hubiese doblado la película. Es decir, el traductor-subtitulador ha presupuesto el conocimiento de las siglas por parte del espectador, posiblemente porque es un elemento familiar en su propio entorno cognitivo, forzosamente cercano a la CO de la que procede la película. En otras palabras, el traductor tenía en mente un «espectador implícito» o *ideal viewer* (Kovacic, 1995, 378), capaz de identificar las siglas *JFK,* con un bagaje cultural y cognitivo cercano al suyo propio.

La subtitulación es, en fin, un procedimiento mucho más extranjerizante (*foreignizing*) que domesticador (*domesticating*) en términos de Lawrence Venuti. Podría decirse, usando otro concepto suyo, que en esta modalidad la labor traductora es más *visible,* al ser simultánea a la banda sonora en lengua extranjera. El doblaje, por su parte, se parece más a la labor invisible, pero mucho más violenta, preconizada por la domesticación con el propósito de anular el texto extranjero (al que, en efecto, el doblaje se superpone) y crear así una apariencia, para Venuti falsa, de fluidez y cercanía a la cultura meta. Sin embargo, la aplicación de los conceptos de Venuti, destinados en principio a textos literarios, no resulta tan fácil, pues no podemos olvidar la supeditación del doblaje o la subtitulación a un texto en imágenes con características y códigos propios ajenos al texto escrito, que implican unas limitaciones especiales, y distintas a las de la traducción literaria.

Es interesante resaltar, en este sentido, que la tendencia extranjerizante de la subtitulación parece ocurrir casi siempre, incluso en la dirección contraria, del español hacia el inglés. ¿Cómo es posible, por tanto, que el monolingüe y «monocultural» público norteamericano lo acepte, si bien cada vez se importan menos películas europeas? Hay que recordar de nuevo que las películas subtituladas están por definición dirigidas a un sector minoritario del público, que es en definitiva su único receptor, que en el caso de Estados Unidos es también el sector más cosmopolita y culto, que reside en las grandes ciudades en las que únicamente se proyectan estas películas. Veamos a continuación las razones por las que públicos como éste exigen, y obtienen, películas subtituladas.

6. ESTATUS

El concepto de estatus (Even-Zohar, 1978) es relativamente reciente, y se aplica, sobre todo en la traducción literaria, al prestigio que un autor u obra extranjera tiene en un determinado polisistema nacional, esto es, el sistema de creencias y valores culturales interconectados, que se modifica según la interacción entre sus elementos. El concepto de estatus influye en la manera en que una obra es traducida (de forma predominantemente literal, sin alterar los formatos originales), así como en qué obras son seleccionadas para su traducción (precisamente las de mayor estatus en la cultura de origen). Si tomamos como ejemplo la historia de las traducciones de Shakespeare al español, podremos observar cómo el estatus del autor inglés, cuyas obras se consideran *metatextos* según la definición de Lyotard (1985), ha sido siempre determinante en la manera de traducirlo, pues sólo en aquellas ocasiones en las que traductor y público lo desconocían (por ejemplo, las primeras adaptaciones teatrales del siglo XIX en Madrid y Barcelona), o cuando la norma de traducción era necesariamente adaptadora (caso del *Hamleto* de Ramón de la Cruz), se alejaron significativamente las traducciones de los TO.

He señalado ya que las películas que se subtitulan en España llegan precedidas de un estatus especial en su país de origen, lo que les confiere un carácter distinto. El estatus se basa en una apreciación distinta de la obra en cuestión por parte de agentes concretos (casi siempre sus autores, primero, y críticos y distribuidores, después) con respecto al resto de la producción. Por ejemplo, las películas de Hal Hartley, elaboradas por productoras independientes con mucho menos presupuesto que las grandes películas, son después distribuidas en Estados Unidos por pequeñas distribuidoras, proyectadas en salas especiales para públicos minoritarios, y finalmente reseñadas por críticos intelectuales e independientes a través de medios de difusión «sofisticados» como *The Village Voice* o, en el caso británico, *Time Out*. La «reescritura» de la obra que estos reseñadores elaboran contribuye a su definitiva adscripción a un sector de público y a unos canales de distribución diferentes de los de las películas comerciales. Cuando el producto se importa a España, su estatus se importa también, convirtiéndose en producto «subtitulable», a veces como única modalidad de traducción.

Se puede hablar también de estatus en el doblaje, como elemento que influye en algunas de sus normas de traducción. Por ejemplo, el prestigio de determinados actores obliga a elegir cuidadosamente a los actores españoles que prestan su voz. La voz de Clint Eastwood es siempre doblada por el mismo actor (Constantino Romero), y lo mismo ocurre con actores de gran prestigio como Al Pacino, Dustin Hoffman o, incluso, Sylvester Stallone. En otras ocasiones, se contrata a un gran actor para que doble a un personaje especial, caso de Nuria Espert en el papel de narradora de *The Age of Innocence*. Esta elección subraya el carácter especial y distinguido de la película, prefigurado por su especial estatus en la cultura de origen.

Finalmente, un caso especial de estatus o, esta vez, de sacralización de la CO, se produce con la actual tendencia a comercializar películas con los títulos sin traducir. Para Gillo Dorfles (1969), cualquier palabra en una lengua extraña puede ser más rentable comercialmente que una palabra de la propia. ¿Cómo se explica entonces que el doblaje no incluya el título de la película, cuando, según Hesse-Quack (1969, 71-57) un buen título en lengua extranjera puede resultar comercialmente muy rentable? Las razones son, ante todo, publicitarias y comerciales, pero también, posiblemente, de política cultural, y desde luego analizables desde posiciones neomarxistas como las de Bourdieu o las del lingüista italiano Rossi-Landi, creador del concepto de «capital lingüístico» (1992), cuyo nivel de adquisición confiere poder a determinadas capas sociales y acentúan la marginación de otras.

Termino analizando un concepto que afecta exclusivamente al doblaje.

7. Nivelación («Levelling»)

La nivelación es el fenómeno que se produce cuando la traducción iguala, o «nivela» las diferencias, sobre todo dialectales, que contiene el TO. Afecta, por tanto, al nivel sociolingüístico de los textos, incidiendo especialmente en textos literarios o de entretenimiento, donde se suelen producir estas diferencias. Según Mona Baker (1993, 243-245), la nivelación parece ser uno de los «universales» de la traducción, junto con la simplificación, la anulación de la ambigüedad y la naturalización.

En el doblaje, y también en la subtitulación, la traducción tiende a nivelar los «lectos» presentes en el TO, y a uniformizarlos en una única variedad, que suele ser la más estándar o neutra, con la salvedad de que, en la subtitulación, la posibilidad de escuchar la versión original de la película los mantiene, lo que permite oírlos siempre y distinguirlos si el espectador conoce la lengua de origen (LO).

Las películas dobladas se caracterizan por suprimir las variedades lingüísticas presentes en el TO, entre las que encontramos variedades funcionales (dialectos propios de sexos, profesiones o clases sociales) y geográficas (dialectos propios de países, regiones o lugares concretos). En el cine, y en literatura, la inclusión de estas variedades guarda relación con motivos diversos, como la búsqueda de efectos cómicos o de matices, sólo posibles por medio de elementos lingüísticos relacionados con ellas. En el cine en lengua inglesa, la inclusión de estas variedades, imprescindibles para caracterizar personajes o comprender situaciones cuya comicidad se basa precisamente en sus diferencias, refleja la tremenda variedad dialectal del inglés en el mundo de hoy.

Traducir estas variedades, tan frecuentes en el lenguaje hablado, es sin duda uno de los problemas sempiternos de cualquier traductor, y las posibles soluciones, ninguna de las cuales puede considerarse mejor que las demás, dependen de factores externos relacionados con el escopo de la traducción. Creo que, en general, todas estas soluciones coexisten hoy en el doblaje de películas, desde aquellas que suprimen total o parcialmente estas variedades hasta las que intentan reproducirlas, con mayor o menor fortuna, por medio de variedades similares, aunque nunca equivalentes, de la CM.

De la aplicación del primer tipo de soluciones se deriva otro fenómeno interesante, ya mencionado, que afecta al doblaje de la película. Puede decirse, aunque cabe preguntarse si ésta es una cuestión abordable sólo desde la traductología, que la variedad de español peninsular a la que se doblan las películas es siempre la misma, y que sus características responden a lo que hoy en día se entiende, con mayor o menor fortuna, por español «estándar». Se produce, pues, otra nivelación del lenguaje, en este caso propia y exclusiva del TM, que provoca a veces, en el caso de España, cierto rechazo cuando el doblaje se exporta a América, y viceversa, que curiosamente no se da cuando se trata de películas no traducidas, es decir, rodadas en una determinada variedad de español, lo que resulta mucho más aceptable para todos los públicos.

8. Conclusiones

Del examen de los conceptos expuestos anteriormente, se desprenden ante todo cuestiones que yo considero el centro del debate: en la actualidad, ¿podríamos considerar el doblaje una estrategia de protección de la cultura propia ante la hegemonía del cine extranjero y, en particular, del anglocentrismo dominante? En el primero de los casos sería, a pesar de todo, una de las pocas «barreras» efectivas contra la presencia y hegemonía del inglés y lo anglófono en la cultura española. O, por el contrario, ¿debe seguir siendo considerado una imposición cultural autóctona destinada a eliminar «lo extranjero», y, por tanto, rechazable desde perspectivas artísticas? Posiblemente, sea ambas cosas a la vez, aunque no en el mismo grado. El doblaje es en realidad una norma impuesta y heredada, hoy avalada y defendida por las propias distribuidoras cinematográficas, casi todas multinacionales y predominantemente estadounidenses, como mejor opción para la comercialización de sus productos[10].

---

[10] Según Ávila (1997, 145), el 53% de las películas exhibidas en los cines españoles en 1996 fue de procedencia estadounidense, mientras que el 26% fueron películas procedentes de la Unión Europea y sólo el 13% españolas. Estas cifras son parecidas en todos los países comunitarios europeos.

Lo que antaño fue una medida exclusivamente proteccionista y, por ende, censora y manipuladora, es hoy una norma plenamente asumida por el hábitus cultural español, cuyos posibles «deslices» manipuladores se deben, pensamos, sólo al carácter violento y nivelador de cualquier traducción domesticadora con un escopo predominante y prácticamente único, como es el éxito en taquilla o de audiencia. Hemos de mencionar, sin embargo, una salvedad: en términos estrictamente comerciales, y desde posturas nacionalistas, hay quien sigue defendiendo que doblar películas perjudica al cine español. Citamos testimonios al respecto: en el libro de Alejandro Ávila *El doblaje* (1997, 21) se cita a la actriz Aurora Bautista, que afirma que «las películas extranjeras ganan espontaneidad al doblarlas. Por tanto, el doblaje nos perjudica y en eso estamos de acuerdo». El director de cine Juan Antonio Bardem declara asimismo que «el doblaje es la causa de todos los males del cine español. La orden que obligaba a traducir todas las películas extranjeras al castellano fue una puñalada por la espalda al cine español» (Ávila, 1997, 22). La paradoja parece, pues, evidente: ¿Se ha convertido lo que antaño fue una medida protectora nacionalista en una baza comercial insustituible para el éxito del cine extranjero en España y, por tanto, perjudicial para el nuestro?

Para terminar, cabe proponer algunas líneas de investigación con respecto a estos dos campos, doblaje y subtitulación:

a) La relación entre la subtitulación, el doblaje y la recepción de productos audiovisuales. No hay datos sobre la influencia de una y otra modalidad de traducción audiovisual en la percepción del cine que se ve en España. Si el doblaje provoca indefectiblemente una «pérdida», ¿significa esto que nuestra percepción y comprensión de las películas queda mediatizada (y desfigurada) con respecto a la versión original? ¿Influye este fenómeno en el éxito, o fracaso, de determinadas películas, a veces en sentido distinto al que experimentaron en la CO? ¿Es la percepción de una película subtitulada significativamente distinta de la percepción de una película doblada? ¿Es el doblaje, en el fondo, la única manera de intentar transmitir el estatus (éxito, audiencia, fama) del original en las CM, dada la poca popularidad de la subtitulación?

b) La influencia de la traducción de películas en inglés en la norma del español cotidiana y estándar. No existen (que yo sepa) estudios sobre la infiltración de calcos o préstamos en el español a través del doblaje y la subtitulación, ni sobre el porqué de estas infiltraciones. Algunos ejemplos recientes de este fenómeno, extraídos del doblaje de *Titanic* (1998), son:

«Tiene toda mi atención» *(You have my attention)*.
«¿Cómo de frío?» *(How cold?)*.
«Haz que cuente» *(Make it count)*.

Peter Fawcett cita (1997, 8), a este respecto, un concepto del investigador canadiense Ladmiral, el «efecto freno» *(braking effect)*, que sólo se produce en la mente del lector u oyente cuando en un texto se encuentra una divergencia grave con respecto, sobre todo, a las colocaciones de la lengua que utiliza. En el caso del doblaje y la subtitulación, este efecto no se produciría, al no alterarse las colocaciones, sino toda su composición léxica y, sobre todo, su frecuencia, de modo que la lengua traducida se «absorbería» eficazmente, de manera subliminal y no consciente. De esta manera, y desde hace décadas, viene influyendo el inglés estadounidense sobre el británico a través del cine y otros medios audiovisuales. No se olvide, a este respecto, que las limitaciones del doblaje (sincronía de voz y movimientos labiales) y la subtitulación (claridad y brevedad de los títulos para leerlos rápidamente) son a menudo esenciales para entender la tendencia de ambas modalidades de traducción a utilizar calcos. Esto explicaría la preferencia del doblaje por frases más cercanas a las del inglés, en detrimento de otras posibilidades, como por ejemplo:

«Estamos listos para hacerlo» (casi nunca «dispuestos»).
«No es nada personal» (casi nunca «No tengo nada contra ti»).
«Te diré algo» (casi nunca «Te diré una cosa»).
«No puedo creer que...» (casi nunca «Parece mentira que...»).
«Está bien, está bien» (casi nunca «Vamos, no pasa nada»).

c) Aunque, en el fondo, las dos estrategias de traducción definidas por Venuti, extranjerización y domesticación, se produzcan en el doblaje y en la subtitulación, otras cuestiones por abordar serían, por ejemplo: ¿Cuál predomina, y en qué modo? ¿Varían según el género o estatus de la película? ¿Se siguen políticas distintas de doblaje en el cine y en la televisión?

Todas estas preguntas y muchas otras han de abordarse, como dije al principio, desde distintas áreas de investigación, preferiblemente de manera interdisciplinar. Lo que parece cierto, después de las escasas evidencias investigadoras halladas, es que en el fascinante estudio de la composición, funcionamiento y propagación de los medios de masas actuales, el doblaje y la subtitulación, como procedimientos de mediación y superación de barreras lingüísticas, deberían gozar de una atención mayor de la que hasta ahora les han brindado los campos tradicionales del saber.

Más allá de la lingüística textual: cohesión y coherencia en los textos audiovisuales y sus implicaciones en traducción

Frederic Chaume Varela
Universitat Jaume I (Castellón)

1. Los mecanismos de cohesión

La cohesión es una propiedad sintáctico-semántica de los textos que resume las maneras a través de las que se conectan los componentes de la superficie de un texto[1]. Para Halliday y Hasan (1976, 4), se trata de un concepto semántico que refiere las relaciones de significado existentes en el texto y que permite que éste se pueda definir como texto. De Beaugrande y Dressler (1981, 3) proponen una definición aún más amplia. En principio, califican la cohesión como uno de los siete estándares de textualidad que todo texto debe tener para cumplir con su función comunicativa. Para estos autores, el concepto de cohesión se refiere a los diferentes modos en que los componentes de la superfi-

---

[1] Esta definición es una reformulación de la que ofrece Mederos Martín (1988, 14) basándose en la propuesta por R. de Beaugrande y W. Dressler (1981): «La cohesión tiene que ver con la manera como se conectan los componentes del texto superficial». No estamos de acuerdo con la traducción del sintagma «texto superficial» a partir del inglés *surface text* en el contexto en que la utilizan estos dos autores. Por ello, hemos preferido «la superficie de un texto», como oposición paradigmática a las relaciones de sentido que sustentan la cohcrencia de un texto.

cie de un texto, es decir, las palabras reales que escuchamos o vemos en el caso de los textos audiovisuales, están conectados mutuamente dentro del texto. Su definición parece más descriptiva que la de Halliday y Hasan, que recuerda más a las reglas y a la normativa gramatical.

El concepto de cohesión ha sido uno de los más estudiados y debatidos en el último cuarto del siglo XX. Mederos Martín (1988, 12-17) ofrece una revisión del concepto en donde se aprecia la evolución de éste en los estudios lingüísticos. Pennock ofrece un explicación mucho más detallada, y especialmente interesante es su esfuerzo por recoger las diferentes críticas a los postulados de Halliday y Hasan (Pennock, 1998, 94-102). A él nos remitimos para una revisión de la propuesta de estos autores, cuya aportación, como concluye el propio Pennock (1988, 102), «provides valuable insights into how texts hang together and is a compendium of cohesive devices». A nosotros nos interesa ahora aprovechar el compendio de vínculos de cohesión que ofrecen los autores y ver su aplicabilidad a los textos audiovisuales, en especial, al entramado de relaciones que se producen entre imágenes y palabras, puesto que en los textos objeto de este estudio, los vínculos de cohesión pueden referirse a los elementos del texto, verbales y visuales, y a los que se encuentran fuera de él, como ocurre con las referencias directas al espectador o a su entorno.

Halliday y Hasan (1976) definen originariamente los mecanismos o vínculos de cohesión textual como aquellas palabras o grupos de palabras que están mutuamente conectados en un texto. Éstos se pueden clasificar en:

a) vínculos de referencia (los pronombres personales, posesivos, demostrativos, comparativos, el artículo definido y ciertos adverbios);

b) vínculos de sustitución (los nombres y los verbos comodines o ciertos pronombres);

c) vínculos de elipsis (de cualquier parte de la oración o del texto);

d) vínculos de cohesión léxica (repeticiones de palabras, uso de sinónimos, antónimos, familias léxicas, campos semánticos, relaciones de metonimia...); y

e) vínculos de conexión (que incluyen no sólo las conjunciones tradicionales, sino más ampliamente los marcadores discursivos o las unidades fraseológicas lexicalizadas o en proceso de lexicalización).

Seguiremos el marco propuesto por estos autores, porque es el más estructurado y coherente hasta la actualidad, pero lo ampliaremos o modificaremos en las líneas que siguen, según las necesidades de los textos objeto de nuestro estudio.

2. EL VALOR AÑADIDO O COHESIÓN EXTRA EN LOS TEXTOS AUDIOVISUALES

Inicialmente, las preocupaciones de los teóricos en el ámbito de la traducción audiovisual se centraban en aquello que precisamente más separa los textos audiovisuales de los textos escritos: en la presencia simultánea de la imagen, y en especial, en cómo encajar una primera traducción del guión en los movimientos articulatorios de las «bocas» de los personajes del texto original. Con todo, la dificultad de la traducción audiovisual no se restringe al ajuste labial de ciertas consonantes y vocales, cuestión en la que insistía Fodor (1976) en su pionero trabajo sobre el doblaje. Es más, precisamente este aspecto es sólo uno de los obstáculos que ha de superar el traductor y, quizá, no de los más complicados, ni siquiera de los más frecuentes.

La traducción audiovisual es una modalidad de traducción de unos textos especiales en donde varios códigos de significación, que utilizan dos canales de comunicación diferentes, convergen en el mismo tiempo y en el mismo espacio. El resultado es un *texto multidimensional* cuya coherencia depende extraordinariamente de los mecanismos de cohesión establecidos entre la narración verbal y la narración visual. Precisamente, aquello que nos permite agrupar a estos textos en un género paradigmático, o género de géneros, es la interacción entre información verbal e información no verbal. El texto audiovisual se debe entender en su globalidad y no es conveniente disociar los códigos de significación que lo integran más que con propósitos analíticos.

El funcionamiento entre imagen y palabra, la interacción de los dos sistemas de significación del texto audiovisual, se manifiesta en términos de cohesión y de coherencia entre las dos narraciones simultáneas, la visual y la verbal, de modo que el traductor se ve obligado a poner en práctica estrategias de traducción capaces de transmitir no sólo la información que contiene cada narración, sino el sentido que irrumpe como fruto de su interacción: un valor añadido (Chion, 1993) o un significado extra (Fowler, 1986, 69 ss.) que va más allá de la mera suma de ambas narraciones.

En el doblaje se combina lo abstracto del lenguaje humano con lo concreto de la imagen. El resultado de estos sometimientos y combinaciones es un estilo de lenguaje al que llamamos audiovisual. Para algunos autores, este tipo de lenguaje hay que estudiarlo por separado, estableciendo dos clasificaciones: el lenguaje auditivo y el lenguaje visual. Para otros, en cambio, la separación no debe producirse si se quieren obtener resultados reales (Bettetini, 1986). Yo soy partidario de esta última corriente, siempre que el estudio del lenguaje audio y vídeo no tenga como resultante la suma de ambos, sino un nuevo lenguaje formado por la intersección o combinación de los dos sistemas (Ávila, 1997, 31).

Esa suma, que iría más allá de las partes, se concreta en la noción de valor añadido de Chion o de significado extra de Fowler. Chion define el valor añadido como el valor expresivo o informativo con el que un sonido enriquece una imagen dada hasta hacernos creer —el omnipresente *efecto realidad*— que esa expresión o información se desprende de modo natural de lo que se ve, es decir, está contenida en la imagen. A ese mismo concepto alude Villafañe (1996, 233-234):

> Este fenómeno tiene lugar sobre todo en el marco del sincronismo sonido/imagen, que permite establecer una relación inmediata y necesaria entre algo que se oye y algo que se ve. Todos aquellos golpes, choques, caídas o explosiones más o menos simulados que visualizamos en la pantalla adquieren mediante el sonido una consistencia y una materialidad imponentes. El primer valor añadido es el del texto (la voz, las palabras) sobre la imagen, que estructura la visión enmarcándola rigurosamente. La música también supone un valor añadido [...].

En lingüística, Fowler (1986) ha postulado el término de significado extra para designar aquel significado que no emerge de las estructuras gramaticales de un texto, sino de lo que este autor denomina estructuras extra: en el discurso literario, la rima, el metro, la aliteración, las cadenas léxicas o los paralelismos sintácticos son estructuras que operan al margen de las estructuras gramaticales habituales y contribuyen a crear el significado global del texto.

La cohesión extra o el valor añadido que surge en la comunicación audiovisual se debe entender como una propiedad de los textos audiovisuales, no como un componente de ellos. Al referirnos a la expresión material del texto, teníamos presente una propiedad específica de los sistemas semióticos: su sustancia material está constituida no por objetos, sino por relaciones entre objetos. El texto se construye así como una forma de organización, es decir, como un sistema determinado de relaciones. Por ello, entre diferentes niveles de texto pueden establecerse conexiones estructurales complementarias o relaciones entre esos distintos niveles. Estos niveles (lingüístico, icónico) y subniveles (prosódico, sintáctico, iconográfico, fotográfico, etc.) se presentan a su vez organizados independientemente. Las relaciones estructurales entre niveles devienen una característica esencial de estos textos y otorgan al constructo final un significado extra que el traductor debe reconocer y, en su caso, transmitir al texto meta (Garí, 1995, 67).

> La conversión de las palabras en piezas arquitectónicas de una imagen global obliga a considerar verbalismo e iconismo simultáneamente, en una especie de nuevo alfabeto híbrido surgido del despojo de las propiedades primigenias de ambas manifestaciones sígnicas.

3. LOS MECANISMOS DE COHESIÓN EN TRADUCCIÓN AUDIOVISUAL

> Let us also not forget that the basic objective of dubbing is to encourage the illusion that one is watching a homogeneous whole, not the schizoid version with which one is in fact confronted.

Esa impresión esquizofrénica con la que bromea Whitman (1992, 17) se puede paliar si los mecanismos de cohesión entre el texto verbal y el texto visual son los adecuados la confección de un texto y en su traducción. Este apartado está dedicado precisamente a presentar las relaciones entre imágenes y palabras en términos de mecanismos de cohesión entre ambas narraciones, precisamente el tipo de relación que singulariza a esta modalidad de traducción frente a otras. Zabalbeascoa (1993, 222) lo señala como uno de los aspectos fundamentales en el doblaje:

> Audiovisual cohesion and coherence. The technical and linguistic problems of combining words, sounds and images. This is what is unique about dubbing; it is the aspect that this form of translating does not share with any other form of translating, not even the translation of plays or the production of subtitles.

El autor señala que las posibles relaciones entre palabras e imágenes se pueden englobar en dos grandes campos: imágenes relacionadas con palabras (movimiento de los labios, reacciones a las palabras, objetos de los que se habla), e imágenes no directamente relacionadas con las palabras. Gambier (1994, 246) también coincide en que esta fase es una de las cuatro etapas que se producen en la traducción audiovisual (junto con la transformación de un texto escrito en un texto representado, o la transferencia interlingüística propiamente dicha): «[...] relating iconic and linguistic features to one another (another kind of inter-semiotic translation)».

Por las razones señaladas, nos parece conveniente intentar aplicar a la traducción audiovisual los postulados de la categoría de cohesión, según la lingüística sistémica. Desde el punto de vista de la traducción audiovisual, coincidimos con Newmark en que el concepto de cohesión ha sido uno de los más productivos en su aplicación a la traducción de todos cuantos han sido acuñados por el análisis del discurso y la lingüística textual (Newmark, 1987, 295), puesto que en traducción audiovisual consideramos esencial para el traductólogo el conocimiento de los mecanismos de cohesión entre imágenes y palabras. Nuestro propósito, con todo, se centra en mostrar que la propuesta de Halliday y Hasan (1976, 1985) necesita ser ampliada para englobar los fenómenos de cohesión que aparecen en los textos audiovisuales, o en los textos verboicónicos, en general. Por razones de espacio, en este trabajo nos centraremos exclusivamente en la aplicabilidad de los vínculos de sustitución, elipsis y recurrencia a la traducción audiovisual.

Respecto a los vínculos de referencia, que aquí no trataremos, cabe, por el momento, anotar que la deixis exofórica es una pieza clave en traducción audiovisual. Precisamente la especificidad de esta modalidad de traducción se encuentra en las operaciones de traducción que se han de llevar a cabo por el hecho de encontrarnos ante textos compuestos de imagen y palabras, de código icónico y código verbal. Sin embargo, para que la aplicación del análisis de esta categoría resulte útil, será necesario dividir la deixis exofórica en diegética y no diegética, según si el vínculo señala un objeto que forma parte de la historia o que se encuentra fuera de ella, con las repercusiones textuales que ello conlleva de cara a la traducción.

Y respecto a la conexión, de la que tampoco nos podremos ocupar, el interés del traductor se centrará en observar qué cambios con respecto al texto origen se producen en el ejercicio de la traducción por lo que respecta a la presencia de conectores. El análisis de una comparación entre un texto origen y un texto meta escritos puede realizarse según pautas más lingüísticas. Sin embargo, el análisis de una comparación entre un texto origen y un texto meta audiovisuales necesita de un marco más amplio. La presencia de mensajes emitidos por varios códigos simultáneamente puede aminorar, por ejemplo, la necesidad de mantener los conectores del texto origen en la traducción, o dicho de otro modo, la ausencia de conectores tanto en la confección del texto origen, como, especialmente, en la traducción, no debe siempre considerarse en términos evaluativos una pérdida, sino que debe valorarse según otros parámetros, por ejemplo, si efectivamente son necesarios tales conectores en un texto audiovisual, con imágenes paralelas, con asociaciones entre imágenes y escenas (un tipo semiótico de conector o nexo), y con un registro lingüístico que se quiere asemejar al oral coloquial en la mayoría de los textos de ficción.

3.1. *La sustitución y la elipsis*

En trabajos posteriores, Halliday y Hasan (1985, 301 ss.) incluyen los mecanismos de sustitución y elipsis en un mismo apartado: «ellipsis and substitution are variants of the same type of cohesive relation». De hecho, estos autores defienden que la elipsis es un caso de sustitución de un elemento nominal, verbal o proposicional por el conjunto vacío, lo que Pennock denomina *zero substitution* (Pennock, 1998, 92). La elipsis la define globalmente De Beaugrande (1991, 251) como:

> Ellipsis occurs when a clause, or part of a clause, or of a verbal or nominal group is presupposed at a subsequent place via positive omission —saying nothing where something is required to make up the sense.

La sustitución se entiende como «a place-holding device, showing where something has been omitted and what its grammatical function would be» (Halliday y Hasan, 1985, 297).

El traductor de textos audiovisuales se enfrenta de nuevo con un género de textos que desborda las categorías lingüísticas. Nuestra tesis se resume en que, desde el punto de vista de una teoría de la comunicación global, que no se restrinja únicamente a las relaciones de conexión que ocurren dentro de la narración verbal, los ejemplos de elipsis lingüística que vayan acompañados por un signo iconográfico que sirva de referente al enunciado elíptico serían, más bien, instancias de sustitución: un signo no verbal sustituye a otro signo verbal que ha sido omitido. Llegamos al punto de partida del argumento: las categorías de elipsis y sustitución se funden en una sola en un concepto amplio de texto, la elipsis lingüística puede ser el resultado de una sustitución semiótica, y viceversa.

Podemos, por tanto, distinguir dos tipos de sustitución: la sustitución lingüística y la sustitución semiótica. La primera se subdivide en sustitución nominal, verbal o proposicional, mientras que la segunda, en los textos audiovisuales, consistiría en la sustitución de un elemento icónico por otro lingüístico o viceversa[2]. Siguiendo nuestro argumento, podríamos encontrar tres tipos de elipsis: la elipsis lingüística, la elipsis icónica y la elipsis narrativa. La elipsis lingüística, a su vez, podría consistir bien en la ausencia de palabras con una explicación icónica sustitutiva, o en la ausencia de palabras sin explicación icónica sustitutiva. La elipsis icónica también podría manifestarse, siguiendo la misma línea de argumentación, como una ausencia de imágenes o elementos icónicos sin una explicación verbal que los sustituya o con una explicación verbal que los sustituya. Finalmente, la elipsis narrativa consistiría en la ausencia de una parte de la narración, en la ausencia del nexo que enlaza las diferentes secuencias de un filme.

Así, el cuadro de los vínculos de sustitución y elipsis en traducción podría quedar como se indica en el cuadro de la página siguiente.

Existirían, pues, dos zonas de intersección: la primera la ocuparían los casos de elipsis lingüística, en donde el efecto de la ausencia de palabras se vería paliado con la presentación de una imagen que sustituyera al signo lingüístico omitido (sea este de tipo nominal, verbal o proposicional). Este tipo de elipsis lingüística se puede entender como un tipo de sustitución semiótica, en un marco más amplio de análisis textual, en un marco que no se limite a las manifestaciones lingüísticas como únicas instancias conformadoras de textos. La segunda zona de intersección la ocuparían los casos de ausencia de imágenes o de signos icónicos acompañados por una explicación verbal del signo omitido que intente suplir esa ausencia. Ahora, en el sentido inverso, tales casos podrían entenderse de manera restringida como elipsis icónicas, pero en un modelo de comunicación global que no se reduzca a los enunciados de signos lingüísticos o icónicos de manera aislada, de nuevo podríamos entenderlos como sustituciones semióticas, de un tipo de signos codificados (icónicos) por otro tipo de signos codificados (lingüísticos).

Los mecanismos de cohesión, pues, son más numerosos en nuestros textos. La argumentación retórica dispone, por tanto, de mayores posibilidades. Por ello, las soluciones de traducción no se deben limitar a las que usualmente se aplican a los textos con un modo simple del discurso. La elipsis lingüística motivada, intencionada, no se suele resolver con una explicitación en el texto meta de los signos lingüísticos ausentes, para no incurrir en el error pragmático de explicitar algo que el autor quería que permaneciera manifiestamente implícito. Sin embargo, en

---

[2] En realidad, en términos globales consistiría en la sustitución de un elemento perteneciente a un código por otro elemento perteneciente a otro código.

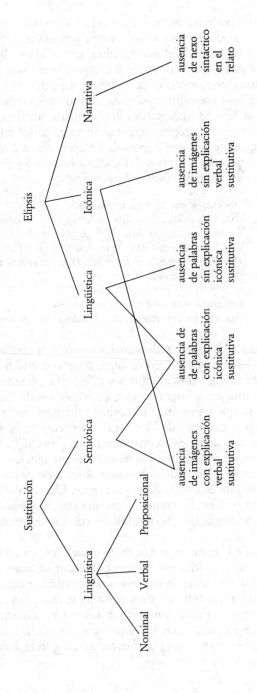

La sustitución y la elipsis en los textos audiovisuales

73

nuestros textos podemos afirmar que en el caso de una elipsis lingüística cuyo significado suple un signo icónico en pantalla, el autor no quiere ocultarnos la información elíptica. Utiliza un artificio retórico como la elipsis lingüística —para conseguir un registro más informal, un tono más inmediato, una sensación de suspense, un guiño al espectador—, pero nos explicita mediante otro código lo que nos oculta a través del código lingüístico. La información llega plenamente al espectador del texto origen, sin que la elipsis lingüística suponga elipsis informativa.

En el siguiente ejemplo es posible observar un caso de elipsis lingüística que, para los intereses del traductor de textos audiovisuales, bien podría denominarse sustitución semiótica:

> **Vincent:** What the fuck is this place?
> **Mia:** This is Jackrabbit Slim's. An Elvis man should love it.
> **Vincent:** Come on, Mia. Let's go get a steak.
> **Mia:** You can get a steak here, daddy-o. Don't be a...
> *Mia draws a square with her hands. Dotted lines appear on the screen, forming a square. The lines disperse.*
>
> **Vincent:** Vayamos a comernos un filete.
> **Mia:** Puedes comerte uno aquí, colega. No me seas...

El traductor de textos audiovisuales se enfrenta con un género de textos que desborda las categorías lingüísticas. En este fragmento del filme *Pulp Fiction* (Quentin Tarantino, 1994), el espectador se encuentra ante una imagen, un signo iconográfico transmitido sin explicación verbal alguna, que representa un cuadrado dibujado en la pantalla ilusoriamente por los dedos de Mia (Uma Thurman). El personaje representado por esta actriz está convenciendo a Vincent (John Travolta) para entrar en un restaurante. Vincent se muestra reticente, puesto que sospecha que en ese tipo de restaurante no va a encontrar un buen filete de carne, que es lo que desea para cenar. Ella, convencida de que sí encontrará su filete, le contesta con una frase inacabada (desde un punto de vista lingüístico, no semiótico), con predicado nominal elíptico: *Don't be a...*

En el guión (Tarantino, 1994), en un tratamiento en cursiva, el autor explica el gesto que Mia realiza para completar su frase. Con las dos manos, Mia dibuja un cuadrado que aparece visiblemente en la pantalla con líneas discontinuas e inmediatamente desaparece, como si se tratara de una secuencia de dibujos animados. La audiencia de una cultura meta no germánica puede quedar desconcertada ante el gesto de Mia. Se puede sostener que por el contexto es posible deducir el sentido del cuadrado (puede significar *aburrido, convencional, insulso,* etc.); el gesto ha de simbolizar algún atributo despectivo, después del inicio de la frase en tono de regañina y, además, ha de ser el predicado nominal que se espera después del verbo *ser*. Pero probablemente su decodificación nos obligará a salirnos de la película y recordar que estamos ante un texto extranjero. La comunicación cinematográfica queda en suspenso por unos instantes.

En nuestro ejemplo, el signo no verbal que dibuja Mia con las manos sustituye al núcleo de un sintagma nominal que funciona de atributo y que queda elíptico en la narración verbal. Desde un punto de vista lingüístico, desde el punto de vista de la narración verbal, según autores como Halliday y Hasan (1976) o De Beaugrande (1991), esta ausencia se podría catalogar como elipsis. Pero, realmente, en una teoría de la comunicación global, que no se restrinja únicamente a las relaciones de conexión que ocurren dentro de la narración verbal, este ejemplo sería un caso de sustitución, un signo no verbal que sustituye a otro signo verbal que ha sido omitido, como se ha visto anteriormente («A substitute serves as a place holding device, showing where something has been omitted and what its grammatical function would be», afirma De Beaugrande, 1991, 252). Desde un punto de vista lingüístico, pues, visto el texto desde un modo del discurso simple, hablaríamos de *elipsis*. Desde un punto de vista comunicativo, analizando el texto desde un modo del discurso complejo, habría que hablar de *sustitución*.

Como ha venido siendo recurrente en la historia de la traducción, podemos optar por acercar al lector a la cultura de origen y permitirle que aprenda «lo extraño», o bien por acercar la cultura de origen al lector (espectador, receptor) y explicarle los significados en juego. En el caso en el que nos encontramos, es posible optar por la segunda tendencia histórica, el acercamiento del texto a la cultura meta. Si acordamos que el ejemplo expuesto puede originar un problema de recepción en una cultura que no disponga en su paradigma de objetos culturales del signo que dibuja Uma Thurman, en una traducción familiarizada (Carbonell, 1997, 67) dicho signo podría ir acompañado de una explicitación verbal (del tipo *cabeza cuadrada,* por ejemplo). En términos de ajuste silábico o isocronía, las seis sílabas que añadimos en la traducción española pueden sustituir a las siete sílabas (o seis con sinalefa) del final de la intervención de Mia (*colega. No me seas...*): *Aquí puedes comer carne, cabeza cuadrada.*

Vista así, la explicitación no sería ajena a los mecanismos de cohesión del texto original, seleccionados y utilizados intencionadamente. La explicitación se encargaría de solucionar un problema de sustitución, no de elipsis, dado que para la cultura origen no existe ninguna elipsis comunicativa, no hay pérdida de información, sino simplemente una elipsis verbal. La solución de utilizar la misma elipsis verbal en la lengua meta, respetando supuestamente el mecanismo de cohesión de la lengua original, sí que podría comportar una pérdida de información en la recepción del producto. Los mecanismos de cohesión, por tanto, no sólo son lingüísticos, ni tampoco exclusivamente icónicos: la interacción entre cohesión lingüística y cohesión icónica, lo que podríamos llamar cohesión semiótica (verbo-icónica, por ejemplo), o recurrencia de signos de diferentes códigos, es una propiedad esencial de los textos audiovisuales y uno de los mayores retos con los que se enfrenta el traductor.

3.2. *La cohesión léxica y la cohesión semiótica*

La cohesión léxica, denominada con más acierto recurrencia léxica (De Beaugrande y Dressler, 1981, 56), es otro de los mecanismos de cohesión que, según De Beaugrande (1991, 252), «selects items, related in some ways to previous ones and creates whole referential chains whose interaction gives the text its coherence and dynamic flow». Halliday y Hasan (1976, 274) habían definido de manera más difusa este mecanismo de cohesión como «the cohesive effect achieved by the selection of vocabulary». La cohesión léxica ha sido uno de los mecanismos de cohesión más revisados en la bibliografía sobre análisis del discurso (en las obras citadas, por ejemplo), especialmente en las investigaciones sobre lingüística aplicada: McCarthy (1991), Nunan (1991, 1993), Carter (1993) o Hoey (1991) han precisado y ampliado el concepto de cohesión léxica haciéndolo más útil para los propósitos de las perspectivas aplicadas de la lingüística.

Una de las críticas o enmiendas a la totalidad que ha recibido el concepto de cohesión léxica corre a cargo de Huddleston (1978, 333-354). El autor considera que incluir el concepto de cohesión léxica dentro de las relaciones anafóricas supondría una extensión indebida del concepto de anáfora, puesto que las palabras que se repiten pueden tener referentes distintos y, por tanto, no funcionarían como vínculos de cohesión, como afirman Halliday y Hasan (1976, 281) incluso en los casos en que estos ítems léxicos designen referentes distintos. Mederos Martín (1988, 125) suscribe la misma crítica en un apartado irónicamente titulado *Observaciones sobre la supuesta cohesión léxica*, que da cuenta de su postura al respecto. También, el autor critica la vaguedad del término colocación, puesto que el hecho de que una palabra tienda a aparecer junto a otra se basa en una relación de probabilidad relativa y, además, la distancia a la que se encuentren en el texto dos palabras también puede ser decisiva para que el lector las interprete o no como vínculos de cohesión léxica.

Sin embargo, en términos generales, la propuesta de Halliday y Hasan es operativa. Mederos Martín (1988, 109 ss.), con todo, en su aplicación de los mecanismos de cohesión al español, recoge la cohesión léxica como un mecanismo de cohesión y la denomina anáfora mediante frase nominal definida, además de la anáfora mediante proforma (referencia y sustitución) y la anáfora nula o elipsis. El autor considera también que puede existir cohesión entre dos términos iguales o semejantes, aunque éstos no designen al mismo referente (1988, 125).

Especialmente funcional nos parece la división de la cohesión léxica en mecanismos de reiteración y mecanismos de colocación. Entre los primeros se incluyen las repeticiones, los sinónimos, los antónimos, los hiperónimos e hipónimos y las palabras generales o comodines. Entre los mecanismos de colocación se distinguen los campos semánticos, las recurrencias parciales y la presencia usual de una palabra en compañía de otra.

Independientemente de las críticas de tipo más conceptual, desde el punto de vista de la traducción, en los textos audiovisuales la cohesión por reiteración o recurrencia va más allá de la mera cohesión léxica: la recurrencia puede ser léxica, pero también puede ser icónica, y, lo que es más interesante para los propósitos del traductor, puede producirse entre el signo lingüístico y el referente icónico al que señala. Es decir, la reiteración o la colocación puede ser lingüística, como la definen Halliday y Hasan, pero también puede ser icónica, como los tipos de asociaciones entre diferentes imágenes y escenas, que actúan como recursos de cohesión visual. Y, especialmente, para los propósitos del traductor, la reiteración y la colocación pueden ser también de tipo intersemiótico, es decir, un lexema verbal puede verse reiterado con su referente icónico, y viceversa, o puede aparecer usualmente con un referente icónico con el cual lo asociamos como espectadores. Así, podríamos hablar también de reiteración y de colocación semiótica, respectivamente, como un tipo de recurrencia más que muestran nuestros textos para la consecución de una coherencia final que los dote de mayor eficacia comunicativa.

La interacción entre los gestos o el lenguaje corporal y el lenguaje verbal, por ejemplo, está estrechamente cohesionada y normalmente como resultado de esta interacción se añade, explica, apoya, enfatiza o sustituye cualquiera de los dos signos (Poyatos, 1997, 258-259). Como traductores, en los casos de reiteración de ambos signos, disponemos del espacio de la explicación en el texto origen para poder incorporar nuestra propia explicación, que, en la mayoría de las ocasiones, tendrá que respetar el grado de cohesión de la explicación original (por la imposibilidad de ocultar la imagen).

En el filme *Viva Zapata* (Elia Kazan, 1960), Emiliano Zapata (Marlon Brando), con el fin de conquistar a su chica, Josefa, se enorgullece de ser el mejor conocedor de caballos de la zona. Tanto es así, que argumenta que un famoso terrateniente, Don Nacio, siempre le pide consejo antes de comprar caballos, y que la única vez que no le pidió consejo se llevó a casa un ejemplar defectuoso. Ante esta afirmación la tía de Josefa le llama engreído. En inglés, Brando lo expresa así:

> **Zapata:** Apparently, Josefa, you do not know that I am the best judge of horses in the country. You are the only one who does not know this. I was with him for years. I bought every horse in his stable. When I have not helped Don Nacio buy his horses... it's later discovered that *they have five legs*.
> **Tía:** Conceited monkey!

Acompañando al texto verbal «they have five legs», Brando muestra ostensiblemente a la cámara su mano abierta, con los cinco dedos que simbolizan las cinco patas del caballo, metáfora que describe a los animales defectuosos y que, en un texto no acompañado de imagen, bien se podría traducir con la castiza expresión española de «dar gato por liebre» o sus equivalentes catalanes de «donar gat per llebre» y «donar garsa per perdiu». El mismo mensaje nos llega a través de diferentes códigos: el símbolo de la mano que significa el número cinco (código iconográfico transmitido por el canal visual) y la palabra cinco (código lingüístico transmitido por el canal acústico).

Ésta es una de las situaciones en que, según Poyatos (1997, 263), la cinética ocupa un lugar más relevante que el discurso verbal. Sin embargo, la explicación que se dio en la traducción española no sólo no respeta el significado original del texto estadounidense, sino que, tras la contestación extemporánea de la tía de Josefa, introduce una alusión sexual, de tipo incluso grosero, que nada tiene que ver con la personalidad de Zapata en todo el filme y que rompe el registro de formalidad propio de una situación de cortejo, así como el grado de cercanía entre ambas personas:

> **Zapata:** Josefa, no sabes que soy el mejor entendido en caballos de toda la provincia. Tú eres la única que lo ignora. Yo compré to-

dos los caballos que tiene Don Nacio en sus cuadras. Cuando Don Nacio compra caballos sin mi ayuda... no tarda en darse cuenta de que sus caballos tienen cinco patas.
Tía: ¡Marrano!

No olvidemos que la traducción al español fue realizada durante la época de los sesenta, en plena época de censura, un período en que quizá, los censores, veían mucho más allá de lo que el texto quería decir.

Por lo que concierne a nuestros intereses, el respeto al símbolo visual de la mano, no obliga, en ningún modo, a forzar la traducción. La traducción ofrecida obliga al espectador a entender que un animal con cinco patas es un animal defectuoso, algo que la cultura española o la catalana no contemplan en sus paradigmas culturales, puesto que cognitivamente no es ésta la expresión habitual. La traducción al catalán, por ejemplo, fue más creativa y, respetando el signo visual, optó por «li venen cinc gats per un cavall (le venden cinco gatos por un caballo)». Otras opciones como «Una vez que Don Nacio compró caballos sin mi ayuda... le vendieron cinco caballos cojos» podrían haber satisfecho también las intenciones del texto origen con el respeto al signo no verbal del primer plano de Brando.

Afortunadamente para el traductor, el signo de la mano que muestra el número cinco es compartido por la cultura anglogermánica y por todas las culturas románicas. Pero, de cualquier manera, la explicación verbal del texto original nos permite en términos de espacio una explicación en lengua meta más esclarecedora y, en especial, más fiel lingüística y pragmáticamente. En los casos en que el traductor dispone del espacio que le ofrece el texto verbal original, una metáfora equivalente, una glosa o una explicitación del sentido (del tipo de la que hemos apuntado, por ejemplo) funcionarían bien como técnicas de traducción, o, mejor, como soluciones retóricas al complejo problema de comunicación planteado en el original.

El ejemplo nos sirve para mostrar que el modelo de Halliday y Hasan no incluye la coincidencia temporal y de significado del enunciado verbal con la imagen simultánea que lo ejemplifica (tampoco era tal su propósito). En esta ocasión, los dos canales de comunicación, el visual y el verbal, nos proporcionan la misma información. De nuevo, en el marco de una teoría más global de la comunicación, podríamos hablar aquí de cohesión o recurrencia (inter)semiótica (en vez de hablar de cohesión léxica meramente) como un caso de cohesión de un signo lingüístico con su referente simbólico del mundo real o de un mundo imaginario.

La recurrencia léxica, icónica y semiótica
en traducción audiovisual

Recurrencia	Léxica	Reiteración
		Colocación
	Icónica	Reiteración
		Colocación
	Semiótica	Reiteración del signo ling. con el signo icónico
		Colocación del signo ling. con el signo icónico

Lo expuesto en el apartado de la recurrencia léxica y semiótica se puede resumir en el siguiente cuadro.

Una traducción audiovisual que satisfaga tanto los propósitos del emisor del texto original, como las expectativas del público receptor, pasa por la construcción de un texto meta mediante aquello que singulariza a este tipo de trasvases: los mecanismos de cohesión del texto, en especial, aquellos mecanismos que permiten la interacción entre palabra e imagen, aquellos mecanismos o vínculos a partir de los cuales se genera un tercer sentido, o un significado extra, como argumenta Fowler (1986) para el caso de la rima en una poesía.

El análisis de los mecanismos de cohesión que nace con el extraordinario trabajo de Halliday y Hasan (1976), seguido hasta la saciedad por lingüistas, filólogos, docentes de lenguas y docentes de la traducción, sin embargo, no pretendía incluir las peculiaridades de aquellos textos que exceden los límites del lenguaje verbal. De hecho, Halliday y Hasan no ignoran otros sistemas de significación paralelos o alternativos, pero el único caso en donde hacen referencia a ellos es en el apartado de los deícticos exofóricos. Nosotros argumentamos aquí que un discurso verbo-icónico necesita de un marco de análisis más amplio que bien puede fundamentarse en dicha propuesta, si somos capaces de ampliarla para que pueda comprender otros sistemas de significación. Del mismo modo que los autores contemplan la posibilidad de que las referencias sean endofóricas y exofóricas, y, por tanto, interaccionen con la situación en la que se producen, podemos nosotros pensar que también pueden interaccionar las elipsis, sustituciones, repeticiones, colocaciones y demás mecanismos de cohesión referencial de la lingüística sistémica. Así, es posible construir un nuevo marco de análisis que mire más allá de lo meramente lingüístico y que sea capaz de describir, en la línea expuesta, las relaciones de cohesión entre imágenes y palabras.

4. CONCLUSIONES

La propuesta de análisis del texto audiovisual para la traducción desde el punto de vista de los mecanismos de cohesión, por tanto, intenta ir más allá de las realizadas hasta ahora desde posturas estrictamente lingüísticas y contemplar la interacción de los diferentes sistemas de significado y códigos en juego presentes en los textos audiovisuales. Para el traductor, ésta es una de las piezas clave del engranaje de los textos que ha de construir y, en nuestra opinión, supera en importancia a las clásicas sincronías que históricamente han monopolizado la atención de teóricos y traductores. Sin menoscabo de las diferentes sincronías, la especificidad del texto audiovisual y el foco de interés para el traductor debe centrarse en la consecución de un texto coherente y bien cohesionado a partir de los mecanismos que le proporcionan los diferentes códigos de significación del texto audiovisual. Imágenes y palabras, por hablar en términos generales, interactúan y crean un significado extra a través de repeticiones, paralelismos y focalizaciones que dota al texto final de un nivel de coherencia característico de estos textos. Esa interacción se produce a través de unos mecanismos de cohesión que superan los propuestos por el análisis del discurso y que hemos pretendido desarrollar en este trabajo.

Capítulo IV

Infidelidades

Román Gubern
Universidad Autónoma de Barcelona

1. Introducción: esbozo de una tipología

El arte del doblaje consiste en hacer que las infidelidades inherentes a una traducción resulten lo más tolerables posibles para el público. La infidelidad es inherente al doblaje, al menos por partida doble, repartiéndose sus culpas entre el traductor y el doblador, por no mencionar al director de doblaje y a los censores administrativos (cuando los hay) y comerciales. Todo esto hace que el doblaje cinematográfico, que fue por cierto un invento del fascismo mussoliniano, sea una tarea compleja, secuencial y colectiva, en la que intervienen diferentes estamentos profesionales para guisar lo que suele ser un mal caldo, dicho sea con todo respeto hacia traductores y dobladores, pues los censores no me merecen ningún respeto.

Reflexionando un poco acerca del origen de las infidelidades propias de esta actividad, creo que pueden ser atribuibles a cuatro causas generales, a saber: a la censura, a la autocensura, al acomodo ante las dificultades de una traducción y, por fin, a la ignorancia o incompetencia.

2. LA CENSURA

A la censura administrativa o gubernamental corresponde una notabilísima cuota histórica de las infidelidades del doblaje, sobre todo durante la dictadura franquista y a raíz de su implantación obligatoria en 1941 por parte de los sectores ultranacionalistas de la Falange Española, señaladamente por Tomás Borrás, en su condición de Jefe del Sindicato Nacional del Espectáculo.

No querría extenderme demasiado en la carta de agravios acerca de las infidelidades derivadas de la censura franquista, pues he escrito ya bastante sobre ella, en particular en dos libros y un prólogo (1975, 1981 y 1997). Pero, aunque sea como recordatorio, vale la pena trazar un par de pinceladas, como los cambios de títulos impuestos a las películas, como *Rebelión a bordo (Mutiny on the Bounty)*, la película de Frank Lloyd que, al reestrenarse en 1945, cambió el título que había ostentado en su exhibición antes de la guerra, para adquirir el más disciplinado y punitivo de *La tragedia de la Bounty*. También por razones militares o políticas *Grandes manoeuvres* de René Clair se convirtió en 1956 en *La maniobras del amor*, y en 1962 *Judgement at Nuremberg*, de Stanley Kramer, se transformó en el equívoco *Vencedores o vencidos*.

En la posguerra, las imposiciones lingüísticas de la censura resultaron a veces grotescas. En 1944, los *croupiers* de la ruleta de *La torre de los siete jorobados*, de Edgar Neville, no podían cantar «rojo» al final de cada jugada y tenían que cantar «colorado», una denominación cromática genérica (que en rigor filológico significa «coloreado») que durante más de veinte años se utilizó en España como sinónimo políticamente aceptable de rojo. La censura convirtió a la prostituta (Vivien Leigh) de *El puente de Waterloo (Waterloo Bridge, 1940)* en actriz, lo que desde luego no era sólo un cambio semántico, permuta que Fernando Fernán Gómez esgrimió en su intervención en las Conversaciones Cinematográficas de Salamanca, de mayo de 1955, para ilustrar la pésima reputación oficial que penalizaba a los profesionales de la interpretación dramática en España. Y en su labor depredadora, la censura borró en *Casablanca* el pasado de Rick (Humphrey Bogart) como combatiente en la guerra de España y convirtió a dos amantes en hermanos en *Mogambo*, de John Ford, convirtiendo así un adulterio en imprevisto incesto. Normalmente la censura quitaba o cambiaba textos, pero en algunas ocasiones también se dedicó a añadir, como hizo al final de *Ladrón de bicicletas*, de Vittorio De Sica, en donde añadió una voz en *off* balsámica y consoladora que todavía se conserva en la videocasete que circula por España y en la versión que acostumbra a emitir Televisión Española, corroborando que los daños censores son más duraderos que los regímenes políticos.

En algunos casos, los cambios de diálogos se confiaban a un censor cualificado, como ocurrió con las densas reflexiones fílmicas de Ingmar Bergman, que fueron tuteladas en España por la traducción del jesuita y teólogo Carlos María Stahelin, un censor a quien las víctimas de la censura llamábamos Padre Stalin. A veces, la maniobra represora era relativamente sutil. En *Tal como éramos (The Way We Were)*, de Sidney Pollack, se omitía la traducción de carteles y *graffiti* que proclamaban huelga con la palabra *strike* y, al final, si la memoria no me falla, la frase *the people will win* se traducía por «la gente ganará», porque la contundencia y el peso políticos de «gente» son mucho más livianos que los de «pueblo». Es decir, la trampa se producía en esta ocasión en el plano de la connotación política de la palabra. Por fortuna, todos estos desmanes están bien documentados y hoy pueden ser consultados en los expedientes de censura de cada película que conserva el Ministerio de Cultura.

Pero la coproducción hispano-británica *La princesa de Éboli (That Lady,* 1954), de Terence Young, cuya versión inglesa era fiel a los postulados de la «leyenda negra» (protagonizada por la intrigante Ana Mendoza, princesa de Éboli, amante consecutiva del rey Felipe II y de su ministro Antonio Pérez), pero cuya versión española tuvo que ser expurgada y el escándalo internacional provocó la dimisión del director general de Cinematografía, Joaquín Argamasilla de la Cerda y Elío, marqués de Santa Cara.

3. LA AUTOCENSURA

Hemos mencionado antes la autocensura, pues era normal que las distribuidoras podaran las películas que importaban y que juzgaban conflictivas, cuando alguna escena podía hacer temer su eventual prohibición. Pero la práctica de la autocensura empresarial seguiría vigente tras el fin de la dictadura y quiero ilustrar esta circunstancia con el curioso ejemplo de *El llarg hivern/El largo invierno* (1992), cuya génesis fue también compleja. Jaime Camino comenzó a escribir su guión con Manuel Gutiérrez Aragón, pero cuando Manolo se incorporó a la producción de su *Don Quijote* televisivo, Jaime me llamó para proseguir el trabajo, del que se preveía que surgiría un largometraje y una miniserie de tres episodios para TV-3, que actuó como coproductora. Cuando concluimos una primera redacción del guión, apareció la posibilidad de coproducirla con Estados Unidos, y Jaime voló a Hollywood, donde Nicholas Bernheim la reescribió en inglés, eliminando sus aspectos más localistas y efectuando modificaciones para adecuarla a las exigencias del mercado estadounidense. Como este planteamiento no prosperó, Jaime regresó a Barcelona y volvió a readaptarla a su versión castellana con la colaboración de Juan Marsé. *El largo invierno* acabó siendo una coproducción con Francia, a pesar de que el protagonista elegido fue el italiano Vittorio Gassman. La película, que transcurría durante la guerra civil y en los primeros años de la posguerra en Barcelona, se rodó íntegramente en castellano, pero en Cataluña se exhibió doblada en versión catalana, para beneficiarse de las subvenciones de la Generalitat. En el resto de España se exhibió doblada en castellano, con algunos cambios políticos significativos. Así, uno de los protagonistas escribía a su hijo una carta desde la cárcel antes de ser fusilado por los franquistas. En la versión catalana decía que moría por Cataluña y por la Generalitat, mientras que en la castellana decía que moría por la República. Dejo al lector que juzgue por sí mismo las implicaciones políticas del cambio.

4. EL ACOMODO ANTE LAS DIFICULTADES DE UNA TRADUCCIÓN

En otras ocasiones, finalmente, los cambios nacen de la necesidad de acomodarse a un juego de palabras intraducible o a una dificultad técnica. Yo no puedo imaginarme, por ejemplo, cómo Cantinflas puede ser traducido en francés o inglés, dada su peculiarísima idiosincrasia dialectal. Y los italianos no conciben como Totò puede ser traducido a otros idiomas. En una de sus películas, por ejemplo, Totò tenía en una playa un interlocutor que se llamaba Omar y el actor jugueteaba con la afinidad de su nombre y de «mare», creando divertidas confusiones. ¿Cómo podría traducirse semejante juego al inglés o al alemán? Imposible.

Un caso de acomodación bien conocido lo suministran las numerosas películas estadounidenses en que alguien llega a un país con otro idioma distinto y se convierte en forzoso traducir *Do you speak English?* por «¿Habla usted mi idioma?». El problema se agrava, en nuestro país, cuando el personaje llega a un lugar hispanohablante y su castellano (doblado) le impide comunicarse con los nativos del lugar. Una versión muy pintoresca de este caso se produjo en *Fort Apa-*

che (1948), de John Ford, en una de cuyas escenas originales un oficial del ejército de Estados Unidos parlamentaba, a través de un intérprete, con unos jefes indios del sudoeste, que hablaban en castellano. En la versión española los dobladores tuvieron que inventarse una extraña jerga en boca de los jefes indios para que la intervención del intérprete tuviera sentido.

5. LA IGNORANCIA O LA INCOMPETENCIA

Finalmente, el bajo nivel cultural del público, y hasta el impacto hipertrófico de la imagen, puede llegar a bloquear la metabolización de la banda sonora por parte del espectador. Voy a ilustrar este caso con un ejemplo de gran interés, por tratarse de una experiencia de antropología cinematográfica.

Uno de los aspectos peor estudiados y requerido de investigaciones empíricas en el campo de la comunicación cinematográfica es el que contempla las condiciones objetivas y subjetivas en que tiene lugar (y que determinan) la lectura del mensaje polisémico que constituye siempre un filme. Hace bastantes años, a principios de la década de los ochenta, durante unas vacaciones en Túnez, tuve la ocasión de corroborar el interés capital de esta faceta de la antropología cinematográfica.

Señalemos de entrada que Túnez, como el resto del África francófona, depende colonialmente de los canales de distribución de su ex metrópoli francesa, salvando el contingente de películas árabes que proceden de El Cairo y que cuenta con sus canales propios. De este modo todo el cine no árabe (mayoritario en el mercado tunecino) se exhibe en versión doblada al francés, con copias procedentes de las casas de distribución de París y sometidas a censura previa por las autoridades magrebíes.

La experiencia que deseo comentar aquí se refiere a la película *Crush Karate*, producida en Hong Kong y presentada en Francia (y en Túnez) por las casas Oiseau de Minerve y Télémondial. Esta película oriental de serie, del subgénero de artes marciales, fue transformada en un producto muy atípico por obra del doblaje francés. No hará falta insistir aquí en el poder manipulador del doblaje. Jean Renoir decía que si los responsables del doblaje hubieran vivido en época tan sensata como la Edad Media, se les habría quemado en la plaza pública por cometer la brujería de dar a un cuerpo una voz que no les pertenece. A lo que Borges llama la «anomalía fonético-visual del doblaje», inherente a esta manipulación sonora, en *Crush Karate* los importadores franceses sobreañadieron un radical cambio de sentido en los diálogos originales, mediante una traducción muy «creativa». El enfrentamiento estereotipado de dos bandas rivales pasó a convertirse, merced al doblaje francés, en un enfrentamiento entre «ideólogos» y «burócratas», tomando todo el filme como referente político-cultural en su banda sonora los debates ideológicos (y cinematográficos) marxista-leninistas puestos en circulación en Francia tras la revuelta de mayo de 1968, y reflejados en el campo de la especulación cinematográfica en revistas como *Cinéthique* y *Cahiers du Cinéma*. Con esta manipulación radical e irónica, los importadores franceses consiguieron una mutación de su producto, convirtiendo un filme oriental de serie en un objeto muy atípico, para protegerlo contra el deterioro comercial del género (muy erosionado ya entonces desde su introducción en Europa en 1973) y para alcanzar así un nuevo destinatario: las capas estudiantiles y la burguesía ilustrada francesa, estratos sociales que constituían un contingente considerable del mercado cinematográfico occidental. Pero con su relanzamiento comercial en los mercados francófonos del Tercer Mundo, se producía una operación afuncional, mediante la cual un producto cultural *kitsch* y estereotipado asiático, manipulado por intelectuales franceses para pervertir lúdicamete su sentido, era reexportado al África material y culturalmente subdesarrollada, mercado para el cual no se concibió la manipulación sonora parisina.

Por lo que se refiere a Túnez, *Crush Karate* fue exhibida en el Studio 38, una sala de exhibición muy popular ubicada en la avenida Bourguiba, especializada en películas de acción y de aventuras de serie B-Z y frecuentada por las clases populares indígenas. Este público, escasamente alfabetizado, llevó a cabo una lectura de *Crush Karate* que ignoró totalmente los aditivos políticos del distribuidor francés y fue puntualmente fiel a la pautas del género al que la cinta original pertenecía. En la película se desarrollaba, como era usual en el género, el enfrentamiento de dos bandas rivales en un marco asiático medieval. Los factores de su bipolaridad antagónica venían definidos por los siguientes rasgos:

Banda 1	Banda 2
Vestidos negros	Vestidos blancos
Sonrisa torva	Sonrisa franca
Maltratan a mujeres y niños	No maltratan a mujeres ni niños
Luchan con espadas	Luchan con las manos

De esos atributos y acciones se derivaba maniqueamente que los primeros eran los malvados (los «burócratas», en la versión francesa) y los segundos los buenos (los «ideólogos», en la versión francesa). Para el espectador francés culto, destinatario del filme, el imperio de la cultura verbal y de la cultura política en sus mecanismos interpretativos le conducía a una lectura paródica de la cinta, que producía su regocijo. No en vano la cultura occidental es la cultura del *logos*, y era el *logos* el que había sido manipulado y pervertido por el distribuidor francés, pensando en su público nacional. Al enfrentarse con el destinatario tunecino, este fenómeno no se produjo. El imperio de los códigos icónicos y diegéticos preverbales, tan enormemente estereotipados en el género de las artes marciales, conducía a una irrelevancia o secundarización de los diálogos hiperpolíticos (referencias a la insurrección en Budapest de 1956, a Praga de 1968, a la lucha de clases y a todos los tópicos del debate marxista-leninista-maoísta). Se trataba de un público ubicado fuera del imperio cultural del *logos* occidental y sordo a su verborrea. En consecuencia, la película era leída, de acuerdo con las estructuras iconográficas y narrativas preverbales, como la historia usual y familiar, ya vista cien veces, de un antagonismo abstracto entre «buenos» y «malos», según las reglas estereotipadas del género, pero sin ninguna connotación política.

De este modo, un producto cultural atípico (para la clientela francesa) era leído en otro contexto como fielmente típico, y todo efecto irónico y distanciador se desvanecía. Con su ingenuidad y su sometimiento a los códigos del género, el público popular tunecino despojaba al filme del petulante coeficiente de novedad y de transgresión añadido por el doblaje irónico de los distribuidores parisinos para regocijo de su burguesía ilustrada. Lección ejemplar acerca del relativismo de las lecturas cinematográficas que bien merece una meditación en nuestra provincia del imperio cultural eurocéntrico.

Capítulo V

Los *Estudios sobre Traducción* y la traducción fílmica[1]

JORGE DÍAZ CINTAS
University of Surrey Roehampton

> [...] the words 'subtitles' and 'captions' are rarely
> to be found in the indexes of handbooks or biblio-
> graphies on the history of cinema. Occasionally, the-
> re is mention of the fact that films are often subtitled,
> but generally speaking all that is available is a number
> of articles in newspapers and periodicals, mostly of a
> rather elementary nature.
>
> (Ivarsson, 1992, 6)

1. INTRODUCCIÓN

La cita de Ivarsson es una crítica que deja constancia de lo que hasta
hace muy poco ha sido un lugar común en el campo de la investigación,
que se centra no sólo en la subtitulación, sino en las diversas modalidades traductoras que operan en los medios audiovisuales: la falta de estudios pormenorizados y de envergadura. A ello habría que sumar, además,
el hecho de que la dispersión de material ha acentuado su dificultad de

---

[1] Aunque en este artículo me centro con prioridad en la traducción fílmica, la mayoría de las ideas recogidas se pueden hacer fácilmente extensibles a la traducción audiovisual en su acepción más global.

acceso por parte del estudioso, ya que los artículos han aparecido indiscriminadamente en revistas de interés general, periódicos nacionales y locales, revistas especializadas de traducción, revistas de cine, guías del ocio, etc.[2]. Aunque la relativa juventud de la obra del investigador sueco subraya la actualidad del problema, la situación unos cuantos años más tarde es en cierta medida menos alarmista. Son ya varios los congresos y cursos que se han centrado en las peculiaridades que le son propias a este campo traductológico[3]. También es de agradecer la publicación de obras sustanciales y exhaustivas, como las de Ávila (1997a, 1997b, 1997c), Whitman-Linsen (1992), Agost (1999) y Chaves García (2000), o la elaboración de tesis doctorales, como la de Zabalbeascoa Terran (1993), si bien en todos los casos mencionados el centro de atención es el doblaje, sin apenas referencias a otras modalidades, como el subtitulado. Tan sólo recientemente ha aparecido en el mercado el primer libro en lengua española centrado en la modalidad subtituladora (Díaz Cintas, 2001).

En mi opinión, una de las graves deficiencias que caracteriza la bibliografía que existe al respecto es su limitación de miras, denominador común de un elevado número de los artículos publicados. Los temas que se tratan pecan de ser repetitivos y centrarse casi en exclusividad en el estéril debate de si el doblaje es mejor o peor que el subtitulado, o bien se limitan a ofrecer una taxonomía de los diversos condicionantes mediales que comprometen la entrega de la traducción cinematográfica. Esta circunstancia se debe, entre otros, al hecho de que nos hallamos en lo que podríamos denominar *período lactante* de los estudios sobre la traducción audiovisual, y que con el paso del tiempo no puede sino evolucionar a un estadio más desarrollado[4]. En efecto, a pesar de la gran preponderancia que los medios de comunicación han tenido y tienen en nuestra vida cotidiana, y por ende la traducción que en este terreno acontece, resulta sorprendente y ciertamente irónico el poco interés que su estudio ha despertado en los intercambios académicos, lo que ha

---

[2] El rastreo llevado a cabo por ciertos estudiosos, como Gambier (1994) y Dries (1997), ha fructificado en la compilación de listas bibliográficas muy detalladas y de gran valor para el investigador.

[3] Baste recordar, por ejemplo, los celebrados en Estrasburgo los días 22 al 24 de junio de 1995; en Misano Adriatico (Rimini), los días 26 y 27 de septiembre de 1997; el curso de traducción para el doblaje y la subtitulación celebrado en la Universidad de Málaga entre los días 16 y 20 de febrero de 1998; y los congresos que han tenido lugar en Berlín los días 15 y 16 de octubre de 1998 y 12 y 13 de octubre de 2000.

[4] Fawcett (1996, 70) se muestra de la misma opinión cuando dice que «recent approaches to film translation are still at the modelling stage, which some would describe as the stage of pseudo-science, a stage that characterised much of the early linguistic approach to writing about translation theory».

conducido a estudiosos como Lambert (1990, 228) a «regretter que la Science de la traduction, jeune discipline s'il en est, ait prêté si peu d'attention à la question de mass-media en général».

Otra de las posibles razones responsable de este ostracismo estaría directamente vinculada con lo que Whitman-Linsen (1992, 17) conoce como «the disdain of literary intelligentsia». La traducción fílmica no deja de ser, para un cierto círculo de traductores y teóricos de la traducción, sino una manifestación marginal y periférica a la que no merece la pena dedicar esfuerzo investigador alguno. De ahí que la atención se haya centrado históricamente en la traducción de obras canónicas de poesía, literatura y, en menor medida, teatro.

Afortunadamente, sin embargo, esta actitud es cada vez menos pronunciada[5] y, poco a poco, empieza a ver la luz del día un mayor número de trabajos analíticos que, a su vez, enfocan el objeto de estudio desde perspectivas más pluralistas, innovadoras e interdisciplinares, lo que en consecuencia conduce a resultados más variados y fructíferos y otorga una mayor visibilidad a esta práctica traductora. Con todo, como afirma Fawcett (1996), es evidente que la transferencia cinematográfica ha sido siempre problemática desde la perspectiva de la teorización traductora, por lo que «we need to ask if it is possible to bring film translation under the sway of translation theories» *(ibíd,* 70). En su artículo, el académico británico realiza un barrido sistemático, si bien en ocasiones un tanto superficial, de la manera en que ciertos estudiosos y escuelas teóricas de la traducción se han enfrentado a los fenómenos de transferencia fílmica. Es mi intención, en las páginas que a continuación siguen, centrar mi atención en una corriente traductora en particular que, desde mi punto de vista, ofrece un conjunto de herramientas heurísticas de trabajo de gran utilidad y provecho para el investigador.

2. LOS «ESTUDIOS SOBRE TRADUCCIÓN»[6]

Esta corriente teórica, cuyos orígenes datan de mediados de los años setenta, ha sido una de las más prolíficas y enriquecedoras en el terreno de la traducción. Con una subdivisión disciplinar tripartita en

---

[5] Quizá porque muchos teóricos han caído en la cuenta de que, como muy bien apunta Lambert (1990, 228), «les langues, les textes, même les littératures sortent de plus en plus du royaume des livres pour entrer dans le royaume de l'audiovisuel».

[6] Esta corriente teórica también se conoce bajo otros epígrafes cumulativos que, como recoge uno de sus artífices y más prominentes exponentes, el belga Lambert (1995, 21) «[has] developed under different labels (from "Polysystems Studies" to "Descriptive Translation Studies", "the Manipulation School" and "Historical-Functional Approach")».

las ramas teórica, descriptiva y aplicada, su objetivo consiste en establecer un nuevo paradigma que permita el estudio de los fenómenos traductores desde nuevos parámetros, con especial hincapié en la dimensión empírica, e instituyendo como objeto de estudio el propio texto traducido y no su índice de fidelidad respecto al texto de origen (TO). En palabras de Hermans (1985, 10-11), los teóricos de los *Estudios sobre Traducción* (ET):

> have in common [...] an approach to literary translation which is descriptive, target-oriented, functional and systemic; and an interest in the norms and constraints that govern the production and reception of translations, in the relation between translation and other types of texts processing, and in the place and role of translations both within a given literature and in the interaction between literatures.

Aunque, como queda patente por la cita recogida, los principios teóricos postulados dentro de esta corriente académica emanan de un estrecho vínculo con el sistema literario de cualquier sociedad, no por ello restringen las posibilidades de configurar unas líneas de investigación adecuadas a actividades traductoras consideradas más periféricas como la que aquí nos ocupa. De hecho, bastaría simplemente con permutar el término *literatura* por el de «corpus fílmico».

Readaptando, pues, dichas referencias a nuestro campo de investigación, uno de los objetivos primordiales del nuevo enfoque en el ámbito de la crítica traductora (Lefevere, 1981, 1983 y 1985; Lambert, 1995) persigue la integración de los ET en el mismo marco epistemológico que los estudios comparativos de cine o la teoría cinematográfica. La producción fílmica ha de ser analizada en su más amplia acepción, lo que supone un estudio no sólo de los filmes rodados originariamente en la lengua autóctona, sino también de las películas traducidas e incorporadas al polisistema con el devenir del tiempo. Tal aproximación debería poner de manifiesto la influencia que dichos filmes traducidos han ejercido a lo largo de la historia y ejercen hoy día sobre el polisistema de acogida. Un análisis desde este ángulo supone una inyección de presupuestos innovadores que libera al investigador y supera las dicotomías insalvables que han venido gravitando en torno a debates como la posibilidad e imposibilidad de traducir, la aproximación literal frente a la libre, etc. Es evidente que muchas de nuestras películas nacionales se moldean a imagen y semejanza de situaciones, historias y géneros copiados de otros polisistemas fílmicos, en particular del estadounidense, pero lo que resultaría sumamente interesante, por ejemplo, sería analizar qué tipo de dialéctica se establece entre los diálogos naturales de las películas españolas y los diálogos manipulados de las versiones dobladas, es decir, observar hasta qué punto el estilo y la retórica que caracterizan a los diálogos doblados se dejan sentir en la elaboración y creación de los autóctonos. La opinión generalizada de que los guiones son uno de los aspectos más débiles del cine español (Jarque, 1996) se presta como punto de partida idóneo para un análisis que intente responder a la siguiente pregunta: ¿Son los guiones en español inadecuados en sí, o lo son sencillamente porque el público está acostumbrado a otro tipo de jerga fílmica que no es sino traducción doblada en la mayoría de los casos?

Otro de los conceptos axiales de esta corriente teórica es el de polisistema. Partiendo de los conceptos postestructuralistas y semióticos del hecho literario, el primero en sugerir la hipótesis del polisistema tal y como es entendido hoy día fue el israelí Even-Zohar (1979), que lo concibe como un conglomerado de sistemas caracterizado por oposiciones internas y cambios continuos. Rabadán (1991, 294) lo define en castellano como un «conjunto de co-sistemas semióticos interrelacionados de forma dinámica y regulados por normas históricas, en el que se inscriben todas las actividades behavioristas y sociales del ser humano, incluida la propia traducción». Dentro del polisistema fílmico, la traducción de películas es simplemente un componente más que está en lucha constante con otros estratos o co-sistemas (obras en castellano) por conseguir la supremacía dentro del polisistema. Un enfrentamiento similar tiene también lugar a un nivel inmediatamente inferior al co-sistema y es el responsable del antagonismo que se origina entre las diversas modalidades de traducción fílmica (doblaje, subtitulado, interpretación simultánea...). En este marco agonístico, si las normas implementadas en la traducción se adecuan a aquellas que se identifican con los modelos canonizados dentro del polisistema de acogida, el nuevo producto adoptará un posicionamiento central o nuclear, mientras que si, por el contrario, el producto meta se aleja de esos modelos canonizantes, se verá abocado a ocupar una posición periférica o marginal. De ahí que en la sociedad española el subtitulado se posicione de manera periférica, mientras que la centralidad corresponde al doblaje. En el escalón superior de los co-sistemas, la posición central es ocupada por las películas importadas, fundamentalmente las estadounidenses, mientras que las vernáculas, las producidas en nuestro país, se insertan en la periferia del polisistema. En este orden de ideas, resultaría de gran interés un análisis pormenorizado de las relaciones que se establecen entre las distintas modalidades de traducción fílmica y el grado de canonización de un determinado texto fílmico: ¿qué tipo de películas se han doblado/subtitulado más de una vez?, ¿por qué?, ¿qué diferencias se observan entre las diversas versiones?, hoy día en que algunas películas se doblan y subtitulan, ¿qué tipo de películas son éstas?, ¿se implementa alguna modalidad con anterioridad a la otra o son concomitantes?, ¿qué evolución traductora han sufrido lo que podríamos denominar *filmes clásicos*?... Éstas son tan sólo algunas de las preguntas que podrían servir como punto de partida para futuros trabajos de investigación.

La gran ventaja de esta concepción polisistémica radica en el hecho de que, al poner de relieve el enfrentamiento entre los elementos centrales y periféricos, se subraya así la capacidad de este constructo teórico a la hora de asimilar y dar debida cuenta de actividades socioculturales hasta la fecha ignoradas por marginales. El estudio de estas «obras menores» es, pues, ineludible e imperativo en tanto en cuanto son necesarias como elemento contrastivo que permitirá tener una visión completa y global del funcionamiento determinado de un polisistema fílmico dado. También para Hermans (1985, 12), las ventajas y virtudes de la constelación polisistémica son admirables, ya que es «simple and bold enough to be attractive as a cognitive tool, and yet flexible and inclusive enough to adapt itself to different cases and situations»[7]. Así pues, el concepto de polisistema se nos muestra muy operativo cuando queremos hablar del enfrentamiento que se produce entre doblaje y subtitulado, así como de la influencia que las obras traducidas tienen en los productos autóctonos. Pero es quizá aquí, en este apartado, donde la teoría del polisistema deja al descubierto una de sus mayores limitaciones. El excesivo énfasis otorgado al estudio de las interrelaciones que entre productos originales y traducidos se establecen en el seno de una sociedad en particular tiende a olvidar, o al menos a dejar de lado, la posibilidad de explotar los descubrimientos hechos en un país con la situación que prevalece en otro país o en otros países. En una sociedad cada vez más globalizada como la nuestra, sobre todo en el mundo de los medios audiovisuales, es necesario un enfoque que tenga en cuenta las relaciones que se establecen entre distintos polisistemas a la hora de enfrentarse con fenómenos traductores idénticos o similares. Preguntas como ¿se subtitulan/doblan el mismo tipo de películas en Francia, España, Suecia o Alemania?, ¿cómo se subtitula/do-

---

[7] Bassnett (1998, 128) opina lo mismo cuando comenta que «polysystems theory opened so many avenues to researchers in translation studies that it is hardly surprising that it dominated thinking for the next decade».

bla la misma película en portugués, español o italiano?, ¿qué postura adoptan los subtituladores/dobladores de distintos países ante fenómenos lingüísticos como el humor, el lenguaje tabú o las referencias culturales?, son tan sólo una muestra de las posibilidades investigadoras que se abren si nos decantamos por la comparación en el plano inter-polisistémico[8].

Los ET privilegian el enfoque descriptivo que da prioridad al texto meta (TM) y lo analiza tal y como ha sido admitido en el polo meta, para con ello intentar determinar los diferentes factores que justifican la particular naturaleza del producto inserido en el polisistema de acogida. Desde esta perspectiva, el teórico de la traducción debe evitar ser normativo o partir de concepciones aprioriísticas para ceñirse más bien al análisis empírico de un corpus dado que en la sociedad meta funciona como traducción y extraer de ahí las posibles conclusiones. Se rehúye así la postura existencialista y tautológica de tipo «¿es posible la traducción?», y se sustituye por otra más funcional: «¿cómo se ha llevado a cabo la traducción?». Y es aquí donde el concepto de norma postulado por Toury (1978, 1980 y 1995), junto con el modelo de análisis descriptivo propuesto por Lambert y Van Gorp (1985), se presentan como herramientas de un valor incalculable para el investigador. Por lo que respecta a las normas, éstas son instrucciones dadas, explícita o implícitamente, que se articulan en el seno de toda comunidad y que han sido asimiladas por el individuo/traductor durante el proceso de socialización, es decir, de integración activa en su medio ambiente cultural. Al pertenecer al acervo colectivo, funcionan como criterios de comparación que permiten evaluar conductas behavioristas en un momento histórico dado y la tarea del teórico de la traducción consiste en poner de manifiesto el modo en que estas normas se actualizan, es decir, en elucidar cómo divergen, o convergen, los criterios compartidos por la colectividad de usuarios y las instrucciones que han sido aplicadas por el traductor en determinadas instancias empíricas. Se subraya así la importancia y validez de la evolución histórica dentro del polisistema como coordenada que permite relativizar los hallazgos del presente.

---

[8] En este sentido, un claro ejemplo de globalización traductora y cooperación inter-polisistémica lo constituye la jovencísima ESIST, European Association for Studies in Screen Translation <www. esist.org>, que como objetivo prioritario se ha fijado la redacción de un código de excelencia que regule la buena práctica subtituladora en el mayor número de países posible. En palabras de la que ha sido su primera presidenta desde 1995 hasta 2000, Heulwen James, «we hope that by continuing the discussion, a European, possibly a global code, of good practice in the field of interlingual subtitling will soon become a reality» (James *et al.* 1996, 186).

Determinados parámetros de aceptación social estarán en vigor en determinadas épocas y, en consecuencia, la aplicación de las normas variará con ellos. Las normas vigentes en un período dado pueden perder esa vigencia con el devenir temporal, bien desapareciendo del polisistema o, lo que es más probable, siendo desplazadas hacia la periferia, reforzando de este modo la concepción de las luchas centralistas que operan dentro de toda sociedad y que dan cuenta de su inherente dinamismo. Este énfasis en la dimensión diacrónica nos obliga, en tanto que estudiosos de la traducción, a lanzar una mirada detenida a aspectos históricos generalmente obliterados en esta área de investigación. Siendo el cine, como es, un arte relativamente joven, el estudio de la traducción cinematográfica desde una perspectiva histórica no debería plantear, *a priori*, demasiados problemas. Otra vez nos encontramos ante un campo de análisis todavía por descubrir: ¿cómo se traducían y se traducen los intertítulos de las películas mudas?, ¿se deshacía uno de ellos o se mantenían en pantalla con una traducción en la parte inferior?, ¿qué papel desempeñaba la figura del explicador en el trasvase lingüístico?, ¿hasta qué punto podemos hablar de una verdadera traducción de diálogos en las instancias de películas en versión múltiple?...

Volviendo a las normas, la tipología establecida por Toury (1978)[9] constituye el pilar teórico sobre el que descansan los principios metodológicos del análisis contrastivo y que nos ayudará a dar cuenta tanto de la política de base que ha regulado el proyecto de traducción como de las relaciones quiásmicas operadas en la distribución del material lingüístico al trasvasar de una lengua a otra. En el caso preciso de la subtitulación, las normas de Toury son un útil de trabajo que permite, a nivel macroestructural, poner de manifiesto cuáles son los rasgos distintivos que marcan la entrega física del discurso subtitulador, teniendo en cuenta las limitaciones mediales que lo constringen. A nivel microestructural, nos ayudan a evidenciar el comportamiento del traduc-

---

[9] Toury establece la siguiente clasificación: 1) normas preliminares, que dan cuenta de la política de base que regula el proyecto de traducción así como de todas aquellas cuestiones que tienen que ver con la manera en que el producto traducido es presentado al receptor meta; 2) normas operacionales, divididas a su vez en matriciales, centradas en la articulación de fenómenos como la omisión, adición, reducción..., y textuales, que determinan la selección final del material lingüístico de la lengua meta que dará cuenta de los elementos encerrados en la lengua origen; y 3) norma inicial, encaminada a dilucidar si la película traducida tiende a someterse a los condicionantes del producto original (adecuación) o, por el contrario, opta por someter el filme a las expectativas de la audiencia meta (aceptabilidad).

tor en el proceso de mediación lingüística. Las normas se complementan con el modelo de análisis descriptivo propuesto por Lambert y Van Gorp (1985). Estos dos académicos belgas reconocen el papel esencial que la comparación de textos traducidos con sus originales tiene a la hora de profundizar en el estudio de la traducción, al mismo tiempo que deploran la ausencia de un modelo de análisis específico y válido que ofrezca las directrices básicas de cómo llevar a cabo la investigación descriptiva. Ponen de manifiesto que la metodología aplicada por numerosos estudiosos adolece en muchas ocasiones de un elevado grado de intuición y peca de adoptar un enfoque reduccionista y prescriptivo que se limita a subrayar los «errores» cometidos en el TM por comparación a lo que debería haber sido una traducción ideal del TO. Tras juzgar este acercamiento diferencial negativo, Lambert y Van Gorp proponen como herramienta de trabajo un modelo hipotético y complejo que se puede aplicar a cualquier texto bajo escrutinio y que permite identificar no sólo los rasgos característicos del texto en cuestión, sino también las estrategias que operan, la jerarquización de las relaciones entre los distintos elementos que coparticipan y la naturaleza de las normas que subyacen a toda elección traductora[10].

El estudio descriptivo comienza por la macroestructura donde se enclava el acto traductor. Preguntas de la siguiente índole nos ayudarán a definir la estrategia general implementada por el traductor: ¿se identifica la traducción como tal, o como adaptación?, ¿se precisa el nombre del traductor?, ¿aparece algún tipo de comentario metatextual que justifique la elección de una determinada política traductora?, ¿se traduce directamente de la lengua de origen o se trata de una traducción pivote?...[11]. Un interrogatorio de este tipo nos permitirá extraer conclusiones que iluminarán el porqué de algunas de las soluciones adoptadas en la traducción de ciertos binomios lingüísticos, a la vez que nos ayudará a entrever la política general de trabajo, y el posible decantamiento del producto hacia el polo meta (aceptabilidad) o el

---

[10] En Díaz Cintas (1998) propongo un modelo readaptado para satisfacer las necesidades de la subtitulación fílmica.

[11] Del inglés «*pivot translation,* defined as "translations produced not from the original, but from a (sic) existing translation in another language"» (Gottlieb, 1994, 117). Las páginas 117 a 119 de este trabajo ofrecen un recuento detallado de los problemas que en subtitulación se derivan de esta práctica laboral. James *et al.* (1996, 178), desde la perspectiva económica, también se hacen eco de este fenómeno al afirmar que «pivot translation is proving to be a financially attractive method of subtitling for Europe's multilingual satellite channels».

origen (adecuación). Una vez conocedores de estos parámetros, y como hipótesis de análisis, parece legítimo afirmar que si una traducción es adecuada en cuanto a su macroestructura, también lo será en cuanto a su microestructura, aunque debemos ser conscientes de que ninguna actividad traductora es completamente coherente con respecto al dilema aceptabilidad/adecuación. Bajando a la microestructura, y dada la imposibilidad de analizar todas las soluciones que se articulan en el plano textual y que componen el mapa total de una traducción, deberemos centrar nuestros esfuerzos en aquellos fragmentos e instancias textuales que presenten características relevantes y con el potencial de lanzar luz sobre el proceso que ha tenido lugar en la transferencia de comunicación de una lengua a otra. En este subapartado del análisis, la descomposición del producto/texto en unidades lingüísticas es dominante, al igual que el recurso a conceptos literarios y estilísticos. El análisis de estos fenómenos empíricos permitirá extraer conclusiones relevantes respecto a la naturaleza del discurso doblador/subtitulador así como respecto a las normas que han inducido al traductor a alcanzar diversas soluciones. La gran virtud de este modelo radica en el hecho de que se nos presenta como un marco flexible de trabajo que permite realizar una labor de investigación sistemática y estructurada. Un enfoque de esta envergadura está destinado a cubrir todos y cada uno de los aspectos que tienen una cierta relevancia desde la óptica traductora.

El último de los conceptos que paso a exponer brevemente es el de mecenazgo. Acuñado en inglés, *patronage,* por Lefevere (1985), se trata de una noción vinculada con el control exógeno que, desde el interior de la estructura socioeconómica e ideológica de cualquier sociedad, se ejerce sobre todo fenómeno traductor. El propio Lefevere lo define como el conjunto de «powers (persons, institutions) which help or hinder the writing, reading and rewriting of literature» *(ibíd,* 227) y que «can be exerted by persons [...], groups of persons [...], a social class, a royal court, publishers [...] and, last but not least, the media» *(ibíd,* 228)[12]. Dividido en tres componentes (ideológico, económico y de estatus social), el mecenazgo permite centrar la atención del investigador en aspectos que condicionan la entrega de las traducciones, tales como

---

[12] Las figuras clave en el mundo cinematográfico son el productor, el distribuidor, el organismo subvencionador, el Estado, e incluso el propio director. En el caso de Woody Allen, por ejemplo, el cineasta neoyorquino, consciente de su éxito en países de habla no inglesa, ejerce un control directo sobre la calidad de las distintas versiones traducidas de sus filmes.

la censura, el papel de las productoras/distribuidoras en la elección de una modalidad traductora u otra, las limitaciones en el acceso a la profesión, las injerencias estatales en el terreno de la traducción fílmica[13], entre otros.

3. CONCLUSIONES Y PERSPECTIVAS DE FUTURO

> [W]hat is studied is the text embedded in its network of both source and target cultural signs and in this way Translation Studies has been able both to utilize the linguistic approach and to move out beyond it (Bassnett y Lefevere, 1990, *apud* Bassnett, 1998, 123).

En efecto, los ET, lejos de olvidarse de la dimensión lingüística, ponen de manifiesto el valor que ésta tiene en todo trasvase traductor pero reconocen al mismo tiempo que cualquier práctica traductora puede ser también enfocada desde una perspectiva más cultural y que ambos acercamientos analíticos no tienen por qué ser autoexcluyentes. Lo que consiguen es, sencillamente, ensanchar el horizonte de miras y ampliar las posibilidades de trabajo. Puede que los lingüistas más empedernidos vean este desarrollo investigador con recelo, como un deslizamiento no deseado que les roba el objeto de estudio y, en este sentido, corremos el riesgo de originar una división irreconciliable entre los que enfocan el objeto de estudio desde una perspectiva puramente lingüística y los que prefieren adoptar una línea investigadora más en sintonía con lo que en inglés se viene conociendo como *cultural studies*, estudios culturales. Si lo que verdaderamente nos interesa es la buena salud de la traducción, debemos evitar cualquier tipo de enfrentamiento estéril (baste recordar el manido subtitulado versus doblaje) que no hace sino levantar falsos obstáculos a la hora de profundizar en el estudio. Por ello, hay que ver estas dos aproximaciones teóricas como complementarias, que nos permiten enfrentarnos a los fenómenos empíricos desde varias perspectivas y que persiguen un objetivo común: ofrecer una visión lo más completa posible del fenómeno traductor.

---

[13] Recordemos, a título de ejemplo, que la orden ministerial promulgada por el Ministerio de Industria y Comercio el 23 de abril de 1941, al instaurar la obligatoriedad del castellano en la proyección de películas, suponía la muerte efectiva de la subtitulación. Por el contrario, un decreto de 1967 que autorizaba la creación de salas de «arte y ensayo» obligaba, al mismo tiempo, a la proyección de películas extranjeras en versión original subtitulada. También en este sentido habría que estudiar en detalle la importancia que las licencias de doblaje, las cuotas de pantalla y las subvenciones estatales tienen a la hora de decantarse por una versión doblada o por una subtitulada.

Los ET no sólo nos suministran una serie de premisas conceptuales de un gran valor operativo para nuestros análisis, sino que también contribuyen de este modo a la armonización terminológica tan deseada en el terreno teórico. En tanto que estudiosos de una disciplina académica de relativa juventud, los traductólogos se han visto obligados a reinventar un discurso que les sea propio y les permita expresarse con precisión. Aunque todavía en clara deuda con la lingüística y otras disciplinas afines, el discurso traductor parece querer empezar a adquirir una terminología propia que le sirva de señas de identidad y lo singularice del resto. Y la importancia de los ET en este proceso de madurez es indiscutible.

En unos círculos académicos en los que «hasta hace relativamente poco tiempo, la teoría de la traducción se limitaba a monumentos culturales como la Biblia, a las obras de la Antigüedad clásica o a obras "canónicas" de la literatura» (Vidal Claramonte, 1995, 14), es de agradecer la irrupción de una corriente como los ET que, a pesar de seguir privilegiando la traducción literaria, es lo suficientemente flexible como para dar cabida en su seno al estudio de fenómenos que hasta la fecha han venido siendo injustamente considerados como menores. Incluso algunos de sus máximos exponentes, como Lambert (1990 y 1995) y Bassnett (1998, 136-137), les dedican varias páginas.

Por lo que al futuro respecta, las perspectivas son extremadamente halagüeñas. Es mucha y muy interesante la investigación que todavía queda por hacer en este terreno y podemos afirmar, sin miedo a equivocarnos, que estamos todavía lejos de la saturación. Pero ante todo hemos de neutralizar un peligro en constante acecho: la trivialización y redundancia temáticas. Como estudiosos de la materia, es nuestra obligación abrir nuevas avenidas de investigación que permitan enfocar los datos empíricos desde diversas ópticas analíticas, capaces de ofrecernos una visión pluridimensional no sólo de los aspectos lingüísticos que caracterizan la traducción que tiene lugar en los medios audiovisuales, sino también del contexto pragmático y cultural en el que se articula, de su evolución histórica y de su influencia en el polisistema fílmico de la cultura meta en la que los productos traducidos se insertan.

Si queremos que este campo de la traducción deje de ser la cenicienta de la disciplina, tenemos que arroparlo con aproximaciones teóricas progresistas e innovadoras, capaces de conferirle una cierta resonancia y un estatus de seriedad y prestigio como el que tradicionalmente ha venido ligado a la traducción literaria. En este sentido, el presente trabajo aspira a ser un detonante que propicie una mayor investigación en el terreno de la traducción fílmica, señalando en nuestra sociedad el comienzo de un futuro que estoy convencido se augura muy prometedor.

CAPÍTULO VI

Subtitulado y doblaje como procesos de domesticación cultural

MARCOS RODRÍGUEZ ESPINOSA
Universidad de Málaga

1. INTRODUCCIÓN

El estudio de los fenómenos relacionados con la traducción audiovisual requiere un enfoque interdisciplinar que profundice en su desarrollo histórico y que establezca «the principles governing the very presence/absence of imported and translated film material in the cultural system under discussion» (Delabastita, 1991, 99). Como en cualquier otro análisis de los procesos de traducción, se hace imprescindible una descripción de las normas que rigen las «otras versiones» de los textos cinematográficos, que debe tener en consideración el guión original y de doblaje, la banda sonora y el conglomerado simbólico-visual que constituye cualquier mensaje audiovisual.

2. NORMAS Y TRADUCCIÓN AUDIOVISUAL: EXTRANJERIZACIÓN Y DOMESTICACIÓN

En opinión de Basil Hatim e Ian Mason (1997), constituye una práctica taxonómica habitual entre los teóricos de la traducción el considerar que las normas de traducción oscilan entre dos polos comple-

103

mentarios que se identifican con la traducción literal y libre. En este sentido, E. A. Nida distingue entre equivalencia formal y dinámica y Peter Newmark (1988) acuña las nociones de traducción semántica y comunicativa. Más recientemente, también pueden tomarse como categorías referenciales para el análisis de textos traducidos dos procedimientos generales de traducción: la «extranjerización» *(foreignization)* y la «domesticación» *(domestication)*.

Para Lawrence Venuti (1993), la domesticación está íntimamente relacionada con aquellos procedimientos de traducción cuyo resultado es un texto «transparente», de lectura fácil, en el que los elementos exóticos del texto original han quedado reducidos a una mínima presencia, e incluso sustituidos por otros de la cultura meta. Esta forma de traducción constituye para cualquier lector «the narcissist experience of recognizing his own culture in a cultural other, enacting an imperialism that extends the dominion of transparency with other ideological discourses over a different culture to the cultural and economic hegemony of target-language publishers» (Venuti, 1995, 5).

En cambio, la extranjerización estaría constituida por aquellos procedimientos de traducción cuya función primordial será reproducir la idiosincrasia cultural que es básica al texto original, «an ethnodeviant pressure of those values to register the linguistic and cultural difference of the foreign text, sending the reader abroad» (Venuti, 1995, 20). Esta tendencia puede incluso manifestarse en la elección de obras literarias, y cinematográficas en nuestro caso, que ocupen una posición central o marginal en el canon literario y audiovisual de la cultura de llegada.

Desde esta perspectiva, efectuaremos un breve análisis de distintas escenas correspondientes a largometrajes extranjeros subtitulados o doblados al español, en el que describiremos el efecto de estos procedimientos de traducción sobre los nombres propios, los alimentos, el humor, los juegos de palabras, así como sobre elementos de carácter ideológico, como los estereotipos sexuales y las identidades nacionales.

3. La traducción de los nombres propios

Desde el punto de vista de los estudios descriptivos de traducción, para Theo Hermans (1988) el estudio de los nombres propios constituye un elemento fundamental de investigación, puesto que las conclusiones obtenidas permiten formular las primeras hipótesis acerca de la naturaleza de las normas de traducción que van a regir la actuación del traductor. Cualquier análisis de este tipo debe diferenciar entre los «conventional names», es decir, aquellos que carecen de carga semántica, y los denominados «loaded names», referidos a aquellos nombres propios «that are somehow "motivated"; they range from faintly "suggestive" to overtly "expressive names" around which certain historical or cultural associations have accrued in the context of a particular culture» (Hermans, 1988, 13).

Los nombres propios de los personajes de *La vida de Brian según Monty Python* (1979)[1] ejercen una función humorística primordial en el desarrollo de la película. En primer lugar, describiremos la traducción de los nombres de combate por los que son conocidos los gladiadores del circo. Así, «El Mascanueces de Macedonia», la versión española de «Frank Goliath, the Macedonian Baby-Crusher», reduce la extensión del nombre original y también introduce, parcialmente, un elemento nuevo, con lo que la crudeza del original queda mermada. En cuanto a «Boris Mineburg», que podría traernos a la memoria a un minero ruso, se sustituye por «Mixor, el Triturador», nombre de resonancias latinas, aunque el apelativo que le acompaña profundiza en las características del original.

En cuanto a la versión española del nombre del legionario romano «Naughtius Maximus», «Traviesus Maximus», se observa que se mantiene la morfología latina empleada en el original, a la vez que se vierte directamente la primera parte del apelativo. La traducción del nombre del general «Biggus Dickus» como «Pijus Magníficus», latiniza la voz de origen vulgar «pijo», mientras que la cualidad del calificativo queda incrementada. En el caso de la ciudadana romana «Incontinentia Summa», en la versión traducida, «Incontinencia Summa», se da una naturalización innecesaria para el receptor español del primer componente, mientras que el segundo se deja en su forma original.

En los nombres de «Samson the Sadducee Strangler» y «Silus the Syrian Assassin», que corresponden a los nombres de criminales condenados a muerte por las autoridades romanas de Judea, la aliteración interior cumple una función humorística, puesto que en la película son pronunciados por un personaje ceceante. Como norma general, el subtitulado con «Sansón el estrangulador de Saba» y «Silus el asesino sadista», cambia u omite el topónimo, mientras que el doblaje, al traducir como «Sansón el asesino saduceo» y «Silas de Siria el sagaz» cambia los apelativos que acompañan a los nombres con el objeto de profundizar en el motivo de la aliteración.

---

[1] *La vida de Brian según Monty Python/Monty Python's Life of Brian* (1979), John Goldstone Productions. Intérpretes: Graham Chapman, John Cleese, Terry Gilliam, Eric Idle, Terry Jones y Michael Palin. Dirección: Terry Jones. Productores ejecutivos: Georges Harrison y Denis O'Brien. Duración: noventa minutos, aproximadamente.

En cambio, determinados personajes secundarios, como «Reginald» (Roberto), «Burt» (Torcuato) o «Roderick» (Ruiz), se sustituyen por otros diferentes, y en otros casos, como el de «Spencer Tracy», se omiten.

4. LA TRADUCCIÓN DE LOS TOPÓNIMOS

La escena que hemos seleccionado para este apartado pertenece al encuentro que se produce en la película *Cuatro bodas y un funeral* (1994)[2], entre la joven estadounidense Carrie (Andie MacDowell) y Charles (Hugh Grant), en el que mencionan el *pub* en el que van a pasar la noche. Como podemos observar, tanto el subtitulado como el doblaje traducen el nombre genérico referido al típico establecimiento británico como «taberna» y «albergue». Se trata de una traducción que utiliza términos específicamente domésticos, que no definen en absoluto el concepto foráneo y que elimina cualquier conexión con el escenario exótico en el que se desarrolla la película. Desconocemos si este tipo de actuaciones constituye una norma en la traducción audiovisual, no obstante, pensamos que *pub* debería ser transferido en su forma original, puesto que una gran parte de la audiencia está habituada a este término[3]:

Carrie: I was just wondering where you were going to stay tonight?
Quería saber dónde
dormirás esta noche.
Dob: Quería saber dónde vas a dormir esta noche.
Charles: Well, I was staying at some **pub** called the...
¡Ah! Pues iba a quedarme
en un sitio llamado...
Dob: ¡Ah! Pues iba a dormir en **un albergue** que se llama algo de animales.
Charles: "Lucky"... "The Boat" or something like that.
"La Barca"...
el **"Barco Feliz"**...
Dob: El Pato... **El Pato**...
Carrie: **"Boatman"**.

---

[2] *Cuatro bodas y un funeral/Four Weddings and a Funeral* (1994), PolyGram Filmed Entertainment & Channel Four Films/Working Title Films. Intérpretes: Hugh Grant, Andie MacDowell, Kristin Scott-Thomas y Rowan Atkinson. Dirección: Mike Newell. Guión: Richard Curtis. Música: Richard Rodney Bennett. Productor: Duncan Kenworthy. Duración: ciento veinte minutos, aproximadamente.
[3] En lo sucesivo, los subtítulos aparecerán subrayados, mientras que al texto de la versión doblada le precederá **Dob**. Por otra parte, la **negrita** resaltará los elementos sobre los que se centra nuestro estudio descriptivo.

"El Barquero".
Dob: "Mareado".
Charles: Right. But, now I'm going to stay at some friends' house
    with... some friends.
Eso es, pero al final iré
a casa de unos amigos...
Dob: Eso es, pero al final me quedaré en casa de unos amigos... con
    unos amigos.
Charles: Well, I ..., I..., I said house. I think almost castle is a more
    accurate description.
He dicho casa, pero sería
más acertado decir castillo.
Dob: Bueno, he dicho casa, pero sería más acertado decir castillo.
Carrie: That's too bad because I'm at "The Boatman".
Es una pena, yo dormiré
en "El Pato Mareado"
Dob: Lástima, yo dormiré en **"El Pato Mareado"**.

En esta misma escena, el problema se sitúa, además, en la traducción
del nombre del *pub* mencionado anteriormente, «the Boatman». En el
doblaje se observa una adaptación cultural a través de un topónimo que
enfatiza el contenido humorístico del guión original, «El Pato Mareado».
Sin embargo, en el subtitulado, se vacila entre «El barquero», más cercano al topónimo en lengua inglesa, y «El Pato Mareado», ya descrito en el
doblaje. Esta situación nos hace preguntarnos si no se ha producido una
interferencia entre ambas versiones a la hora de realizar el subtitulado.

5. La traducción de los alimentos

Las comidas y bebidas son elementos léxicos que están estrechamente relacionados con la cultura de un determinado país. De esta manera, E. A. Nida afirma que, junto con otros términos de iguales características, presentan para el traductor numerosos problemas «not only
because the basic systems are often so different, but also because the ex-
tensions of meaning appropriate to one system rarely work in another»
(1964, 216). Peter Newmark, por su parte, los considera «the most sensi-
tive and important expression of national culture; food terms are subject
to the widest variety of translation procedures» (1988, 97). Para Javier
Franco (1996), los alimentos pertenecerían a un apartado más amplio
que se denominaría «culture-specific items in translation» en el que se incluirían los nombres propios, que constituyen «a translation problem in
their transference to a target text whenever this problem is a product of

the nonexistence of the referred item or of its different intertextual status in the cultural system of the readers of the target text» (Franco, 1996, 58).

El largometraje *Sed de mal* (1958)[4] constituyó el penúltimo intento del director estadounidense Orson Welles por acomodar su «desmedido» genio al sistema de producción de los grandes estudios de Hollywood. Sus desavenencias con la Universal Pictures hicieron que casi quince minutos de la versión definitiva fueran acabados por la propia productora. Las versiones españolas también han seguido caminos conflictivos hasta llegar a la situación de que la versión distribuida por CIC VIDEO alterna el doblaje original con escenas subtituladas. Es de suponer que la película pueda haber sido censurada en su momento, aunque para confirmarlo sería necesaria una investigación más profunda acerca del tema. El primer ejemplo que analizamos pertenece a una escena del comienzo del largometraje, en la que el comisario Quinlan (Orson Wells) se dirige al bar de su antigua amante, Tanya (Marlene Dietrich):

> *Swartz:* I don't know what Quinlan thinks she has got to do with it.
> No entiendo qué espera
> de esa fulana.
> **Dob:** ¿Cree Quinlan que ella tiene algo que ver con esto?
> *Fiscal:* ¿Tanya? Maybe she'll cook chilli for him or...
> ¿De Tanya?
> Tal vez le haya preparado
> gelatina...
> *Fiscal:* ...bring out the cristalball.
> O quiera devolverle la juventud.
> **Dob:** ¿Tanya? Tal vez le prepare **chile** o le saque la bola de cristal.

En esta ocasión, constatamos que el subtitulado traduce incorrectamente «chilli» como «gelatina», mientras que en el doblaje el error no se reproduce y elimina de la versión española un elemento cultural característico de la frontera mexicana como es el chile. Por otra parte, Quinlan, el protagonista de la historia, que se caracteriza por una tendencia compulsiva a engullir ansiosamente distintos alimentos, requiere de su ayudante que le traiga «doughnuts or sweetrolls». En cuanto al primer alimento, que se trata de «a small spongy cake of sweetened and fried dough, frequently ring shaped or spherical with jam or cream fi-

---

[4] *Sed de mal/Touch of Evil* (1958), Universal Pictures/An MCA Company. Intérpretes: Charlton Heston, Orson Welles, Janet Leigh y Marlene Dietrich. Dirección y guión: Orson Wells. Música: Henry Mancini. Productor: Albert Zugsmith. Duración: ciento cinco minutos, aproximadamente.

lling» *(The New Shorter Oxford English Dictionary,* 1993), la traducción «bollos» podría ser sustituida por la de «donut», adaptación ortográfica de la voz original, que ya forma parte de nuestro acervo cultural. En cuanto a «sweetrolls», se incurre en un error al verterlo por «galletas». En ambos casos, las versiones españolas han optado por soluciones que eliminan toda referencia al contexto extranjero de la película.

En otro orden de cosas, en esta escena se observa también la introducción del calificativo de carácter ofensivo «esa fulana», referido a la dueña del local al que se dirige el capitán Quinlan, y que no aparecía en ningún lugar del guión original.

6. La traducción de los chistes

Misterioso asesinato en Manhattan (1993)[5], reflexión ácida sobre el paso del tiempo y el amor, es una de las comedias más brillantes de Woody Allen. Al comienzo de la película, Paul, el vecino que posteriormente asesinará a su mujer para cobrar una herencia, cuenta un chiste pésimo para animar una velada que se había iniciado de forma circunstancial:

> *Lillian:* Well, we never had any children but that is easy to understand. What college did your son attend?
> Nosotros no tenemos hijos, pero es fácil de entender. ¿En qué universidad está su hijo?
> **Dob:** Nosotros no tenemos hijos, pero resulta fácil comprenderlo. ¿En qué universidad estudia su hijo?
> *Carol:* **Brown**.
> Columbia.
> **Dob:** En **Brown.**
> *Paul:* Nice colour.
> Eso está en Hollywood.
> **Dob:** Secadores de primera.

Cuando Paul oye que el hijo de Carol estudia en la universidad de «Brown», le contesta «nice colour», haciendo un chiste fácil en el que confunde la institución estadounidense con el color «brown», marrón

---

[5] *Misterioso asesinato en Manhattan/Manhattan Murder Mystery* (1993), Tristar Pictures. Dirección: Woody Allen. Intérpretes: Woody Allen, Diane Keaton, Alan Alda y Anjelica Huston. Guión: Woody Allen y Marshall Brickman. Productores ejecutivos: Jack Rollins y Charles H. Joffe. Duración: ciento tres minutos, aproximadamente.

en español. En cambio, el subtitulado sustituye el nombre original por el de «Columbia», y la respuesta, «eso está en Hollywood», que alude a los estudios de la productora estadounidense, completa la caracterización de Paul como persona sin estudios universitarios. Por otra parte, el procedimiento de traducción observado en el guión vertido por Claudio López Lamadrid (1995) opta por mantener «Brown» aunque la respuesta de Paul, «secadores de primera», hace referencia a los electrodomésticos de la marca «Braun», conocidos para una gran parte de los espectadores españoles.

7. La traducción de las alusiones literarias

Gérard Genette define la intertextualidad como la presencia eidética de dos o más textos, o la presencia efectiva de un texto en otro. Una de sus formas más explícitas y literal es la cita, ya sea con comillas o sin referencia exacta. Otra forma, menos transparente y literal, es la alusión, definida como «un enunciado cuya plena comprensión supone la percepción de su relación con otro enunciado al que remite necesariamente tal o cual de sus inflexiones, no perceptible de otro modo» (1989, 10).

Las alusiones constituyen una unidad textual problemática en el proceso de traducción, puesto que, en muchas ocasiones, se trata de un discurso encubierto, a veces lejano en el tiempo, de «un hablar insinuante, o por enigmas, de un "dar a entender", apelando a conocimientos verdaderos o supuestos del destinatario, a su cultura, a la enciclopedia del género» (Mortara Garavelli, 1991, 294). Para Sándor Hervey, el primer paso para el traductor será localizar la alusión, el segundo, comprender el significado que el autor pretende transmitirnos a través de ellas, y, por último, «to convey the force of the allusion in the TT, ideally by using some appropriate allusive meaning based on a saying or quotation in the TL» (1995, 103).

En *Cuatro bodas y un funeral* (1994), cuando Charles llega al *pub* para buscar a la joven estadounidense Carrie, se encuentra con la sorpresa inesperada de que otro asistente a la boda también quiere invitarle a una copa:

> *Guest:* You see when you are working in the money market...
> Ya sabes, cuando
> trabajas en la bolsa,
> *Guest:* What use are the novels of Wordsworth going to be, eh?
> ...¿de qué sirve leer libros de Wordsworth?
> **Dob:** ¿Para qué te sirve saber **qué obras escribió Wordsworth?**

110

La intención del guión es caracterizar a este personaje como hombre de negocios hosco, sin formación académica: «What use are the novels of Wordsworth going to be, eh?». El elemento humorístico de la frase se encuentra en llamar a Wordsworth novelista, cuando, de hecho, ha pasado a la historia de la literatura como uno de los principales poetas románticos ingleses. En este caso, ni el subtitulado ni el doblaje consiguen identificar correctamente la alusión literaria, optando por vaciar el contenido humorístico del guión original, y vertiendo «novels» a través de referencias generales como «libros» y «obras».

8. La traducción de los juegos de palabras

El juego de palabras, como figura literaria, se basa en la singularidad semiótica que ciertos componentes léxicos adquieren en un texto determinado, en función de sus características fonéticas y gráficas, así como de sus significados. Descifrar este recurso estilístico constituye un extraordinario desafío para el traductor de textos audiovisuales, puesto que tiene que reproducir en su traducción los distintos significados de las palabras, la disposición de los significantes y la relevancia ideológica y cultural que el término tiene en el guión original.

Desde las primeras escenas, Mandy, el personaje de la madre en *La vida de Brian* (1979), se caracteriza por no comprender determinadas palabras o por confundirlas. En el ejemplo que presentamos a continuación, ante la insistencia de una multitud fanática que reclama al «Messiah», les contesta que lo único que hay es un «mess», es decir, «a state of situation, of confusion; a condition of embarrassment or trouble» *(The New Shorter Oxford English Dictionary,* 1993), en clara referencia a la situación en la que acaba a sorprender a su hijo con una chica. Así pues, el juego de palabras entre «Messiah» y «mess» se construye sobre el recurso de la paronimia, palabras que se pronuncian de forma parecida, «bien por parentesco etimológico (quien reparte se lleva la mejor parte), bien por semejanza casual (compañía de dos, compañía de Dios)» (Lázaro Carreter, 1987):

> *The crowd:* The **Messiah!** Show us the **Messiah!**
> **¡El Mesías! ¡Es el Mesías!**
> **Dob: ¡El Mesías, el Mesías! ¡**Muéstranos **el Mesías!**
> *Mandy:* The who?
> **¿Qué dicen?**

Dob: ¿Quién?
The crowd: The **Messiah**!
<u>Muéstranos al **Mesías**.</u>
Dob: ¡Al Mesías!
Mandy: Huh, there's no **Messiah** in here. There's a **mess**, all right,
but no **Messiah**.
<u>Aquí no hay ningún **"mesié"**, sino</u>
<u>lo que hay es un buen follón.</u>
Dob: Aquí no hay ningún **"mesié"**. Lo que hay es **"demasié"** perso-
nal. ¡Así que fuera!

En el subtitulado, «aquí no hay ningún mesié, sino lo que hay es
un buen follón», el juego de palabras desaparece, y se opta por el procedimiento de traducción que Dirk Delabastita (1993) denomina
PUN>SELECTIVE NON-PUN, es decir, se transfiere la ignorancia del personaje respecto a la palabra «Messiah», que se sustituye por «mesié», y
se traduce «mess» haciendo referencia a lo que ocurre en la habitación.
En cambio, la versión doblada, «aquí no hay ningún "mesié", lo que
hay es "demasié" personal», en terminología de Delabastita, sigue la
ecuación PUN>PUN, en otras palabras, reproduce un juego de palabras
distinto entre dos voces: «mesié», naturalización del francés *mon-
sieur/messieurs*, y «demasié», «voz del argot pasota de finales de la década de los setenta» (León, 1979). Así, el personaje, al contrario de lo que
antes ocurría, se refiere al público que desea ver a su hijo Brian.

9. TRADUCCIÓN Y ESTEREOTIPOS SEXUALES

Uno de los aspectos más debatidos en los últimos años en los estudios de traducción es el de las asimetrías lingüísticas y culturales derivadas de la nueva realidad social, y que se reproducen en las traducciones. Para Lawrence Venuti (1995), estas diferencias se componen principalmente de una serie de reducciones y omisiones, así como de
adiciones que son específicas de la traducción y están estrechamente
vinculadas a los cánones, tabúes, códigos morales e ideológicos de la
lengua de llegada. La traducción audiovisual, como cualquier otro fenómeno de mediación cultural, muestra una determinada actitud ideológica respecto al texto original y puede implicar la presencia de códigos culturales de tendencia misógina, homofóbica y xenófoba.

En este sentido, en la versión española de *Cuatro bodas y un funeral*
(1994), tanto en la subtitulada como en la doblada, se sustituye el simple comentario «nice smell», por «está buenísima», referido al físico de

Carrie. Esta actuación, que ya veladamente se observaba al verter «lovely legs», como «buenas piernas», llama la atención en una película explícitamente respetuosa con determinadas opciones sexuales, y acentúa la caracterización machista que la imagen de la escena transmitía.

El segundo ejemplo elegido en relación con la traducción y los estereotipos sexuales pertenece al largometraje *Ser o no ser* (1942)[6], del director Ernst Lubitsch, una de las sátiras más célebres que se han realizado sobre el nazismo en la historia del cine. Durante toda la cinta, la relación entre el joven teniente Sobinski y la actriz polaca Mrs. Tura se muestra de forma poco clara. Lo único que el espectador sabe con absoluta certeza es que cuando el gran actor Mr. Tura se dispone a recitar el conocido monólogo hamletiano «Ser o no ser», el aviador polaco abandona el patio de butacas para encontrarse con la mujer de la que está enamorado:

> *Mr. Tura:* Siletzky? Who is Siletzky? A spy? And who is he?
> ¿Quién es Siletzky?
> ¿Quién es éste?
> *Lieutenant Sobinski:* Lieutenant Sobinski.
> *Mrs. Tura:* Don't you understand? Siletzky's here?
> Lo único que importa es que Siletzky está aquí.
> *Mr. Tura:* Unbelievable! Unbelievable!
> ¡Increíble!
> *Mr. Tura:* **I come home to find a man in the same boat with me**
> and my wife says to me, what does it matter?
> Mi mujer **"embarcada"** con otro
> y me dice: ¡Eso no importa!

En esta escena, Mr. Tura descubre acostado en su cama al teniente Sobinski, que ha venido en misión especial a Varsovia, ocupada en aquellos momentos por las tropas alemanas. Con la finalidad de distraer la desconfianza del marido celoso, el militar le dice: «we're all in the same boat», una expresión coloquial, cuyo uso se remonta a mediados del siglo XIX, que se emplea para designar a personas que se encuentran «in the same position or circumstances» (Partridge, 1979), y que en este caso se transforma en un grito que pretende apelar al patriotismo del marido contra el invasor nazi.

---

[6] *Ser o no ser/To Be or Not to Be* (1942), Alexander Korda Productions. Intérpretes: Jack Benny, Carole Lombard y Robert Stack. Director: Ernst Lubitsch. Guión: Edwin Justus Mayer. Música: Werner Heymann. Duración: noventa y nueve minutos, aproximadamente.

113

A final de la escena, una vez que Mrs. Tura ha llegado a la casa en la que se encuentran ambos hombres, el marido hace todo lo posible por expresar su indignación y sorpresa ante lo que está pasando en su propia casa sin su conocimiento. En el momento de mayor ira exclama: «I come home to find a man in the same boat with me, and my wife says to me: what does it matter?». De nuevo hay una alusión a que el joven Sobinski y él mismo están «in the same boat».

En la versión subtitulada se cambia el guión original y se traduce, «mi mujer "embarcada" con otro». El significado del verbo está correctamente escogido puesto que en castellano «embarcarse» tiene el sentido figurado de «hacer que uno intervenga en una empresa difícil o arriesgada» *(Diccionario de la lengua española* [DRAE], 1992). Sin embargo, el texto original se refería a que eran los hombres los que estaban en el mismo barco, mientras que la traducción prefiere explicitar la supuesta infidelidad de la esposa, que está «embarcada», empleando comillas, con el teniente.

El último ejemplo de este apartado se ha extraído del subtitulado de *Una jaula de grillos* (1996)[7], una película que describe las dificultades por las que pasa una pareja de homosexuales cuando se ven obligados conocer a los padres de la chica que se va a casar con el joven al que ambos han criado. Este breve diálogo, entre el padre *gay* (Robin Williams) y su hijo «heterosexual», se desarrolla mientras que el espectador contempla una escena en la que un muchacho vestido con un tanga realiza labores de limpieza. Como podemos observar, el subtitulado traduce la palabra *straight* como «normal»:

> *Albert:* Dad, could we hire, let's say... a **straight** maid for tonight?
> Papá podríamos contratar
> a una criada **normal** para esta noche.
> *Armand:* There are no **straight** maids in South Beach.
> No hay criadas **normales**
> en South Beach.

Según Plythian (1955), la voz *straight* tiene diferentes significados, que van desde «frank», «honest», «undiluted», hasta finalmente referirse a aquellas personas que no son homosexuales. Más recien-

---

[7] *Una jaula de grillos/The Birdcage* (1996), MGM/UA Home Video. Intérpretes: Robin Williams y Gene Hackman. Dirección y producción: Mike Nichols. Guión: Elaine May. Arreglos musicales y adaptaciones: Jonathan Tunick. Duración: ciento dieciocho minutos, aproximadamente.

temente, el diccionario *Collins Cobuild* utiliza la palabra para designar a las personas que son «normal and conventional, for example in their opinions, in the way they live, or in the clothes they wear», así como a los individuos que son heterosexuales. En nuestro caso, es evidente que la ropa del sirviente hispano resulta extraña para una criada. No obstante, teniendo en cuenta el argumento de la película, resulta evidente que «straight» significa en este contexto «heterosexual».

Si consultamos el DRAE, observamos que el término «normal» se aplica a aquellas cosas que se hallan «en su estado normal», «que sirve de norma o regla» y, finalmente, «dícese de lo que por su naturaleza, forma o magnitud se ajusta a ciertas normas fijadas de antemano». El *Diccionario de uso del español* (DUE), de María Moliner, señala como sinónimo la voz «natural». En consecuencia, siguiendo los significados de los diccionarios mencionados, el sirviente guatemalteco sería «anormal» e incluso «antinatural». En este sentido, la traducción de «straight» como «normal» es susceptible de ser considerada una reescritura e interpretación homofóbica del guión original.

10. Traducción e identidades nacionales

Sed de mal (1958) es una historia de policías corruptos y narcotraficantes que se desarrolla en la frontera entre Estados Unidos y México. Algunos de los personajes principales se expresan en una mezcla de la variedad mexicana del castellano e inglés, mientras que otros, de origen estadounidense o mexicano, son claramente monolingües. El dialecto fronterizo mexicano-inglés cobra una especial relevancia, porque subraya la confusión lingüística de determinadas escenas y ahonda en el conflicto ideológico que se establece entre una comunidad dominante, la de los policías, es decir, la de lengua inglesa, y otra dominada, la de los delincuentes, la de los hispanohablantes. La escena seleccionada corresponde al encuentro entre el capitán Quinlan y el joven mexicano Sánchez, novio de una muchacha estadounidense, y al que se intenta involucrar en un crimen. En esta misma conversación, el comisario mexicano Vargas, perfectamente bilingüe, intenta socorrer a su compatriota en un interrogatorio parcial, en el que Quinlan, monolingüe y xenófobo, pretende confundir y acorralar a Sánchez, hablándole únicamente en inglés, para inculparle injustamente.

115

En primer lugar, llama nuestra atención en las versiones españolas que la conversación entre Vargas y Sánchez, que se desarrolla en español mexicano, se castellaniza y omite parte del guión original y, por lo tanto, se domestica en el doblaje de la siguiente manera:

> **V.O.:** No deben hacer eso. No tienen ningún derecho de leer mis cartas. Tú eres un policía mexicano. Y debes proteger a un mexicano. Y les tienes miedo a estos gringos.
> **Dob.:** *No pueden hacer eso. No tienen ningún derecho a leer mis cartas. Usted es un policía mexicano y debe proteger a un mexicano.*

En segundo lugar, la frase de Quinlan «I don't speak Mexican», traducida en los subtítulos como «Sánchez hable en inglés», sustrae la caracterización original del comisario estadounidense como personaje ignorante que desconoce la denominación exacta del idioma en el que se expresan los mexicanos. Por otra parte, la dimensión ideológica del enfrentamiento entre Quinlan y Vargas se omite al traducir «I'm sure it is just as unpleasant as in any language», como «es desagradable, pregunte quien pregunte», porque el detenido a todas luces tendría más posibilidades de defender su inocencia si el interrogatorio se desarrollara en español.

En el guión original, al principio del interrogatorio, Vargas pregunta en español: «¿Puedo usar el teléfono?». El doblaje elimina el acento mexicano sustituyéndolo por el de las voces neutras en el castellano de los actores de doblaje españoles. Además, en relación con la intervención de Quinlan, «In English. I don't want to repeat myself», se produce un efecto similar al que nos hemos referido con anterioridad. Tanto en el subtitulado «sea un caballero y no me interrumpa», como en el doblaje «parece que tiene usted interés en interrumpirme», el intento de que el interrogatorio se realice solamente en inglés, se reduce a una cuestión de buena educación y cortesía en los turnos de palabra. Finalmente, en la última parte de la escena, el doblaje continúa domesticando el mexicano traduciendo «recámara» por «dormitorio», y las frases que pronuncia Vargas explicando a Quinlan en qué habitación se encuentra el teléfono solicitado se transforman en irónica llamada de atención al policía estadounidense: «¿Capitán Quinlan, es así cómo descubre a los delincuentes?». En definitiva, podemos afirmar que, tanto el subtitulado como el doblaje han vaciado en la mayoría de las ocasiones la confrontación lingüística de la escena y han acolchado conscientemente la caracterización xenófoba del policía estadounidense.

11. Conclusiones

En los ejemplos procedentes de los doblajes y versiones subtituladas anteriormente descritos, hemos podido observar cómo la domesticación ha constituido un procedimiento de traducción frecuente en España a lo largo de los años. Además, últimamente son cada vez más numerosos los casos en los que se advierte la introducción de elementos de la realidad cotidiana española en los doblajes de ciertos productos audiovisuales. Por citar algunos, nos referimos a las referencias a cantantes populares, como Julio Iglesias, a programas de televisión de dudoso gusto, como «Tómbola», o a los personajes de las revistas del corazón, como María del Monte o Isabel Pantoja, que aparecen en largometrajes *(Aterriza como puedas)*, o en series de televisión de gran audiencia *(El príncipe de Bel-Air, Cooper y Cosas de casa)*.

El traductor de textos audiovisuales es un eslabón de una sofisticada cadena de producción, cuyo principal objetivo es vender un producto cinematográfico a escala mundial (Ávila, 1997, 49-79). En los últimos años, a pesar de que las autoridades europeas han manifestado tímidamente su propósito de implantar una legislación proteccionista, las películas y series estadounidenses continúan ocupando posiciones dominantes en las carteleras cinematográficas y en las programaciones de televisión. En nuestra opinión, los procesos de traducción audiovisuales caracterizados por una domesticación continua y desmesurada de los elementos foráneos y la implantación de otros propios de la cultura de llegada suponen, por una parte, una manipulación poco ética del guión original, y, por otra, constituyen un elemento adicional decisivo en el dominio que las multinacionales ejercen sobre el mercado audiovisual, y, en consecuencia, de la colonización cultural estadounidense en nuestro país.

El análisis del discurso aplicado al doblaje cinematográfico: *The Great Gatsby*

Francisco Pineda Castillo
Universidad de Málaga

1. Introducción

El objetivo del presente artículo es aplicar los conceptos fundamentales de la teoría del análisis del discurso a la traducción de un guión cinematográfico por el método de doblaje. La aplicación práctica tiene una doble vertiente. Por un lado, permite detectar las inequivalencias que presenta la versión doblada al español. Por otro, brinda al investigador la posibilidad de proponer soluciones a las inequivalencias detectadas basándonos en el enfoque discursivo. En este sentido, se van a seguir los preceptos aplicados y desarrollados por Hatim y Mason (1990 y 1997) y De Beaugrande y Dressler (1981).

Además de las referencias básicas recogidas en el párrafo anterior, se van a proporcionar otras referencias en el apartado correspondiente para que el lector pueda consultarlas en caso de que necesite profundizar en alguno de los conceptos que se van a utilizar en este capítulo.

La estructura de este trabajo de investigación es simple. Se trata de un análisis y comentario crítico de todas aquellas escenas de la película *The Great Gatsby* (1973), basada en la novela homónima del escritor estadounidense Francis Scott Fitzgerald, que presentan problemas de

119

traducción. La dirección corrió a cargo de Jack Clayton y el guión original fue realizado por Francis Ford Coppola.

En lo que concierne a la unidad de análisis, y atendiendo a las premisas textuales de este trabajo, parece natural que sea la escena, que por su extensión temporal y espacial resulta totalmente abordable para el investigador, además de permitir una contextualización más que suficiente. No obstante, se parte de la premisa de que el lector conoce la película en alguna de sus versiones, puesto que las escenas que no presentaban problema alguno desde la perspectiva de la traducción no han sido analizadas. De un total de 176 escenas de que consta la película se han analizado 46, aproximadamente un tercio del total.

2. RESTRICCIONES DEL MEDIO CINEMATOGRÁFICO

Dado que no se han publicado ni el guión original ni el guión traducido, se han tenido que transcribir directamente de las cintas de vídeo, comercializadas en Gran Bretaña y España, respectivamente. Se podría haber intentado conseguir los guiones de la productora y del estudio de doblaje. Puestos en contacto con personas del medio, se desechó la idea por resultar inviable. Los propietarios se niegan a facilitar este tipo de material, esgrimiendo impedimentos legales. Indudablemente, la transcripción de los guiones resulta un material totalmente fiable, teniendo en cuenta que en general el guión original no coincide con la película que se estrena en un gran número de escenas y tomas. Por ejemplo, no se filman escenas por razones económicas o temporales, o bien se filman pero no se incluyen en la película en la fase de montaje, por motivos artísticos o financieros y de distribución. En otros casos, se producen cambios de última hora, que sólo quedan reflejados en la cinta. En resumen, el material utilizado y que se analiza en el apartado siguiente es el que se les presentó a las dos audiencias, la original y la meta, respectivamente.

Esta película se caracteriza, desde el punto de vista de la cámara, por una gran cantidad de primeros planos, tanto con ángulo frontal como con ángulo lateral. En consecuencia, los datos referidos a la cámara posibilitarán una más exacta valoración de los temas analizados. Partiendo del hecho de que los gastos del proceso de doblaje son sufragados por el distribuidor que ha pagado los derechos de exhibición en España, muchas de las decisiones de carácter artístico o técnico son tomadas por el distribuidor y el director de doblaje, sin contar con el traductor. Esta circunstancia libera, al menos en parte, al traductor de la responsabilidad sobre el resultado final de la obra doblada. Fuentes

(1997) desarrolla esta limitación referida a los títulos de películas. En su artículo hace una taxonomía de la traducción de títulos de películas en España, utilizando como base el método funcional desarrollado por Nord (1994) para la caracterización textual en los títulos de los libros. Fuentes observa que «la distribuidora contrata los servicios de una agencia de publicidad, encargada de lanzar (y de vender) el producto, y que se ocupa de elaborar una lista de posibles títulos, de los que el presidente de la distribuidora y el departamento de márketing elegirán dos. Finalmente, estos dos títulos se envían a Estados Unidos, donde los responsables de la productora elegirán el título definitivo».

El factor económico, relacionado con el anterior pero mezclado con un componente temporal, resulta ser, en muchos casos, la restricción más grave que afecta al traductor. En primer lugar, hay que tener en cuenta el factor prestigio: el trabajo del traductor supone una labor bastante desprestigiada e infravalorada; en consecuencia, no se habilitan los medios para que se lleve a cabo en condiciones óptimas. Por otro, y como consecuencia de la anterior, la valoración económica de la labor traductora está fijada muy por debajo del esfuerzo y de la preparación que un trabajo de esta naturaleza exige. Ávila (1997, 136) proporciona unas cifras ciertamente reveladoras: por la traducción de un largometraje para televisión, según convenio de 1995, la tarifa del traductor son 45.670 pesetas. Además, hay que tener en cuenta que el traductor recibe la cinta y el guión originales generalmente con un plazo de cinco días, aproximadamente, para realizar la traducción.

Por último, los factores anteriores hacen que el traductor difícilmente pueda subsistir con la remuneración que obtiene de su trabajo. El resultado es que casi siempre este trabajo es llevado a cabo por personas no profesionales con conocimientos de lenguas extranjeras. En consecuencia, los comentarios críticos que se incluyen en el apartado siguiente tienen como objetivo brindar a los traductores audiovisuales una aproximación práctica al doblaje cinematográfico, que les pueda servir de modelo para futuras traducciones y, en la medida de lo posible, que les haga su trabajo más cómodo y profesional.

3. COMENTARIO CRÍTICO DE LAS ESCENAS

Escena 7

No han aparecido personajes todavía en escena. La cámara está haciendo un recorrido por la casa y objetos de Jay Gatsby. Entre las muchas fotos de Daisy Buchanan, hay un recorte de periódico que recoge la boda de ésta con Tom. En el titular se puede leer: «Miss Daisy Fox Marriage to Mr. Tom Buchanan». No es necesario explicar que el texto completo es ilegible.

Dada la importancia del dato, creemos que el traductor tendría que haber incluido esa información mediante un subtítulo. La información no corre peligro. En la película queda patente el vínculo matrimonial existente entre Daisy y Tom. Lo que el subtítulo propuesto proporcionaría no es tanto la información como el momento en la que ésta se produce.

Escena 10

Interviene únicamente Nick Carraway, primer personaje que aparece en escena. La importancia de esta escena radica en que se nos presenta el modo de la narración de la película. Nick va a narrar la película. Por supuesto, la narrativa cinematográfica expresa este tipo de narración mediante «soliloquios» del personaje narrador, lo que podríamos llamar *voz exterior* para mantener una cierta similitud con el término inglés de *voice over* o también *voice off*. Puesto que Nick sólo transmite su pensamiento, no se produce movimiento alguno en los órganos articulatorios. Este hecho permite al traductor llevar a cabo su labor sin las limitaciones propias del medio cinematográfico. No obstante, la escena presenta ciertas imprecisiones dignas de comentario.

El libro comienza con las mismas palabras que la película: «In my younger and more vulnerable years my father gave me some advice that I've been turning over in my mind ever since: "Whenever you feel like criticizing anyone," he told me, "just remember that all the people in this world haven't had the same advantages that you've had"». La versión española dice: «Cuando yo era más joven, en una edad más vulnerable, mi padre me dio un consejo que todavía no se me ha olvidado: "Cada vez que sientas la tentación de criticar a alguien", me dijo, "recuerda que no todo el mundo ha tenido las mismas oportunidades que tú"». En primer lugar, el consejo que le dio el padre no es que no se le haya olvidado, sino que además «no ha cesado de darle vueltas en la cabeza» como recoge la traducción española de la novela, publicada por Plaza y Janés en 1975. La novela, sin embargo, no recoge el comentario referente a la vulnerabilidad de esa etapa de su vida: «En mi primera infancia mi padre me dio un consejo que, desde entonces, no ha cesado de darme vueltas por la cabeza».

122

A continuación, Nick añade: «In consequence, I'm inclined to reserve all judgements». La versión española dice: «En consecuencia, procuro no adelantar juicios». La frase española es, cuando menos, ambigua. Parece que al procurarlo, sólo se queda en el intento. Si el original utiliza el verbo *reservarse*, ¿por qué no ha de utilizarlo la versión española? Una de las posibles versiones podría ser: «En consecuencia, tiendo a reservarme toda opinión». La fuerza perlocucionaria del comentario de Nick predispone al lector en favor de una narración objetiva, independiente, desinteresada, etc.

Escena 18

Entran Tom y Nick en la habitación donde Daisy y Jordan están tumbadas en sendos sofás. Tom hace ademán de presentarlo a Daisy pero no dice nada. La versión española incluye la frase siguiente: «Aquí lo tienes». Por el contexto de la escena podemos aceptar que Tom hubiera dicho algo similar. Pero el hecho irrefutable es que Tom no pronunció palabra alguna. Más grave aún, el hecho de no haber dicho nada en modo alguno resta coherencia y comprensión a la escena.

Escena 20

Los cuatro personajes se encuentran en el jardín tomando una copa. Tom saca el tema racial, preguntando a Nick si ha leído un libro sobre la supremacía blanca. Su respuesta negativa es seguida por un discurso racista al que Daisy responde en tono irónico: «We have to beat them down». El tono irónico de Daisy queda diluido en español debido a una traducción muy suave: «¡Ajá! Tenemos que sacudirles fuerte». Parece que Daisy aboga por un escarmiento, haciendo que el espectador dude del valor irónico de su comentario. Si en lugar de utilizar la expresión «sacudirles fuerte», se hubiera utilizado otra más contundente, por ejemplo «aplastar», no quedaría duda de su ironía.

En esta misma escena, cuando Nick y Jordan se quedan solos en el jardín, se produce el primer intercambio entre ambos. El traductor, con buen criterio, utiliza la forma pronominal formal cuando habla Nick y la forma familiar, coloquial, cuando habla Jordan. Este hecho refleja la despreocupación y desprecio por las normas sociales que más adelante se verán reflejadas en el personaje de Jordan, en contraposición con la personalidad educada, responsable, pausada, comedida de Nick.

Escena 22

Está anocheciendo y Daisy y Tom han acompañado a Nick hasta el embarcadero. Es un plano largo, con ángulo lateral, con lo que no hay posibilidad de distinguir los movimientos de los labios de los personajes. Daisy despide a Nick con un «Good night», recibiendo la misma respuesta de Nick, y Tom añade: «Come back soon». La versión española solamente recoge el «Buenas noches» de Daisy.

¿Qué relevancia tiene la omisión de las voces de dos de los personajes cuando éstas no añaden información relevante a la historia? En primer lugar, es una cuestión de profesionalidad. En segundo lugar, más adelante se puede comprobar que Tom está interesado en la persona de Nick, dado que podrá utilizarlo en su propio beneficio. Aunque ya se ha mencionado en varias ocasiones en este trabajo, hay que hacer la salvedad de que el director de doblaje o los propios actores hayan tomado la decisión de ahorrarse esa parte del diálogo, sin contar con la aprobación del traductor. En cualquier caso, esta práctica es inaceptable, parta de quien parta la decisión.

Escena 29

Nick se encuentra en su porche contemplando los preparativos de otra de las fiestas de Gatsby. Su comentario es el siguiente: «At least every fortnight...» lo que es traducido en español por: «Cada quince días...», lo que parece dar a entender que las fiestas tenían una cadencia fija de quince días. Habría sido más correcto decir: «Al menos cada quince días», lo que transmitiría mejor el sentido del original. Puesto que se trata de la narración, donde no existen limitaciones de espacio, tiempo, o restricciones a causa de la sincronización de los movimientos de los labios de los actores con las voces dobladas, no se aprecia motivo para omitir este detalle.

Escena 33

Nick cenando en su porche y contemplando la fiesta. Continúa su comentario sobre la naturaleza frívola de los invitados. La última frase ha sido innecesariamente trastocada. En inglés dice: «... They conducted themselves according to the rules of behaviour associated with an amusement park». La versión española dice: «... se comportaban como la multitud en un parque de atracciones». Según nuestro criterio, la versión española ha transmitido la información, pero sin la carga retórica del original. Una versión más ajustada al original habría sido más acertada que la versión libre que el traductor proporcionó.

El orden y la estructura de una frase tienen en sí mismos un valor pragmático y semiótico que debe ser respetado en la traducción. Una traducción podría ser: «... actuaban de acuerdo con las normas de comportamiento propias de un parque de atracciones».

Escena 37

Tom, al que acompaña Nick, se detiene en el garaje de los Wilson con la intención de quedar con Myrtle, su amante, en el apartamento de Nueva York donde ambos han fijado su nido de amor. Tom pregunta a Wilson: «Wilson, old man, how's business?». La traducción española dice: «Wilson, muchacho, ¿cómo va eso?». Se ha cambiado el registro de su pregunta. Además el término *business* tiene la misión de dar pie a Wilson para que le pregunte por el coche que Tom ha prometido venderle. Wilson, como sabemos, es un hombre de clase humilde, tímido, religioso, recto, al que se le hace muy difícil hablar con Tom, hombre arrojado, brusco, y con gran complejo de superioridad. La versión española podría haber quedado así: «Wilson, muchacho, ¿cómo va el negocio?». Como sabemos, Wilson regenta un garaje y, a la vez, una gasolinera.

Más adelante, Tom aprovecha que Wilson ha ido a por sillas para Tom y Nick para decirle a Myrtle que coja el siguiente tren para Nueva York: «Why don't you get on the next train?». La traducción española cambia el tenor del discurso de Tom, además de modificar su acto de habla: «Coge el próximo tren». Lo que en su estructura superficial se ha construido como una sugerencia o invitación, en la versión española se ha convertido en un imperativo. A la respuesta afirmativa de Myrtle, Tom se despide: «I'll meet you in the city». La versión española modifica su intervención: «Hasta luego, Myrtle». La traducción de esta intervención no presenta dificultad: «Nos vemos en la ciudad». ¿Cuáles son las consecuencias de este cambio? En primer lugar, indicar que se van a ver en la ciudad, dato que no se menciona en la intervención anterior. En segundo lugar, la versión española ha incluido una bilabial en un primer plano que no se corresponde con el original. En cambio: «Nos vemos en la ciudad» evita la bilabial de la última palabra e inserta una bilabial en la segunda, con lo que la exigencia de la sincronización de bilabiales quedaría satisfecha.

Escena 38

Tom y Nick se encuentran con Myrtle en la estación. Myrtle ve a un señor mayor con un cesto de perritos. Myrtle pide a Tom que pare y le compre uno para el piso. El término inglés utilizado es *apartment*. Dado que la mayoría de las escenas se filmaron con primeros planos, la sincronización va a estar patente durante toda la película. Por este y otros motivos parece más razonable utilizar en español el término «apartamento», el cual concuerda formal y funcionalmente con el término inglés.

Escena 39

En esta escena, el traductor incurre en un error que difícilmente se habría producido en el marco del método de análisis discursivo. La escena es muy simple. Myrtle quiere un perro para el apartamento, y Tom va a pagar, indudablemente. Se entabla una breve discusión sobre la raza y el sexo del animal. El vendedor, para conseguir más dinero, miente sobre su género, diciendo que es macho cuando en realidad se trata de un perro hembra. Tom encolerizado por sentirse engañado grita que es una perra. El traductor no se percata de la polisemia del término inglés «bitch» y se queda con la acepción incorrecta. El resultado es una inequivalencia sin sentido. En lugar de utilizar la acepción referente al femenino de perro, toma el más común utilizado para insultos. No obstante, si el traductor quería jugar con el doble sentido del término inglés, al pensar que Tom se estaba refiriendo indirectamente a su amante por los problemas que le estaba causando, podría haber utilizado el término «perra», uno de los pocos casos en los que la polisemia de un término en inglés tiene un equivalente en nuestra lengua con igual polisemia. Dada la magnitud del error, consideramos apropiado recoger a continuación la escena completa en ambas lenguas:

126

Inglés	Español
Myrtle: What kind are they?	¿De qué raza son?
Vendedor: All kinds. What kind would you like, lady?	De todas. ¿Qué raza le gustaría, señora?
Myrtle: I'd like one of those police dogs.	Pues uno de esos policías.
Tom: That's not a police dog.	Ése no es un perro policía.
Vendedor: That's not exactly a police dog. That dog is more than an Airedale. Look at that coat. Some coat. That dog will never bother you with catching a cold.	Pues no sé exactamente si es policía. Muggins es un Airedale. Pero fíjese qué pelaje tiene. Mire qué pelo. Si es un abrigo. Ése sí que no le molestará pescando un resfriado.
Myrtle: I think it's cute. How much is it?	Es monísimo. ¿Cuánto cuesta?
Vendedor: That dog? That dog will cost you $10.	¿Ese perro? Ese perro le costará 10 dólares.
Myrtle: Is it a boy or a girl?	¿Es niño o niña?
Vendedor: That dog? That dog is a boy.	¿Ese perro? Ese perro es niño.
Tom: That dog is a bitch. Here's $10. Go and buy ten more dogs with it.	Ese perro es zorra. Tenga 10 dólares y cómprese 10 chuchos más.
Vendedor: Ah, ah, ah.	Ja, ja, ja.

Además del monstruoso error, la escena presenta otros elementos dignos de comentario. En la discusión sobre la raza del perro, en ningún momento se menciona su nombre propio en la versión original. En la versión doblada al español, el vendedor llama al perro «Muggins» sin que en ninguna otra parte de la película se haga referencia a este nombre.

Al final de la escena, cuando Tom accede a pagar al vendedor la cantidad que éste ha solicitado, Tom cambia el sustantivo *dog* del original por «chucho» en la versión española. La lengua inglesa cuenta con una gran cantidad de términos peyorativos para designar al perro. Si la versión original no creyó conveniente especificar un elemento peyorativo, ¿por qué habría de hacerlo la española? Por el tono de Tom en la escena, no cabe duda del enfado de éste al sentirse estafado por el vendedor. La versión española ha expresado lo que la versión original simplemente insinúa.

Escena 40

Tom está convenciendo a Nick para que les acompañe al apartamento. Tom afirma que, si no sube con ellos, Myrtle se enfadará mucho. Nick pregunta entonces: «What about our appointments?». Tom responde irónicamente: «No. Wall Street will still be there tomorrow». Nick dice en la versión española: «Pero, ¿no teníamos que hablar?». La respuesta de Tom mantiene la ironía: «La bolsa no bajará por eso. Vamos». Gracias al plano medio y ángulo lateral de la escena, no hace falta tener en cuenta la sincronización labial. Así pues, no tiene sentido cambiar las intervenciones. Por ejemplo, Nick, podría haber dicho: «¿Qué pasa con nuestros compromisos?». La intervención de Tom es traducida acertadamente en cuanto al tenor jocoso y mínimamente irónico del original se refiere. En cambio, se ha perdido una referencia cultural de extrema importancia en la película. Como consecuencia de la omisión del referente cultural, se hizo necesario cambiar la segunda parte. Ya no se podía traducir que la bolsa seguiría allí mañana, puesto que la bolsa es una institución a la que no solemos referirnos como recinto sino como actividad. Una vez más, la traducción literal se habría ajustado en mayor medida a la versión original: «No, Wall Street seguirá allí mañana».

Escena 42

Intervienen Nick y Cath, la hermana de Myrtle. En su conversación, Cath está intentando averiguar la mayor información posible sobre Nick. Una de las preguntas que le hace es si conoce a Gatsby. Nick responde: «I live next door to him». La versión española dice: «Somos vecinos». La utilización del término «vecino» y de referirse a «nosotros», llega a transmitir cierta relación personal entre ambos, cosa que hasta ese momento no había ocurrido. La versión doblada tendría que haber transmitido la distancia existente entre Nick y Gatsby a esas alturas de la obra. Por ejemplo: «Vivo en la casa de al lado».

Escena 46

Cath está justificando ante Nick la relación doblemente adúltera de Tom y Myrtle. Su comentario en inglés es como sigue: «They have been living over that garage for 11 years, and Tom is the first sweety she has ever had». La versión española interpreta el mensaje añadiéndole una mayor carga retórica: «Lleva 11 años viviendo con Wilson en esa porquería de garaje, y aunque no lo creas, Tom es el primer amor que ha tenido la pobre». En primer lugar, la versión española añade información que si el traductor no consideró superflua, tampoco aparece en el original. Se sobreentiende que durante ese tiempo ha convivido con Wilson, su marido. En segundo lugar, no vive «en» sino «encima» del garaje. Cath no dice en ningún momento que el garaje sea una porquería. Sin duda, es lo suficientemente ostensible como para que haya que especificarlo.

Añadir recursos retóricos que no aparecen en el original en una forma u otra es práctica común en la traducción cinematográfica en España. Este caso, no obstante, podría servir de ejemplo de lo que no se debe hacer en la enseñanza de la traducción. Añadir «y aunque no te lo creas» de forma innecesaria al texto da un vuelco total a la intervención de Cath, la cual está expresando el derecho de Myrtle a ser feliz. Su carga retórica es mínima, puesto que no quiere que parezca una justificación del comportamiento de su hermana. La segunda parte añade «la pobre», lo que le está quitando a la frase la posibilidad de ser interpretada por el espectador, técnica ya analizada y habitual en Scott Fitzgerald.

Escena 47

Myrtle está contando a una amiga su primer encuentro con Tom. En un momento determinado comenta a su amiga que lo único que pensaba era: «Myrtle, you can't live forever». La versión española traduce la consecuencia directa del mensaje de Myrtle: «Myrtle, no pierdas esta oportunidad». Sin duda, es fácilmente deducible lo que quería decir Myrtle, pero utilizó una forma velada. Su acto de habla ilocucionario se ha convertido en un acto de habla perlocucionario en la versión española, sin motivo aparente. Una traducción acorde con el original podría ser: «Myrtle, sólo se vive una vez». O esta otra: «Myrtle, no vas a vivir eternamente».

Escena 51

Como ya se ha podido comprobar en el transcurso de las escenas analizadas hasta el momento, la versión doblada cambia los textos sin motivo aparente. En esta escena, Jordan y Nick han estado jugando al tenis. Cuando vuelven a donde están Tom y Daisy, Jordan comenta: «Sorry, we're late». La versión española dice: «Nick juega muy mal. Le he ganado los tres sets». La única explicación sería un mecanismo de compensación. Parece poco probable, puesto que Jordan es una campeona de golf, por tanto, gran deportista, y Nick es una persona poco mañosa, como pudimos comprobar al principio de la película (escena 10) cuando intentaba rescatar su sombrero del agua. La sincronización tampoco puede ser el motivo, puesto que Jordan se encuentra de espalda a la cámara. Daisy contesta: «Ok, hurry up. Come on. Get dressed». La versión española es como sigue: «Bien, daos prisa». Daisy sí está de frente a la cámara, aunque el plano es medio y sólo hay que procurar la sincronización entre principio y final de la intervención. La versión española es considerablemente más corta que la inglesa, lo que, sin duda, dificulta el trabajo del actor de doblaje. Jordan dice que volverán enseguida. Cuando se han alejado, la versión española pone en boca de Daisy una frase que no dice en la versión original: «Esta Jordan», en claro tono reprobatorio.

Escena 54

Daisy está contando a Nick sus planes para casarlo con Jordan Baker. Cuando éste le recuerda que no tiene un céntimo y le pregunta si Jordan se casaría con un hombre sin dinero, ella responde instantáneamente que por supuesto que no. Daisy cambia de tema bruscamente y comenta con cierto tono de reproche a Nick que no hubiera asistido a su boda: «You didn't come to my wedding». La versión española cambia la estructura de la frase convirtiéndola en una pregunta: «¿Por qué no viniste a mi boda?» Una vez más se han cambiado los actos de habla.

Más adelante, aparece su hija, Pamela, y ella le cuenta a Nick el día del nacimiento de la niña. Comenta que despertó de la «anestesia» con una sensación de absoluto abandono. La versión original utiliza el término «ether» propio de la época. La versión española debería haber utilizado el término «éter» para mantener la perspectiva histórica.

En esta misma escena se descubre una de las claves del personaje de Daisy. Le confiesa a Nick que se alegró de que fuera una niña, y que se alegraba de que fuera una «preciosa tontita», o «a little fool», que era lo mejor que le podía ocurrir a una mujer, ser una «tonta perfecta». La versión original utiliza la expresión «a beautiful little fool». Para que surta el efecto deseado del original, la expresión equivalente en español debe mantenerse durante toda la obra, para servir de referente del sarcasmo de Daisy con respecto al papel de la mujer dentro del matrimonio. La versión española utiliza diferentes expresiones: «preciosa tontita» y «tonta perfecta» como acabamos de mencionar.

Escena 57

Nick y Jordan comparten mesa con otros invitados a la fiesta que Gatsby está dando en su casa. Los diferentes personajes hacen conjeturas sobre el misterioso Jay Gatsby. Una señora está relatando que en la última fiesta se le desgarró el vestido para después comentar: «Three days later I received a package from Croirier's with a new evening gown in it». La versión española omite la referencia cultural a una tienda de modas de gran lujo existente en Nueva York en aquella época: «A los tres días recibí un paquete que contenía un precioso vestido de noche». La versión española ha utilizado la técnica de la compensación para solucionar la laguna producida por la omisión. Introduce el término «precioso» para, de alguna manera, hacer referencia a la calidad, distinción, lujo, que se deducen de la tienda de modas mencionada. Si se hubiera mantenido el nombre de la tienda, además de incluir el adjetivo calificativo «precioso», no se habría perdido la referencia cultural.

En la misma escena, otra invitada comenta: «I knew somebody who grew up with him in Saint Paul». La versión española optó por lo siguiente: «Willie pasó su infancia con él en Saint Paul». Este comentario confirma el carácter autobiográfico de la novela. Es un dato cierto que Scott Fitzgerald estudió en Saint Paul. Después de esta importante información en la historia, podría resultar nimio el comentario sobre la inclusión de un personaje del que no se vuelve a hablar en toda la película, y que es producto de la versión española. Aunque no afecte a la historia, no vemos la necesidad de su inclusión.

Escena 62

El guardaespaldas de Gatsby le pide a Nick que le acompañe. Nick, sorprendido, comenta: «I don't understand». La versión española lo convierte en una pregunta: «¿Seguirle, por qué?» A continuación, el guardaespaldas le reitera que le siga. Nick responde autojustificándose: «Excuse me, I was invited. Mr. Gatsby sent a man over this afternoon with an invitation...». La versión española se toma algunas licencias, aunque mínimas: «Perdón. Le advierto que estoy invitado. El señor Gatsby envió esta tarde a su chófer con una invitación». La inclusión del elemento retórico «Le advierto» ni existe en el original ni es una expresión lógica en esas circunstancias. Por el contexto está claro que lo único que pretende Nick es hacerle saber al guardaespaldas que no es un intruso en la fiesta. No obstante, se podría haber utilizado la fórmula menos tajante de «Le aseguro...».

Lo mismo ocurre con el término «chófer» por el nombre común «man» del original. La versión española tendría que haber mantenido el nombre común «hombre».

Escena 63

Un breve comentario para resaltar el término «old sport», propio de los ambientes más selectos de la época, y que denota un esfuerzo por parte de Gatsby de alinearse con la clase alta, concentrada en Long Island.

Las versiones españolas tanto del libro como de la película coinciden en el término «camarada». No hemos podido comprobar si una versión adoptó la solución de la otra o son decisiones independientes. En cualquier caso, podrían haberse utilizado otras opciones, tales como «compañero», «socio» o «viejo amigo», dependiendo del enfoque que el traductor hubiera dado a la traducción desde el principio.

El problema que presenta la traducción del término «old sport» utilizado por Gatsby como coletilla, para reflejar su supuesto elevado substrato social, radica en que no existe un equivalente en nuestra cultura para reflejar semejante procedencia social. En tal caso, se abren varios caminos. En primer lugar, se puede optar por la inclusión de un término neutro, como «compañero», el cual no indica pertenencia a grupo político alguno como «camarada», que en esa época hacía referencia inequívoca a los miembros de los partidos comunistas que estaban surgiendo en Europa como consecuencia de la revolución bolchevique de 1917 en Rusia. En segundo lugar, se puede optar por mantener el sabor del original y utilizar un término que a la vez sea extraño para nuestra cultura pero que refleje cierta consonancia con el original. En este caso «viejo amigo» parece el más adecuado. Se trata de un término que no refleja ninguna realidad de nuestra cultura, pero que el espectador percibirá como propio de una cultura extranjera. Desde la perspectiva de nuestro enfoque, el más adecuado de los propuestos es «compañero».

Escena 67

Gatsby y Nick están en el garaje del primero. Gatsby se dispone a contarle parte de su vida a Nick, porque no desea que saque conclusiones erróneas sobre su persona, debido a lo que se comenta en la calle.

Nick, sorprendido por la decisión de Gatsby de confiarle sus secretos personales sin apenas conocerle, le pregunta: «Why me?». La versión española da un sentido totalmente diferente al original: «¿Cómo iba a hacerlo?», refiriéndose a sacar conclusiones erróneas. En realidad, Nick se preguntaba simplemente por qué había sido elegido por Jay para hacerle sus confesiones. La traducción correcta habría sido cualquiera de las dos siguientes: «¿Por qué yo?» o «¿Por qué a mí?».

Si queda algún tipo de duda, en la escena siguiente se puede comprobar la teoría anterior. Puesto que no recibe respuesta alguna, Nick insiste en preguntar lo mismo, pero esta vez de forma más explícita: «Why are you telling me this?». Esta vez la versión española transmite correctamente la idea del original: «¿Por qué me cuentas todo esto?». De nuevo, no recibe respuesta por parte de Gatsby.

Escena 69

Intervienen Nick, Gatsby y Wolfsheim, su socio. Comen en un restaurante caro. Gatsby tiene que llamar por teléfono. Mientras tanto, Wolfsheim y Nick conversan sobre Gatsby. Wolfsheim comenta a Nick que cuando lo conoció se dijo: «That is the kind of man you'd like to bring home. Introduce to your mother and your sister. I see you are looking at my cuff bottoms. Fine specimens of human molars». La versión española omite la referencia a la hermana. Con la referencia a la hermana, Wolfsheim quiere dar a entender que no le importaría que el personaje en cuestión saliera con su hermana, que era de fiar y que vería con agrado la posibilidad de que se convirtiera en su cuñado. En la misma intervención, la versión española convierte un comentario de Wolfsheim en una pregunta: «Éste es el tipo de hombre que a uno no le importaría presentar a su madre. ¿Le gustan mis gemelos? Magníficos ejemplares de muelas humanas». La traducción podría recoger con mayor exactitud el mensaje del original manteniendo la misma estructura: «Veo que ha reparado en mis gemelos...».

Nick ha quedado intrigado por la oscura personalidad de Wolfsheim. Cuando éste se marcha, Nick aprovecha para preguntar a Gatsby si es dentista. Gatsby le responde que no, que es un profesional de las apuestas y que arregló el tongo de las series mundiales de 1919. Entonces Nick comenta: «I never thought one man fixed the world series. I always imagined it just happened». La versión española tergiversa el sentido del original. El resultado es paradójicamente lo contrario: «Nunca pensé que los campeonatos fuesen manipulados. Creí que todo fue legal». Nick simplemente quiere decir que daba por sentado que los campeonatos se amañaban, pero que nunca se lo había imaginado personificado en un solo hombre. Nick da por hecho que ese tipo de cosas pasan, pero nunca se imaginó que podría sentarse a comer con la persona responsable de las mismas. La versión española podría quedar como sigue: «Nunca pensé que un hombre pudiera amañar los campeonatos. Creía que simplemente pasaba».

Escena 75

Nick y Gatsby están esperando que llegue Daisy. Jay le comenta a Nick: «I took the liberty of having some things brought over». La versión española interpreta lo dicho por Gatsby: «No sé si te molestará. He hecho que te traigan algunas cosas». Es cierto que Gatsby tiene sus dudas sobre si le molestará a Nick o no la gran cantidad de cosas que ha traído. Las posibles molestias son la consecuencia de sus actos, pero no se pueden identificar como iguales. Por tanto, la equivalencia propuesta no es del todo correcta. La frase podría haber quedado como sigue: «Me he tomado la libertad de pedir que traigan algunas cosas».

Justo después de la frase anterior, hay una pausa, tras la cual se produce el siguiente diálogo:

Versión original	Versión doblada
Jay: I'm going home.	Me marcho.
Nick: What for?	¿Por qué?
Jay: There's nobody coming. It's too late.	Ya no vendrá.
Nick: Don't be silly. It's only five to four.	No seas tonto. Sólo son las cuatro menos cinco.
Jay: This is a mistake. It's a terrible mistake.	(Sólo se oye un sonido onomatopéyico de asentimiento) .

La traducción española es coherente en sí misma. Pero no refleja la realidad del original. Se pierde la ingenuidad de Nick. Nick no está preguntando el motivo de su marcha, sino qué necesita Gatsby de la casa en esos momentos. La versión española tendría que haber mencionado la casa y así Nick podría haber preguntado para qué. A continuación, la versión española acorta innecesariamente la frase de Gatsby

«It's too late», que es omitida en la versión española, dejando descolgada la siguiente intervención de Nick. Inexplicablemente, la versión española omite el siguiente comentario de Jay, práctica injustificada que se ha convertido en normal en esta película.

Escena 76

En esta escena se produce el encuentro entre Daisy y Jay en casa de Nick. Cuando ella llega a la puerta de la casa en su flamante coche blanco, comenta: «De modo que es aquí donde vives. ¿Estás enamorado de mí?». Nick responde afirmativamente y ella exclama: «¡Oh! Por eso tuve que venir sola». Nick responde en tono desenfadado: «Ése es el secreto de mi castillo encantado». La versión original se refiere a otro tipo de castillos: «That is the secret of Castle Rackrent». La versión española adoptó por una traducción acorde con el contexto aunque alejada del original. El término «rackrent» se refiere a un tipo de alquiler desorbitado, extremadamente caro. Una posible solución habría sido: «Ése es el secreto de este castillo millonario». La versión española no refleja la ironía de la intervención de Nick, que vive en una modesta casa alquilada por 80 dólares al mes, y paradójicamente es el lugar elegido por un millonario para su cita con otra millonaria.

Escena 77

Jay desaparece cuando llega Daisy. Nick mira a su alrededor y, al comprobar que no está, comenta: «Oh, that's funny!». En esta ocasión, la versión española hace lo contrario de lo que venía haciendo hasta ahora. En lugar de traducir el resultado de lo que se ha dicho en el original, recoge el pensamiento de Nick: «¿Dónde se ha metido?». En realidad, Nick se hace esa pregunta en la mente y, como consecuencia, exclama la frase mencionada. Una traducción adecuada podría ser: «¡Qué curioso!».

Escena 79

Clipspringer toca al piano *Ain't got no fun,* la cual no es subtitulada. Durante toda la película, las canciones tienen su valor argumental además del estético. Habría sido muy útil para una mejor comprensión de la película que el espectador meta hubiera podido entender el mensaje de las canciones.

Escena 80

En la escena de las camisas, suena el teléfono. Gatsby lo descuelga y contesta que hablen con Wolfsheim. Su interlocutor no queda conforme, y Jay tiene que insistir: «Just do it. I can't talk now». La versión española interpreta la segunda frase, quitándole la ambigüedad que el original transmite: «Haga lo que le digo. Ahora estoy ocupado». Si se hubiera traducido literalmente la frase, se habría mantenido la idea de negocios turbios que no pueden ser discutidos en público.

Más adelante, Gatsby comenta que tiene una persona dedicada a comprarle ropa y que le envía una selección al principio de cada temporada. La versión inglesa lo especifica: «... at the beginning of each season, spring and fall». La versión española no especifica de qué estaciones se trata.

Escena 82

Nick y Jordan han parado a repostar en el garaje de Wilson. Cuando termina, Wilson les dice que son cuarenta centavos. Nick le da un billete y le dice: «Thank you very much». La versión española interpreta la escena y traduce: «Quédese con la vuelta». Exactamente eso era lo que quería decir Nick con sus efusivas «gracias». Pero, al igual que el traductor, el espectador también percibe el significado. ¿Qué sentido tiene entonces proporcionarle al espectador una explicación innecesaria?

Escena 94

Acaban de llegar a la fiesta los Buchanan y Jordan Baker. Cuando aparece Gatsby, saluda a Tom y dice que ya han sido presentados. Tom dice que lo recuerda muy bien. Gatsby dice entonces: «About three weeks ago», mientras la versión española acorta el período de tiempo a un par de semanas: «Hará un par de semanas». En este caso concreto no reviste mayor importancia. Sin embargo, el traductor deberá tener estos detalles en cuenta si no quiere incurrir en errores de bulto.

La mejor táctica sería mantener la información original, con lo que se evitarían posibles contrasentidos o incoherencias.

Escena 97

Tom pregunta a Nick por Daisy: «Have you seen Daisy?». La versión española dice: «¿Dónde está Daisy?». Por la forma de la pregunta parece que Nick tiene la obligación de saber dónde está. Si así fuera, no se desprende de la versión original, que simplemente pregunta si la ha visto. La versión española da por hecho que Nick sabe dónde está y que está actuando de encubridor, de cómplice de ambos. Sin duda, eso es lo que piensa Tom, pero en la escena no se trasluce en la versión original y sí en la española.

La consiguiente respuesta de Nick: «No, I haven't» también es sobreinterpretada en la versión española: «No tengo la menor idea». El discurso que Nick emplea con Tom se caracteriza por los monosílabos y por escuetos comentarios. En esta ocasión, la versión española ha añadido un matiz retórico de desprecio que no se corresponde con el original. Si damos la pregunta de Tom por buena, una posible respuesta de Nick podría ser simplemente: «No lo sé». En cambio, si la pregunta se hubiera formulado conforme al original, la respuesta tendría que ser otra.

Más adelante, cuando Tom comenta a Nick que está seguro de que Gatsby es un contrabandista, Nick responde que es «primo» del Káiser. La versión original utiliza el término «relative», cuyo equivalente más adecuado sería «pariente» o también «familiar». Como en muchas otras ocasiones, no encontramos razones que justifiquen el cambio de información. En este caso, se especifica el tipo de relación, lo que no se corresponde con el original.

Escena 98

Al finalizar la fiesta, sólo quedan en la casa Gatsby y Nick. Después de darle las gracias por quedarse, Gatsby afirma que Daisy no lo ha pasado bien y que dispondrá todo para que sea igual que antes. Nick le advierte que no se puede repetir el pasado. Para expresar impersonalidad, utiliza una estructura con «you»: «You can't repeat the past», y la versión española es: «No puedes repetir el pasado». Gatsby entonces responde: «Repeat the past? Of course you can». La versión española no advierte la función impersonal del «you» correspondiente a nuestra estructura con «se»: «¿Repetir el pasado? Claro que puedo». Gatsby utiliza el «you» impersonal, para restar vehemencia a su intervención, lo que no es tenido en cuenta en la versión española como acabamos de ver. Sus intervenciones podrían haber sido como sigue: «No se puede repetir el pasado»; «¿Repetir el pasado? Claro que se puede». Si el traductor entendió que el «you» utilizado por Nick tenía segundas intenciones, podría haber utilizado el «tú» impersonal en español, estructura menos común pero totalmente correcta. Lo que no es correcto desde el punto de vista pragmático es utilizar la primera persona del singular «claro que puedo» como hace la versión española.

Escena 105

Entre las escenas 105 y 106 hay otra narración de Nick que no aparece en la versión doblada. El texto íntegro es el siguiente:

> It was when curiosity about Gatsby was at its highest that the light in his house failed to go on one Saturday night.

No tiene sentido analizar la relevancia del texto omitido. Simplemente se ha dejado de traducir un fragmento de texto que aparece en la versión original.

Escena 109

Gatsby y Daisy están hablando de amor. De repente, Gatsby expresa su deseo de que no vuelva con él. Acto seguido comenta: «I want to tell him». La versión española dice: «Se lo voy a decir». Siguiendo con el tenor cuidado de Gatsby, no parece lógica una imposición de esta naturaleza sin consultarlo con Daisy. En realidad, en la versión inglesa, Gatsby hace una declaración de intenciones. La versión española refleja una decisión firme. Gatsby está pidiendo a Daisy una especie de aprobación. La versión española podría haber dicho: «Deseo decírselo».

Escena 111

Intervienen todos. Llaman al teléfono y es para Tom. Al salir del comedor donde se encuentran reunidos, Daisy se acerca a Gatsby y empieza a besarlo. Jordan reprocha esta actitud diciendo que recuerde que hay una dama presente. Daisy responde: «You kiss Nick too». La versión española dice: «Si tienes envidia, besa tú a Nick». La versión española ha interpretado, expuesto explícitamente, y tomado parte por un elemento de ambigüedad característico de Scott Fitzgerald de gran importancia en el cómputo general de la obra. La relación entre Nick y Jordan se presenta velada. La versión española no tendría que haber incluido el comentario referente a la envidia, sencillamente porque no aparece en el original.

En esta misma escena, cuando aparece Pamela, Gatsby se queda absorto. Daisy después de presentarlos, comenta que no se parece a su padre, que tiene su pelo y su nariz. La versión original no hace referencia a la nariz sino a la forma de la cara: «the shape of the face». Este último ejemplo carece de relevancia para el argumento. No obstante, podemos sacar ciertas conclusiones. La primera es que no siempre se respeta el original. La segunda es que no se advierten motivos objetivos para estos cambios. La tercera es consecuencia de las anteriores: se crea un clima de desconfianza con respecto a la traducción que le resta efectividad.

Escena 113

Daisy pregunta qué van a hacer esa tarde, al día siguiente y los siguientes treinta años. El comentario de Jordan es el siguiente: «Don't be morbid». La versión española vuelve a traducir un estado por su consecuencia: «No te angusties». La intención de Jordan es recriminar su retorcimiento, su obsesión. Una posible traducción podría ser: «No seas obsesiva.»

En esta misma escena, Daisy comenta que debido al calor todo está confuso: «And everything is confused». La versión española interpreta este hecho y vierte su consecuencia: «Y todo es tan complicado». Obviamente, el hecho de que todo esté confuso lo hace mucho más complicado.

Escena 117

De camino a la ciudad, han parado a poner gasolina en el garaje de Wilson, que vuelve a sacar el tema del coche: «Mr. Buchanan, I was wondering when you'll let me have the blue car». La versión española cambia el tenor de este personaje, convirtiendo su comentario en una pregunta directa: «Señor Buchanan, ¿cuándo me venderá el coche azul?». El resultado es un texto desprovisto de la carga de subyugación que existe entre ambos personajes. Si se hubiera mantenido la estructura original, el resultado habría estado más acorde con el tipo de relación existente entre ambos personajes en toda la obra. Tom no sólo está muy por encima de Wilson socialmente, sino que se da la circunstancia de que posee incluso a su esposa.

Escena 118

En esta escena se puede comprobar un caso de adaptación digno de reconocimiento. Cuando van en los coches por las calles de Manhattan, Jordan propone ir al cine. Daisy responde que vayan ellos, que se citarán en cualquier esquina. Su comentario siguiente es: «I'll be the something smoking two cigarrettes». La versión española busca una expresión equivalente tanto desde el punto de vista de su fuerza comunicativa como de su fuerza pragmática. El resultado es el siguiente: «Yo seré el hombre del clavel rojo en la solapa». El traductor debe comprobar que el personaje en cuestión no va a aparecer en pantalla con dos cigarrillos en la boca en una esquina esperando a que lleguen los demás. En tal caso habría que mantener la imagen original aunque careciera de valor comunicativo y pragmático en la lengua meta.

Escena 121

En esta escena, Tom grita a Daisy en el vestíbulo del hotel qué tipo de negocios lleva a cabo Gatsby. En la versión original emplea el término «drugstore», mientras que en la versión española se utiliza el término «tienda» o «negocio». Todo ello unido a que Daisy emplea el término original «drugstore», nos encontramos con tres variantes del mismo término en la versión doblada.

Se debería seguir un criterio de unificación, lo que permitiría al espectador seguir el argumento y reconocer sus diferentes elementos con mayor facilidad. Esta última idea se ve reforzada por el hecho de que en el original siempre se utiliza el mismo término, con lo que se refuerza su valor referencial.

Escena 126

Tom, Nick y Jordan van en el coche de vuelta a casa. Ven mucha gente cerca de la casa de los Wilson. Tom comenta: «A wreck. That's good. Wilson will make some business at last». La versión española quedó como sigue: «Un accidente. Vaya, supongo que el pobre Wilson sacará algún provecho». El elemento que más sobresale de la versión española es la inclusión del adjetivo «pobre» que en la versión original no aparece. Además, la versión española ha omitido el sentido de «at last» del original, en clara referencia a las reiteradas intenciones de Wilson de hacer negocios con el propio Tom. La versión española también omite la valoración de Tom de que es bueno lo que ha ocurrido. Como se sabe a continuación, se presenta la paradoja de que el negocio que supuestamente va a hacer Wilson será a costa de la vida de su mujer, y amante de Tom. La escena tendría que haberse ajustado más al original para mantener la línea argumental con la siguiente escena, en la que Tom descubre que ha sido la vida de Myrtle el valor que estaba en juego. Una traducción literal habría mantenido el sentido del original perfectamente: «Un accidente. Eso es bueno. Wilson hará negocio por fin».

Escena 129

En esta escena, algunos testigos están relatando el accidente a la policía. Uno de ellos comenta que pasó a gran velocidad, a 80 ó 100. La velocidad que se menciona en el original es 50 ó 60. Acertadamente se han adaptados las cifras, ya que las originales se referían a millas. Mantener las mismas cifras habría provocado cierta incoherencia, dado que 50 ó 60 no es una velocidad excesiva, ni siquiera para los años veinte.

Al igual que pasaba en el capítulo anterior, vemos cómo en determinadas ocasiones se hace un ejercicio de adaptación, para hacer la intervención comunicativa para los espectadores meta. No había tenido mucho sentido mantener en la versión doblada la velocidad en millas. Este caso nos sirve para ilustrar otros en los que no se ha llevado a cabo la adaptación. En realidad, no se sigue un criterio unitario, ni siquiera dentro de una misma obra traducida.

Escena 132

De vuelta al coche, Tom maldice a Gatsby: «Son of a bitch. He didn't stop his car. You know that?». La versión española suaviza el insulto de Tom mediante un artilugio muy conseguido: «Hijo de la gran... Ni siquiera paró. ¿Qué te parece?». Como ocurre casi siempre, en lo referente a religión y a sexo, la traducción cinematográfica mantiene la norma de suavizar el original. Desde nuestro punto de vista, no se trata más que de una forma de censura encubierta. Debemos suponer que si el guionista hubiera deseado mantener un cierto decoro en este personaje, evitando el insulto completo lo habría hecho. En ese caso, la traducción española habría sido acertada desde un punto de vista tanto semántico como funcional.

Escena 138

Wilson conversa con un amigo después de que se hayan ido todos. Wilson comenta a su amigo: «I knew there was something». La versión española interpreta sus palabras, aclarando de qué se trataba: «Sabía que me engañaba». Por el contexto y por su forma de ser, sabemos que Wilson es un hombre religioso y reservado. En ningún momento de la escena ni de la película, Wilson dice claramente que Myrtle lo engañara, solamente lo da a entender, pero se resiste a pronunciar el término «engañar», cosa que tendría que haber hecho el traductor.

Escena 139

Su amigo coge un listín con los nombres de las iglesias y le comenta: «I'll read some names of churches». La versión española dice: «Seguro que aquí están todas». Está claro que el amigo lo único que hace es intentar ayudar y se pone a leer. La versión española no es ni una libre interpretación. Se trata de una invención del traductor, la cual no coincide con el original ni en forma ni en contenido. Una vez más, una traducción semántica habría transmitido el mensaje del original perfectamente: «Te leeré algunos nombres de iglesias».

Escena 143

Nick interroga a Gatsby sobre el accidente. Cuando Gatsby le explica que trató de coger el volante, Nick exclama sorprendido: «It was Daisy». La versión española dice: «¡Fue ella!». Semánticamente no existe ningún problema para la sustitución del nombre por el pronombre. Pero como se trata de una traducción cinematográfica, el traductor tendría que haber tenido en cuenta la sincronización, sobre todo porque el nombre va al final de frase y el ángulo era lo suficientemente delatador de los movimientos articulatorios de los labios de Nick.

Escena 153

Pamela está gritando que no quiere ponerse el vestido que la niñera le quiere colocar: «I hate this colour. I hate this colour». En la versión española no se aprecia el tono repelente y mimado de la niña, debido principalmente a que no repite la frase de la niña y a que suaviza su comentario, cambiando «odiar» por «gustar»: «No me gusta el color». La frase podría haber quedado de la siguiente forma: «Odio ese color. Odio ese color».

Escena 170

El padre de Gatsby le enseña a Nick el diario que éste escribió cuando era pequeño. Se lo enseña y le dice: «This shows you». Nick responde: «It shows you». La versión española no mantiene la repetición de las palabras del padre de Gatsby que Nick hace en el original: «Es verdad». Ya se ha comentado anteriormente la importancia de la repetición como elemento de valor pragmático y especialmente retórico. No encontramos motivo para no mantener la estructura del original: «Esto lo demuestra. Lo demuestra».

Escena 175

Última escena de la película. Nick está recorriendo la casa de Gatsby, solo y pensativo. Como colofón expresa el siguiente pensamiento:

> I thought it was Gatsby's wonder when he first picked out the green light at the end of Daisy's dock. He had come a long way to this long. And his dream must have been so close that he could hardly fail to grasp it. He did not know it was already behind him.

Desgraciadamente, la versión española no recoge este razonamiento sobre Gatsby, como ocurrió al final de la escena 105, amparándose una vez más en la falta de signos externos que indicaran que Nick estaba exponiendo algún tipo de mensaje.

La supresión de texto original en la versión doblada es un acto de deshonestidad con el espectador, además de incurrir en una falta de responsabilidad artística con el autor original y con su obra.

4. CONCLUSIONES

Probablemente, sólo haya un aspecto de la actividad traductora donde existe unanimidad de criterios: la omisión de información accidental o intencionada es la mayor aberración de una traducción. Pues bien, en la versión doblada al español de *The Great Gatsby*, esta práctica se ha llevado a efecto en varias ocasiones. En concreto, al final de la escena 105 y en la última escena de la película. En ambas ocasiones se trataba de un soliloquio *(voice-over)* de Nick, que por un convencionalismo cinematográfico, se oye la voz del personaje que se encuentra delante de la cámara, aunque sus labios no se mueven. De esta forma, el espectador asume que lo que está oyendo proveniente del personaje en cuestión no está dirigido a nadie en concreto. En realidad, lo que se quiere transmitir es el pensamiento del personaje.

Después de un análisis minucioso y detallado, no ha sido posible encontrar una razón que justifique las omisiones de los textos reseñados anteriormente. La versión doblada al español de esta película carece de una información que aparece en el original a partir del cual se hizo la traducción. Entrar a valorar si la información omitida tiene mayor o menor relevancia dentro de la obra en su conjunto está fuera de toda consideración. Se trata de una cuestión moral, de honorabilidad, de respeto hacia el autor original, hacia su obra y hacia los espectadores meta.

Al dejar de traducir un texto o parte de él, los responsables pierden toda fuerza moral con respecto a esa traducción. Incluso hacen al lector, en este caso espectador, dudar de la traducción del resto de la obra. El espectador podría tomar una actitud de incredulidad ante futuras traducciones de los mismos responsables de la obra que ha sido cercenada, o «mutilada» o «guillotinada» como afirma Santoyo (1985, 96). Este autor distingue entre supresiones impuestas y supresiones voluntarias. El caso que nos ocupa no muestra indicios de ser susceptible de censura. Más bien se trata de supresiones voluntarias. Santoyo atribuye a la pereza y a la ignorancia las causas de tales atrocidades culturales y morales.

El profesor Santoyo no tiene reparo en denunciar en su libro a los autores de semejante práctica. Para ello se vale de los ejemplos extraídos de obras publicadas. De esta forma, lo que a primera vista podría parecer una crítica feroz sin fundamento, se convierte en una cita de autoridad.

En este trabajo hemos perseguido unos fines similares. En primer lugar, hemos incluido la versión original. A continuación, la hemos contrastado con la versión traducida (cuando ésta existía). En última instancia, hemos proporcionado una entre las posibles alternativas, de acuerdo con el método de análisis discursivo propuesto en la introducción.

Si hasta ahora nos hemos centrado en las supresiones, no podemos olvidar las invenciones de la versión doblada. Se inventan nombres inexistentes en el original como «Muggins» para el perro que compraron Myrtle y Tom en la escena 39; se añaden personajes que no aparecen en el original, como Willie en la escena 57.

Otro elemento digno de comentario ha sido la falta de un criterio unitario en situaciones similares dentro de esta obra. En la práctica profesional de la traducción se aplican diferentes criterios para actos de traducción similares. Por ejemplo, en la escena 129 se adaptan las millas a kilómetros, por entenderse que de haberse optado por mantener los datos en millas se habría amortiguado la impresión de gran velocidad y temeridad que reflejaba el original. Por tanto, las 50 ó 60 millas fueron convertidas en 80 ó 100 kilómetros, más acorde con el contexto de la escena.

Tampoco podemos olvidar las continuas sobreinterpretaciones que se hacen del original en la versión doblada. Siempre que lo consideraron oportuno, los responsables de la versión española interpretaron el original a su libre albedrío, dejando de traducir el mensaje para centrarse en la traducción de su intención.

En este trabajo se han extraído unas conclusiones que, en líneas generales, coinciden con las obtenidas por Goris (1993) en su estudio del doblaje en Bélgica, coincidencia que abre una nueva vía de investigación que va más allá de las fronteras nacionales.

Por último, no podemos dejar de denunciar la práctica inexistencia de un esfuerzo de sincronización fonética. Ni el traductor ni el estudio de doblaje han prestado atención a este aspecto crucial de la traducción cinematográfica. En el caso de la película que nos ocupa, esta negligencia adquiere, si cabe, mayor gravedad al coincidir gran número de primeros planos.

Capítulo VIII

La importancia del entorno cultural en el doblaje y en la subtitulación: *El paciente inglés*[1]

Adela Martínez García
Universidad de Málaga

> *[...] Il convient d'envisager la traduction audiovisuelle comme un* fait culturel, *[...].*
>
> Lambert y Delabastita (1996, 42).

1. Introducción

En la actualidad está muy extendida la idea de considerar la traducción como un acto de comunicación intercultural y de que el texto fílmico comparte con otros textos la finalidad de comunicar algo a otro. La traducción tiene la finalidad de comunicarse con el espectador. Pero, a diferencia de otros textos susceptibles de traducción, el texto fílmico cuenta con varios canales de información: la imagen, el sonido, el ruido y el lenguaje hablado (Mayoral, 1993, 45). Resulta habitual considerar que, de estos cuatro canales, el lenguaje hablado resulte ser el que menos lugar ocupe. Porque, en toda la parafernalia técnica que

---

[1] La selección de la imágenes en la que se ha complementado esta exposición, que no es posible plasmar en el texto escrito, se debe a la cortesía de Antonio Rodríguez Parkinson, de Vídeo Bazar Hollywood (Málaga).

147

conlleva filmar una película, el primer paso es un texto lingüístico —una novela, un cuento...— que se transforma en guión cinematográfico, o bien un guión escrito directamente para ser filmado. El guión, los diálogos, es decir, el lenguaje hablado, ocupan un lugar ínfimo, además del reducido espacio que le dejan los canales de comunicación no verbal. Si la película es de acción, el diálogo hablado se reduce aún más. Pero volviendo a la dinámica de la filmación cinematográfica, el lugar que ocupa el lenguaje hablado es, en efecto, ínfimo. Esto se debe a dos razones: la primera es que, ya en el guión, el argumento de la película en líneas generales está determinado, es decir, está ya escrito; la segunda, a que los actores lo llevan aprendido de antemano y están listos para representar al otro, es decir, para meterse en la piel del personaje que representan[2].

El guión hablado de una película se coordina con los otros canales informativos con los que cuenta el lenguaje cinematográfico. Desde esta perspectiva, resulta lógico sostener que la traducción —el doblaje o la subtitulación— de ese guión hablado se considere subordinada a la imagen, al sonido, a los gestos de los actores, e incluso a la coincidencia del mayor número posible de consonantes labiales, etc. Tiene que haber una sincronización con el resto de los canales de comunicación y por eso se le denomina traducción subordinada (Whitman-Linsen, 1991, 131). Es un hecho evidente que, cuanto más audiovisual es un texto, menos diálogo hablado necesita, y que éste se suple con la escenografía, los planos, las imágenes, los colores, la localización del texto mediante símbolos culturales, paisaje, vestimenta etc., lo que determina el entorno cultural. Por lo tanto, sin perder de vista que el lenguaje es la entraña de la cultura, hay que ver las estrategias que se utilizan en el texto fílmico para determinar el entorno cultural.

En la traducción de «lo hablado» en una película, la parte propiamente lingüística es importante, pero no suficiente; más aún que en cualquier otra situación comunicativa, en este tipo de traducción es necesario el conocimiento de otros sistemas de comunicación no verbales, como son las costumbres, los valores, los símbolos que, en definitiva, constituyen la forma de vida de una colectividad, es decir, su cultura. Puede decirse (Carbonell, 1996, 43) que, en la comunicación intercultural mediante la traducción, la «unidad de comunicación» o la «unidad de traducción» es la cultura.

---

[2] Un actor dedica por lo menos un año en memorizar el guión de una película en la V.O.; en cambio, la V.D. se realiza por término medio en cuatro días.

Esa «unidad de comunicación» encuentra su plenitud, se completa, adquiere sentido hasta en sus más mínimos detalles en un entorno cultural concreto. Lo que reafirma la idea de Snell-Hornby de que la unidad de traducción es la cultura, y la idea de Geertz de que la cultura es un texto.

2. EL PAPEL DE LA CULTURA EN EL DOBLAJE Y EN LA SUBTITULACIÓN

En el doblaje y en la subtitulación de películas, la traducción plantea problemas específicos y se realiza con características singulares. De ello da testimonio el hecho de que, con frecuencia, se prefiera para aludir a ese proceso el término *adaptación* al genérico de *traducción*. En ello puede pesar la ineludible necesidad de tener en cuenta los canales de comunicación no verbal ya mencionados.

Para ver la incidencia que desempeña la cultura —o, más concretamente, el entorno cultural—, en las distintas fases de la historia del doblaje y de la subtitulación se seguirá la descripción de su desarrollo dentro del marco epistemológico que ofrece Carbonell (1996). Según este estudioso, la primera preocupación de los traductores fue buscar la «fidelidad» entre el texto original y el traducido; a partir de la Segunda Guerra Mundial, fue buscar la «equivalencia» y las «unidades de traducción», las cuales han llevado a que se reconozca que sólo desde el nivel del texto[3] se puede establecer la comparación y buscar la equivalencia, un *tertium comparationis* que sería el que nos permitiría la traducción (Snell-Hornby, 1990, 80). Y dado que el texto es parte de la cultura, la unidad de traducción debería ser la cultura misma. Esta interpretación coincide con la hermenéutica cultural de Geertz, que considera que sólo se puede interpretar la cultura si la aplicamos a un caso particular. El punto de partida de Geertz es el texto y su concepto de cultura es semiótico[4], es decir, la función de la cultura es dotar al mundo

---

[3] También hay divergencias a la hora de determinar a qué tipo de texto pertenece el texto fílmico; Reiss (1971, 77) hace una clasificación de los distintos tipos de textos de acuerdo con la función que desempeñan en el discurso y considera la de los textos audiovisuales *(Audio-mediale Texte)* dentro de una cuarta categoría que considera difícil de clasificar, porque dependen de formas expresivas extralingüísticas. Bassnett-McGuire (1991, 7-8) también los coloca en una cuarta categoría y dentro de los textos literarios.

[4] En este sentido, estoy de acuerdo con el razonamiento con el discurre Chaume al considerar que el texto fílmico forma una categoría aparte, y con autores como Hurtado, Hochel, Zabalbeascoa, Gambier o Nord, los cuales coinciden en considerar la semiótica como ciencia clave de la traducción audiovisual.

de significado y hacerlo comprensible. En este sentido, podría decirse que toda la película aporta algo sobre qué se entiende por cultura[5]. Tal vez convenga precisar qué entendemos por *cultura*. Es todo lo que el hombre hace con lo dado por la naturaleza. Un animal actúa por instinto y, por lo tanto, siempre lo hace de la misma manera y de la misma manera que todos los de su especie. El hombre actúa mediante la inteligencia y, a diferencia de los animales, a los que, mediante el instinto, les viene dado el modo de adaptarse al medio que les rodea, el ser humano tiene que inventarse el modo (Barco Collazos, 1995, 175). El hombre tiene idea de pasado y de futuro, es libre para organizar y planificar su vida, de hacer una prospectiva de su propia vida, de llevar a cabo su «vida programática» o de realizar un «proyecto existencial». Con todo, esa libertad del hombre está circunscrita dentro de un contexto socio-histórico que es aprendido y es público. Ese contexto histórico-social coordina el espacio, el tiempo e incluso se adapta al medio geográfico de cada colectividad, lo que da lugar a que se hable de las características de las diversas culturas.

Geertz defiende que para interpretar la cultura hay que ceñirse a un caso concreto. Una sinopsis será el punto de partida para ver el caso del texto fílmico *El paciente inglés* (1996). La guerra, al formarse los distintos bandos aliados compuestos por ejércitos de distintas nacionalidades, hace que individuos desconocidos entre sí se reúnan y vayan desvelando el misterio de su individualidad, de su personalidad, de su bagaje cultural concreto durante el texto fílmico. Éste se sitúa al final de la Segunda Guerra Mundial y reúne a cuatro personajes: el protagonista, un hombre con quemaduras de segundo y tercer grado, con un conocimiento enciclopédico y con una identidad que al parecer no puede recordar (Ralph Fiennes) y que es un conde húngaro llamado Almásy. Una enfermera, Hana (Juliette Binoche), que encuentra en el monasterio donde aloja al paciente quemado un refugio para huir de su mala suerte y de lo desagradable del mundo exterior. Un cínico superviviente de la guerra, Caravaggio (Willem Dafoe), que llega al monasterio con la idea de vengarse de Almásy, y que en realidad es un espía canadiense que se camufla bajo el apodo *Moose* en la versión original y de «Alce» en la doblada. El cuarto es un zapador sij, Sik Sings (Naveen Andrews), teniente artificiero del ejército inglés.

Geertz concibe que la cultura está compuesta por cuatro ámbitos de conocimiento teleológico: sentido común, religión, ciencia y arte.

---

[5] *El paciente inglés* no ha sido elegida al azar: toda la película es una metáfora sobre qué se entiende por cultura.

De la combinación de estos cuatro tipos de conocimiento surgen las cuatro formas de saber. El sentido común, la primera de estas formas, representa la experiencia humana del mundo por excelencia. El mundo que se conoce mediante el sentido común es un mundo adquirido por tradición, un mundo dado y aceptado ingenuamente. Su campo de acción es la vida cotidiana, y su verdad carece por completo de fundamentación. El sentido común, tal como lo usa Geertz, es lo que una mente llena de prejuicios y presuposiciones concluye. El sentido común es lo que el hombre de la calle piensa cuando se encuentra ajeno a cualquier pensamiento abstracto ilustrado (Galanes Valldejuli, 1994, 73).

Cultura y libertad se encuentran para Geertz en el arte, que es, en su concepción de la cultura, uno de los cuatro subsistemas que la constituyen. El arte es, según esto, el aspecto de la cultura en el que el hombre manifiesta su individualidad en *libertad;* es decir, la libertad que tiene el hombre para crear, para rellenar el lienzo en blanco que traemos bajo el brazo al nacer, y a esa composición que irá completando con sus pinceladas cotidianas durante su vida se convertirá en una obra pictórica, es decir, en *arte.* El arte encuentra su fundamento en la libertad plena; la ciencia, en el método; la religión, en la revelación; y el sentido común, en sí mismo. Arte y sentido común constituyen, así, los extremos opuestos de la cultura.

Esta dicotomía arte/sentido común ha sido el móvil que me ha llevado a ejemplificar esta exposición con *El paciente inglés.* Si todo lo que hace el hombre con lo dado por la naturaleza se considera cultura (Casado Velarde, 1988, 11) y todo texto fílmico es una manifestación cultural, *El paciente inglés* no es una excepción. Todo lo contrario: puede constituir una buena ejemplificación de este tipo de hermenéutica. La película empieza con las primeras manifestaciones de arte rupestre. En los minutos iniciales aparece alguien haciendo una reproducción; sólo se ve el pincel y sus trazos. Se supone que quien lo reproduce es un/a etnógrafo/a mediante una técnica muy actual —una aguada en tonos sepia, rojo de cadmio y siena tostada— y que ha cubierto el fondo de su dibujo en la gama de colores que desprende el fuego del calor tórrido del desierto y la mezcla de colores que suelta el azafrán al diluirse.

Al mismo tiempo que se está pintando una figura rupestre, suena una nana en una lengua desconocida para el espectador; ¿es árabe o es húngaro? El espectador se queda perplejo ante la perfección de los trazos, la armonía de los colores y con la idea de suspense sin saber cuál será la configuración final del dibujo, es decir, el producto de la libertad que tiene el hombre de crear o de recrear con lo dado por la naturaleza.

El segundo elemento que representa simbólicamente la definición de cultura en esta película es el libro de Heródoto. El libro de Heródoto tiene varias capas significativas:

a) Heródoto, de quien el protagonista recuerda que «es el padre de la historia», cuenta la «historia», un concepto clave para comprender la evolución del significado del concepto de cultura.

b) En este libro es donde el protagonista apunta todas sus referencias, su visión del mundo, sus mapas; en él recoge sus recuerdos más entrañables, en él escribe sus pensamientos más íntimos. El conde húngaro Almásy representa por su parte al ciudadano del mundo que simboliza la cultura universal, que busca vivir en libertad y que enfoca su existencia en hacer lo que le gusta. Consigue su realización personal mediante la belleza del arte, su inclinación por captar la belleza exótica de la naturaleza hostil del desierto a través de sus sentidos y de sus mapas y, en definitiva, en la libertad, desde su propia visión del mundo.

c) El libro de Heródoto representa, además, la memoria del protagonista, donde también se puede ver un símil con el concepto de «historia»; la Historia empieza en Sumer, cuando aparece la escritura y es «la memoria» de la humanidad. El protagonista apunta todas sus referencias, su visión del mundo, sus mapas en «el libro». Éste también representa el conocimiento enciclopédico —por ejemplo, en los párrafos cuando le explica detalladamente a Katharine los distintos tipos de vientos en el desierto, el que sabe la letra y el autor de cualquier música en sus conversaciones con Caravaggio.

También representa el sentido común y el conocimiento y la habilidad para luchar contra la naturaleza y salir airoso, incluso en las situaciones más comprometidas y peligrosas, durante las exploraciones en el desierto del Sáhara. También representa el sentido común cuando le dice a Clifton que no es sensato dejar a una mujer en el desierto, que las condiciones pueden ser demasiado duras. Cuando se anticipa al problema de buscar refugio ante una tormenta de arena, en localizar a los que se han quedado dormidos y enterrados por un alud de arena y sacarlos excavando, e incluso cuando —coherente con su idea de que Dios no existe y lo único que puede ayudar al hombre es su sentido común— le pide la eutanasia a la enfermera antes de ser abandonado a su suerte en las últimas escenas del filme.

Resumiendo: hay dos hilos conductores en la trama narrativa del filme que representan la cultura: el libro de Heródoto y el conde húngaro Lazlo Almásy. Almásy ha rescatado a Katharine Clifton (Kristin Scott-Thomas), ya sin vida, de la Cueva de los Nadadores con la avioneta inglesa de su amigo Madox y es abatido por los alemanes. Almásy sobrevive, pero con serias quemaduras, y pasa por un período de amnesia. La recuperación progresiva de la memoria del conde húngaro es una estrategia que utiliza el guionista de la película para narrar la historia. El paciente va recordando cronológicamente sus relaciones con el resto de los miembros del equipo de exploradores del International Sand Club y, sobre todo, su amor pasional con Katharine.

En estos recuerdos se utiliza la estrategia del color para situar al espectador en los distintos contextos culturales. El contexto cultural de cada escena se determina en la película sobre todo por el colorido. Es el colorido el que nos sitúa en las diversas culturas que conforma la película. La gama de azules nos sitúa en Italia y en el momento presente; la de naranjas y rojos de cadmio tiene una doble significación simbólica: por un lado, está relacionado con el exotismo del desierto del Sáhara y, por otro, en el texto logra unificarlo todo mediante la metáfora «El corazón es un órgano de fuego» y representa su historia de amor con Katharine. Los tonos ocres representan los uniformes y los campos de batalla, la guerra y, en torno a estas metáforas, se cierra el círculo hermenéutico del que habla Geertz, que «considera central la interpretación etnográfica».

La interpretación geertzeriana está impregnada de la imagen del mundo propia. Vemos cómo Ondaatje ha metido todos los elementos culturales que le son familiares: nacido en Sri-Lanka; el zapador sij vive en Canadá; el ejército que escolta la Cruz Roja donde Hana es enfermera es sobre todo canadiense; Caravaggio es italiano, pero vive en Canadá, etcétera.

El paciente inglés ejemplifica la importancia de los factores extralingüísticos: contexto cultural, conocimiento del mundo, etc. La película me parece un caleidoscopio cuyas múltiples formas son un caso de ingeniería fílmica diseñada por un escritor, un guionista y un director que a su vez es escritor. El nivel cultural y profesional de los tres consigue que el espectador vea, a través del cristal de la cultura canadiense, la trama de la película como si de un tapiz se tratara. Las culturas europeas como culturas hegemónicas con casos concretos: la italiana, la alemana y la inglesa, el exotismo de la cultura árabe y el filtro anglogalo de la cultura canadiense.

3. EL ENTORNO CULTURAL EN EL DOBLAJE DE «EL PACIENTE INGLÉS»

En un texto audiovisual, el contexto cultural está determinado por todos los canales de comunicación y no sólo por el texto escrito. Por ejemplo, si comparamos la novela *The English Patient*, de Michael Ondaatje, con el guión cinematográfico de Anthony Minghella, la novela tiene 307 páginas y ninguna imagen, se recrea en descripciones de jardines y del mar en Inglaterra y contiene muchos vaivenes narrativos que permiten al lector, en la intimidad de su lectura, volver las páginas para retomar el hilo conductor, además de las innumerables citas literarias, sobre todo pertenecientes al ámbito británico. El guión de Minghella está escrito en forma de diálogo, como si de una obra de teatro se tratara, y se queda reducido a 161 páginas, de las cuales 20 son imágenes de la película. Si, en tercer lugar, comparamos el guión de Minghella con la versión original (en adelante V.O.) de la película del director Saul Zaents, vemos que sólo dos expresiones —que no figuran en el guión y que aparecen en la V.O. y en la versión doblada (en adelante V.D.)— se justifican, sin embargo, en el hilo de la narración: un «Me disculpa», cuando Almásy cambia de pareja y baila con Katharine y un «Gracias» perdido en el texto. Es sorprendente la exactitud entre el guión en inglés y su traducción al castellano. Hay una coincidencia casi total entre las palabras originales y dobladas, salvando las diferencias lingüísticas y las convenciones sociales en ambas lenguas. Es más, pienso que la versión castellana ha superado con creces a la versión original. No en vano los mismos actores de doblaje reconocen que España es uno de los países del mundo donde mejor se dobla[6], hecho al que no se hace referencia en la literatura foránea al respecto[7].

No debemos perder de vista que el texto oral objeto del doblaje sólo ocupa una tercera parcela, siendo las otras la imagen, el ruido y la

---

[6] De la lectura del dossier «Todo sobre el doblaje» en *Dirigido por* (núm. 9, enero de 1974, 29-36) se desprende que hay univocidad entre los actores y actrices de doblaje. Manuel Cano, al referirse a su calidad en España, constata que el doblaje abarca un amplio campo, hasta tal punto, que los dobladores a veces trabajan con autores en nuestra propia lengua. Y Felipe Peña señala: «Suelo ver una película en versión original unas ocho veces y otras tantas doblada mientras hago mi trabajo».

[7] En este sentido, Whitman-Linsen (1991) es una excepción.

música[8]. Delabastita (1989, 213-215) considera que se produce una adaptación en los siguientes aspectos:

a) Muchos elementos no son traducidos con una doble intención: conservar el exotismo, la alteridad, etc., tal como se refleja en la canción de cuna en la presentación de la película mientras Katharine copia una pintura en la Cueva de los Nadadores, la cual contribuye a mantener la intriga del espectador que no sabe qué está pintando; tampoco se traducen las distintas variedades de árabe que Almásy —según el guión— utiliza en su comunicación con los nativos durante la película, ni los rezos de los islámicos. En la versión original y en la doblada, los textos en árabe permanecen intactos en la variedad dialectal argelina. La dificultad que entraña modificar la banda sonora y la imagen en el original es también otra causa para dejar el texto en versión original; así, por ejemplo, cuando los beréberes entregan al piloto totalmente quemado de la avioneta que han derribado los alemanes a la Cruz Roja, el paciente, que se ve en un entorno angloparlante, discretamente ha olvidado su nacionalidad. La página de su agenda con las notas de un oficial inglés aparecen en pantalla, pero no son traducidas. El texto dice los siguiente: «*Preliminaries. 26/10/44. Check n.º 884044/4136. Male-unknown, age 35/40 approx. No tag/no uniform, serious burnt. English?*» El espectador que no sea angloparlante se pierde esta información. En la escena en que están jugando a *spin the bottle*, ¿que consiste en que al que le apunta la botella tiene que tocar una pieza musical o contar una historia?, Geoffrey Clifton (Colin Firth), el marido de Katharine, canta una versión de «Yes, We have no bananas» y entonces el grupo le pide que la traduzca a otras lenguas. Lo curioso es que aquí en la banda sonora ocurre el ejemplo contrario; es decir, en la V.O. no se canta en castellano y, sin embargo, sí aparece nuestra lengua en la versión doblada. En un pasaje posterior, cuando el grupo de expedicionarios se dirigen a *Gilf Kefir*, o Cueva de los Nadadores, Katharine hace referencia a que Almásy canta todo el tiempo y después de corro-

---

[8] Mayoral (1993, 45) considera el cine como un medio audiovisual y, por lo tanto, para él la imagen cinematográfica en movimiento contiene elementos significativos diferentes, entre los que se encuentra el color, el plano, el ángulo, los efectos especiales, el montaje, el ritmo, etc. En este sentido, Chaume (1997, 400) considera la aportación de Mayoral, Kelly y Gallardo (1988, 356) bastante innovadora.

borarlo con el guía árabe que les acompaña, empiezan a cantar en español en la V.D. la canción de *The Darktown Structter's Ball*, a la que también se une Katharine en castellano, mientras en la V.O. está en inglés.

b) Se recurre a una traducción libre de acuerdo con las convenciones sociales en vez de hacer una traducción literal, lo que da lugar a elipsis o a explicaciones o interpretaciones que no están en el original. El hilo de la narración desvela que la nana en una lengua exótica en la presentación de la película es una canción de amor (Szrelem, szrelem) que le cantaba a Almásy su *daijka* (niñera) cuando estaba en Budapest. Se habla de *daijka* en la V.O., donde, si se utilizara *nanny*, tendría un entorno cultural y unas connotaciones muy distintas; sin embargo, en la V.D. se habla de «niñera» en húngaro. No obstante, se traduce el nombre propio —o, mejor dicho, apodo: en este caso de Caravaggio—, quien, al actuar como espía canadiense, se llama *Moose* en la V.O. y «Alce» en la V.D. La equivalencia en este caso está clara: los dos términos hacen referencia al mismo tipo de ciervo que habita en Canadá.

c) Se producen cambios de registro, mediante los cuales se tiende a un lenguaje más neutro. La enfermera, cuando se refugia en el monasterio, les dice a sus compañeros que se dirigen a Livorno:

V.O.: When he dies I'll catch up!
V.D.: Cuando muera volveré con vosotros.

O en el uso idiomático de los verbos modales:

V.O.: Yes, of course I would.
V.D.: Claro, ya entiendo.

d) Encontramos expresiones coloquiales en la V.O. para referirse al paciente. Como ya se ha dicho, él representa la globalización de la cultura en el sentido de *High Culture*. Su única pertenencia es un libro de Heródoto. El paciente le enseña la pronunciación correcta de nombres propios a su enfermera en su propia lengua cuando le está leyendo el libro de Heródoto y le enseña a distinguir la diferencia entre un indio y un sij (al referirse al turbante, dice que, si lleva turbante, es sij). Pero donde se nota con más claridad que en la V.D. hay un mayor respeto, una mayor formalidad, un reconocimiento casi académico hacia el paciente es la escena en que Kip, el zapador, aparece con la leche condensada, después de limpiarle el cuello al paciente, que se ha manchado con el —según él— mejor invento o manjar. Kip le lee el libro de Heródoto. El paciente le enseña a leer a Kip (página 75 del guión), pero Kip le hace una lectura ideológica y crítica de lo que está leyendo y de lo desoladora que resulta la guerra para los colonizados. No obstante, muestra un gran respeto por el paciente. Donde en la versión original se habla en términos de *uncle* y de *boy*, en la versión castellana se habla de «maestro» y de «discípulo».

e) Se producen cambios de adjetivos:

V.O.: It's a very plum plum
V.D.: Es una estupenda y riquísima ciruela.

Donde el traductor ha elegido no traducir la figura retórica de la V.O. por su equivalente en castellano: «es una ciruela ciruela», anáfora con valor encomiástico que se utilizaba mucho después de la Segunda Guerra Mundial. Por ejemplo, en España se decía: «Es café café» para diferenciarlo de sus posibles sucedáneos, como el café de malta. O cuando Clifton, abrazando a Katharine, dice:

V.O.: Uxoriousness, that's my favourite kind of love. Excessive love for one's wife.
V.D.: Gurruminos es mi clase de amor por mi esposa.

Amor enfermizo... Aquí el traductor, ha buscado una traducción atendiendo a la trama global de la película, pero no al contexto concreto. *Uxoriousness* en inglés, además de significar una dependencia excesiva hacia la esposa, quiere decir exactamente lo que explicita Clifton: «Excessive love for one's wife». Mientras que, en castellano, *gurrumino* quiere decir, según el *Diccionario de uso del español*, de María Moliner: «marido demasiado condescendiente con las infidelidades de su mujer».

f) La utilización de lenguaje tabú o vulgar se ve cuando Caravaggio dice:

V.O.: My stupid hands!
V.D.: ¡Mierda, qué torpe soy!

g) Se producen cambios de estilo mediante simplificaciones (elipsis) por medio de palabras plásticas o de expresiones idiomáticas; así, por ejemplo, cuando Clifton le dice a su mujer que no puede ir el día de su primer aniversario:

V.O.: Okay, my sausage, I love you.
V.D.: Lo prometo. Te quiero.

h) Reducción a la lengua estándar donde se tiende a utilizar un registro más neutro para favorecer la comprensión. Por ejemplo, cuando Katharine le explica a Almásy que su marido miente sólo para proteger los secretos del Gobierno británico para el que trabaja:

V.O.: He's not actually a buffoon. And the plane wasn't a wedding present. It belongs to the British Government. They want aerial maps of the whole of North Africa. So I think he's in Ethiopia. In case you are counting on his sudden appearance.
V.D. No es que le guste mentir . [...]. Quieren mapas aéreos del norte de África [...]. Lo digo por si esperabas verle aparecer.

En la V.D., el traductor se ha adaptado más al entorno concreto que explica la situación y no ha traducido literalmente *buffon* por «bufón» —que, en la versión original, tiene varias connotaciones: por ejemplo, hace referencia al juego de la botella en la que Clifton hizo el ganso—, sino que ha aclarado el sentido de la expresión de Katharine. Éste es un buen ejemplo de omisión de referencias culturales innecesarias que empañan la comprensión del espectador. Lo mismo sucede con la elipsis de *of the whole* en «They want aerial maps (of the whole) of North Africa», que en español resultaría redundante.

4. Conclusión

Como puede verse en lo expuesto anteriormente y, a modo de conclusión, el traductor de guiones cinematográficos debe tener en cuenta dos cosas con respecto a la transposición cultural: primera, ver qué aspectos de la cultura están determinados por los canales de comunicación no verbal[9]; y segunda, conseguir la comunicación con el es-

---

[9] Fernando Poyatos (1997) da una visión exhaustiva desde el punto de vista semiótico de la comunicación no verbal en la traducción (especialmente en la parte séptima de la obra, dedicada a los canales audiovisuales del doblaje en el cine).

pectador. Cuanto más clara y más dinámica sea dicha comunicación, mejor. Cuando se lee una novela, el ritmo de lectura es libre; depende del lector, mientras que en la narración fílmica el tiempo que dura la película está determinado de antemano. El ritmo de comprensión le es impuesto al espectador. Por lo tanto, la transposición intercultural (Whitman-Linsen, 1992, 126-155), en cuanto al texto oral en caso del doblaje y al texto escrito en la subtitulación, sigue dos estrategias concretas: la omisión de referencias culturales innecesarias y la explicación o «interpretación» de los referentes culturales en los casos de alteridad para facilitar la comprensión.

Capítulo IX

«Eres patético»: el español traducido del cine y de la televisión

Miguel Duro Moreno
Universidad de Málaga

*¡Piedad, señores traductores,
piedad para nuestra lengua!*

Salvador de Madariaga (1970a, 10)

1. Introducción

El último día del último año del segundo milenio después de Cristo, el adjetivo *patético* —así enunciado exactamente: en masculino, en singular y con su tilde bien colocada encima de la letra *e*— aparecía cuatro mil cuatrocientas setenta y seis veces en las tres mil ciento ochenta y seis páginas de Internet localizadas, tras unos segundos de pesquisas electrónicas, por el buscador estadounidense <u>altavista.com</u>.

Observado —escrutado— desde una perspectiva pragmática y semántica, este dato, que en sí mismo no aporta nada estadísticamente interesante, revela, sin embargo, que el uso castizo que el diccionario normativo[1] sanciona del vocablo *patético* apenas responde a una dece-

---

[1] En su vigésima primera edición (1992), el *Diccionario de la lengua española* de la Real Academia Española (en lo sucesivo, DRAE) define la voz *patético, ca* del siguiente modo:

na cabal de esos casi cinco millares de incidencias y que, por el contrario, en estas últimas prevalece de manera abrumadora el empleo espurio y aljamiado[2] de inglés presente en los ejemplos que se enumeran a continuación, todos los cuales están entresacados de las páginas de Internet recién mencionadas (la cursiva de *patético* es añadida):

Ejemplo 1[3]

Si hay algo *patético* en este mundo son los viejos verdes que han dedicado su vida a manejar una cosa llamada Real Academia de la Lengua Española [sic]. En otros siglos, estos tipos decidían qué era castellano y qué no. Personalmente me gusta el español, pero no soy nadie para decir cómo deberías hablarlo. Además soy fiel creyente de que en la variedad está el gusto [artículo de opinión].

Ejemplo 2[4]

Savio, decisivo en la victoria del Madrid frente a un *patético* Inter (2-0) [título de una noticia deportiva].

Ejemplo 3[5]

Lo lamentable del tema es que la solución la ponga el artista teniendo que destruir la obra,no [sic] es una performance [sic] lo que ha ocurrido hoy, es una vergüenza, una vergüenza para quienes han decidido la puesta en escena de éste [sic] *patético* suceso [carta de protesta].

«**patético, ca.** Del lat. *patheticus,* y este del gr. *pathētikós,* que impresiona, sensible. 1. adj. Dícese de lo que es capaz de mover y agitar el ánimo infundiéndole afectos vehementes, y con particularidad dolor, tristeza o melancolía».

[2] Se conoce como *aljamía* los textos moriscos elaborados en romance, pero transcritos con caracteres árabes —aquí se utiliza en sentido figurado para connotar toda palabra (o secuencia de palabras) que, enunciada en una lengua, deja entrever las nervaduras de otra distinta—; la Espasa define la voz de la forma siguiente:

«Introdújose la costumbre de escribir el castellano con caracteres arábigos en los documentos oficiales antes de la Reconquista, siguiéndose después en toda clase de escritos. Lo desusado de esta escritura garantizaba el secreto del texto, aumentando su importancia la misteriosa santidad de los caracteres árabes.»

[3] http://web.loquesea.com/secciones/loquesea/quepensamos.asp
[4] http://archive.soccerage.com/s/es/13/06020.html
[5] http://www.abc.es:8075/forosabc/Forum27/HTML/000030.html

Ejemplo 4[6]

El *patético* balance de una agresión inútil [título de un editorial].

Ejemplo 5[7]

El caso de Chile es *patético*, en el sentido de que no existe una entidad a la que dirigirse para consultar sobre la cinematografía chilena a nivel oficial [entrevista al director de cine Silvio Caiozzi].

Ejemplo 6[8]

Mención especial a Eduardo Antuña, que tiene en su mano algunos de los momentos más hilarantes del metraje como *patético* imitador de Darth Vader (un guiño chistoso a todos aquellos que somos fanáticos de «Starwars») [crítica de la película *La comunidad* (2000), de Álex de la Iglesia].

Ejemplo 7[9]

Califica [Arzalluz] de «*patético*» que criticara [Aznar] la propuesta soberanista de su partido mientras daba su apoyo «a un Estado palestino». Le recuerda que Arafat es «uno de los grandes terroristas de la historia» [antetítulo de una noticia política].

El fenómeno no por ser reciente resulta menos preocupante. Cada vez es más habitual escuchar o leer palabras en español —*patético*, pero también *bastardo, taza de café, maldito, jodido, ¡ahora!, mueve tu culo, cada día, perfil bajo, dame un respiro, he de irme, apuesto que sí, juraría que sí, me preguntaba si, no me ignores, eventualmente, absolutamente, definitivamente, te diré algo, ¿puede oírme?, ¿puedo ayudarle?, necesitas hacer algo*, etc.— que suenan, sí, a español, pero a *otro* español: a un español incómodo, poco natural, contaminado, algo molesto y con vetas de material foráneo; a un español, en suma, de imitación.

De imitación[10] del inglés, naturalmente. Esta última lengua, que no es ni mejor ni peor que cualquier otra para dar cauce expresivo al

[6] http://www.el-mundo.es/1998/12/21/opinion/21N0060.html
[7] http://www.conexionsantiago.com/cine/articulo1.htm
[8] http://www.sala1.com/criticas/lacomunidad.html
[9] http://el-mundo.es/1999/12/28/espana/index.html
[10] Desde Skinner (1957), muchos investigadores —en su mayoría, psicólogos conductistas— han alimentado la creencia de que el lenguaje verbal humano no es más que un tipo de comportamiento determinado por estímulos y respuestas y, en consecuencia, susceptible de ser aprendido por *imitación;* sin embargo, desde Chomsky (1965), otros

universo, real o virtual, tal como es concebido por quienes la tienen como vernácula, lleva más de cinco décadas (desde fines de la Segunda Guerra Mundial) colándose en el español por resquicios y junturas —merced al sometimiento del poder autóctono a la irresistible maquinaria económica, ideológica, política, comercial, militar y tecnológica de Estados Unidos— y dejándole en su corpachón lingüístico y cultural —viejo de mil años— los estigmas propios de toda colonización (que, en este caso, están impuestos, claro es, por el dinero, la ideología, la política, la ciencia, la tecnología y el mercado). Hace más de treinta años, Salvador de Madariaga (1970a, 9) atribuía la singular preponderancia del inglés[11] a tres concausas, diferentes pero notoriamente convergentes (hoy, la situación apenas ha cambiado en lo sustancial):

> [...] al cabo de dos guerras mundiales, Francia cesó de ser gran potencia, y aunque también cesó de serlo Inglaterra, surgió como sobrepotencia de nuestro mundo la República yanqui, lo que desplazó el francés en pro del inglés (variedad yanqui); y por otra parte se universalizaron dos inventos, ambos favorables a la nueva hegemonía: la aviación, que amén de ponernos en contacto con el mundo sin tener que pasar por Francia, ha adoptado el inglés como lengua de trabajo; y la película de cine, luego multiplicada por la televisión, que nos trae la vida anglo-americana a casa sin tener nosotros que hacer el viaje.

De esas tres concausas señaladas por Madariaga, este trabajo va a elucidar la última —la película de cine «multiplicada por la televi-

---

muchos investigadores —sobre todo, lingüistas afectos al mentalismo— han considerado que el ser humano nace con un número de facultades específicas (la mente) que desempeñan un papel crucial en la adquisición y el desarrollo del lenguaje y que lo capacitan para actuar de forma libre y no condicionada por estímulos externos. Como cabe suponer, todos tienen razón y todos se equivocan. Los primeros —vindicadores de Skinner— porque, pese a ser cierto que el ser humano aprende imitando, *no siempre* aprende imitando (es decir, *no siempre* se conduce como si fuera un animal irracional, que sólo aprende reaccionando ante el par estímulo/respuesta); y los segundos —defensores de Chomsky— porque, si bien nadie niega que todo niño normal viene al mundo dotado de unas facultades innatas destinadas a la adquisición y el desarrollo del lenguaje verbal, tampoco nadie ha logrado explicar aún cuál es la estructura interna de tales facultades y cómo se activan al recibir un estímulo verbal o de otra índole.
[11] Dice el mismo Madariaga (1970b, 7-8) que «[...] fue don Miguel [de Unamuno] el primero de nuestros escritores que llamó la atención pública sobre este triste fenómeno que muchos años después iba yo a llamar "la colonización inglesa del castellano". Unamuno escribió siempre Dostoyesqui, y fue en esto, como en tantas otras cosas, nuestro guía y director. No poco le horrorizaría ve a qué grado hemos dejado gibraltarizar la lengua que él tanto contribuyó a hacer nuestra».

sión»— y, en concreto, el impacto que la traducción de los guiones de cine y de televisión elaborados en inglés está teniendo en la norma hablada o escrita del español peninsular.

2. LA VÍA DE INVASIÓN: LA PANTALLA (PEQUEÑA O GRANDE)

Allá por 1985, Santoyo dedicó un apartado de su obra *El delito de traducir* (1996³, 165 ss.)[12] —que constituye un extenso florilegio, comentado con sabiduría e ingenio, de traducciones deficientes y disparates traslativos varios— a las versiones televisivas y cinematrográficas de películas originalmente realizadas en inglés. El tiempo no sólo no ha corregido su visión apocalíptica[13] de las cosas, sino que incluso le ha dado la razón:

> Si algún día desaparece nuestro idioma, transformado en mil y un dialectos, o convertido en otra lengua hoy inimaginada; si algún día se le entierra, muerto y cadáver, probablemente haya que escribir un apresurado epitafio, que bien podría ser éste:
>
> †
>
> AQUÍ YACE
> EL CASTELLANO
> ASESINADO
> POR EL CINE Y LA TELEVISIÓN
> R.I.P.
>
> No se trata de un broma de mal gusto, sino de una realidad diariamente constatable: los atentados lingüísticos que hora tras hora y semana tras semana presenciamos en la pantalla grande o en la familiar son tan numerosos que alguno de ellos ha de ser, por fuerza, definitivo y mortal.

Hoy por hoy, el cine y, sobre todo, la televisión[14] suponen, en efecto, la principal vía de invasión del inglés y de lo anglosajón, así como

---

[12] La primera edición de esta obra data de 1985.

[13] Tal vez Santoyo fundara esta visión apocalíptica suya en el diagnóstico poco alentador que Madariaga (1970a, 7) había dado del español no literario tres lustros antes: «[...] el castellano está enfermo y hasta en peligro de muerte. [...] La enfermedad le viene hoy del inglés, como le venía, en mis juventudes, del francés [...]».

[14] Quizá más la televisión que el cine, por el simple motivo de que aquélla es gratuita y está presente casi en todos los hogares y éste, en cambio, implica un desplazamiento físico y un desembolso dinerario forzosos. Hace tres décadas, Estrany (1970, 200 y 203)

el vehículo más rápido de uno de los agentes —tal vez el primero en importancia— promotores del progresivo encanallamiento del español: las malas traducciones (y las malas adaptaciones)[15].

Cabría preguntarse por qué a ningún espectador español no especialista le parece raro escuchar o leer en el cine «maldito perro malo», que es lo que dice la hija de nueve años de Ada, la protagonista de la cinta francoaustraliana *El piano* (1994), cuando el can se le escapa a todo correr; o «lo haré arreglar [el piano]», que es la expresión que utiliza Baines, el coprotagonista, cuando, al final del filme, Ada le dice que tire el piano por la borda del barco en el que viajan; o «¡Me mentiste y pagarás por ello!», que es lo que el marido de Ada grita cuando descubre que ésta lo sigue engañando con Baines...[16]. Más aún: cabría pre-

---

—véase también Santoyo (1996[3], 172)— se quejaba con amargura de los estragos que producía en la norma del español el matrimonio *televisión + malas traducciones:*

«Traducciones deficientes siempre las ha habido. La versión española de cualquier novelista popular extranjero raramente escasea en ejemplos ilustrativos. Le resulta bastante difícil al traductor sustraerse al influjo ejercido por las estructuras de la lengua que está traduciendo. No obstante, hasta hace poco, este fenómeno no había constituido un serio peligro. La difusión del lenguaje escrito era menor. Pero con la llegada de la televisión, las cosas se han complicado notoriamente. La televisión ha llegado a ser como un inmenso, un monstruoso laboratorio de idiomas, donde las malas traducciones se manejan constantemente y poco a poco van haciendo mella en los espectadores... Si consideramos que la televisión española presenta un promedio de dieciséis telefilmes originalmente ingleses o norteamericanos a la semana, podemos sentirnos alarmados ante el futuro de la integridad de nuestra lengua».

[15] El adaptador (también llamado *ajustador)* es, en el doblaje, quien revisa, retoca, descarta, añade o da por bueno el trabajo del traductor; de él procede la versión definitiva del guión en español que han de interpretar los actores de doblaje y, por consiguiente, a él se deben muchos de los aciertos o desatinos que el espectador escucha cuando está delante de la pantalla de cine o de televisión. En multitud de ocasiones, el adaptador/ajustador y el director de doblaje convergen en una misma figura.

[16] Grijelmo (2000[2], 149-150) pone un ejemplo tan real como risible de las deficientes traducciones (o adaptaciones/ajustes) que se hacen para cine y para televisión:

«Las malas traducciones de películas de habla inglesa suelen trasladar literalmente la expresión malsonante "que te follen", que, dicha en español, no suena especialmente agresiva, sino más bien todo lo contrario, pese a que así les parezca a quienes hablan inglés. Alguien que usa bien el español no dice "que te follen" cuando quiere mandar a alguien a la mierda, porque a la persona que nos molesta o nos zahiere le deseamos algo malo, y tal expresión —ineducada de todas formas— requeriría de algunos calificativos para hacerse peyorativa. Por ejemplo: "que te folle un pez" (expresión real extendida en España), o los hipotéticos "que te follen mal", o "que te folle una fea" o "que te folle un bruto", pongamos por caso. Como expresión equivalente a la inglesa, en buena parte del territorio hispano se diría "que te den por el culo", para lo cual se precisa, no obstante, que nuestro interlocutor sean un hombre heterosexual».

guntarse cuándo fue la última vez que cualquier espectador español, especializado o no, empleó en un acto de habla natural y cotidiano alguna de esas tres[17] expresiones (en lugar de —por ejemplo— «qué perro más malo», «lo arreglaremos [el piano]» y «¡Me has mentido y ahora lo vas a pagar!»). También cabría preguntarse por qué motivo la parla de los personajes de las cintas rodadas directamente en español se parece cada vez más a la de los héroes de los largometrajes doblados o subtitulados en esta lengua a partir de un original en inglés (es decir, por qué un comisario cualquiera —Martínez— habla en su película española igual, o casi igual, que un teniente de policía cualquiera —Reilly— en su película estadounidense doblada o subtitulada en español). Por último (pero no lo último), cabría preguntarse por qué los hablantes ordinarios del español peninsular han integrado en su norma lingüística palabras o expresiones calcadas *ad pedem literae* del inglés (como, por ejemplo, la que da título a este trabajo).

La respuesta a todas estas preguntas no es sencilla, pero sí posible. El espectador que ve una película en español doblada o subtitulada del inglés no sabe, ni debe saber, en qué consiste el trabajo de amoldamiento lingüístico y cultural que ésta conlleva, por cuanto lo único verdaderamente importante para él es gozar de lo que ve y escucha (o lee) con la apoyatura de un guión traducido (y, si procede, adaptado/ajustado) a su propia lengua. Ese mismo espectador no tiene más remedio que aceptar ciertas dosis de extranjerización, e incluso de exotismo, en el comportamiento —lingüístico o no— de los personajes, en la aparición de espacios y paisajes y en el desenvolvimiento de la trama de la película; está casi obligado a admitir como bueno que un producto televisivo o cinematográfico pensado y manufacturado conforme a un polisistema[18] fílmico foráneo pueda enunciarse sin reparos en español atendiendo a unos propósitos comunicativos que están ligados a unos legítimos intereses comerciales; y, en fin, no le queda otro expediente que tolerar —y padecer— determinadas expresiones

---

[17] La nómina de despropósitos de traducción o adaptación presentes en la película es larga e implacablemente aburrida, pero no más que la que podría fabricarse viendo y escuchando cualquier otro largometraje.

[18] Dentro de una literatura nacional, explica Even-Zohar (1979a y 1979b), el *polisistema* no es sino una pluralidad de subsistemas interrelacionados —un sistema de sistemas: poesía, teatro, novela, ensayo, etc.— que se definen por su forma de producción, por su distribución, por su alcance, por su capacidad de recepción, por sus tensiones dinámicas y por sus inevitables cambios. Si se permuta *literatura* por *producción fílmica para cine y televisión*, el concepto —que abarca también el subsistema compuesto por las películas dobladas y subtituladas exhibidas— sigue siendo igualmente válido.

que, aun siendo gramaticalmente correctas *(para serte honesto, cierra tu maldita boca, no seas tan rudo, nunca tenía bastante...)*, resultan pragmáticamente peregrinas cuando se extraen del entorno foráneo de la cinta que está viendo.

Si se tiene presente que lo que el espectador escucha o lee cuando está viendo una película es una traducción (y una adaptación) ejecutada por varios profesionales a partir de un guión original elaborado en inglés, se podrá entender que las huellas dejadas por éstos en el transcurso de las labores de doblaje o subtitulación no siempre sean invisibles para él. Venuti (1995), en una obra ya canónica dedicada a la visibilidad o invisibilidad del traductor —literario, pero podría aplicarse a cualquier otro profesional de la traducción—, bautizó con el nombre de *extranjerización* (en inglés, *foreignization)* el proceso por el que el producto de una traducción ha de plegarse a la cultura que haya generado la obra original, transparentándola, y con el de *naturalización* (en inglés, *domestication),* el proceso por el que ese producto debe satisfacer con plenitud, mimetizándose con la cultura de recepción, las expectativas comunicativas del destinatario[19]. El traductor profesional de películas (quien, no se olvide, opera siempre con palabras encadenadas —subordinadas—[20] a imágenes) se mueve, en un continuo vaivén, entre los dos polos de tensión indicados por Venuti —en muchas ocasiones sin ni siquiera ser consciente de ello— y sabe que no se puede alejar demasiado de la jerigonza[21] fílmica al uso si no quiere escorarse en

---

[19] Toury (1978 y 1980) ya había abierto la puerta a estos conceptos unos años antes al exponer su noción de *normas* —en concreto, la noción de *norma inicial*— y los había designado, respectivamente, como *adecuación* y *aceptabilidad.*

[20] El primero en aplicar el concepto denominado *traducción subordinada* a una modalidad de traducción (en concreto, a la subtitulación) fue Titford (1982). Mayoral Asensio, Kelly y Gallardo San Salvador (1986), sus introductores en España, lo desarrollan y lo abren a otras modalidades, como el doblaje, la interpretación simultánea de películas, los cómics y la publicidad, y lo definen del modo siguiente (1986, 95):
«Desde el momento en que la traducción no sea únicamente de textos escritos, sino que éstos estén en asociación con otros medios de comunicación (imagen, música, lengua oral, etc.), la tarea del traductor se ve complicada y a la vez limitada (subordinada) por éstos. [...] El concepto de [...] traducción subordinada desde el punto de vista de la teoría de la comunicación (la traducción dinámica de Nida) [involucra los elementos siguientes]: la existencia de más de un canal de comunicación, el emisor de la cultura origen, el receptor de la cultura término, el ruido producido y el [...] traductor [...]».

[21] Lázaro Carreter, en uno de sus certeros «dardos», titulado, con mucho criterio, *El cine* (2 de abril de 2000), espiga algunos ejemplos de la jerigonza fílmica que anega las pantallas españolas, sean pequeñas o grandes: «pasta» (< ingl. *dough,* 'guita, dinero'),

exceso hacia uno u otro extremo y, de rechazo, poner en peligro la continuidad de su trabajo (por el simple hecho, por ejemplo, de que el adaptador/ajustador, que es quien viene detrás de él en las películas dobladas, no aprecia que su labor es lo bastante satisfactoria). Hatim (1996, 123 y 124) justifica los ramalazos de extranjerización —y la jerigonza que de ellos se deriva— concurrentes en muchas traducciones argumentando que no sólo son inevitables, sino hasta necesarios:

> We must get away from the myth that good translations are those which read like the original texts written in the target language; the simply cannot nor should they be.
> [...] accepting an inevitable degree of foreignness in a given target text is at the heart of translator invisibility and the foreignizing strategies that ought to be adopted in order to perform the task of translating properly and honestly [...]. Thus, we expect some Rusianness in the global attitudinal expression dominating *War and Peace* in English. We also expect alien social occasions being catered for by alien linguistic expression, even if it is English that we are reading. Finally, we expect certain exotic quaintness in the way texts are formatted both structurally and texturally. These aspects of translationese as discourse, genre and text respectively is what contributes to the immense pleasure or displeasure we derive from knowing that what we are looking at is Tolstoy in translation and not some John Mortimer artificially transplanting Russian realities to some Berkshire village.

El problema, sin embargo, no radica en que el espectador se encuentre ya acostumbrado a una modalidad de español *que sólo escucha o lee cuando ve la tele o va al cine,* sino en que él mismo utilice luego esa modalidad de español de forma natural (esto es, no impuesta) en sus actos de habla diarios, bien por haberla absorbido subliminalmente a fuerza de percibirla un día tras otro, bien por haberla aprendido mediante ese procedimiento tan conductista que es la imitación.

Bien mirado, el problema no es de tono menor, pues implica un preocupante empobrecimiento sociolingüístico y cultural que amena-

---

«pavo» (< ingl. *buck*, 'dólar'), «mercancía» (< ingl. *merchandise*, 'droga'), «grande» (< ingl. *grand*, 'billete de mil dólares'), «señor» (< ingl. *sir*, apelativo dirigido a un superior), «los de arriba» (< ingl. *the ones above* o *at the top*, expresión de similar índole, pero con finalidad plural), «los buenos tiempos» (< ingl. *the good old times*, 'el pasado'), «damas y caballeros» (< ingl. *ladies and gentlemen*, 'señoras y señores'), etcétera.

za con subvertir, por su gran alcance social, el español que se hablará y escribirá en la Península Ibérica en el siglo XXI. De Miguel (1994[4], 173-174) ya lo advirtió hace años:

> El inglés literalmente traducido en las películas nos ha acostumbrado a otras expresiones no menos extravagantes. Así, la de **tener en mente, que más parece acción de mentecatos.
>
> Los doblajes de las películas y telefilmes —en su mayor parte procedentes de Estados Unidos— nos han ido recomponiendo unas normas lingüísticas que se reservan casi únicamente para esa circunstancia del castellano que hablan vicariamente los actores en la ficción cinematográfica. Tenemos, por ejemplo, el «sí, señor» (es importante separarlo por una coma), que en inglés es signo de extremo respeto y suma formalidad. En los ambientes castrenses españoles un subordinado le dirá al superior: «A la orden de usted, mi coronel», o bien: «A sus órdenes, mi capitán», pero jamás se atrevería a saludarle con un «sí, señor». En castellano suena del todo ridículo, pero se sigue diciendo así en la traducción de los doblajes, lo que no es poca traición.
>
> Otra expresión de la jerga peliculera es el *estar sobrio,* el *to be sober* del inglés. Teóricamente sí se puede traducir así. El oído me dice que en español no decimos «estar sobrio» para el que se le ha pasado la borrachera. Conviene mejor *estar sereno* para esa situación. En cambio, podemos decir que una persona *es sobria* cuando bebe (o come) usualmente con moderación. Lo primero es un estado de ánimo, lo segundo una costumbre. Los verbos no son aquí intercambiables. *Ser sereno* aludiría a desempeñar el oficio de vigilante nocturno y *estar sobrio* choca un poco.

3. EL AGENTE INFECCIOSO: EL CALCO

A principios de la década de los noventa del pasado siglo, los lexicógrafos Fontanillo y Riesco (1990 [1994]) se sentaron durante meses delante de la tele con la intención de comprobar cómo se hablaba y qué se escuchaba por aquel entonces en la pantalla pequeña. Tras muchas horas de grabación, análisis y depuración de los registros acumulados, recogieron los resultados de su investigación en un trabajo tan sugerente como demoledor —sólo su título ya lo es: *Teleperversión de la lengua*—, cuyo capítulo 10 (1990 [1994], 165 ss.), dedicado a la «Influencia de otras lenguas», deja poco espacio para la vacilación (la cursiva es añadida):

170

Es inevitable, y por otra parte muy conveniente, el recíproco intercambio que entre lenguas y culturas se produce. Pero muchas veces la fuerza de la moda hace que la influencia se convierta en dominio y que el pueblo, lengua o cultura objeto de dominio se convierta en colonizado. Encierra, por tanto, esta aseveración la posibilidad de que la relación de dependencia trascienda con mucho a lo meramente lingüístico y así ocurre de hecho, aunque es muy difícil establecer qué se produjo primero, si la colonización militar, la política, la tecnológica o la lingüística. [...]

Estimamos que [en el caso del español respecto del inglés] la contaminación no es aún excesiva y que se puede lograr que disminuya o, al menos, que no crezca.

El primer paso puede ser, sencillamente, *exigir buenas traducciones*. Pero, como gran parte de los materiales filmados no está hecha por [la] televisión, resulta que, tal como presumíamos, el problema no es de [la] televisión, sino de instancias superiores. ¿O es que [la] televisión va a dejar de pasar una buena película porque aparezcan cuatro, seis u ocho *modismos extranjerizantes* y otros tantos *calcos de estructuras sintácticas* ajenos a nuestra lengua? Lo que sí puede hacer es evitar que cunda el ejemplo de estas malas traducciones[,] sugiriendo a sus locutores que eviten en lo posible estos y otros errores que constatamos.

Hoy, a la vista de lo que se escucha y se lee, es seguro que Fontanillo y Riesco continuarían pensando lo mismo. Las cadenas de televisión y las productoras y distribuidoras de productos televisivos y cinematográficos deberían, en efecto, exigir buenas traducciones, aunque sólo fuera como mera medida precautoria para vender más y mejor. Pero la realidad es tozuda: o no las exigen o, si las exigen, no disponen de medidas suficientes para controlar su calidad. Lo cierto es que el espectador de películas y de series de televisión está expuesto a un bombardeo incesante de traducciones defectuosas del inglés al español debidas, en la mayoría de los casos, a la omnipresencia de calcos de toda laya y condición.

El calco como procedimiento de traducción ha sido tratado desde esquinas y calendas diversas por una plétora de traductólogos y lingüistas (Acosta, 1987, 51 ss.; Duro Moreno, 1997, 280 y 283; García Yebra, 1984[2], 341 ss.; Gómez Capuz, 1993, 628 ss.; Santoyo, 1987, 91 ss.; Vinay y Darbelnet, 1958, 47 ss.; etc.) que no han dudado en darle definiciones dispares, aunque más o menos coincidentes; véase, por ejemplo, la que ofrece García Yebra (1984[2], 341) —que tiene la ventaja de incorporar la de Vinay y Darbelnet (1958, 47 ss.):

El «calco» (fr. *calque)* es el segundo de los procedimientos de traducción enumerados por Vinay y Darbelnet [1958, 47 ss.] [...], que lo consideran un préstamo de un género particular: «se toma prestado de la lengua extranjera el sintagma, pero se traducen literalmente los elementos que lo componen». El resultado es o bien un *«calco de expresión,* que respeta las estructuras sintácticas de la LT» (al. *Kindergarten,* esp. «jardín de infancia») o bien un *«calco estructural,* que introduce en la LT una estructura nueva», que podríamos llamar «extranjerismo sintáctico» (ing. *science fiction,* esp. «ciencia ficción»).

Duro Moreno (1997, 280), por su lado, pinta el calco del siguiente modo (se refiere, sobre todo, al tipográfico):

> El calco es un procedimiento de traducción pura que consiste en tomar prestado de una lengua o una cultura extranjeras un elemento lingüístico o cultural y traducir literalmente los constituyentes que lo componen. El resultado es, pues, una construcción imitativa a veces de la sustancia, a veces de la forma, del elemento original.
> Su grandeza y su miseria es que se difunde muy rápidamente en la lengua y en la cultura de llegada. Grandeza —y, por tanto, sobrada justificación— hay en el calco tipográfico cuando éste enriquece el texto término con aportaciones nuevas, inexistentes o impensables a la grafía con la que está compuesto: las lenguas y las culturas, organismos vivos, precisan renovar su sangre. Pero miseria —y, por tanto, ninguna justificación— hay en él si, en lugar de enriquecer, soliviantaa, no se acomoda al genio de la lengua o cultura de llegada, no se amolda a las estructuras formales de éstas y al final acaba empobreciendo.

Calcos hay de muchos tipos[22], y los especialistas no se ponen de acuerdo a la hora de clasificarlos (véanse, por ejemplo, Acosta, 1987, 54 ss. y Gómez Capuz, 1993, 628). La taxonomía que figura a continuación no aspira sino a proponer un inventario, seguramente incompleto, de los observados en las traducciones para el doblaje y la subtitulación de dos películas y una serie de televisión *(El piano, Titanic* y *Corrupción en Miami):*

— **fonéticos:** Miami < /maimi/; Munich < /miunitʃ;
— **léxicos:** créditos < ingl. *credits,* por 'relación o nómina de participantes en una obra; corte < ingl. *court,* por 'tribunal';

---

[22] Madariaga (1970a, 9) advierte de que «[...] no se trata tan sólo de vocablos. Las formas gramaticales pasan también de una lengua a otra por pereza del traductor».

— **morfológicos:** autocontrol < ingl. *self-control;* multinacional < ingl. *multinational;* antidepresivo < ingl. *antidepressant;*
— **sintácticos:** descubre tu cuello < ingl. *uncover your neck,* por 'descúbrete el cuello'; he de irme < ingl. *gotta go,* por 'tengo que irme' o 'me voy'; nunca tiene bastante < ingl. *she never has enough,* por 'no se cansa nunca' o 'es insaciable'; vuelvo en cinco minutos < ingl. *back in five minutes,* por 'vuelvo dentro de cinco minutos'; haz que cuente < ingl. *make it count,* por 'que de verdad [te] importe'; no he sido informado sobre ello < ingl. *I haven't been informed about that*[23];
— **semánticos:** compromiso < ingl. *compromise,* por 'acuerdo'; ignorar < ingl. *to ignore,* por 'no hacer caso' o 'ningunear'[24]; patético < ingl. *pathetic,* por 'de pena', 'penoso', 'lastimoso'; agresivo < ingl. *agressive,* por 'emprendedor' o 'dinámico'; literatura < ingl. *literature,* por 'bibliografía'; secuela < ingl. *sequel,* por 'segunda parte de una obra fílmica o literaria';
— **morfosemánticos:** correo electrónico < ingl. *electronic mail* o e-*mail;* trabajo en equipo < ingl. *teamwork;* teletrabajo < ingl. *telework);*
— **pragmáticos:** eres maravillosa < ingl. *you're wonderful,* por '¡qué estupenda eres!; ¿puedo ayudarle? < ingl. *can I help you?,* por '¿desea algo?'; ¡seguro! < ingl. *sure!,* por 'claro';
— **fraseológicos:** olvídalo < ingl. *forget it,* 'no te preocupes'; mojar la cama < ingl. *to wet the bed,* por 'orinarse en la cama');
— **culturales:** forense < ingl. *coroner;* congresista < ingl. *congressman);*
— y **ortotipográficos:** ¡Fuiste *tú* quien lo hizo! < ingl. *it was you who did it!,* por 'fuiste tú, sí tú, tú, quien lo hizo!

---

[23] Madariaga (1970a, 10) es quien, de nuevo, da la voz la alarma acerca de la recurrencia de este fenómeno: «[con la voz pasiva] se nos va castrando el castellano, lengua activa que detesta la voz pasiva. Esta verdadera enfermedad de nuestro castellano de hoy es la marca indeleble del mal traductor». A pesar del tiempo transcurrido, sigue teniendo vigencia buena parte del trabajo de Estrany (1970) sobre los calcos presentes en el español peninsular de las estructuras sintácticas del inglés; otra parte, en cambio, ha perdido actualidad, ya que el objeto de estudio de este investigador se centraba en series de televisión estadounidenses *(Mannix, Misión imposible, Ironside, Bonanza,* etc.) exhibidas en España, pero traducidas y dobladas conforme a la norma del español de Centroamérica y el Caribe (en concreto, de Puerto Rico), y hoy en día las series, aunque sigan viniendo en su inmensa mayoría de Estados Unidos, se traducen y doblan en la propia Península.
[24] Sobre el calco ignorar < ingl. *to ignore,* véase Grijelmo (2000², 89-90).

173

El calco no es de por sí un procedimiento de traducción repudiable —antes bien, resulta enormemente servicial si se sabe gestionar con solvencia—, pero tiene el grave inconveniente de que, si no se extrema el cuidado al aplicarlo, produce unos efectos de intoxicación lingüística y cultural que pueden afectar (que están afectando ya, de hecho, al español) a la estructura más profunda de un idioma y de una cultura[25].

---

[25] Grijelmo (2000², 87 y 92-94) avisa con las palabras siguientes sobre el peligro que supone el advenimiento incontrolado de voces calcadas o tomadas en préstamo de otras lenguas:

«En el lenguaje también se producen clones, palabras con los cromosomas copiados y generalmente procedentes de otro ser vivo, de otro idioma. Su introducción en los periódicos y los medios de comunicación —de nuevo la cúpula de la sociedad— parece haber consagrado algunos términos que suponen pequeñas rupturas en la genética de la lengua, que no salen de las profundidades de nuestra historia sino de una superficie ajena, que a su vez provendrá de otros sedimentos, pero en cualquier caso sedimentos que no tienen por qué casar con el genio del idioma español. Esos resultados nos despistan, nos impiden comunicarnos mejor.

»[...] Suman tan alto número los clones que están entrando en el idioma y afectando de muerte, precisamente, a los términos originales a los que se parecen, que hasta pueden componer un diccionario entero. En él se incluirían «agresivo» (que significa «violento» pero no emprendedor), «contemplar» (que no equivale a «regular» o «considerar» algo, sino a recrearse con la vista), «convencional» (que quiere decir «fruto de un acuerdo» pero no «tradicional»), «confrontar» (que no invoca un «enfrentamiento», sino una comparación), «corporación» (que no es sinónimo de «gran empresa» sino de un organismo público formado por varios miembros que constituyen un «cuerpo», por ejemplo, un Ayuntamiento), «crimen» (que define un delito grave, no cualquier delito), «encuentro» (que significa el acto de coincidir en un punto, pero no una «reunión»), «estimar» (que nos habla del aprecio que se siente hacia alguien o algo, pero no de un «cálculo aproximado»), «honesto» (que sólo significa «honrado» si se habla de conducta sexual), «informal» (que no es «carente de formalidades», sino incumplidor), «en profundidad» (que no significa tratar algo «detenidamente», sino en el fondo del mar, por ejemplo), el ya referido «provocar» (que no equivale a «causar» sino a incitar), «severa» (lo que decimos de una persona rigurosa en su juicio, pero que no podemos aplicar a una enfermedad «grave») «sofisticado» (en español siempre significó «adulterado», «refinado», «afectado»; pero ahora se toma como «avanzado» o «moderno»)... [...] Todas esas intromisiones [...] hacen daño al idioma, y a nuestras posibilidades de expresión. Lejos de enriquecer el acervo, lo empobrecen porque anulan los matices que ha ido adquiriendo el español durante los siglos y nos quitan las palabras [...].

»Esa pérdida de conceptos y de sutilezas no supone ninguna evolución del idioma como pretenden los defensores del descuido y la dejadez, sino una regresión. Las palabras del árabe o del griego, o del francés, o del inglés, o del aimara que han entrado realmente en el *Diccionario* de los hispanohablantes sirvieron para conceptos nuevos que no definían antes otras voces, o bien se aceptaron porque las existentes quedaron superadas por ellas. Y además, ese proceso —nunca insistiremos lo suficiente— se produjo con

Sigue siendo un enigma por qué los traductores (y adaptadores/ajustadores) de materiales audiovisuales recurren una y otra vez a él —en sus diferentes modalidades— como herramienta salvífica para remediar los problemas de traducción que pueblan los guiones con los que operan a diario... Un enigma que sólo admite el albur de dos explicaciones: una técnica y otra conjetural.

La explicación *técnica* tiene que ver con la traducción subordinada y, en concreto, con las servidumbres (es decir, con las limitaciones o restricciones) mecánicas que sufren los traductores (y los adaptadores/ajustadores) dedicados al doblaje y la subtitulación: el sincronismo de caracterización, de contenido y fonético (labial) para el primer caso —véase Fodor (1976)— y el tiempo y el espacio disponibles para el segundo. Es evidente que cuanto más pegados se hallen al hueso del inglés los parlamentos emitidos en español por los personajes —doblados o subtitulados— de una película o de una serie de televisión, menos serán los problemas de sincronismo y duración espaciotemporal que habrán de soportar los profesionales que realizan las tareas de doblaje o subtitulación. La contrapartida a esta situación objetiva es, sin embargo, igual de evidente: la lengua (y, más que la lengua, la norma) se envilece con el uso mixtificado que los personajes del celuloide hacen de palabras y expresiones calcadas de otro sistema lingüístico y cultural, fabricadas en un laboratorio de doblaje o subtitulación y enseñadas a los espectadores —por infiltración subliminal o por imitación— a través del contacto que éstos mantienen con la pantalla del cine o de la televisión.

La explicación *conjetural* no deja de ser una especulación tintada de grosera realidad: tal vez los traductores (y los adaptadores/ajustadores) de películas y series de televisión saqueen, por el procedimiento del calco, ese patrimonio de todos que es el español

— porque no tengan tiempo material para hacer bien su trabajo;
— porque no dispongan de los medios suficientes;

suma lentitud y por propia decisión de los hablantes, que construyeron así una serie de signos inequívocos, un vehículo fundamental para el entendimiento y la riqueza de las ideas. Pero ahora estamos, de nuevo, ante la influencia empobrecedora que emana de las malas traducciones de las películas y de los teletipos de agencia en los periódicos. Estos clones carecen de todas las riquezas del mestizaje, precisamente porque en esencia no se mezclan: se trasladan miméticamente, para convertirse en un ente igual siendo distinto, un número de identidad repetido para dos personas diferentes. Su efecto, al ritmo con que los medios de comunicación de masas imponen hoy en día el vocabulario general, puede resultar devastador».

— porque no les paguen lo bastante;
— porque no les revisen su labor;
— porque se hayan refugiado en la comodidad —o, peor aún, la negligencia— profesional (véase lo dicho en el apartado anterior sobre la jerigonza fílmica);
— o porque no hayan sido advertidos de la inmensa responsabilidad que tienen respecto del idioma y del público al que van destinados los productos audiovisuales en que ellos intervienen.

Hasta hace cincuenta años (véase Madariaga, 1970ª y 1970b), la lengua española metabolizaba sin demasiados apuros las donaciones[26] léxicas, sintácticas, morfológicas... que le entraban procedentes de otras lenguas (el motivo hay que buscarlo —cualquier lingüista lo sabe— en que el filtro de admisión lo ponía el pueblo, y no el poder: era el pueblo el que decidía, libérrima e inconscientemente, lo que se quedaba y lo que no y el que resolvía, con talante soberano, acerca de las cuestiones de aduanas en materia lingüística). De Miguel (1994[4], 157) es contundente al respecto:

> El lenguaje es la institución más democrática. Las palabras cobran nuevos significados o los pierden porque el pueblo parlante así lo decide en el plebiscito permanente que es el habla de una nación.

Ahora, todo es distinto. Ahora, esas donaciones van a parar directamente a las venas del español sin siquiera ser digeridas —con las consiguientes disfunciones y descomposturas en los planos léxico, gramatical y pragmático—, por la simple razón de que viajan importadas, en cápsulas selladas, de la mano de los que ostentan el poder[27], sea éste de

---

[26] A este respecto afirma Grijelmo (2000[2], 119) que «No hay un solo idioma importante en el planeta que no haya recibido donaciones».

[27] Grijelmo (2000[2], 132) fustiga sin piedad la penetración —en avalancha— de anglicismos en el español:
«[...] el anglicismo nos llega no tanto como un neologismo necesario, sino mediante un amaneramiento de las altas capas de la sociedad, reforzado una vez más por los medios de comunicación, los políticos, los economistas... De nuevo el poder de la cúpula frente a las decisiones del pueblo. El poder, deslumbrado a su vez por el mayor poder. La fuerza de Estados Unidos y su colonización mundial hace sucumbir a quienes admiran la potencia económica y científica [y cinematográfica] de aquella sociedad. Por eso propalan palabras extrañas que les alivien el complejo de inferioridad de no haberlas inventado ellos, voces que les acerquen ficticiamente a una cultura que se les superpone, vo-

la clase que sea (económico, político, mediático, científico, tecnológico, etc.)[28], y son soltadas en la sangre de la lengua, en forma de préstamos[29] o calcos, sin haberles dado el tiempo suficiente para disolverse
en ella.

4. IMPACTO DE LA TRADUCCIÓN AUDIOVISUAL EN LA EVOLUCIÓN DE LA NORMA DEL ESPAÑOL PENINSULAR: EL MODELO DE HAGERTY

Desde Even-Zohar (1970a y 1970b) se sabe con certeza que las
obras traducidas (literarias, pero también fílmicas, etc.) de una lengua
de cultura a otra lengua de cultura distinta pueden pasar a formar
parte, para bien o para mal, del cuerpo de esta última. Pero antes de
que el israelí enunciara esta teoría de corte tan estructuralista —véase arriba la noción de *polisistema*— ya se conocía que la traducción
como actividad (y como producto) es de todo menos inocente y que
afecta no sólo a las culturas de las que las diferentes lenguas son expresión, sino también a las lenguas mismas (piénsese, por ejemplo,
en el caso del alemán)[30], como bien recuerdan Delisle y Woodsworth
(1995, 25):

> Translators [...] have helped to develop systems of writing. In
> their efforts to bring certain fundamental texts from one culture to
> another, they have also had an impact on the evolution of language
> itself. As French philosopher Jean le Rond d'Alembert (1717-83)
> wrote in his «Observations sur l'art de traduire» (Remarks on the Art
> of Translating), «well-made translations [are] the fastest and surest
> way to enrich languages» [...].[...] translation is not an isolated phe-
> nomenon. Rather, it is associated with certain major projects natio-
> nalist, ideological and religious in nature - which often had the sup-

---

cablos que conjuren el maleficio de haber quedado por debajo, expresiones que puedan
equipararlos con quienes hablan el idioma del poderoso, más poderoso que ellos incluso. De este modo, asumen así su papel secundario, y esas gentes —y la influencia que
ejerzan— nunca servirán para que la cultura hispana se haga valer en el mundo.»

[28] De Miguel (1994[4], 174) tiene la teoría, no muy desacertada, de que «La mayor parte de las importaciones fraudulentas del inglés se realizan por razón del buen tono que
confieren los vocablos con sabor exótico».

[29] Para un análisis de la función de los extranjerismos en el español coloquial, véase
Gómez Capuz (1996).

[30] Sobre la consolidación del alemán como lengua a partir de las traducciones de la
Biblia llevadas a cabo por Lutero, véase Delisle y Woodsworth (1995, 45 ss.).

port of monarchs, aristocrats and institutions. The power of the sponsors, or the critical context in which translation took place, helped provide impetus and, in some cases, ammunition to translators, and gave legitimacy to their work. This in turn made it possible for them to make their mark on their language and culture.

Buscar —y encontrar— un modelo traductológico que explique con suficiencia por qué los traductores de películas y series de televisión cometen una y otra vez los mismos errores y cómo influyen estos últimos en la norma lingüística del español peninsular constituye una empresa si no vana, al menos vasta. Ninguno de los modelos propuestos por las distintas escuelas o corrientes surgidas al calor del estudio teórico del fenómeno de la traducción durante los últimos cincuenta años ofrece nada que pueda reputarse como idóneo. De todos los modelos indagados, el único que se acerca iluminadoramente al problema con visos de aportar soluciones es el pergeñado —de forma tan heterodoxa como personal— por el profesor de la Universidad de Granada Miguel Hagerty (2000).

Expuesto en forma de conferencia —con el título *El síndrome léxico de Estocolmo*— en el transcurso de un ciclo de charlas, mesas redondas y lecciones magistrales en torno a la traducción ofrecidas en la Universidad de Málaga en los meses de abril, mayo y junio de 2000, el modelo trata de dar cumplida cuenta de las razones que mueven a los ¿profesionales? de la traducción literaria —pero también puede ser fílmica— a cometer errores (por lo general, calcos innecesarios, pero también préstamos superfluos, neologismos triviales, falsos amigos...) *a sabiendas de que lo son,* «con el afán de proyectar una imagen de cosmopolitismo intelectual» (y tal vez, quién sabe, con otros afanes menos confesables).

Muchas veces, sostiene Hagerty, «el traductor tiene la oportunidad de decidir entre varias palabras de un registro cualquiera sin que la elección cambie en nada la precisión de la solución adoptada». Habrá otras veces, sin embargo, en que «el traductor encontrará voces y expresiones de dudosa procedencia —pero que siempre reconocerá como incorrectas como experto lingüístico que es— que lo atraerán de tal modo, que, pese saber que no debe utilizarlas, acaba haciéndolo». Hagerty llama este fenómeno *el síndrome léxico de Estocolmo:* «La elección consciente de una palabra o expresión manifiestamente incorrecta, pero que hace sentir seguro al traductor, ya que éste sabe que el destinatario la entenderá mejor que si utiliza la expresión correcta». Es el caso, por ejemplo, de «no me ignores», «he de irme» o «eres patético» (véase arriba).

178

Para dotar de entidad a su modelo, Hagerty ha acuñado una gama completa de nociones —de sugestiva denominación—, las cuales, aplicadas a la traducción de materiales fílmicos destinados al cine o a la televisión, cabe definir del modo siguiente:

a) El traductor de películas o series de televisión a menudo está inmerso en un estado patológico de *bilexia* provocado por una «incapacidad parcial de traducir comprendiendo lo que traduce por una lesión en el léxico», o bien porque padece un «Estado lingüístico en el cual, aunque [le] es posible traducir, la traducción [le] resulta difícil o penosa por estar restringida a dos léxicos». Ese mismo traductor puede sufrir el *síndrome léxico de Estocolmo* si «elige conscientemente una palabra o expresión incorrecta porque sabe que el destinatario las entenderá mejor que si utiliza la palabra o expresión correctas». También puede adolecer de *palimpsestuosidad fortuita* si, sintiéndose «víctima de una especie de amnesia biléxica, introduce sistemáticamente en sus versiones palabras, expresiones y estructuras sintácticas provocadas por el síndrome léxico de Estocolmo, convencido de su corrección»; o del *síndrome del preso de palabras* si, «pese a la procedencia artificial de su bagaje idiomático, está plenamente convencido de la corrección de sus palabras, expresiones y sintaxis».

b) Pero el traductor de películas o de series de televisión puede ubicarse también en el otro extremo del modelo y gozar del beneficio de la *polilexia,* que es, según Hagerty, un «estado en el cual es posible traducir aprovechando todos los conocimientos, lingüísticos y no lingüísticos, en continua renovación». Este traductor suele trabajar convencido de que su producto final puede —por el sendero de la recepción— integrarse en la masa magmática de la cultura de destino y pasar, por lo tanto, a formar parte de ella, circunstancia esta de la que se deriva la estimación de *texto emergente* para dicho producto: «más que una versión, [el texto emergente] es el concepto que el traductor va forjando acerca del *texto penúltimo*», el cual recibe su nombre de la constatación del hecho de que «el traductor poliléxico, en continua renovación de conocimientos y experiencias, nunca llega a sentirse satisfecho de su trabajo y siempre entrega un texto «penúltimo»», esto es, un texto renuente a la consideración de estar «completamente terminado». Por último, relacionada con la noción de *texto original* se halla la de *texto intruso:* «cuando el traductor llega a comprender del texto original lo que estima necesario para comprenderlo, éste empieza a ser un auténtico obstáculo para llevar a cabo el siguiente texto emergente con éxito, por lo que se convierte en un intruso al que es conveniente hacer caso omiso en cuestiones de detalle».

A la vista de lo que se escucha y se lee en las pantallas de cine y de televisión, no hay más remedio que concluir que —para desdicha de todos— entre los profesionales del doblaje y de la subtitulación menudean más los traductores (y los adaptadores/ajustadores) biléxicos que los poliléxicos y que fenómenos tales como el *síndrome léxico de Estocolmo, la palimpsestuosidad fortuita* y *el síndrome del preso de palabras* insisten en aparecer, con una obstinación irritante y muy peligrosa para el espectador, en casi todas las películas y series en las que ellos participan.

La solución al problema del adocenamiento y de la degradación de la norma del español peninsular provocado por las pobres —cuando no estrictamente deficientes— traducciones realizadas para la pantalla se revela difícil, pero no imposible. El primer paso para dar con ella debería ser la denuncia constante, ante las distribuidoras de cine y de las cadenas de televisión, de los errores percibidos en los productos audiovisuales que se proyectan en versión doblada o subtitulada. El segundo habría de ir encaminado a conseguir que los profesionales lingüístico-culturales del doblaje y la subtitulación (traductores y adaptadores/ajustadores) cobraran conciencia de la inmensa responsabilidad que tienen respecto de los materiales intangibles con los que operan —la lengua y la cultura, que son patrimonio común— y del público al que está dirigido el fruto de su trabajo (como afirma Madariaga en la cita inferior, «el cine es el libro del que no lee»). Por último, tal vez habría que hacerle caso —aunque sólo fuera parcialmente— a Madariaga (1970b, 8-9), quien, hace treinta años, exigía por extenso «disciplina» y «un sistema de intervención»:

> Si existiera una organización profesional de traductores, quizá podría poner en pie un sistema de intervención.
> [...] Si peligrosa para nuestra lengua es la traducción de libros y artículos, la de obras para la escena, el cine y la televisión es casi mortal.
> [...] lo grave es la pantalla, ya de cine, ya de televisión. Aquí sí que se impone una intervención estatal. El Estado tiene que hallar medio de impedir que se maltrate el castellano en el cine y en la televi-

sión, prohibiendo, si necesario fuere, toda proyección cuyo texto no llevara el marchamo de una censura que, desde luego, se limitaría a la mera forma. Se ha dicho que el cine es el libro del que no lee. Entre el cine y la televisión se está enseñando al pueblo una lengua adocenada, prostituida, sin color, olor ni sabor, una lengua de plástico aunque no transparente, de goma aunque no elástica, sintética sin síntesis.

Y no es necesario encarecer la fuerza de penetración que tienen estos medios de masa: no sólo por su extensión y ubicuidad, sino por la pasividad inevitable del oyente-vidente que se traga todo lo que ve y oye en un estado casi de éxtasis, en todo caso de casi parálisis de la facultad crítica. No es exagerado afirmar que si no se hace algo pronto, enérgico y eficaz en este terreno, la lengua castellana está perdida puesto que se diluirá en un «desesperanto» de pasta de papel.

[...] A fuerza de inversiones erróneas, de palabras extranjeras inútiles, de formas ajenas a nuestra lengua, se va acostumbrando al lector a aceptar modos de decir que podrían ser de Berlín o de Chicago que de Madrid o de Barcelona.

¿Qué hacer? Se impone la disciplina. Puede ser espontánea, es decir, impuesta desde dentro y administrada por los mismos interesados, o efectivamente impuesta desde arriba por la autoridad. En el primer caso, pueden administrarla ya los directores de las revistas, los diarios o las pantallas, o las mismas agencias de publicidad. Siempre es preferible la disciplina espontánea; pero si se revelare laxa y floja, y, por tanto, poco eficaz, habría que tener en reserva una autoridad ya inspectora y crítica, ya ejecutiva. Insisto en que no estoy aquí trazando un proyecto de maquinaria sociológica, sino intentando sugerir perspectivas para una acción que considero angustiosamente urgente.

5. Conclusiones

Cada vez resulta más frecuente escuchar o leer palabras o expresiones en español que suenan, sí, a español, pero a un español raro, enlatado, de imitación.

De imitación del inglés, claro está. El español peninsular está sometido desde hace décadas a una colonización permanente de la lengua de Shakespeare por motivos ajenos a su base «democrática» de hablantes —el pueblo— y enteramente achacables a aquéllos que ostentan el poder, sea éste de la índole que sea —económico, político, mediático, científico, tecnológico, etcétera.

Una de las causas de la preponderancia del inglés —y de lo anglo-sajón—, en detrimento del español —y de lo hispano—, se halla en la difusión que ha alcanzado en los últimos cuarenta o cincuenta años la película de cine y la serie de televisión *traducida para ser doblada o subtitulada*. Los profesionales que se encargan de ejecutar las labores de traducción y adaptación/ajuste (esta última sólo en el caso del doblaje) dejan huellas constantes de sus intervenciones en los productos que tocan, razón por la cual Venuti (1995) no los consideraría, según su propia nomenclatura, «invisibles». La extranjerización —Hatim (1996) la considera inevitable— que comporta toda operación de traducción (y aun de adaptación/ajuste) de una película o de una serie de televisión puede —suele— devenir en una jerigonza fílmica que el espectador, curiosamente, sólo escucha cuando va al cine o ve la tele, pero que, alarmantemente, está empezando a utilizar él mismo en sus actos de habla cotidianos: en la actualidad, mucha gente dice o escribe ya «eres patético», queriendo decir «das pena» o «das lástima», o bien «eres penoso» o «eres lastimoso».

La gente repite lo que *escucha* y *lee* —por imitación— o lo que *oye* —por absorción subliminal. Si día tras día recibe el impacto continuo de un español al que se le ven las costuras del inglés, acaba por parecerle *normal* ese español (esto es, acaba por parecerle la *norma)*, y éste acaba corrompiéndose, tal vez irremisiblemente.

El agente infeccioso más grave de todos los que campan en las malas traducciones de las películas y de las series de televisión es el calco, en cualquiera de sus modalidades (fonético, léxico, morfológico, sintáctico, semántico, morfosemántico, pragmático, fraseológico, cultural y ortotipográfico). El calco como procedimiento de traducción pura no es rechazable —antes al contrario: constituye un método muy rentable para enriquecer una lengua— salvo cuando se usa mal... que es lo más frecuente.

Sólo puede haber dos causas —azarosas ambas— que expliquen por qué razón los traductores (y los adaptadores/ajustadores) de películas y de series de televisión se aferran sin cesar al calco para solventar los problemas derivados de su trabajo. La primera, de índole *técnica*, alude a las limitaciones o restricciones inherentes a la traducción para el doblaje y para la subtitulación: al tratarse de una modalidad de traducción subordinada (la palabra está subordinada a la imagen), el traductor (y el adaptador/ajustador) ha de ahormar su tarea al sincronismo de caracterización, de contenido y fonético (labial), en el caso del doblaje, y al tiempo y al espacio disponibles, en el caso de la subtitulación, lo cual supone, en términos prácticos, plegarse a la férula del inglés. La segunda causa, de orden *conjetural,* refiere a las condiciones —y precondiciones— en las que el traductor realiza su trabajo: escasez de tiempo, carestía de recursos, malas condiciones económicas, ausencia de revisores, comodidad o negligencia profesional o inconsciencia de la responsabilidad respecto del idioma y del público.

El único modelo traductológico de todos los indagados que da cuenta suficiente de por qué los traductores de películas y de series de televisión cometen una y otra vez los mismos errores de calco y cómo estos últimos están pudriendo la norma lingüística del español peninsular es el elaborado por el profesor de la Universidad de Granada Miguel Hagerty (2000). Según este modelo, el traductor (en este caso, de productos fílmicos) está aquejado de *bilexia* cuando adolece de una «incapacidad parcial de traducir comprendiendo lo que traduce por una lesión en el léxico», o bien porque padece un «Estado lingüístico en el cual, aunque [le] es posible traducir, la traducción [le] resulta difícil o penosa por estar restringida a dos léxicos»; sufre del *síndrome léxico de Estocolmo* si «elige conscientemente una palabra o expresión incorrecta porque sabe que el destinatario las entenderá mejor que si utiliza la palabra o expresión correctas»; está afectado de *palimpsestuosidad fortuita* si, sintiéndose «víctima de una especie de amnesia biléxica, introduce sistemáticamente en sus versiones palabras, expresiones y estructuras sintácticas provocadas por el síndrome léxico de Estocolmo, convencido de su corrección»; y presenta cuadros típicos del *síndrome del preso de palabras* si, «pese a la procedencia artificial de su bagaje idiomático, está plenamente convencido de la corrección de sus palabras, expresiones y sintaxis».

La solución al problema del deterioro de la norma del español peninsular provocado por las míseras traducciones realizadas para la pantalla es, desde luego, difícil, pero no imposible. El primer paso para alcanzarla debería consistir en la denuncia permanente, ante las distribuidoras de cine y las cadenas de televisión, de los errores que se descubran en las películas y series de televisión dobladas o subtituladas. El segundo habría de lograr que los profesionales lingüisticoculturales del doblaje y la subtitulación (traductores y adaptadores/ajustadores) se concienciaran de la inmensa responsabilidad que tienen respecto del capital que manejan —la lengua y la cultura, que son patrimonio común— y del público al que están destinadas las obras audiovisuales. Por último, tal vez habría que poner en práctica un sistema externo de disciplina e intervención (Madariaga, 1970a y 1970b) que controlara si no la pureza química de la lengua española, sí al menos el establecimiento de unos mecanismos de defensa contra la depauperación de su norma peninsular.

6. Apéndice: calcos más frecuentes

El catálogo que figura a continuación recoge los calcos más frecuentes detectados en el material que ha servido como objeto de estudio para la realización del presente trabajo (los largometrajes *El piano* y *Titanic* y la serie de televisión *Corrupción en Miami*)[31]:

Español	Inglés
¿Por qué eres tan rudo? (CM).	*Why are you so rude?*
¡Bastardo! (CM).	*Bastard!*
Sí, seguro (CM).	*Yeah, sure.*
¿Quieres una taza de café? (CM).	*Do you want a cup of coffee?*
¡Cierra la maldita puerta! (CM).	*Close the goddam door!*
Estuve esperando por ti (CM).	*I was waiting for you.*
¡Cierra tu jodida boca! (CM).	*Shut the fuck up!*
Éstos son papeles clasificados (CM).	*These are classified papers.*
¿Estás sobria? CM).	*Are you sober?*
Mueve tu culo (CM).	*Move your ass.*
¡Déjame sola! (CM).	*Leave me alone!*
¿Bebes leche cada día? (CM).	*Do you drink milk every day?*
Esto es un asunto de perfil bajo (CM).	*This is a low-profile issue.*
¡Mierda! (CM).	*Shit!*
Dame un respiro (CM).	*Give me a break.*
¡Fuera de mi propiedad! (CM)	*Get out of my property!*
¡Odio desayunar de pie! (CM).	*I hate to have breakfast standing.*
Mira en los anuncios clasificados (CM).	*Look in the classified ads.*
Damas y caballeros... (CM).	*Ladies and gentlemen.*
He de irme (CM).	*Gotta go.*
¡Lo quiero! ¡Y lo quiero ahora! (CM).	*I want it! And I want it now!*
Apuesto que sí (CM).	*I bet you do.*
Juraría que sí (CM).	*I'd swear you do.*
Me preguntaba si te gustaría... (CM).	*I wondered if you'd like to...*

---

[31] Por mor de brevedad, en el catálogo de calcos se han empleado las siguientes abreviaciones: *El piano* (P); *Titanic* (T); *Corrupción en Miami* (CM).

¡No te atrevas a ignorarme! (CM).	*Don't you dare to ignore me!*
Él vendrá, eventualmente (CM).	*He'll come, eventually.*
¡Absolutamente! (CM).	*Absolutely!*
Y los nominados son... (CM)	*And the nominees are...*
¡Definitivamente! (CM).	*Definitely!*
Te diré algo... (CM).	*I'll tell you something...*
¡Eres patético! (CM).	*You're pathetic!*
¿Puedo ayudarle? (CM).	*Can I help you?*
Necesitas crecer (CM).	*You need to grow up.*
Para serte honesto... (CM).	*To be honest to you...*
Señor, sí, señor (CM).	*Sir, yes, sir.*
Vuelvo en cinco minutos (CM).	*Back in five minutes.*
Lee mis labios (CM).	*Read my lips.*
Nunca tenía bastante (CM).	*She never had enough.*
Quiero que lo tengas en mente (CM).	*I want you to have it in mind.*
...tu apestosa barcucha (P)....	*your stinking little boat.*
Tienes suerte de que no abofetee tu carita de perra (P).	*You're lucky I don't slap you in your little dog's face.*
¿Puedes oírme? (P).	*Can you hear me?*
Deben hacerlo (P).	*They must do it.*
¿No quieren que llevemos sus ropas y su vajilla? (P).	*Don't you want us to carry your clothes and dishes?*
Yo no puedo leer (P).	*I can't read.*
Tendré que tomar lecciones (P).	*I'll have to take lessons.*
Maldito perro malo (P).	*Damned naughty dog!*
Levántela más [la falda] (P).	*Raise it more.*
Quiero ver tus brazos (P).	*I wanna see your arms.*
Descubre tu cuello (P).	*Uncover your neck.*
¡Me mentiste y pagarás por ello! (P).	*You lied to me and you'll pay for it!*
Lo haré arreglar [el piano] (P).	*I'll have it repaired.*
Haz que cuente (T).	*Make it count.*
Tiene toda mi atención (T).	*You have all my attention.*
¿Cómo de frío? (T).	*How cold?*
¿Bromeas? (T).	*Are you kidding?*
¿Estás bien? (T).	*Are you OK?*
Eres maravillosa (T).	*You're wonderful.*
Me temo que así es, mi querido amigo (T).	*I'm afraid that's the way it is, my dear friend.*
No hay ninguna evidencia de que... (T).	*There's no evidence that...*

Segunda parte

HISTORIA Y GÉNEROS

Capítulo X

Doblaje y subtitulación: una aproximación histórica

Natalia Izard Martínez
Universitat Pompeu Fabra (Barcelona)

1. Introducción

Este trabajo pretende ser una breve historia de la traducción cinematográfica en los primeros años. Será una aproximación integral, o, si se prefiere, polisistémica: nos interesará tanto la traducción propiamente dicha como todos aquellos aspectos (técnicos, económicos, sociales, etc.) que determinan la traducción y el desarrollo de su historia. Dividiremos esta historia en dos períodos: el cine mudo (1895-1927), y los primeros años del cine sonoro (de 1927 a fines de los años treinta). De la situación actual de la traducción cinematográfica se han ocupado otros autores de este volumen.

2. El cine mudo

El adjetivo *mudo* es, en realidad, una etiqueta que, como tantas, no responde totalmente a la realidad. El cine de este período utilizaba tanto el lenguaje icónico como el verbal. El lenguaje icónico consistía en la utilización de dibujos u otros recursos (como el tipo o el tamaño de la letra) como ilustración de los intertítulos. El lenguaje verbal era, sobre todo, escrito; pero no exclusivamente, como veremos más adelante.

189

El uso del lenguaje verbal escrito lo componían uno o varios intertítulos en cada película. Los intertítulos consistían en un texto corto, generalmente no más de dos líneas, de narración o diálogos. Estaban impresos en blanco sobre negro. Ésta es la versión definitiva a la que llegaron los intertítulos después de unos primeros años de experimentación, en que se habían explotado otras posibilidades, como intertítulos impresos sobre la propia película, intertítulos decorados, o intertítulos que contenían publicidad del estudio productor.

Pero el cine mudo también utilizaba el sonido, aunque no grabado, como lo conocemos hoy en día, sino en directo. Además de la música de una pequeña orquesta o, en su defecto, de un piano, recurso por todos conocido, algunas salas acompañaban las películas con efectos especiales sonoros en directo. Un especialista producía estos sonidos (pisadas, ruido de viento, gritos), según las imágenes de la película. Otras salas contrataban el servicio de actores o actrices que leían o improvisaban diálogos en sincronía con los actores de la película muda. En Estados Unidos había compañías especializadas en proporcionar este tipo de intérpretes, como Humonova, Actologue o Dramatone (Fielding, 1980).

Pero volvamos al lenguaje escrito y a su traducción. En los primeros años, los intertítulos se traducían de dos maneras posibles. La primera, y la más sencilla, era cortar los intertítulos originales y sustituirlos por otros traducidos, antes de exportar la película al extranjero. La particularidad de esta forma de traducción era que se llevaba a cabo en el país de origen. Tanto es así que de algunas películas mudas sólo se conserva la copia destinada a la exportación, con los intertítulos en versión extranjera. Es el caso de *El ciego de la aldea,* de Joan Codina (1906). Los intertítulos se cortaron para ser sustituidos por otros en francés, y se han perdido. De manera que la única copia que se conserva hoy en día es sin intertítulos; el título y los créditos son en francés. Otra película, *Amor que mata,* de Fructuós Gelabert (1909), se creía extraviada. Por fin, se pudo recuperar una copia destinada a la exportación; en esta copia los intertítulos están en inglés.

La segunda posibilidad de traducción de las películas con intertítulos era vender la copia sin traducir. Un actor recitaba la traducción de los intertítulos durante la proyección. Lo curioso de esta solución es que los actores no sólo traducían los intertítulos, sino que también interpretaban la película con comentarios adicionales, «una contribución vital en un tiempo en que la forma y la estructura de las películas, sobre todo en casos de cambios de posición de la cámara o de montaje, podía confundir a los espectadores» (Fielding, 1980, 58).

Luis Buñuel (1982, 43) menciona en sus memorias el papel de estos «explicadores», como la gente les llamaba popularmente:

> En Zaragoza, además del pianista tradicional, cada sala tenía su explicador, o sea un hombre que de pie y junto a la pantalla explicaba la acción en voz alta. [...] El cine aportaba una nueva forma de narración tan sinuosa, tan poco habitual, que a la inmensa mayoría del público le costaba mucho entender lo que pasaba en la película, y cómo se sucedían los acontecimientos de una escena a la otra.

Como vemos, Buñuel incide también en lo necesario de estas explicaciones, pues sin ellas el espectador probablemente no habría podido seguir el argumento del filme.

3. EL CINE SONORO

Aunque el primer éxito comercial no llegase hasta 1926, la sincronización de imagen y sonido grabado venía experimentándose desde la invención del cine (1896), y perfeccionándose, de la mano de Léon Gaumont, desde 1900. En 1910, Oscar Messter produjo el primer filme con sonido sincronizado en disco, *Der grüne Wald*. Después de la Primera Guerra Mundial se empezó a experimentar con el sonido grabado en la misma película. Se trataba de convertir las ondas sonoras en ondas luminosas, que se grababan en la misma cinta que las imágenes. A partir de aquí se empezó a experimentar con la ampliación de estas ondas, pues sin un amplificador potente eran inaudibles para toda una sala de proyección, sobre todo teniendo en cuenta lo ruidosos que eran los primeros proyectores.

Pero, a pesar de los avances en esta técnica, las compañías tardaron en decantarse por el cine sonoro. El cine mudo era una industria demasiado bien afianzada y rentable como para arriesgarse a sustituirla por el cine sonoro, que en esos años era todavía inseguro y extremadamente caro, tanto para los productores como para las salas: la producción de una película sonora no sólo era más cara, sino mucho más lenta; y equipar una sala para el cine sonoro costaba en los años veinte hasta 20.000 dólares. Por otra parte, se habían desarrollado varios sistemas de sonido posibles, y no compatibles entre ellos. Esto ponía las cosas aún más difíciles, pues ante todo, cada sala de proyección debía decidir por cuál de ellos se decantaba (Mast, 1986, 186).

El primer gran éxito en el cine sonoro se hizo esperar hasta 1926, con el estreno, de *Don Juan*, una película con intertítulos. No tenía diálogos hablados, pero sí una banda sonora musical grabada en Vita-phone, el primer sistema de sonido que se había inventado. Vitaphone era un sistema de «sonido sobre disco»: el sonido se grababa en un dis-co, separado de la película. A cada rollo de película le correspondía un disco, y en las proyecciones había que sincronizar exactamente el dis-co con la película. La tarea no era nada fácil, y a menudo los movi-mientos de la boca de los actores no coincidían con las palabras. Re-cuérdese la cómica escena de *Cantando bajo la lluvia* en que el disco y la película se van desincronizando, y se termina oyendo hablar al hom-bre cuando la mujer mueve los labios. Para hacerlo todavía más difícil, cuando la película se rompía y había que cortar unos cuantos fotogra-mas para pegarla de nuevo, el disco y la película quedaban desincroni-zados para siempre.

La invención de los sistemas de «sonido sobre filme», en los que las imágenes y el sonido se grababan juntas sobre el rollo de película, re-solvió el problema de la sincronización. Este sistema es el que se utili-za hoy en día. El sonido se graba fotográficamente a la izquierda de las imágenes (Fielding, 1980, 63).

En 1927 se estrenó *The Jazz Singer*, considerada como la primera pe-lícula «hablada» (se utiliza esta nomenclatura para distinguir el cine «sonoro», en que sólo se producían sonidos, y el cine «hablado», en el que el sonido consistía en lenguaje verbal oral). En realidad, se trata de una película muda con intertítulos convencionales, con una banda so-nora y unos cuantos diálogos hablados. Este tipo de combinación se dio en llamar popularmente *part-talkie* («película parcialmente habla-da»), para diferenciarla de los *talkies* («películas totalmente habladas»), que tenían una banda sonora de diálogos completa.

En 1928, Joseph Von Sternberg dirigió *The Last Command*, una pe-lícula muda con efectos sonoros pero sin diálogo hablado. Ésta fue la primera película de este tipo, llamadas *de efectos sonoros sincronizados,* y que en ese mismo año fueron muy populares.

En julio de 1928, Warner Brothers estrenó el primer *talkie* propia-mente dicho, *The Lights of New York*. Pero los productores se mostraron indecisos y cautelosos, y continuaron produciendo *part-talkies* hasta abril de 1929. Por otra parte, hasta la temporada 1929-1930, Warner producía una versión muda paralela a cada película sonora para com-placer a todos los públicos, y no arriesgarse financieramente, además de para aquellas salas todavía no equipadas para el cine sonoro. En es-tas fechas, sus principales competidores, Paramount Pictures, estaban a su misma altura en cuanto a la producción de películas habladas. En septiembre de 1930 dejaron de producirse versiones mudas paralelas.

Fox, otra de las principales productoras, se había convertido totalmente al sonido a principios de la temporada 1930-1931. RKO Pictures anunciaba sus producciones como *talkies*, pero en realidad se trataba de adaptaciones de películas mudas anteriores: a una película sin sonido se le añadía un prólogo y un epílogo hablados, dejando la parte del medio muda. A parte de la producción de largometrajes de ficción, Fox empezó a producir noticiarios, y Warner, cortometrajes, sobre todo varietés. En 1929, Walt Disney produjo *Steamboat Willie,* la primera película sonora de dibujos animados, con Mickie Mouse de protagonista. Las otras productoras fueron produciendo películas habladas a medida que su poder económico aumentaba (Gomery, 1980a, 160).

La transición al sonido no fue sólo económicamente difícil para los productores: también supuso un problema psicológico para los actores. La técnica interpretativa de las películas mudas era muy particular: los actores utilizaban un expresionismo exagerado para compensar la falta de palabras. Su formación era de tipo pantomímico. El advenimiento del sonido representó un cambio, hacia la dicción y la declamación. Algunos actores no tuvieron ningún problema en cambiar de técnica, pero muchos otros resultaron ser poco competentes en expresión verbal.

En Hollywood, quienes más resintieron el cambio fueron los actores extranjeros. Greta Garbo, por ejemplo, insistía en continuar haciendo películas mudas. Hablaba inglés correctamente, pero le parecía que todavía no tenía suficiente buen acento como para arriesgar su fama con un papel hablado. Finalmente se decidió en 1928, con *A Woman of Affairs*. De todas maneras, su acento sueco siguió siendo una característica exigida por el guión, pues siempre interpretaba papeles de extranjera, como en *Anna Christie* (1930), *Sapho* (1931), o *Mata Hari* (1932).

Aun así, Garbo fue una de las pocas actrices extranjeras que resistieron en Hollywood. La mayoría de los cientos de actores que habían llegado de Europa o de Latinoamérica para triunfar en Hollywood tuvieron que regresar. Hollywood no aceptaba más que actores o directores con un inglés perfecto (Mast, 1986, 191).

A Charlie Chaplin también le costó decidirse a producir y actuar en películas habladas. Continuó haciendo películas mudas hasta bien entrada la edad del cine sonoro, como *Luces de la ciudad* (1931) y *Tiempos modernos* (1936). Finalmente, en 1940 (cuando el cine hablado llevaba ya más de diez años funcionando con éxito), produjo su primer *talkie: El gran dictador*. Chaplin hablaba un inglés perfecto, pero el inglés era la lengua menos presente en esta película. Su papel era en el idioma imaginario de Hynkel, el Gran Dictador de Tomania, que constituía una parodia evidente de Hitler y del nazismo.

Durante los primeros años del cine sonoro, puesto que muchas salas no estaban equipadas para el sonido, se estrenaron muchas películas habladas en versión muda con intertítulos. Pero los resultados fueron desastrosos. *The Drake Case*, de Edward Laamle, tuvo gran éxito como película hablada, pero la versión muda quedaba extraña y contrahecha. Se veían planos larguísimos con los actores recitando diálogos que no se llegaban a oír nunca, seguidos de intertítulos con el texto que los personajes deberían haber dicho (Brownlow, 1968).

También era usual el caso contrario: que a los grandes éxitos mudos se les añadiese una banda sonora. *The Big Parade* (1925) mejoró considerablemente con los efectos sonoros de tiros y ametralladoras que se añadieron a las escenas de batalla. Otras películas, en cambio, no tuvieron tanto éxito en la versión sonora, como *Ben Hur* (1926): las críticas coincidieron en que los gestos tan exagerados y teatrales de los actores, característicos del cine mudo, no quedaban bien con los diálogos superimpuestos.

Un tercer caso era el de las películas que se rodaron simultáneamente en dos versiones, la muda y la post-sincronizada. La versión post-sincronizada se rodaba sin sonido y se añadían los diálogos doblándolos sobre la versión muda (en vez de rodarla con sonido directo). En este último grupo se encuentran películas como *The Shakedown* y *Love Trap*, las dos de William Wyler. Pero aparte de unos pocos casos, en 1931 los inversores y los productores de la industria cinematográfica habían aceptado la transición al cine sonoro.

4. EL SONIDO: UNA SEGUNDA BABEL

El advenimiento del sonido produjo dos efectos opuestos respecto del concepto de la lengua. Por un lado, el cine hablado, y su consiguiente traducción a otro idioma, era una manera de dar a conocer (o sea, internacionalizar) una lengua y, por lo tanto, una cultura, diferente. Pero, por otro lado, también suponía la creación de un muro entre las culturas por culpa de la diferencia de lenguas.

Respecto al primer caso, el cine aumentó su valor documental, ya que una película hablada en una lengua concreta la hace más fácilmente identificable con un país concreto. El público empezó a aprender cosas sobre países extranjeros con las primeras películas habladas.

Alexandrov, Eisenstein y Pudovkin escribían en su manifiesto sobre el sonido, de 1928 (Eisenstein, 1987, 114):

> El método contrapuntual de estructurar una película sonora no sólo no debilita la naturaleza internacional del cine, sino que le aporta un significado de fuerza y altura cultural inusitadas.

Pero, paradójicamente, y éste es el segundo caso, el sonido separaba lo que la universalidad del silencio había unificado. Con el advenimiento del sonoro muchos críticos y espectadores latinoamericanos empezaron a quejarse de que las películas estadounidenses eran «demasiado extranjeras». El silencio había tenido el efecto de enmascarar los orígenes nacionales de las películas. Gracias al «esperanto visual» del cine mudo, que incluía muchos códigos interculturales, los espectadores se imaginaban los diálogos en su propia lengua (Sochat y Stam, 1985, 72). El sonido había desenmascarado la existencia de lenguas y de culturas diferentes.

El cine hablado funcionó muy bien en Estados Unidos como difusor y agrupador de culturas. En 1937, cuando el cine hablado tenía sólo ocho años, un crítico escribía (Kiesling, 1937, 16):

> Las particularidades dialectales de cada región de Estados Unidos se han dado a conocer a todo el país gracias al cine. Los acentos de Nueva Inglaterra, de Nueva York, del sur o del oeste se han usado en una u otra ocasión. Esto ha posibilitado una mejor comprensión entre los distintos estados de nuestra nación. Y ha ayudado a que la literatura de todas las localidades sea más fácilmente comprensible para el gran público de lo que lo era antes del cine hablado.

En cambio, en otras naciones en que los acentos no estándar connotan clase baja e incultura, el cine hablado se convirtió en un problema para los propios actores. Éste es el caso de la Italia de los años cincuenta: muchos actores provenían de regiones distintas de la toscana, y de su koiné oficial, el toscano; con la aparición del sonido, éstos tuvieron que ser doblados por otros actores, o aprender a hablar en toscano. Los estudios de doblaje entrenaban a los actores a hablar en este dialecto, que con los años más que toscano fue convirtiéndose en una especie de dialecto artificial exclusivo para el doblaje, un «italiano de ninguna parte». Medio en broma medio en serio, los críticos afirman que este dialecto no es ni *piamontese*, ni *genovese*, sino «*doppiagese*». A diferencia de otros países, en Italia las películas no se ruedan con el sonido grabado en directo, sino que los diálogos son doblados posteriormente. Inglaterra y Francia, por ejemplo, son famosos por su tradición de rodar con sonido directo. España utiliza las dos técnicas, dependiendo del presupuesto (pues el sonido post-sincronizado es una técnica muy costosa). Volviendo al caso de Italia, los actores conocidos generalmente se doblan a sí mismos (es el caso de Vitorio Gassman o Monica Vitti). Pero los menos conocidos, sobre todo si su acento es regional, son doblados por dobladores profesionales. Como curiosidad, expondremos el caso de Sofia Loren, que, a causa de su acento napolitano, al principio de su carrera era doblada por actrices de doblaje; Marcello Mastroianni era doblado en sus inicios por Alberto Sordi. Y no olvidemos que Rita Hayworth se convirtió en una diva sin saber cantar, doblada por Nan Wynn, Anita Ellis o Jo Ann Greer. Todo esto no demuestra más que una cosa: que el doblaje no sólo es una técnica de traducción cinematográfica, sino mucho más. El doblaje es un arma de censura, de encubrimiento, o de simple maquillaje sonoro.

5. La traducción del cine hablado

El cine mudo no había supuesto muchos problemas para ser distribuido en el extranjero. El coste de cambiar los intertítulos originales por otros traducidos, así como el de contratar un explicador, eran irrisoriamente bajos comparados con el coste de producción de la película. Pero con la invención del cine sonoro, Hollywood descubrió que las diferencias de idioma le podían hacer perder el mercado no angloparlante. Louis B. Mayer, de la Metro Goldwin Mayer, declaraba a principios de 1928 que no estaba preocupado: «Estoy seguro de que la gran popularidad de las películas americanas llevará al uso del inglés como lengua universal del cine» (Gomery, 1980a, 158). Así pues, las primeras películas habladas se exportaron en versión original inglesa, sin traducir. En el caso de las películas musicales y las revistas, esto no constituía un gran problema, pues «el cante y el baile» las convertía en atractivas incluso sin traducir. Pero muy pronto algunos países empezaron a reaccionar contra esta invasión de lengua inglesa.

Los estudios estadounidenses decidieron entonces subtitular sus películas para exportación en tres lenguas: francés, alemán y español. Los países de destino tenían que decidirse por una de estas tres lenguas. En algunas naciones el francés, el alemán o el español eran aceptados como una segunda lengua. Éste es el caso de Holanda (con el alemán como segunda lengua), Portugal (con el español), o Turquía, Grecia y

Rumanía (con el francés). Los países que no contaban con una segunda lengua tuvieron que aceptar las versiones originales en inglés durante unos años.

La tercera solución consistía en un compromiso entre las dos anteriores: las películas se proyectaban con las escenas de diálogos cortadas y sustituidas por intertítulos. Ésta era una solución muy barata, y se utilizaba en los mercados menos lucrativos, entre ellos Polonia (Gomery, 1980a, 161).

En 1930 se amplió el número de lenguas utilizadas en el subtitulado. Para los mercados medianos, las sucursales extranjeras de las productoras estadounidenses subtitulaban las películas en la lengua local correspondiente. La primera proyección de *The Jazz Singer* en París tenía intertítulos en francés (sustituyendo a los intertítulos ingleses de la versión original) y subtítulos en francés, en una pantalla lateral, para los escasos momentos de diálogo inglés. En el Egipto políglota de los años treinta, las películas tenían subtítulos en francés, y en otra pantalla, situada a la izquierda, títulos en griego y en árabe. No es difícil imaginar la dificultad de ver la película en una pantalla, y leer los subtítulos en otra (Gregg, 1967).

Pero el subtitulado presentaba aún otro problema. En los años treinta había millones de espectadores que no sabían leer. Holanda y Suecia fueron los únicos países que aceptaron inmediatamente el subtitulado, y éste es el único sistema que siguen utilizando hoy en día. Las versiones dobladas son inexistentes.

La traducción de las películas extranjeras en Estados Unidos era incluso más precaria. El adaptador de películas Herman Weinberg recuerda cómo traducía las primeras películas habladas extranjeras en Estados Unidos en 1929[1]:

> Yo escribía unos cuantos intertítulos que resumían los primeros 15 ó 20 minutos de la película, de manera que el público pudiese seguir lo que iba a pasar. Pero esto no acababa de funcionar.

---

[1] Herman G. Weinberg tradujo y adaptó películas de 1929 a 1974. Trabajaba como violinista para las películas mudas en el cine Fifth Avenue Playhouse, de Nueva York, cuando se inventó el cine sonoro. Con la conversión al sonoro perdió su empleo de músico, de manera que aprovechó sus conocimientos de alemán para empezar a traducir películas extranjeras. Pero, como él mismo explica, en la mayoría de los casos desconocía la lengua original de las películas, o sea que el traductor real era otra persona, y él no hacía más que la adaptación. No obstante, él se llamaba a sí mismo *traductor*, y se vanagloriaba mucho de serlo. Weinberg es responsable, entre otras, de las versiones inglesas de *El ladrón de bicicletas*, *La ópera de tres chavos*, *La strada*, y *Roma, ciudad abierta*.

Es evidente que esta práctica anulaba por completo el suspense de la película. Fue entonces cuando se decidió optar por el doblaje como solución de traducción. En octubre de 1929, Radio Pictures dobló la película *Rio Rita* al español, alemán y francés. MGM, United Artists, Paramount y Fox también empezaron a doblar cortometrajes y largometrajes. Pero los mediocres resultados impedían consolidar su aceptación. La calidad de las mezclas de sonido y de las sincronizaciones era bastante deficiente.

La historiadora Ginette Vincendeau (1988, 33) cree que, problemas técnicos aparte, la razón por la cual el doblaje no fue aceptado al principio ni por la crítica ni por el público es que para ellos cara y voz eran inseparables, y el doblaje ofrecía una impresión de engaño.

> El doblaje se aceptó sólo porque era una novedad, e incluso así la gente creía que «funcionaría únicamente durante un tiempo» *[Variety*, 6 de noviembre de 1929], pero que pronto se abandonaría por ser poco satisfactorio debido a la mala sincronización.

Esta autora también cita una noticia aparecida en el *Journal of the Society of Motion Picture Engineers* (diciembre de 1930):

> La principal objeción al doblaje es que muestra a unos actores hablando perfectamente una lengua que desconocen. [...] Me pregunto si algún productor americano se ha planteado decir francamente a su público extranjero, en un letrero, que aunque los actores no hablen la lengua en cuestión han considerado justo, por razones de realismo, doblar las voces.

El advenimiento del sonido hizo al público cuestionarse la veracidad del cine, le hizo preguntarse sobre sus posibilidades técnicas, sobre el papel que desempeñaba en el arte y en la vida real. El cine hablado no representó sólo una nueva perspectiva tecnológica, sino que también cambió la relación entre el cine y el público.

6. LAS VERSIONES MULTILINGÜES

Los subtítulos se abandonaron al cabo de pocos intentos. Las técnicas de doblaje apenas se iniciaban, y las primeras películas dobladas, como acabamos de ver, produjeron reacciones adversas por parte del público. Una tercera posibilidad eran las llamadas *versiones multilingües*. La Motion Picture Academy of America creó un comité especializado para decidir cuál de las tres opciones era la más válida. Se decidió que la solución estaba en las versiones multilingües (Gomery, 1980b, 82).

El sistema de versiones multilingües consistía en rodar una misma película en diversas lenguas simultáneamente, o con muy poca diferencia de tiempo entre una y otra. Como explica Vincendeau (1988), había diversas maneras de hacerlo:

a) Si se decidía rodar la película en dos o tres idiomas, el director solía ser el mismo: por ejemplo, G. W. Pabst dirigió las versiones francesa y alemana de *The Threepenny Opera* (1931); y Lubitsch, las versiones estadounidense y francesa de *One Hour With You* (1932). Ésta fue la fórmula utilizada sobre todo por los estudios europeos.

b) Para películas con más versiones (se rodaron hasta catorce versiones de la misma película), sobre todo en los estudios Paramount de Joinville, cada versión podía tener un director distinto, generalmente de la nacionalidad correspondiente a la lengua de cada versión. *The Lady Lies* (1929), por ejemplo, tuvo tantos directores como versiones (seis en total).

c) Los actores también variaban según la lengua de la versión. A cada versión cambiaba todo el reparto, y las combinaciones de actores y actrices dependían de su competencia lingüística (las compañías estadounidenses tenían en plantilla numerosos actores extranjeros y políglotas). Un ejemplo curioso es *Baroud* (1931), de Rex Ingram, en la que Pierre Batcheff, un actor emigrado de la Unión Soviética que vivía en París, desempeñaba el papel de un árabe en la versión francesa y en la versión estadounidense. Cuando los protagonistas eran estrellas conocidas, el mismo actor o actriz rodaba las diferentes versiones. Éste era el caso de Greta Garbo, que, superado el período de duda que hemos mencionado antes, se decidió a actuar en las versiones alemana y sueca de sus películas. En su caso es que, además de ser una actriz principal del *star system*, hablaba perfectamente estas dos lenguas.

La primera versión multilingüe fue una película que se rodó en Hollywood en inglés y en alemán, *Atlantic*, de E. A. Dupont, en noviembre de 1929 (con una tercera versión en francés a principios de 1930). La segunda producción de Hollywood fue también en inglés y en alemán, *The Hate Ship* (1930).

Buster Keaton actuaba él mismo en las versiones extranjeras de sus películas sonoras (que eran tres: español, francés y alemán), aunque no hablaba idiomas. Como desconocía estas lenguas por completo, la rodaba con la ayuda de las llamadas *Idiot Cards,* unos cartelones con la pronunciación figurada de los diálogos, que un ayudante sostenía detrás de la cámara para que el actor los leyera mientras actuaba. Así lo explica en sus memorias (Keaton, 1960, 62):

> Yo era el único actor de la Metro Goldwin Mayer que hacía las tres versiones extranjeras. Esto era más fácil para mí, evidentemente, que para otros actores dramáticos, que tenían muchos más diálogos en cada película. Eddie Sedgwick dijo algo interesante a este respecto. Según él, el público de todo el mundo sabía que yo era americano, y no esperaban que hablase su idioma sin fallos. Además, como yo era cómico, podía pronunciar mal las palabras, y el público creía que lo hacía adrede para hacer reír, mientras que si un actor melodramático cometía estos errores, parecería grotesco.

Respecto de las *Idiot Cards* escribe (Keaton, 1960, 64):

> A mí no me gustaban las *Idiot Cards.* Yo prefería memorizar una o dos frases mientras se rodaban las escenas en que yo no salía. Me gustaba ensayar las erres a la francesa o a la española, y las guturales del alemán. Una vez rodé la versión alemana justo después de la francesa, y el especialista de alemán comentó: «Me habían dicho que usted era americano. Si es así, ¿por qué habla alemán con acento francés?».

Stan Laurel y Oliver Hardy también actuaban ellos mismos en todas las versiones extranjeras de sus películas sonoras, con la ayuda de las *Idiot Cards.* El resultado son versiones en francés, español o alemán con un acento americano tan marcado que hacía las películas más cómicas todavía. El acento llegó a formar parte de los personajes de tal manera que, años más tarde, cuando ya se habían abandonado las versiones y las películas eran dobladas por dobladores españoles, éstos seguían imitando el acento estadounidense. Todos tenemos en la memoria el acento tan extraño del Gordo y el Flaco hablando en español.

Otro tipo de versiones multilingües eran las películas rodadas un tiempo después de la primera versión. Las versiones estadounidense y alemana de *Atlantic* se rodaron en 1929, y la versión francesa, en 1930. El país de producción, el estudio, el reparto y el director solían ser distintos del original.

Durante aquellos años también se produjeron unas cuantas películas políglotas, en las cuales cada actor hablaba en su lengua, como *Kamaradschaft* (1931), de Pabst, o *Allo Berlin! Ici Paris* (1931), de Duvivier.

Estas dos películas tuvieron mucho éxito, ya que el argumento justificaba que estuviesen habladas en más de una lengua, y el resultado no era nada forzado. En cambio, otras películas políglotas, como *Camp Volant*, de Max Reichmann, o *Les nuits de Port Said*, de Léo Mittler, no tuvieron tanto éxito como se esperaba.

Algunos estudios de Estados Unidos se especializaron en la producción de películas exclusivamente en lengua extranjera, como *The Royal Box*, rodada en alemán por Warner Brothers. Paramount producía cortos también exclusivamente en lengua no inglesa.

Lo que en principio se había considerado un capricho, pronto se convirtió en una necesidad. En noviembre de 1929, la revista *Variety* publicaba que RKO estaba dando los primeros pasos hacia la «conquista» de mercados extranjeros (con el doblaje de *Rio Rita* al español y al alemán, en 1929); *Variety* también publicaba que Metro Goldwin Mayer tenía intención de hacer versiones extranjeras de prácticamente todas sus películas, y que Fox había decidido no perder más tiempo haciendo doblajes, sino producir directamente versiones multilingües en Europa.

Metro Goldwin Mayer fue la primera en tomar en serio la alternativa de las versiones extranjeras. En noviembre de 1929 iniciaron un proyecto con un presupuesto de dos millones de dólares para rodar versiones multilingües. Muchos actores de Hollywood eran europeos o latinoamericanos, con lo que hablaban otras lenguas además del inglés. Teniendo a los actores extranjeros ya en plantilla, las segundas versiones raramente costaban un 30% adicional. Las versiones extranjeras parecían la solución perfecta para la exportación de películas, aunque su coste seguía siendo bastante más alto que un subtitulado (Gomery, 1980b, 83).

Cuando se inventó el proceso Dunning, la producción de las versiones multilingües se hizo más fácil todavía. Este proceso consistía en filmar, antes que nada, el fondo de cada escena (sin los actores con papel hablado, simplemente los decorados y los actores figurantes). A continuación, se filmaban a los actores principales sobre una retroproyección de los decorados. Cada nueva versión se rodaba con actores distintos, sin tener que volver a preparar el decorado completo. A menudo, y para reducir gastos, el fondo se rodaba en Hollywood, y los actores, en Europa. De manera que cada versión se rodaba en el país de la lengua correspondiente, para que los actores no tuvieran que viajar. El nuevo proceso no sólo significó un ahorro de dinero, sino también un ahorro de tiempo (Brownlow, 1968).

Las productoras estadounidenses pronto vieron que les sería más rentable rodar las versiones extranjeras en Europa. El primer intento fue la creación de los estudios Elstree, en Londres, donde United Artists produjo *Knowing Men* (en inglés y alemán), y Warner Brothers, *At the Villa Rose* (en inglés y francés) en 1929. A principios de 1930, Paramount estableció un gran estudio en Joinville, junto a París, con un presupuesto de 10 millones de dólares, y con la pretensión de rodar 60 películas por temporada. El productor Robert T. Kane fue nombrado director. En el mes de marzo, este estudio estaba operando completamente, con el mismo ritmo que cualquier estudio de Hollywood. Los demás estudios estadounidenses se sumaron al proyecto, y en verano de 1930, Joinville funcionaba 24 horas al día, produciendo películas en doce lenguas. Con los decorados, el vestuario y los guiones totalmente amortizados, cada versión adicional costaba alrededor de un tercio del original (Vincendeau, 1988, 41).

Robert Kane quería asegurarse de que cada detalle de la producción fuese perfecto. Creó un «comité literario» con Paul Morand, Pierre Benoit, Sacha Guitry, Édouard Boudet y otros escritores franceses. Este comité debía coordinar los aspectos literarios de todas las películas que se rodasen en Joinville.

El primer largometraje producido en Joinville fue *A Hole in the Wall* (1930), basado en una comedia de gran éxito en los teatros franceses. Se empezaron a rodar películas en italiano, español, portugués, polaco, rumano y sueco, pero las producciones más numerosas en la historia de Joinville fueron en francés y en alemán.

Algunas de las películas americanas en francés son: *La petite vendeuse de chocolat* y *Mam'zelle Nitouche*, de Marc Allegret; *La lettre* (una versión de la novela de Sommerset Maugham), de Louis Mercanton; *Toute sa vie, Chemin du ciel* y *Sur une île déserte* (basada en una novela de Joseph Conrad), de Alberto Cavalcanti; *Camp Volant,* de Max Reichman; y *Une femme a menti* y *Paramount on Parade,* de Charles de Rochefort. Y, quizá la única que aún hoy se recuerda, *Marius,* de Alexander Korda. Algunas de las películas estadounidenses en alemán, tan efímeras como las francesas, son *Die nackte Wahrheit,* de Karel Anton, *Seine Freundin Annette,* de Felix Basch, *Die Nacht der Entscheidung,* de Dmitri Buchowetzki, y *Ich heirate meinen Man,* de E. W. Emo.

Las industrias británica, francesa y alemana también produjeron versiones extranjeras para la exportación, aunque a menor escala. La competencia más significativa para la industria estadounidense era la productora alemana Tobis, que había comprado un estudio en Joinville, equipado con Tri-Ergon, el nuevo sistema alemán de sonido sobre disco. La producción de Tobis consistía en películas en alemán y una segunda lengua, rodadas por técnicos y guionistas de primera categoría.

202

René Clair rodó en 1931 *Sous les toits de Paris, Le milion,* y *À nous la liberté,* en versiones alemana y francesa. Otra producción famosa de Tobis Films fue *La kermesse héroïque* (1935).

Las distintas versiones de una misma película a veces tenían resultados completamente diferentes. *The Unholy Night* (1929), de Jacques Feyder, fue un gran éxito. Pero la versión francesa de esta misma película fue un fracaso. Otras películas en esta situación fueron *L'équipage* (1935), que fue muy exitosa, y su versión inglesa, de mucho menor éxito, *The Woman I Love* (1937). Lo mismo ocurrió con el éxito *Une femme a menti* y su versión italiana, *Perchè no!,* que no tuvo mucha salida comercial.

7. Las versiones multilingües en español

Mención especial merecen las versiones multilingües en español rodadas en los estudios estadounidenses. El mercado hispanohablante era muy codiciado por los estudios estadounidenses, no sólo por lo amplio que era, sino porque su producción propia apenas ofrecía competencia. Alfonso Pinto estudió muy bien este período (Pinto, 1973). De su artículo proviene la información siguiente.

Radio Pictures había empezado con el doblaje al español de *Rio Rita,* cuando el cine sonoro todavía era una novedad. Pathé le siguió con el doblaje de *Her Private Affair.* Después de unos cuantos intentos infructuosos de otros doblajes (entre ellos el fracaso de la versión española de *Broadway,* en 1929), los principales estudios decidieron rodar versiones directamente en español. Universal empezó produciendo cortos. RKO intentó aprovechar las versiones inglesas añadiéndoles una voz en *off,* que ofrecía un resumen del argumento en español. Pero el público no aceptó este sistema. Una compañía independiente, Sono Art-Worldwide, dio el primer paso rodando la primera película estadounidense directamente en español, *Sombras de gloria* (1930), una versión de *Blaze of Glory* (1929). Era una repetición (por parte de actores y técnicos) de cada palabra y cada movimiento de cámara del original. Metro, Paramount, Fox y las otras grandes compañías hicieron lo mismo, y al poco tiempo cada estudio tenía en Hollywood un equipo de producción fijo y perfectamente organizado que rodaba películas en español.

Las películas españolas de esta etapa eran de tres tipos:

a) Versiones en español producidas inmediatamente después de los originales estadounidenses.

b) Con menos frecuencia, *remakes* en español de éxitos anteriores mudos.

c) Sobre todo en la Fox en los últimos años, películas producidas sólo en español.

Paramount produjo la mayoría de sus películas en español en sus estudios de Joinville, en Francia. Pero cuando se cerraron estos estudios, en 1932, Paramount trasladó su producción de películas extranjeras a Nueva York. Las pocas películas españolas producidas por la Paramount en Hollywood incluyen la famosa *Galas de la Paramount* (1930) —versión española de *Paramount on Parade,* de 1929. De hecho, las versiones española y japonesa de *Paramount on Parade* fueron las únicas que se produjeron en Hollywood. Las otras versiones extranjeras se rodaron en los estudios de Joinvelle. Además, esta versión japonesa es una de las pocas películas en japonés producidas por estudios estadounidenses en Estados Unidos.

A partir de 1931, la producción en español empezó a disminuir en todos los estudios, hasta prácticamente desaparecer. Pero la Fox tenía tan buenos actores y guionistas contratados, que decidieron continuar produciendo en español hasta 1935, cuando se fusionó con 20th Century. Las mejores estrellas de la Fox eran Catalina Bárcera y el cantante de ópera José Mojica. La mayoría de los actores eran hispanohablantes ya establecidos en Hollywood, pero también se había contratado algunos actores de teatro de España y Latinoamérica. Fox fue el estudio que rodó más películas españolas en Hollywood. Algunos de sus títulos son *Horizontes nuevos* (1931), de David Howard, versión española de *The Big Trail* (1930), de Howard Hawks, y *Hay que casar al príncipe* (1931), versión española de *Paid to Love* (1927), también de Howard Hawks.

Fox continuó rodando en español hasta 1935, en que se fusionó con 20th Century. Fox fue la mayor productora de películas españolas en Hollywood. A pesar del énfasis puesto en la producción española, Hollywood pronto descubrió que había tantos dialectos como zonas de habla española. El gran mercado que España y Latinoamérica parecían representar, en realidad no era tan grande. El público empezó a quejarse de que las producciones españolas rodadas en Estados Unidos tenían un español muy extraño (Gregg, 1967). Para comprenderlo mejor, recordemos los doblajes de telefilmes antiguos (sobre todo de las producciones para la televisión de los años sesenta, series como *Furia,* o *Disneylandia),* hechos también en Estados Unidos. Estos doblajes estaban realizados también en un castellano muy poco natural, una especie de latinoamericano neutro (¿quién no recuerda expresiones como *¡Caracoles, Joe!*, o aquel acento tan peculiar?). Esta particularidad no llegaba a hacer las películas incomprensibles, pero las hacía incómodas.

Las versiones en francés, alemán e italiano tuvieron objeciones similares: el público y los distribuidores (en el país de destino) se quejaban de que las películas, aunque estuviesen dobladas a la lengua correcta, continuaban siendo difíciles de asimilar (Brownlow, 1968).

Arthur Loew, director y copropietario de la Metro Goldwin Mayer, declaró que las versiones en lengua extranjera se tenían que hacer en Estados Unidos, «para poder combinar la genialidad de Hollywood con la mentalidad europea» (Vincendeau, 1988, 30). Pero todas las otras compañías creían que un centro de producción común en Europa sería mucho más rentable. A finales de 1931, la totalidad de la producción de películas en lengua extranjera se trasladó a Europa, con la única excepción de Metro Goldwin Mayer.

8. El fin de las versiones multilingües

La última estrategia para hacer versiones multilingües fue vender los derechos de una película después de que el original se hubiese distribuido en el país de origen. De esta manera, *Pépé le Moko* (1936), con Jean Gabin como protagonista, se convirtió en *Algiers* (1936), con Charles Boyer. Pero esto, más que dos versiones multilingües, son *remakes*, proceso muy común en los últimos años del cine. Hoy en día, muchos *remakes* se producen en un país diferente al país del producto original, tanto si se hace muchos años después (es el caso de *A bout de souffle,* producción francesa de 1959, y *Breathless,* producción de Estados Unidos de 1983), como si el *remake* es más próximo a la versión original (como por ejemplo *Trois hommes et un couffin,* Francia, 1986, y *Three Men and a Baby,* Estados Unidos, 1987). Pensando en estos recientes *remakes,* es fácil comprender por qué lo que había sido un éxito en un país y en una lengua podía ser un fracaso en otro país. Los temas, los valores y los lugares comunes varían culturalmente de un lugar a otro, y a veces si al rehacer la película no se adaptan estos valores a la cultura de destino, la adaptación puede resultar en un fracaso.

Pero volvamos a las versiones multilingües de los años treinta, y a la crónica de su muerte anunciada. En general, la producción multilingüe estadounidense, tanto en Hollywood como en Joinville, pecaba de gran desorganización. El resultado fue una falta de calidad, por una parte, y de rentabilidad, por otra, que llevaron a los estudios a abandonar la aventura.

Los espectadores no estadounidenses preferían cada vez más películas estadounidenses con actores de primera clase, dobladas a su lengua, que películas rodadas directamente en su idioma con actores mediocres. La revista de cine *Variety* escribía a fines de 1930: «La gente prefiere películas con fondo exclusivamente local a películas adaptadas. Cada vez tenemos más competencia de las productoras nativas, y tendremos que cambiar nuestros sistemas» *(Variety,* 10 de diciembre de 1930).

Paralelamente, el alto coste de producción de Joinville aumentó con gastos desorbitados e innecesarios. El director, Robert Kane, fue el responsable de la mayoría de estos gastos: creó el comité literario mencionado anteriormente, contrató un equipo de guionistas antes incluso de que hubiera películas que hacer, etc. Posteriormente, las productoras contrataron un número exagerado de actores, directores y guionistas. En la Metro Goldwin Mayer, el guionista francés Yves Mirande se pasó tres meses en un despacho sin hacer nada, cobrando 500 dólares a la semana, sólo para que no trabajara para la competencia, las productoras francesas. La crisis económica más los desajustes internos de la compañía llevaron a Paramount a cerrar su estudio de Joinville en julio de 1932.

Las producciones españolas en Hollywood también fracasaron por la mala gestión de las productoras. A pesar de la conveniencia de tener equipos completos hispanohablantes en Los Ángeles, los estudios fueron abandonando la producción unos tras otros. Sólo la Fox continuó produciendo algunas versiones españolas en sus estudios de Nueva York. Pero incluso teniendo la exclusiva del mercado, los resultados demostraron ser poco rentables, y la Fox abandonó totalmente las producciones españolas en 1935 (Gomery, 1975, 74).

Los estudios pasaron entonces a doblar las películas, pues entretanto las técnicas habían mejorado bastante. El invento de la moviola de diversas pistas facilitó la sincronización: significaba poder tener los efectos sonoros de la versión original pregrabados en una pista, y añadir los diálogos de la versión extranjera en otra pista. Por otro lado, el doblaje era una solución mucho más económica que las versiones multilingües: doblar una película costaba sólo una tercera parte de rodar una segunda versión. Las versiones dobladas de *Min and Bill* (1930) en italiano y *Trader Horn* (1930) en francés reportaron ganancias tan altas, que terminaron de convencer a todos los ejecutivos (Gomery, 1975, 75). Las técnicas de subtitulado también habían mejorado, sobre todo con la invención del subtitulado químico en 1933 en Suecia.

En 1933 los estudios de Joinville fueron reconvertidos en un centro de doblaje internacional. Éste sería el último intento de Hollywood por dominar el mercado mundial.

Desaparecidas las versiones multilingües, a partir de los años cuarenta la traducción de películas y otros productos audiovisuales se unificó en dos grandes grupos: los productos doblados o los subtitulados.

Cada país tiene una preferencia mayoritaria, bien por el doblaje o bien por la subtitulación. La inclinación por uno u otro sistema responde a razones económicas, culturales o ideológicas. No vamos a entrar en más detalles, simplemente señalaremos que hay autores que consideran que la elección se basa en motivos ideológicos (Danan, 1991; Ballester Casado, 1995), y otros que creen que los motivos son económicos o culturales (Reid, 1996). En Europa, los países en que mayoritariamente se dobla son España, Italia, Francia y Alemania. En los países escandinavos, Bélgica, Holanda, Grecia y Portugal se subtitula todo, a excepción de los productos infantiles.

Terminaremos con un breve esbozo de la situación actual en España. Como hemos mencionado, España es un país donde mayoritariamente se dobla. Las películas extranjeras se doblan al español en España. Desde los años treinta aquí tenemos una importante industria de doblaje (Ávila, 1997).

Las películas españolas (tanto en español como en las otras lenguas del Estado) que se pretende vender al extranjero, se preparan con un subtitulado básico, que facilitará su comprensión, y aumentará las posibilidades de venta del producto. Esta operación se realiza en el país de origen, o sea en España, y corre a cargo de la productora (a diferencia de los doblajes y subtitulaciones definitivas, que no se realizan en España, sino en el país de destino, y que corren a cargo de la distribuidora en dicho país de destino).

Pero en España no se traducen audiovisuales sólo al español. Cada una de las otras tres lenguas oficiales del Estado tiene una corta historia de doblaje o de subtitulación. En el caso del catalán, el doblaje tiene como antecedente (y como tradición a seguir) la propia producción de cine original en catalán. Ésta se inició a principios de los setenta con un tímido intento de producir cine en catalán: *Laia*, de 1970, basada en una obra de Salvador Espriu, y *El Judes*, de Iquino (1971), que la censura se encargó de retirar de la circulación rápidamente. A partir de mediados de la misma década, la producción en catalán empezó a ser significativa y regular. En 1983 se crea la televisión autonómica Televisió de Catalunya, y se empiezan a doblar regularmente productos audiovisuales al catalán. El vasco y el gallego carecían de tradición en cine propio, pero comparten con el catalán el fenómeno de las televisiones autonómicas, respectivamente ETB y TVG.

Estas televisiones autonómicas fueron ideadas por los gobiernos autónomos para promover el uso de sus respectivas lenguas nacionales. Las estadísticas demuestran que desde la creación de estas cadenas, el uso de la lengua entre la población ha ido aumentando paulatinamente[2].

Hemos mencionado que la tendencia general en España es a doblar los productos audiovisuales. No obstante, en los últimos años ha ido aumentando la demanda del público por productos subtitulados, que hasta ahora estaba relegada a los círculos más cinéfilos (filmotecas, cineclubes, universidades). Algunas películas se empiezan a distribuir subtituladas en los cines comerciales, normalmente paralelamente a su versión doblada. Esta tendencia es directamente proporcional al tamaño de la ciudad, y en las grandes capitales la relación entre películas dobladas y subtituladas está muy igualada. En Barcelona, en estos momentos (a 11 de marzo de 1999) la relación es la siguiente: 82 películas dobladas y 52 subtituladas. Se da el caso, incluso, de que algunas películas sólo se proyectan en versión original.

9. Conclusión

Terminaremos esta descripción de la situación en nuestro país con un intento de predicción de futuro: aunque tradicionalmente España ha sido siempre un país doblador, parece que nos dirigimos a una situación en la que el doblaje estaría igualado al cincuenta por ciento con la subtitulación. Si la tendencia no cambia, dentro de unos años España podría ser el primer país europeo en el que el público sería siempre quien tendría la palabra sobre cómo prefiere ver el cine.

---

[2] Para más información sobre los efectos de la traducción televisiva en la normalización de la lengua, véase Izard (2000 y 2000b).

CAPÍTULO XI

El doblaje en contexto: el caso de *Sangre y arena* en la España de posguerra

ANA BALLESTER CASADO
Universidad de Granada

1. INTRODUCCIÓN

En este trabajo, nuestro objetivo es analizar las principales estrategias de traducción en el doblaje del largometraje *Blood and Sand* (Rouben Mamoulian, 1941). Lo haremos desde una perspectiva *descriptiva* porque estamos convencidos de que, como otras disciplinas cuya práctica no depende de la teoría —la literatura o la lingüística—, la traductología no debe ocuparse de cómo debe traducirse, sino de cómo de hecho se traduce.

Ya no podemos decir que sea escasa la bibliografía sobre traducción audiovisual (TAV en adelante) —que ha conocido un auge sin precedentes en la década de los noventa—, pero siguen siendo escasos los trabajos empíricos basados en el análisis de un corpus, entre los cuales, en España, hay que destacar tesis doctorales rigurosísimas, como las de Zabalbeascoa (1993) o Agost (1996), y fuera de España, los excelentes trabajos de Goris (1991 y 1993) o Whitman-Linsen (1992).

Partimos, además, de la noción de Gideon Toury de *norma*, es decir, buscamos estrategias recurrentes de traducción que nos permitan formular una hipótesis respecto a cómo se traduce para el doblaje, pero también partimos de que el doblaje es en sí una norma de traducción en España, y que las razones que llevaron a su elección fueron fundamentalmente culturales e ideológicas, básicamente vinculadas a una política nacionalista, y no económicas, como se ha venido asegurando hasta hace poco (véase Ballester, 2000; Danan, 1991, por su parte, analiza exhaustivamente esta misma cuestión en Francia).

2. METODOLOGÍA

Este trabajo está basado en el modelo de análisis de TAV de Delabastita (1989 y 1990) —posteriormente ampliado por este mismo autor y Lambert (1996)—, de cuya aplicación ya se han obtenido resultados muy interesantes (concretamente nos referimos a los trabajos de Goris, 1991 y 1993, basados en el análisis de la traducción para doblaje en Francia). No podemos dejar de mencionar, sin embargo, la contribución que el modelo de Zabalbeascoa Terran (1993), con su teoría de prioridades y restricciones, ha hecho a la metodología del análisis de la TAV, así como el de Agost (1996), basado a su vez en el modelo de las dimensiones del contexto —semiótica, pragmática y comunicativa— de Hatim y Mason (1990).

El de Delabastita es un modelo que se inscribe dentro de la llamada *Manipulation School* —que a su vez bebe de la teoría polisistémica concebida por Itamar Even Zohar a finales de los años setenta— y que interpreta todos los parámetros lingüísticos relevantes en el análisis de un doblaje dentro de un marco semiótico más amplio. Este marco viene dado, de un modo más inmediato, por el lugar que ocupa la película importada en el sistema cinematográfico del país importador y, de un modo más indirecto, por la relación de éste con el país exportador, de tal modo que las normas de doblaje puedan interpretarse como expresión de los valores, de las normas y de la mentalidad de la cultura de la lengua a la que se traduce (Whitman-Linsen, 1992), pero también como expresión de la relación de poder entre las dos culturas que entran en contacto a través de la traducción.

3. JUSTIFICACIÓN DEL CORPUS

El corpus que hemos analizado consta del guión original en inglés de la película estadounidense *Blood and Sand* (Rouben Mamoulian, 1941), y el guión de la versión doblada al español, aproximadamente en 1948[1], *Sangre y arena*. Las razones que nos han llevado a elegirla han sido varias.

---

[1] El guión de la versión doblada al español va acompañado de un informe de la Junta Superior de Orientación Cinematográfica, con fecha 30 de julio de 1948, en el que

Por una parte, es un largometraje producido por el mayor exportador de material audiovisual de la historia, Estados Unidos, lo que hace del inglés la principal lengua fuente en traducción dentro de este campo. Por otra, tanto la fecha aproximada del guión del doblaje como el hecho de que estaba censurado —es uno de los muy pocos que se conservan completos— nos han parecido datos relevantes. La fecha, porque coincide con el período de mayor aislamiento de la dictadura franquista, la autarquía[2], durante el cual, según Gubern y Font (1975, 52), se reforzó la censura como mecanismo de control[3]. El hecho de que se tratara de un guión censurado no lo consideramos un dato relevante en sí, pero nos hizo pensar que si abordaba temas conflictivos para la censura, de algún modo también lo fueron para el propio traductor y esto tenía que reflejarse en sus estrategias de traducción. Ésta es, pues, nuestra hipótesis de trabajo. Porque de la censura y sus nefastas consecuencias en la filmografía propia y ajena durante ese período histórico se han escrito muchas páginas, pero poco se sabe de su grado de interiorización por parte del traductor[4].

Somos, por otra parte, conscientes del gran *handicap* que supone no disponer de la cinta de la película y, de ahí, no poder tener en cuenta un factor tan decisivo en la traducción para doblaje —el más restrictivo en esta modalidad de traducción— como es la sincronización. Pero hemos trabajado sobre la hipótesis de que el traductor normalmente sólo se

---

esta institución prohíbe la exhibición de la película, pero no incluye referencia alguna a la fecha de traducción del guión original. De ahí que no podamos establecer con seguridad la fecha de traducción al español del guión original.

[2] El inicio de esa época lo marcan varios acontecimientos que se producen en 1946: la ONU rechaza el ingreso de España, Francia cierra sus fronteras con España, y finalmente Estados Unidos, Gran Bretaña y Francia emiten un comunicado tripartito en el que acuerdan que «en tanto el general Franco siga gobernando en España, el pueblo español no puede esperar una plena y cordial asociación con aquellas naciones del mundo que, mediante su esfuerzo común, han derrotado al nazismo alemán y al fascismo italiano, los cuales ayudaron al actual régimen español a alcanzar el poder y sirvieron de patrón a tal régimen» *(Embajadores sobre España,* por José M.ª de Areilza, Instituto de Estudios Políticos, Madrid, 1947, pág. 211, en Gubern y Font, 1975, 51). El fin de este período viene dado, según estos autores (1975, 61), por la anulación de la resolución de 1946 por parte las Naciones Unidas en 1950.

[3] Concretamente con la Orden del Ministerio de Educación Nacional de 28 de junio de 1946.

[4] Precisamente en relación con la censura franquista, Ávila (1997, 36-37) describe este proceso de interiorización como un *libro de estilo mental* que el ajustador asimila hasta tal punto, que «se convierte en costumbre, y muchos profesionales [lo] aplican de forma automática e instintiva».

ocupa de lo que Agost (1996, 204) denomina *sincronismo de contenido*, es decir, «los problemas de la congruencia entre la nueva versión del texto y el argumento de la película» (la traducción es nuestra), y no del sincronismo visual —fundamentalmente el ajuste labial y de longitud de frases. Además, estamos convencidos de que las decisiones traductológicas que vamos a analizar en la mayoría de los casos difícilmente podrían justificarse por la sincronización.

Blood and Sand, finalmente, nos interesó porque abordaba un tema propio, una *españolada*, con todos sus ingredientes, que había viajado hasta Hollywood para volver de nuevo aquí. De hecho, cuando la 20th Century Fox decidió volver a rodarla, ya existían versiones cinematográficas anteriores, tanto españolas como estadounidenses, y el tema estaba ya muy pasado de moda, pero lo hizo «para consolidar el incipiente romance que tenía con América Latina»[5].

Hollywood tenía sus razones para pensar que la película sería un éxito, como según Quesada (1986, 122) lo fueron la novela homónima de Blasco Ibáñez[6] y la versión cinematográfica española[7]. Pero la censura prohibió su estreno. Veremos a continuación las estrategias que empleó el traductor para evitar la intervención de la censura.

4. Estrategias de traducción en «Sangre y arena»[8]

Tres son las estrategias que queremos destacar en *Sangre y arena:* la autocensura, la naturalización y la explicitación.

---

[5] «Ibanez's artless blood-and-thunder had long since gone out of style when 20th Century-Fox, pursuing its budding romance with Latin America [...], dug out this bullring drama of 20 years ago for Tyrone Power» («Tyrone Power tries Rudy's matador role», *PM's Weekly*, 18 de mayo de 1941, 51).

[6] *Sangre y arena,* 1909.

[7] *Sangre y arena,* dirigida en 1916 por Ricardo Baños, y estrenada en Madrid en 1917.

[8] La copia del guión de *Sangre y arena* con la que hemos trabajado fue en su día revisada por la institución censora de la época —la Junta Superior de Orientación Cinematográfica— según consta tanto en la carátula del guión («Para censurar», se lee en la parte superior, y «Guión arreglado», aparece manuscrito en la inferior), como en la última de sus hojas, en la que aparece reproducido un informe de la Junta Superior, con fecha de julio de 1948, prohibiendo la exhibición en España de esta película. Por esta razón, nos hemos atrevido a afirmar que todas las correcciones que aparecen manuscritas en el guión traducido han sido realizadas por la Junta Superior. Por el contrario, estamos convencidos de que todas las correcciones han sido hechas por el propio traductor.

4.1. *La autocensura*

Esta estrategia, que podemos considerar la principal en *Sangre y arena*, está a su vez basada en otras tres: la sustitución, la omisión y la adición de información. De ellas, sólo una, la sustitución, es en nuestra opinión eufemística por naturaleza. Las otras dos —la omisión y la adición—, creemos que son habituales en cualquier doblaje, aunque en éste ciertamente están cargadas de implicaciones ideológicas.

a) Una buena parte de la autocensura está relacionada con la muerte, un tema al que lógicamente se hacen muchas alusiones al tratarse de una película sobre el toreo[9]. Sin embargo, en un gran número de ocasiones —alrededor de veinte— la versión traducida (VT en adelante) lo elude. Por ejemplo, cuando la VO emplea el verbo *to kill* para referirse a lo que un toro puede hacerle a un hombre, la VT emplea sistemáticamente el verbo «coger», que según el DRAE sólo significa «herir». El término *matador*, por otra parte, se sustituye en la mayoría de los casos (11 de 13) por el de «torero», a pesar de que el propio Blasco Ibáñez lo emplea en la novela homónima. El placer que produce el toreo como juego con la muerte es un subtema también recurrente y que la VT elimina. Como en el siguiente ejemplo, cuando a Juan Gallardo, el torero protagonista de la película, le preguntan cómo se sentía mientras toreaba, y parte de su respuesta desaparece en la VT:

> *Juan:* Very gay. That's the way I always feel when I fight a bull —**a great delight, as if I were being born again** (VO: 11).

> *Juan:* Estaba alegre... muy alegre. Esto es lo que siempre siento cuando toreo (VT: 4).

---

[9] *Blood and Sand* narra la historia de un torero, Juan Gallardo, temerario y arrogante, que con esta profesión logra salir de la miseria que rodea su infancia, pero al que la vanidad y los caprichos de una aristócrata devuelven al punto de partida. Prácticamente solo, arruinado y alcoholizado, muere en la misma plaza que le dio la fama. El toreo sale ciertamente mal parado. Falso y superficial, arranca a sus profesionales de la miseria para ponerlos a expensas de un público cruel y sanguinario, que un día les aplaude y otro les abuchea. Construida a base de recurrencias, *Blood and Sand* no deja resquicios al destino ineludible de todo torero: el fracaso y la autodestrucción.

Por las mismas razones, entendemos que el traductor ha suprimido todo el parlamento siguiente, que pronuncia Sol, la dama casquivana que establece una relación adúltera con Gallardo:

> *Dona Sol:* ...[Bullfighting] is like a dance —a lovely dance, most intricate, and death so near (VO: 87).

El traductor igualmente omite o sustituye enunciados en los que alguien desprecia el valor de la vida, desea la muerte o simplemente no habla de ella con sentimiento cristiano:

> *Senora Angustias:* I hope I'll **never live** to see the day (VO: 20).

> *Angustias:* Ojalá no vea llegar este día (VT: 8)[10].

* * *

> *Juan:* Your cornada was meant for me. **You saved my life**[11].
> *El Nacional:* Did I? A life isn't worth very much —not in our business... (VO: 135-136).

> *Juan:* Tu cornada iba dirigida a mí.
> *Nacional:* ¿Qué? Siempre lo hemos compartido todo, ¿verdad?... (VT: 48).

* * *

> *El Nacional:* **When I get out of here**, I'm going to quit - It's my last season (VO: 135-136)[12].

> *Nacional:* Bueno... me despido... ésta es mi última temporada (VT: 48).

Estamos convencidos de que esta estrategia es intencionada, no sólo por el gran número de veces que se da —alrededor de veinte—, sino también porque en una de las ocasiones que se menciona la muerte, es la propia censura quien tacha y sustituye la versión del traductor («morirme de hambre») por otra («pasarme así»):

---

[10] Esto es lo que dice la madre de Juan Gallardo, cuando su hijo le dice que quiere ser torero.

[11] Este enunciado creemos que ha sido suprimido porque con él Gallardo da a entender que la muerte —como la vida— no está en manos de la voluntad divina, sino del hombre.

[12] Éstas son las palabras que pronuncia Nacional en su lecho de muerte. La omisión de la primera parte de este enunciado está muy relacionada, en nuestra opinión, con la del enunciado anterior, porque como Juan, Nacional en ningún momento «reconoce» la necesidad de apelar a un ser superior para escapar de la muerte.

Juan: I've made up my mind. I'm not going **to starve** for the rest of my life on gazpacho and rotten codfish! (VO: 21).

Juan: Estoy decidido, no pienso (morirme de hambre) **pasarme así** toda la vida comiendo gazpacho y bacalao podrido (VT: 8).

b) La VT eufemiza la mayoría de las alusiones a la agresividad de Gallardo, un personaje que desde su infancia vive rozando la delincuencia. De hecho, las primeras escenas lo presentan como un pícaro desobediente y buscavidas que, para practicar el toreo, entra en una finca saltando la verja, y que sin pensárselo dos veces, coge una botella y se la parte en la cabeza a quien habla mal de su padre. Es precisamente a raíz de este incidente cuando decide marcharse a Madrid para convertirse en torero al mismo tiempo que para huir de la justicia, y con las siguientes palabras se lo explica a Carmen, su novia. Pero la reacción de esta última, muy significativa, ha sido suprimida de la VT:

> *Carmen:* What're you going for?
> *Juan:* You can't be a bullfighter unless you go to Madrid. I'm running away —and it's a good thing too— I'm in trouble.
> *Carmen:* **The police?**
> *Juan:* Every civile in town is looking for me now... (VO: 16).

> *Carmen:* Y, ¿por qué te marchas?
> *Juan:* No se puede ser un torero a menos que se vaya a Madrid. Yo me escapo... y además, hago bien. Estoy en un apuro.
> *Juan:* Toda la policía de la ciudad está buscándome ahora (VT: 6).

Omitiendo la pregunta de Carmen, la VT elide importantes implicaturas, concretamente, la familiaridad de Carmen con este tema, como si no fuese la primera vez que Juan comete un delito y huye de la policía. Suprimida la pregunta de Carmen, este hecho puede pensarse como algo excepcional. Muy parecida es la estrategia que ha empleado el traductor un poco más abajo, cuando Juan le explica a Carmen lo que ha ocurrido:

> *Juan:* ... A great big, fat goat insulted my father's name —said he had cats in his belly. **So I answered him with a wine bottle.**
> *Carmen:* And he's dead?
> *Juan:* **I hope so** (VO: 16).

> *Juan:* ...Un hombre gordo y grande como una vaca que ha insultado la memoria de mi padre... Dijo que estaba verde de miedo. **Y le he matado** (VT: 6).

Probablemente, en este caso el traductor no ha podido eludir el tema de la muerte. De lo contrario, no tendría sentido la huida de Juan a Madrid. Pero sí ha podido omitir su deseo explícito de que Curro haya muerto. Las referencias a este incidente, además, van a ser continuamente sorteadas por el traductor. He aquí dos parlamentos que en parte o en su totalidad han sufrido recortes por esta razón:

> *Francisco:* Good evening, Juanillo! **Welcome! How've you been? It's a long time since I've seen you. I hope you don't intend to throw any wine bottles tonight.** Is there anything I can get you? (VO: 43).

> *Francisco:* Buenas noches.
> *Francisco:* ¿Puedo hacer algo por usted? (VT: 18).

* * *

> *Curro's voice:* The morning after you floored me with the wine bottle, I went to the police and swore out a warrant for your arrest, but you were gone (VO: 59).

c) En varias ocasiones el traductor interviene guiado por un sentimiento claramente cristiano. Especialmente interesante nos parece el siguiente parlamento, en el cual Carmen le explica a Gallardo cómo pasa el tiempo mientras él torea. Aquí el traductor aprovecha un enunciado absolutamente trivial para introducir otro cargado de simbolismo religioso:

> *Carmen:* I sit by the window and count the seconds (VO: 66).

> *Carmen:* Rezo continuamente a la Macarena (VT: 28).

Lo contrario ocurre a continuación, cuando Gallardo, que lleva separado de su mujer una temporada por la relación que mantiene con Sol, reza para que Carmen vuelva. Impresionado por su aparición, manifiesta una fe súbita en los milagros, que al traductor debe de haberle parecido en exceso frívola porque ha manipulado así el parlamento:

> *Juan:* Only a minute ago I was praying to see you; **I believe in miracles now** (VO: 143).

> *Juan:* Hace un minuto rezaba por volver a verte. **Me decía que si podías... quererme...** (VT: 54).

d) La actuación del traductor logra ofrecer una mejor imagen de la figura del torero, de Juan Gallardo en particular, pero también de su padre e incluso de Manolo de Palma, un torero mezquino que en la VO sale muy mal parado. Respecto a Juan Gallardo, para empezar, el traductor sustituye un comentario negativo que le augura una vida corta como torero por su carácter temerario *(He won't last long; he's much too reckless... One of these days he'll be brought home in a basket...)* por otro de signo opuesto («En mi vida había visto tanta limpieza... tal elegancia... ligereza, corazón y, por encima de todo, serenidad y valor»). Pero lo más sorprendente es que la VT ensalza la grandeza de Gallardo con unas palabras que en nada se parecen a la VO, asociando la fiesta nacional a la grandeza de España e incluso asemejando la talla de Gallardo a la de una figura histórica tan vitoreada durante la dictadura como el Cid Campeador («Estamos en vísperas de un gran renacimiento... el Cid Campeador... ha venido a devolvernos la gloria de España»)[13]. Una de las manipulaciones más significativas se produce en la última conversación que Juan tienen con Carmen —poco antes de la que será su última corrida— y a la cual el traductor da un giro de 180 grados. Porque mientras en la VO Juan, a pesar de estar solo y arruinado, no ha perdido su temeridad y su soberbia, y está decidido a darle a su público una lección *(You'll see, they'll see, out there —everybody! I'll show them!),* en la VT la vida le ha dado una lección de humildad («He terminado con los toros para siempre. Ésta es mi última tarde de corrida, pero será la que no podrán olvidar»), una modificación que por sí sola tiene el poder de cambiar radicalmente la lectura de su fatal desenlace y por extensión de todo el argumento. La VO, por otra parte, hace continuamente hincapié en el carácter mercantilista de Gallardo, un torero que se muestra más interesado por asuntos monetarios que culturales o espirituales. Pero la muletilla que le caracteriza y que resume esta actitud vital *(The best*

---

[13] En 1943, el falangista Bartolomé Mostaza subrayaba la necesidad de «hacer un cine de caballeros y de hidalgos». «En España», afirmaba, «debe valer más El Cid que Don Juan», y sus valores, añadía, deben alzarse «frente al cine forastero en que el cuatrero, el gángster y el neurópata actúan de protagonistas, dándole su anárquico y repulsivo signo a la ética» *(Primer Plano,* 138, 6 de junio de 1943, en Gubern y Font, 1975, 43). Curiosamente, no sólo el traductor incluye en la VT esa misma referencia al Cid, sino que todas sus estrategias van encaminadas precisamente a cambiar «el signo» ético de la película, intentando convertir un villano en un héroe (aunque, ciertamente, no lo consigue; quizá por eso la película fue finalmente prohibida).

that money can buy) pierde todas su resonancias en la VT, porque el traductor emplea distintas estrategias —básicamente la omisión y la sustitución—, para diluirla. Lo mismo ocurre con otra muletilla que caracteriza al crítico Curro *(When the history of bullfighting is written, it'll be BG and AG)*, porque su repetición, cambiando las iniciales por las del torero de turno, deja muy patente su carácter oportunista. Pero el traductor sólo la traduce en una ocasión y, así, se pierden una vez más todas sus resonancias. En cuanto a Manolo de Palma, especialmente llamativa nos parece una secuencia en la que varias mujeres se pelean por bailar con él y que el traductor convierte en otra en la que esas mismas mujeres se deshacen en elogios. Esta estrategia, entre otras, logra suavizar el carácter mujeriego que suele asociarse a los toreros:

> *First girl:* Manolo, shall we dance?
> *Second girl:* He promised to dance first with me.
> *First girl:* He did not! Manolo, didn't you.
> *Manolo:* Quiet! (VO: 123).

> *Chicas:* Eres famoso.
> Eres magnífico.
> ¡Eres maravilloso!
> *Chicas:* No te vayas... no te vayas. ¡Oh, Manolo! (VT: 48-49).

No menos sorprendente nos parece el parlamento que la VT añade para dignificar la imagen del padre de Juan Gallardo cuando Curro lo califica de cobarde («Falso... embustero...») así como el elogio que le hace don José («[Fue] uno de los mejores [toreros]»), probablemente el personaje más ejemplar de la película. No podemos finalmente dejar de mencionar la omisión de dos de las escenas más críticas de la VO[14]. En la primera de éstas, averiguamos que Juan ha rescindido varios contratos, incluso ha dejado de ir al entierro de su mejor amigo y compañero, por su amante. La segunda precisamente recoge unos instantes, muy significativos, de un encuentro entre Juan y Sol, que muestra como ninguna otra la relación adúltera, y sobre todo, la enorme pérdida de dignidad que ha sufrido Juan.

---

[14] Estamos convencidos de que el responsable de su omisión es el propio traductor, porque ni siquiera aparecen en la VT. Las escenas mutiladas por la institución censora, sin embargo, sí han sido incluidas, y en ellas aparecen, manuscritos, comentarios que ordenan su corte.

e) Muy relacionado con la imagen de Gallardo está el tema del adulterio, del que no sólo se omite la escena que acabamos de mencionar, sino también el único parlamento en el que Juan reconoce implícitamente —a Carmen— haberlo cometido *(It was a sickness, and it has passed).* Suprimidos estos dos fragmentos, no hay más testimonio de su existencia que las habladurías. De Sol, por otra parte, el traductor omite la única expresión de simpatía hacia ella que hay en toda la VO y que además procede de don José, aristócrata y oficial de caballería, que, como dijimos antes, tiene un comportamiento ejemplar. Obsérvese qué distinto acaba siendo en la VT el siguiente parlamento tras la omisión de un enunciado:

> *Don Jose:* Juan, listen to me! I've known both of those women since they were children; **I'm very fond of both of them**. I'm sorry for Carmen, but I pity Dona Sol (VO: 118).

> *José:* Juan, hazme caso. He conocido a estas dos mujeres desde que eran niñas. Lo siento por Carmen.
> *Voz de José:* Y compadezco a doña Sol (VT: 44).

Además Sol, junto con su primer amante, Martínez, resulta absolutamente ridiculizada en una escena que añade el propio traductor. Se desarrolla en el interior de una capilla y en ella aparecen estos dos personajes por primera vez en escena.

> *Hombre:* Hombre... oh... oh...
> *Sol:* Y aquí, *mon ami,* es donde los espadas vienen a rezar y a pedir protección a los santos.
> *Martínez:* ¿Les impide esto que los cojan los toros?
> *Sol:* Alguna vez. Pero no está garantizado... ni siquiera por los santos (VT: 28).

Añadir una escena de estas características resulta cuando menos absurdo y da una idea del grado de manipulación que entonces podía sufrir una película incluso por parte del propio traductor. Aunque premonitora, la pregunta del capitán Martínez («¿Rezar les impide a los toreros que les coja un toro?») es impensable en una persona con su posición social, incluso tratándose de un extranjero, como posterior-

219

mente veremos que pretende hacernos creer la VT. Igualmente absur-
da es la respuesta de Sol[15].

f) Muy interesante nos parece la metamorfosis que sufre el capitán Vi-
cente Martínez, uno de los personaje más ridículos de *Blood and
Sand,* y a quien en la VT el traductor decide llamar *Pierre.* Martínez
es el amante con el que Sol aparece en escena, y no sólo es despe-
chado por ella cuando conoce a Gallardo, sino que además, como
miembro del ejército, es objeto de una de las críticas más feroces de
largometraje, que desaparece en la VT.

> *Captain Martinez:* That's the trouble with bullfighting, it's too com-
> mercial.
> *Juan:* Yes, isn't it? Now the army, that's different; a nice clean pro-
> fession —don't have to kill anything but men— sometimes wo-
> men and children. Captain, what do you get in the army? Ten
> thousand pesetas a year, isn't it? I get that much an afternoon
> (VO: 87-88).

Martínez deja así de ser un alto miembro del ejército español para
convertirse en un miembro del ejército francés. La escena de la capilla
que el traductor añade —comentada en *e*— parece además pensada para
reforzar su «extranjeridad». Aun así, el traductor se vio obligado a omitir estos parlamentos para no desprestigiar una de las instituciones más
importantes de la época[16].

---

[15] La censura además le quita a Sol toda referencia a su origen aristocrático, desde
sus apellidos, pasando por los tratamientos, hasta su ascendencia. Es, por lo tanto, lógico
pensar que el traductor se percatara de que se trataba de un personaje problemático, aunque evidentemente no sabía hasta qué punto.

[16] En 1946 se crea el «Premio Ejército de Cinematografía», instituido para recompen-
sar el mejor documental cinematográfico «que reúna el fin de exaltar y popularizar los hechos y vida de nuestro Ejército, en el momento actual o rememorando las glorias del pasado...». Así explica la Orden de 25 de mayo de 1946 la vital importancia del Ejército:
«Es el Ejército la resultante de todas las fuerzas morales y materiales que componen
la nación. El Ejército es España, y la exaltación de sus virtudes, el rememorar sus gestas
gloriosas, el poner de manifiesto su progreso no es otra cosa que exaltar las virtudes, las
glorias y el progreso de la patria. Darlas a conocer, divulgarlas, exponer la vida militar del
país haciendo sea conocida de todos y deshaciendo aquellos prejuicios contra ella, fru-
tos sólo de la ignorancia, es obra patriótica que debe estimularse para que sea conocida
por todos la labor que el Ejército desarrolla en su perenne y tensa vigilia en defensa de
la patria...».
No podemos dejar de asociarla a esta estrategia así como a la introducción de la figura del Cid Campeador mencionada anteriormente.

g) Finalmente, el traductor eufemiza la única referencia a una institución política, concretamente a un sindicato obrero, *Workmen's Federation*, que con un simple cambio de orden sintáctico se convierte en una referencia no política, «los trabajadores de la Federación»:

> *El Nacional:* How much better it would have been if we'd joined up with the **Workmen's Federation**, and served our class (VO: 26).

> *Nacional:* Cuánto mejor hubiera sido si nos hubiéramos unido a **los trabajadores de la Federación** poniéndonos al servicio de nuestra clase (VT: 12).

4.2. *La naturalización*

La naturalización consiste en conformar la versión original de una obra a la cultura meta con el fin de esconder su origen extranjero y así hacer que parezca una versión original. En el doblaje, la naturalización actúa fundamentalmente sobre la sincronización escondiendo la traducción y creando la ilusión de que la versión doblada es la única versión original (Goris 1991, 84). Esta ilusión, afirma Goris (1991, 106), es esencial cuando se trata de apropiarse de un producto. Pero la naturalización también actúa sobre los signos gráficos, la pronunciación de palabras extranjeras, fundamentalmente los nombres propios, y las referencias socioculturales.

Puesto que nuestro trabajo se limita al análisis de un guión —no de una película—, no podemos comprobar la importancia que se ha dado a la sincronización de los diálogos en *Sangre y arena*, aunque, como Goris y Agost entre otros, estamos convencidos de que éste es un aspecto fundamental en el estudio descriptivo del doblaje. De España, en cualquier caso, siempre se ha dicho que es y ha sido uno de los países en los que más se ha perfeccionado esta técnica. Tenemos, por tanto, razones para pensar que el factor audiovisual puede haber tenido una influencia importante en la traducción.

La pronunciación de los nombres propios, por otra parte, es irrelevante en el caso de *Sangre y arena*, porque todos son españoles, aunque consideramos que éste también es un aspecto interesante en películas cuyo contexto cultural no sea español[17]. Aquí, por tanto, nos li-

---

[17] Goris (1991, 105) afirma que en los doblajes realizados en Francia la pronunciación de los nombres propios extranjeros suele adaptarse a la reglas fonológicas del fran-

mitaremos a recapitular el tratamiento que reciben las referencias culturales y las palabras extranjeras, que en el caso de *Blood and Sand* son todas españolas[18].

Hemos encontrado un total de 39 palabras españolas en *Blood and Sand*, de las cuales el traductor optó por transferir 25 y sustituir o suprimir 13. En conjunto, su estrategia parece que ha sido transferirlas cuando estaban bien empleadas desde el punto de vista semántico, sintáctico o pragmático, y suprimirlas o sustituirlas cuando no lo estaban[19]. Entre las que sustituye, se encuentran, por ejemplo, las siguientes palabras:

Sirviente. Se traduce por «camarero». En español un «sirviente» ciertamente no es un empleado que sirve en un establecimiento público sino un criado:

> *Manolo:* ...**Sirviente!** A bottle of manzanilla!... (VO: 124).

> *Manolo:* ...**Camarero.** Manzanilla... (VT: 49).

Bravos: Se omite. Entendemos que en español «bravo» es un adjetivo que no se sustantiva:

---

cés. En España, aunque apenas hay estudios empíricos que lo demuestren, sabemos que éste también es el caso. Agost (1996, 268-269, 290) de hecho lo confirma en su estudio sobre el doblaje al español de la serie francesa *Premiers Baisers (Primeros Besos)*. En el doblaje al catalán de la misma serie, sin embargo, el traductor va más allá y cataliniza los nombres de los protagonistas ¿l'Isabel, el Lluc, el Josep...?, en consonancia con la política sociolingüística de la televisión catalana TV3, que según su asesor lingüístico no es otra que «tomar una serie y catalanizarla al máximo».

[18] Estas dos categorías, por otra parte, no son absolutas, ya que entre las palabras extranjeras se encuentran importantes referencias culturales.

[19] Hay tres voces que el traductor no ha transferido, pero desconocemos las razones. De ellas nos ha llamado especialmente la atención la traducción del término del toreo *suertes* —que María Moliner define como «cada una de las operaciones con nombre especial en que consiste el toreo»—, en el siguiente ejemplo:

> *Don Jose*: Where'd you learn those **suertes?** (VO: 11).
> *José*: Dónde aprendiste a **mover la capa?** (VT: 4).

Desconocemos la razón por la que el traductor ha decidido en este caso explicitar, y no transferir, este término del toreo. La explicitación, de hecho, se emplea a menudo con referencias culturales ajenas a la cultura meta, pero éste no es el caso. Quizás el traductor consideró que no era suficientemente transparente para el público español. Finalmente, hay dos voces, *matador* y *gachi,* que unas veces se transfieren y otras se sustituyen, aunque ignoramos las razones. Sólo podemos pensar en una cierta inconsistencia por parte del traductor.

El Nacional: We drew a couple of **bravos** (VO: 133).

Nacional: Nos ha tocado una pareja muy buena (VT: 47).

Chico: Se traduce por «chiquillo». «Chico» en Andalucía corresponde a una variedad diastrática[20] más alta que «chiquillo», incluso una variedad diatópica habitual en otras regiones españolas, pero con escasa frecuencia de uso en Andalucía. Puesto que el personaje que emplea esta voz, Carmen, es andaluz y de extracción muy humilde, opinamos que «chiquillo» se adecua más a la situación comunicativa:

Carmen (a Juan): **Chico**, how do you feel? (VO: 64).

Carmen: **Chiquillo**... ¿cómo te sientes? (VT: 27)[21].

En cuanto a las referencias culturales, hemos encontrado 10 que nos han parecido relevantes, y en su tratamiento hemos observado una clara tendencia por parte del traductor a adaptarlas a la realidad social y cultural española; por una parte, empleando lexemas o construcciones mucho más contextualizados que la VO, como la traducción de *manager* por «apoderado», de *ranch* por «cortijo» o de un enunciado como *when I get to be a matador* por «cuando me den la alternativa»; por otra, rectificando la visión desvirtuada de la realidad española que a ve-

---

[20] Empleamos aquí la clasificación de las variedades de la lengua de Coseriu (1992, 37-38, 160-162), la más exhaustiva y rigurosa en nuestra opinión. Este autor las divide en tres: «diatópicas» (en el espacio), «diastráticas» (en el nivel sociocultural) y «diafásicas» (en el estilo según la situación comunicativa).

[21] La traducción de las variedades de la lengua es uno de los aspectos más interesantes del doblaje. Algunos autores incluso ya lo han relacionado de un modo explícito con políticas lingüísticas. En Francia, Goris (1991, 86-101; 1993, 173-177) constata que el doblaje reduce considerablemente los rasgos que caracterizan distintas variedades de la lengua, concretamente la lengua oral, los dialectos y ciertos aspectos de los idiolectos. Esta estrategia, en su opinión, responde a una política de homogeneización de la lengua francesa. Agost (1996, 289-290), por su parte, observa que el registro en la versión catalana de *Premiers Baisers* es mucho más coloquial que la versión original e incluso que la española. Según la traductora de la serie, la versión catalana tiene más léxico familiar, popular o argótico porque la televisión catalana (TV3), al menos en los doblajes de series juveniles, y partiendo de que el catalán estándar ya está asentado, quiere abrir la lengua a registros más variados. La traductora, además, afirma que TV3, por condicionamientos políticos y culturales, «controla mucho más el lenguaje, la traducción y la corrección» que la televisión española. Por ejemplo, la versión catalana ha suprimido anglicismos, según la traductora porque TV3 «tiene voluntad de ejemplaridad con la lengua». En *Blood and Sand,* sin embargo, son muy escasas las ocasiones en las que se aprecian diferencias en este sentido entre la VO y a VT, quizás porque la VO es bastante neutra, pero no dudamos del interés que el análisis de este parámetro puede tener en el estudio de otros doblajes.

ces muestra Mamoulian, como en la traducción de *bookseller* por «zapateros»[22], de *cape* por «chaquetilla» o de enunciados como *Some day I'll make the church bells ring* por «Algún día haré que toque la música para mí».

El primero de los ejemplos —la traducción de *bookseller* por «zapateros»— forma parte de un parlamento en el que la madre de Juan Gallardo le comenta que varios comerciantes han venido a cobrar sus deudas, entre ellos un sastre y un librero. Siendo Juan un torero absolutamente analfabeto —tema éste que la VO pone continuamente de relieve—, no tiene ningún sentido sugerir que es un ávido lector. El segundo ejemplo —la traducción de *cape* por chaquetilla— pertenece a una secuencia en la que Gallardo se está vistiendo de luces con ayuda de su mozo de estoques. En la VO le pide primero la montera y luego la capa. En la VT, se altera el orden de tal modo, que la montera es lo último que pide, pero antes no pide la capa sino la chaquetilla. Aunque éste es un parlamento muy ligado a la imagen, y, por tanto, difícil de valorar sin visualizar la película, en nuestra opinión no tiene mucho sentido que un torero salga de su habitación con la capa puesta. En cuanto al último enunciado, *¿Some day I'll make the church bells ring?*, lo pronuncia Gallardo cuando se propone convertirse en un gran torero, lo que expresa con una metáfora poco acertada, porque en España, cuando un torero hace una buena faena no suenan las campanas de la iglesia, sino que la orquesta —situada en la misma plaza— toca un pasodoble.

El estudio de las referencias culturales sin duda resultaría más interesante en películas que reflejan culturas extranjeras porque permitiría determinar el grado de adaptación a la cultura española. En Francia, Goris (1991, 73-76, 102-103; 1993, 177-178) observa que el traductor a veces las elimina, pero también las adapta e incluso introduce elementos nuevos, aunque los que añade no aluden específicamente al contexto sociocultural francés, sino a otro más internacional. Por ejemplo, en el doblaje de *Hector* han desaparecido todas las referencias a Holanda. En *Nola Darling* y *Once upon a time in the West* se han adaptado las medidas (las pulgadas se han convertido en centímetros y los acres en hectáreas), y un *M.B.A.* de Harvard se ha convertido simplemente en un *diplôme* («diploma») de Harvard; *a girl with typical Brooklyn tact* en *une petite banlieusarde sans tête* (algo así como «una chica de barrio sin cabeza»); y el enunciado *I know we're not selling California, but...* (que pro-

---

[22] Aunque ésta no es verdaderamente una referencia cultural, la hemos incluido en este apartado porque su traducción lleva consigo una adaptación al contexto social y cultural español.

nuncia un *sheriff* en *Once upon a Time in the West* cuando no hay candidatos para comprar un terreno en una subasta) en *C'est pas l'Eldorado ce terrain, mais...* (algo así como «este terreno no es Eldorado, pero...»).

La naturalización además, concluye Goris (1991, 102-103), se manifiesta con mucha más frecuencia en películas que reflejan la cultura estadounidense que en películas europeas, quizás, sugiere, porque la traducción de las películas estadounidenses necesita adaptaciones socioculturales mayores que las europeas.

Bovinelli y Gallini (1994) también estudian la traducción de referencias culturales en el doblaje cinematográfico y resumen las opciones del traductor en dos: acercarse a la cultura fuente o acercarse a la meta. En otras palabras, el traductor puede, por una parte crear, soluciones/sustituciones explicativas más cercanas a la cultura meta, y, por tanto, más inmediatamente reconocibles por su público, o por otra, intentar educar a este público respecto a la cultura fuente manteniendo lo más posible las referencias a su contexto. Pues bien, partiendo de esta base, estas autoras llegan *grosso modo* a la misma conclusión que Goris y afirman que, aunque las soluciones varían de una película a otra y dependen del período histórico en que se hace el doblaje, en el análisis de las cinco películas estadounidenses que componen su corpus[23], la práctica suele ser la primera, es decir, acercar la película al público meta. De hecho, las tentativas de introducir al público en la cultura fuente son bastante escasas y vienen normalmente dadas por necesidades, como la sincronización labial, y no por el deseo de subrayar el contexto cultural de la VO.

Aunque ellas no valoran el significado de esta tendencia, nos parece como a ellas interesante «haber observado el modo en que la traducción de ciertos elementos en la versión doblada de una película contribuye a acercarla a la cultura meta y así favorecer la identificación del espectador» *(ibíd.,* 97-98, la traducción es nuestra).

Muy distinto, insistimos, es el caso de *Blood and Sand,* por tratarse de una película cuyo argumento se desarrolla en España, y, sin embargo, también observamos en el traductor una tendencia a adaptarla, lingüística y culturalmente hablando, a la realidad española, incluso aspectos muy relacionados con la interpretación que Mamoulian hace de la novela de Blasco Ibáñez, por muy personal y deformada que sea.

---

[23] *Some like it hot* (Billy Wilder, 1958), *Kramer vs. Kramer* (Robert Benton, 1979), *84 Charing Cross Road* (David Jones, 1987), *Suspect* (Peter Yates, 1987) y *The Fabulous Baker Boys* (1989).

4.3. La explicitación

El interés del análisis en TAV de esta estrategia, que Toury (1980, 60) considera un universal de la traducción, viene dado por el hecho de que hasta hace poco se la consideraba incompatible con la sincronización. Hoy, sin embargo, estudios como el de Goris (1991, 40-44 y 1993, 182-183) o el de Agost (1996, 280, 318-319) ya han desmentido está hipótesis, y nosotros coincidimos con ellos.

Así, en *Sangre y arena,* hemos encontrado 116 casos en los que la VT es más explícita que la VO, frente a 83 casos en que es menos explícita, lo que arroja un balance de 33 a favor de la explicitación. Son, por otra parte, muy distintos los mecanismos de explicitación que emplea el traductor:

a) Construir enunciados sintácticamente más completos, suprimiendo elisiones (13 casos en la VT frente a 5 en la VO):

> *Garabato:* Now Curro, **not** Lagartijo (VO: 5).

> *Garabato:* No lo digas Curro... **No mayor que** Lagartijo (VT: 2).

b) Construir enunciados más precisos desde el punto de vista semántico, expresando información que en la VO es vaga o se sobrentiende (25 casos en la VT frente a 13 en la VO):

> *Don Jose:* I was there at Cordoba **when he** was killed by a Miura bull... (VO: 12).

> *José:* Me encontraba en Córdoba **el día en que tu padre** fue cogido por un miura... (VT: 4).

c) Sustituir pronombres o adverbios por nombres (6 casos en la VT frente a 2 que hace lo contrario):

> *Garabato:* A messenger just came with this note **for you** (VO: 84).
> *Garabato:* Un muchacho trajo esta carta **para el torero** (VT: 32).

> *Carmen:* Yes, he's the overseer **there**... (VO: 112).
> *Carmen:* Es el capataz **de la finca** (VT: 41).

d) Añadir marcadores temporales (9 casos frente a 5 en que los suprime):

226

Juan: Well, what are you waiting for? (VO: 121).
Juan: Bien, ¿qué estáis esperando **ahora?** (VT: 46).

Juan: Why do you talk about moving out? (VO: 139).
Juan: ¿Por qué me hablas **siempre** de marcharnos? (VT: 52).

e) Introducir enunciados que recogen la intención comunicativa de otros (11 casos en la VT):

Juan: I've had a good season. I look forward to a better one.
Garabato: I suppose your cuadrilla - (VO: 42).

Juan: Ha sido una buena temporada. Ojalá la próxima sea mejor.
Garabato: **Oh, me alegro... mucho** ¿Son éstos tu cuadrilla? (VT: 17-18).

* * *

Carmen: What became of it [your montera]?
Juan: I must have left it at the café (VO: 84).

Carmen: ¿Qué hiciste con ella [tu montera]?
Juan: **No lo sé.** Debí olvidarla por alguna parte (VT: 31).

f) Introducir un gran número de conectores (39 casos frente a 9 en que los suprime, si incluimos los adverbios de afirmación y negación a principio de enunciado)[24]. Algunos de los conectores que introduce el traductor son «y», «pero», «porque», «es que», «desde luego»... He aquí dos ejemplos:

Manolo: One of us hasn't done so badly for himself (VO: 27).
Manolo: **Pero** a uno de nosotros no le ha ido tan mal (VT: 12).

* * *

Juan: I've had bad luck... (VO: 133).
Juan: **Es que**... he tenido mala suerte... (VT: 47).

---

[24] Los conectores tienen, según Halliday y Hasan (1976, 226-227), la función de expresar con más claridad las relaciones entre las ideas que les preceden y les anteceden —aditivas, adversativas, consecutivas o causales—; Shuttleworth (1997, 55), por su parte, menciona la función de los conectores como mecanismos de explicitación y señala que contribuyen a hacer el texto más fluido y, por lo tanto, a mejorar su legibilidad.

La explicitación es, por lo tanto, una estrategia de doblaje en *Sangre y arena*. Coincidimos, pues, con Goris y Agost, y en el caso concreto de los conectores, con las conclusiones de Blum-Kulka (1986, 19) en su estudio de la coherencia y la cohesión, en el que afirma que el número de mecanismos de cohesión es mayor en los textos traducidos que en los originales, independientemente de la combinación lingüística.

5. Conclusión

En definitiva, la mayoría de las estrategias de traducción empleadas en *Sangre y arena* —la omisión, la adición y la sustitución— son estrategias ideológicas que hacen de ella una película más aceptable para la España de cualquier época, pero sobre todo más aceptable —aunque ciertamente no del todo porque finalmente fue prohibida— para la España de posguerra. Sólo una estrategia —la explicitación— se ha empleado con fines puramente lingüísticos, aunque, como ya hemos comentado, puede también aplicarse con fines ideológicos. Las demás estrategias, por otra parte, manipulan la versión original precisamente en los mismos terrenos en los que entonces actuaba la censura, fundamentalmente el moral y el religioso, y en menor medida, el político. En conjunto, dignifican una profesión y una fiesta —la de los toros— que el franquismo erigió en símbolo de toda una cultura.

Por todo esto, creemos que la traducción no es un fenómeno que deba estudiarse aisladamente. Por el contrario, sólo puede entenderse si se analiza dentro de un contexto social y cultural más amplio que en última instancia es el que determina sus estrategias.

No queremos acabar sin insistir en la necesidad de más trabajos empíricos que refrenden o, por el contrario, refuten hipótesis como las que aquí hemos planteado. Sólo así, estamos convencidos, los Estudios de Traducción podrán algún día dar cuenta de la traducción como proceso.

Capítulo XII

Los géneros de la traducción para el doblaje*

Rosa Agost
Universitat Jaume I (Castellón)

1. Introducción

Cogemos el mando a distancia, apretamos un botón y *voilà!* Un sinfín de imágenes y voces se muestran ante nuestros ojos y encantan nuestros oídos con la intención de hechizarnos y convertirnos en sus consumidores. Otro botón y lo mismo, y otro más, y así sucesivamente, casi hasta el infinito. Sin embargo, ante este aparente caos, el espectador quizás pueda sentirse aturdido o incluso hastiado, pero no perdido. Sabe cómo guiarse entre esa jungla de programas que invaden las parrillas televisivas. Es algo que la sociedad le ha enseñado desde su infancia; el espectador se deja guiar por las etiquetas que, de forma convencional, hemos ido colocando a los nuevos textos audiovisuales: si la pantalla nos ofrece la visión de una persona sentada tras una mesa, delante de unos papeles y una pantalla de ordenador, más o menos disimulada, que nos cuenta las últimas noticias sobre Palestina e Israel utilizando un lenguaje estándar, reconocemos un telediario; si se nos muestran las imágenes de unas piedras con escrituras diferentes, grabados con jeroglíficos y paisajes

* Estudio parcialmente subvencionado por la Conselleria de Cultura, Educació i ciència de la Generalitat Valenciana (GV 98-D9-113) y la Fundació Caixa Castelló-Bancaixa-Universitat Jaume I (P1B97-13).

de Egipto, acompañados por la voz en *off* de un locutor que nos habla del descubrimiento por parte de Champollion de la piedra Rosetta, que permitió descifrar los jeroglíficos, sabemos que estamos viendo un documental; si nos aparecen las imágenes de dibujos de tres mellizas intentando desbaratar los planes de una bruja aburrida, reconocemos una serie de dibujos animados muy conocida del público infantil actual; si en la pantalla aparece una diligencia perseguida por una multitud de enfurecidos guerreros indios, la cosa está muy clara: una película del Oeste; si vemos a tres personas respondiendo las preguntas o siguiendo las instrucciones de un presentador con la intención de conseguir un premio, somos conscientes de que se trata de un concurso; si lo que aparece en pantalla es un jugador de fútbol que canta junto con su hijo una canción sobre las excelencias de un producto de alimentación, ¡no cambie de canal! ha llegado el momento de la publicidad. En cualquier caso, el espectador reconoce algunos de los rasgos de ese programa que está viendo y ello le permite adscribirlo a un género determinado. Los géneros son, según afirma Wolf (1984), como un principio de orden para orientarse en el conjunto de los textos televisivos.

Pero, en ocasiones, hay algo que se nos escapa como espectadores, y es el hecho de que muchos de esos productos que consumimos no son de producción propia, sino que han sido traducidos de sus lenguas de partida a las lenguas de los canales que los emiten. Las modalidades de traducción de los textos audiovisuales (Agost, 1999) son el doblaje, la subtitulación, las voces superpuestas y la interpretación simultánea. En el Estado español, la interpretación simultánea tiene muy poca presencia (festivales de cine); respecto a las voces superpuestas, se utilizan especialmente en los documentales y, por sus características técnicas, podemos incluirlas como una submodalidad dentro del doblaje; la subtitulación, a pesar de que va ganando adeptos y defensores en una sociedad que comienza a dar importancia al conocimiento de otras lenguas, aún mantiene un segundo puesto frente a la presencia mayoritaria del doblaje, que debe su actual situación a una tradición instaurada en los años cuarenta (Izard Martínez, 1992; Danan, 1993; y Agost, 1996).

En nuestro trabajo, entendemos por textos audiovisuales los programas que aparecen en las pantallas del cine y del televisor; hablaremos, pues, de traducción audiovisual para referirnos a la traducción de estos textos. Lo hacemos siguiendo criterios didácticos que responden al ámbito de uso y a las técnicas que se utilizan en el proceso de traducción (Agost y Chaume, 1996, 1999). Somos conscientes de la existencia de otros textos que comparten el código visual y el oral (teatro, ópera, canción, productos multimedia) y que podrían formar parte, siguiendo ese parámetro, del mismo grupo. Algunos autores hablan, en este sentido, de traducción subordinada (textos en los que hay más de un código) (Titford, 1982; Mayoral, 1988 y 1997). Sea como fuere, tenemos que destacar la complejidad de estos textos, fruto de la evolución tecnológica (Gubern, 1995, *apud* Peraire, 1997, 161):

> I en aquest sentit podem afirmar amb contundència que durant les darreres dècades hem assistit, assistim encara, a una redefinició del complex territori dels *mass media* al voltant dels discursos audio-visuals, que incluen des del cinema a la imatge sintètica de l'ordinador, passant per la televisió en color, la televisió d'alta definició i la televisió per cable, i que sembla que trobaran el seu punt culminant en les noves fronteres de la realitat virtual.

En este trabajo nos proponemos hacer una clasificación general de los géneros audiovisuales, para, después, centrarnos en cuáles son los principales géneros de la traducción para el doblaje. El hecho de poder reconocer los diferentes géneros puede ayudar al traductor a analizar y comprender mejor los textos en la lengua original, y toda esa información la puede transmitir al texto en la lengua de llegada (Emery, 1991; Bathia, 1993; Trosborg, 1997; García Izquierdo, 1998). Sin embargo, a pesar de esa especie de necesidad de establecer unidades, tipologías o clasificaciones que «se diría que es algo inherente a la forma que tiene el pensamiento humano de acercarse a la realidad que le circunda» (Casalmiglia y Tusón, 1999, 251), la diversidad y la heterogeneidad serán dos de las notas características de nuestro análisis.

2. Características de los textos audiovisuales

En este trabajo nos centramos en el *campo discursivo* de los medios de comunicación, entendiendo como tal la constelación de discursos entre los cuales se observan diversas regularidades y que están sometidos a una serie de condiciones y reglas (Foucault, 1969, 53). Dentro de este campo estudiamos el *espacio discursivo* de la televisión, un conjunto de prácticas comunicativas muy heterogéneas y que se caracteriza por la fragmentariedad y la fagocitación (Maingueneau, 1991, 158; González Requena, 1988). Los textos audiovisuales existentes antes de la llegada del cine, de la televisión y del ordenador —el teatro, la ópera—, han dejado paso a estos nuevos espacios, que se caracterizan por romper la barrera del aquí y el ahora, del espacio y del tiempo, que alcanzan e incluso superan, con la realidad virtual, los límites de la imaginación. La televisión se ha constituido en el espacio por antonomasia,

y a pesar de su carácter fragmentario, debido a la infinitud de programas que abarca, se define por su tendencia a la integración de textos procedentes de los ámbitos más diversos: el ámbito escénico —el teatro—,
el musical —la ópera—, el periodístico —las tertulias— e incluso el cinematográfico.

Por este motivo, no distinguiremos entre discursos televisivos y cinematográficos cuando hablemos del texto audiovisual. La televisión
lo incluye todo, y el cine parece haber perdido el poder de atracción
que tuvo en épocas no muy lejanas: todo se confunde en el magma heterogéneo del mundo audiovisual (Gubern, 1995, 38):

> [...] un conjunt de pràctiques representacionals, comunicatives
> o estètiques, utilitàries, perverses o trivials, extremadament heterogè-
> nies, sobre suports i formats altament diversificats.

2.1. *Investigación sobre los medios audiovisuales*

A partir de los años cincuenta, los medios audiovisuales, y especialmente la televisión, han sido objeto de estudio constante desde ámbitos muy diversos[1]: estudios *semióticos* (Jensen, 1995); estudios a partir
del *análisis del discurso* (Fairclough, 1995); el *análisis de los registros* (Ghadessy, 1993) o el *análisis de los géneros* (Swales, 1990; Bathia, 1993; Freedman y Medway, 1994; Perloff, 1994).

Esta investigación ha dado como fruto la publicación de numerosos trabajos que pueden adscribirse a cuatro ámbitos generales:

a) Estudios sobre el discurso televisivo, en los que se insiste en la
diferenciación entre este discurso y otros (Becerra, 1994).

b) Estudios sobre los géneros discursivos, que parten de los trabajos de Bajtín (1982). La preocupación de este autor por la relación entre los usos lingüísticos de una sociedad determinada lo
llevó a estudiar los géneros y los registros. Destacamos aquí los
trabajos de Wolf (1984), Blum y Lindheim (1989), Cebrián
(1992), Barroso (1996) y Peraire (1997), entre otros.

---

[1] Véase el interesante artículo de Peraire (1997), donde, entre otros aspectos, se ofrece una visión muy completa de los estudios realizados sobre la televisión. En este trabajo seguimos la clasificación propuesta por él. Agost (1996) también presenta una descripción de diversos aspectos relacionados con el texto audiovisual (véase, en especial, la II
parte: «El text audiovisual»).

c) Hay también una serie de trabajos que se centran en géneros concretos; sobre cine destacamos Hueso (1983), Romaguera (1991), Benet (1992), García Jiménez (1993); sobre las series, González Requena (1989) o algunos de los trabajos aparecidos en el número 19 de la revista *Archivos de la Filmoteca* (1995); sobre la publicidad, González Requena (1995) o Lomas (1996); sobre los programas de entretenimiento, Wolf (1982); sobre los informativos, Gomis (1997), etc. La lectura atenta de estos trabajos nos da la clave para establecer, en buena medida, una clasificación de los géneros audiovisuales centrados en los múltiples textos que aparecen en las pantallas del televisor.

d) Finalmente, una última línea de investigación tiene como objeto los trabajos de análisis textual, por un lado, y de estudio de las estrategias cognitivas, por otro (Vilches, 1993 y Debray, 1994, entre otros).

2.2. *Características generales de los textos audiovisuales*[2]

Una descripción de algunos de los rasgos generales que caracterizan y definen a los textos audiovisuales pueden sernos de utilidad para determinar cuáles son sus principales géneros. Así, estos textos se caracterizan, desde un punto de vista pragmático, por el tipo de participantes en el acto comunicativo, por las situaciones de comunicación y por la intención comunicativa; desde una perspectiva de la situación comunicativa, por las variedades de uso y de usuario; y desde un punto de vista semiótico, por el género, que es el aspecto sobre el que hemos centrado nuestra atención en este trabajo. Analicemos ahora, de forma más detenida, cada uno de estos rasgos que caracterizan el texto audiovisual.

Primeramente, en cuanto a los usuarios, los textos audiovisuales se caracterizan por un alcance casi sin límites. Desde una perspectiva del receptor, hay unos espectadores o telespectadores que se sitúan delante de una pantalla (la del televisor, la del cine), y un público heterogéneo o selecto, pero en cualquier caso indefinido, a pesar de los intentos de controlar los índices de audiencia. Desde un punto de vista del emisor, hay una gran variedad: periodistas, artistas, cantantes, etc., pero detrás de ellos siempre hay como primer emisor un director, un productor, una cadena de televisión, que condiciona el mensaje.

---

[2] Este apartado está basado en Agost (1999, 24-26).

En segundo lugar, respecto a la situación comunicativa, en el caso de los audiovisuales la mayoría de las veces está regulada por criterios económicos, ya que tanto la televisión como el cine se han convertido con el tiempo en unas potentes industrias, y, como tales, uno de sus principales intereses son los beneficios; de ahí, esa obsesión por los índices de audiencia.

Finalmente, en cuanto a la intención comunicativa, algunas de las misiones principales de estos textos son las de distraer, informar, convencer y, en algunos casos, intentar modificar la conducta del público.

En definitiva, los elementos pragmáticos nos llevan a pensar en las funciones del lenguaje, y observamos que el concepto de intención comunicativa coincide con el de foco dominante. Así, los textos audiovisuales se caracterizarían, de forma muy general, por una intencionalidad muy variada en la que predomina la exposición, especialmente la narración (películas) y la instrucción (publicidad).

Por lo que se refiere a las variedades de uso, estos textos se caracterizan por el modo audiovisual, por englobar todos los niveles del lenguaje y por incluir todos los temas imaginables. El mundo de la traducción es como un gran baúl o una inmensa caja que ofrece múltiples sorpresas a aquel que la abre y empieza a ver que es lo que podemos encontrar: en ella caben todos los registros y dialectos porque se pueden dar todas las situaciones comunicativas posibles; no tan sólo las reales, sino también las más fantásticas. Así, desde el monólogo del presentador de informativos hasta la conversación entre dos extraterrestres en una serie de ciencia ficción. Por tanto, el texto audiovisual puede incluir todos los registros y dialectos; por ejemplo, tenemos en los lenguajes de especialidad, documentales; lenguajes coloquiales, argóticos y dialectales en películas, y lenguaje estándar en informativos.

El género es el elemento fundamental de la dimensión semiótica. Sin embargo, hemos de tener en cuenta que en los textos audiovisuales también podemos encontrar el discurso como elemento importante. Pensemos en los discursos políticos o ideológicos en general que aparecen diariamente en los informativos y en los documentales, reportajes, etcétera, y en la importancia de la actitud ideológica de la lengua original, la del traductor, la del medio para el cual trabaja, la del espectador. Un ejemplo lo tenemos en los reportajes: imaginemos un documental sobre el nazismo. Dicho reportaje deberá incluir necesariamente fragmentos de discursos marcadamente ideológicos. Estos discursos pueden estar presentados de forma que se mantengan las tesis del nazismo o que se utilicen justamente para lo contrario. Así pues, la categoría de discurso resulta interesante, ya que los medios de comunicación audiovisual, vehículo de manifestación de los textos audiovisuales, se suelen mover por razones ideológicas y respiran ideología.

Los productos que llegan al espectador suelen tener una forma ya establecida, convencional. Esta forma recibe el nombre de género. Algunos de los géneros son característicos de los textos audiovisuales, pero otros son compartidos por textos de otros medios de comunicación (periodismo radiofónico —las tertulias—, literarios, escénicos —las obras de teatro televisadas—, la publicidad escrita —los anuncios—, etc.).

Uno de los problemas de los textos audiovisuales es que pueden generarse nuevos formatos, nuevos géneros; de hecho, es lo que se intenta en muchas ocasiones, ya que los nuevos productos, por el interés que suscitan, tienden a captar la atención de la audiencia. Una muestra la tenemos en los informativos: al género tradicional del noticiario se le han ido añadiendo nuevos elementos, por ejemplo, la fórmulas para dar paso a los diversos presentadores, las fórmulas de despedida o la introducción de comentarios personales, contrarios en principio a la finalidad de ofrecer una información tan objetiva como sea posible. Se han incluido secciones de actualidad casi frívola y, en algunas ocasiones, los programas dedicados a la información diaria se han convertido en programas de información sobre la crónica social, tema que parece tener ya su lugar en determinadas revistas, diarios sensacionalistas o prensa del corazón en general.

3. El concepto de género

La investigación sobre los géneros no es algo nuevo. La necesidad del concepto *género* surgió cuando se quiso clasificar los diferentes tipos de textos orales de la Grecia clásica. Actualmente, se aplica «a las manifestaciones que han generado las nuevas tecnologías de la comunicación y en especial al cine, la radio, y la televisión» (Casalmiglia y Tusón, 1999, 252). Sin embargo, sobre el fondo de todo lo que vemos en el aparato de televisión o en la pantalla del cine aparece el fantasma del viejo Aristóteles quien, en su *Poética*, ya inició la investigación sobre los géneros (Gomis, 1997, 187).

Aunque estas dos etapas se hallan muy alejadas en el tiempo, entre ambos estadios hubo una etapa secular, en la que la investigación de los géneros estuvo directamente relacionada con la literatura y, por consiguiente, ligada al ámbito de la retórica, la teoría y la crítica literarias: «El esquema de los géneros como paradigma de las clases de textos o las modalidades del discurso literario fue fundacional en la cultura literaria» (García Berrio y Huerta, 1992, 11). Se establecieron, de este modo, desde la Antigüedad clásica los tres géneros mayores: lírico-poéticos, épico-narrativos y dramático-teatrales. La asociación de estos géneros a los tipos textuales expresivo, comunicativo y referencial (García Berrio y Huerta, 1992, 47) quizá haya sido la causa de que durante mucho tiempo haya habido una confusión entre tipo textual y género[3].

En palabras de Biber (1989, 5-6 y 9), los *géneros* son formas convencionalizadas por los individuos de una sociedad determinada:

> I describe *genres* as 'text categorizations made on the basis of external criteria relating to author/speaker purpose' and 'the text categories readily distinguished by mature speakers of a language: for example... novels, newspapers articles, editorials, academic articles, public speeches, radio broadcasts, and every conversations. These categories are defined primarily on the basis of external format'. [...] In practical terms, these categories are adopted because of their widespread use in computerized language corpora.

En contraposición, el *tipo textual* se halla en un plano exclusivamente lingüístico (Biber, 1989 y 1995, 10):

> [...] the term *text type* has been used in my own previous analyses to refer to text categories defined in strictly linguistic terms. That is, regardless of purpose, topic, interactiveness, or any other non-linguistic factors, text types are defined such that the texts within each type are maximally similar with respect to their linguistic characteristics (lexical, morphological, and syntactic), while the types are maximally distinct with respect to their linguistic characteristics. After the text types are identified on formal grounds, they can be interpreted functionally in terms of the purposes, production circumstances, and other situational characteristics shared by the texts in each type.

Los estudios sobre los géneros han sido llevados a cabo desde disciplinas tan diferentes como la lingüística, la sociología, la teoría literaria, los estudios de cine, radio, prensa y televisión, la musicología, la antropología, la traductología, etc. Esto ha permitido múltiples acercamientos al tema y la utilización, en numerosos casos, de

---

[3] Para un análisis más detallado de este tema, véase Hatim y Mason (1990); Bathia (1993); Trosborg (1997); Maingueneau (1996 y 1998); Ciapuscio (1994); Reyes (1998); Biber (1995); García Izquierdo (en prensa).

criterios y parámetros *ad locum:* «cada esfera del uso de la lengua elabora sus tipos relativamente estables de enunciados, que denominamos géneros discursivos» (Bajtín, 1982, 248).

Los géneros dependen de la sociedad en la que nacen y ésta, a su vez, los condiciona. La idea de que los géneros son formas convencionales[4] es una constante en todos estos estudios. Pero los géneros existen no sólo porque la sociedad los cree, sin más; cumplen una función, tienen una validez pragmática: el conocimiento de los géneros ayuda tanto a los emisores como a los receptores porque nos ayuda a interpretar de forma correcta los enunciados al relacionarlos con un género concreto (Günthner y Knoblauch, 1995, 21-22), porque nos permite establecer unas correlaciones significativas entre forma y función. En este sentido, nos parece interesante señalar la doble finalidad que para Bathia (1993, 16) tienen las teorías sobre el género:

> From the point of view of applied genre analysis, our primary concern is twofold: first, to characterize typical or conventional textual features of any genre-specific text in an attempt to identify pedagogically utilizable form-function correlations; and second, to explain such a characterization in the context of the sociocultural as well as the cognitive constraints operating in the relevant area of specialization, whether professional or academic.

Los géneros funcionan, pues, como mecanismos de organización de la diversidad existente en el interior de lo que se llama los espacios discursivos —televisión, literatura, música, cotidianeidad, etc.—; son formas de organización textual (discursiva), que permiten agrupar los diferentes textos (discursos) teniendo en cuenta una serie de factores pragmáticos, enunciativos, sintácticos y semánticos (Peraire, 1997, 169).

Centrándonos en el texto audiovisual, el concepto de género resulta válido para entender el funcionamiento de las diferentes prácticas discursivas que encontramos en el universo audiovisual; concretamente, cuando hablamos de televisión, estas prácticas discursivas son los programas, unidades mínimas de la programación televisiva y manifestaciones concretas de un género determinado (Zunzunegui, 1989). Si tenemos en cuenta las características del discurso audiovisual (véase apartado 1, *supra),* observaremos que la programación televisiva es

---

[4] Hatim y Mason, 1990, 91; Biber, 1995, 9; Günthner y Knoblauch, 1995, 8; Bathia, 1993, 13; Trosborg, 1997, 17; Agost, 1999, 26; García Izquierdo, 1998, 18; Maingueneau, 1991, 178; Gomis, 1997, 188; Leckie-Tarry, 1993, 40; Peraire, 1997, 169; Perloff, 1989, viii.

muy diversa, heterogénea, compleja, fragmentaria y que tiende a la hibridización y a la fagocitación; todo esto la convierte en algo muy frágil e implica una concepción de los géneros muy particular, ya que puede haber una confluencia de varios géneros en un sólo programa (Cohen, 1989, 17):

> The combinatory nature of genres moves in our time to mixtures of media and to mixtures resulting from the electronic world in which we live. Films, TV genres, university educational programs, our very explanations of identity and discourses all indicate combinations of one kind of another.

El dinamismo de los géneros audiovisuales está garantizado[5]. Sin embargo, a pesar de este panorama de aparente desorden (Bettetini, 1986, 175), de transgresión y perversión de los géneros, éstos continúan siendo necesarios: «Postmodern theorists, critics, authors and readers inevitably use the language of genre theory even as they seek to deny its usefulness» (Cohen, 1989, 25).

4. LOS GÉNEROS AUDIOVISUALES

En nuestra propuesta de géneros audiovisuales de la traducción para el doblaje nos parece interesante tener en cuenta los criterios establecidos por diferentes disciplinas[6]. Esta aproximación multidisciplinar nos permitirá aplicar unos parámetros que se ajusten mejor a la

---

[5] A este respecto, son interesantes las observaciones de González Requena (1988, 24): «La asombrosa variedad de géneros discursivos televisivos —sin parangón en ningún otro sistema semiótico— constituye no sólo el campo de actualización de un número muy elevado de sistemas semióticos externos y de integración de códigos y discursos preexistentes, sino también, y sobre todo, un campo de experimentación de múltiples y muy diferenciadas combinaciones de estos códigos, sistemas y discursos previos». Esta heterogeneidad y sus consecuencias también fueron estudiadas por Eco (1968), para quien la televisión funciona como un canal que vehicula géneros de discurso comunicativo muy heterogéneos.

[6] En anteriores trabajos (Agost, 1996, 1997 y 1999) presentamos una clasificación de los textos audiovisuales. Esta tipología textual se basaba de forma dominante en las categorías de género —dimensión semiótica— y de tipo textual (foco contextual dominante y secundario) —dimensión comunicativa. A estas categorías les añadíamos, para caracterizar el perfil de cada tipo de texto, otras categorías pertenecientes a las tres dimensiones del contexto (Hatim y Mason, 1990). En el presente estudio, intentamos focalizar nuestra atención en los criterios que nos llevan a establecer los principales géneros y subgéneros audiovisuales.

complejidad del texto audiovisual. La elección de estos parámetros resulta especialmente difícil en el análisis de actividades de tipo sociocultural sujetas a una variación intercultural e intracultural, como es el caso de los textos audiovisuales y su traducción (Casalmiglia y Tusón, 1999), en los que la interdiscursividad y los límites borrosos entre algunos géneros es la tónica dominante. Asimismo, la clasificación resultante de la aplicación de estos parámetros no podrá considerarse estática, sino flexible y dinámica.

5. CRITERIOS DE CLASIFICACIÓN Y GÉNEROS AUDIOVISUALES

El hecho mismo de hablar de géneros audiovisuales ya implica haber realizado una clasificación de «los géneros». En este caso, hemos aplicado el criterio del *modo* —textos que utilizan los códigos visual y lingüístico (oral y escrito)— y el *ámbito de uso* —televisión, cine, vídeo, ordenador—, aunque ya hemos explicado que nos centramos en la televisión por ser el medio dominante y que «absorbe» a los demás (Trosborg, 1997). Debemos señalar que los criterios que presentamos los aplicamos a los programas que aparecen en la pantalla del televisor. Recordemos la importancia del concepto de programa en los estudios sobre el texto audiovisual.

El tercer factor que hemos de tener en cuenta es la *función* de un programa (texto) determinado. En este sentido, hablaremos de la intención comunicativa dominante. Para muchos autores (Swales, 1990; Bathia, 1993; Nord, 1991), las intenciones comunicativas determina el género y le da una estructura interna; ambos elementos se hallarían tan unidos, que un cambio en la intención comunicativa implicaría un cambio en el género (Bathia, 1993; Berkenkotter y Huckin, 1995).

Sin embargo, la intención comunicativa no es el único factor que debe ser analizado, aunque sí es justo reconocer que es el que nos sirve para delimitar los macrogéneros. Así, podemos decir que la inmensa mayoría de los programas responden a una de las siguientes funciones:

a) Contar historias ficticias.
b) Informar sobre hechos y acontecimientos reales.
c) Actuar sobre el destinatario para modificar hábitos, actitudes y formas de comportamiento.
d) Distraer y mantener el contacto con el espectador.

Evidentemente, un programa puede tener más de una función, pero siempre habrá una que sea la dominante. Siguiendo lo anterior, podemos decir que los textos audiovisuales se dividen en cuatro macrogéneros[7]:

a) Géneros dramáticos.
b) Géneros informativos.
c) Géneros publicitarios.
d) Géneros de entretenimiento.

La valoración de la función de un texto nos lleva a profundizar en el concepto de *tipo textual, foco contextual* (Werlich, 1975; Bronckart, 1985; Reiss, 1976; Hatim y Mason, 1990); *prototipo textual* (Neubert, 1985) y *secuencia textual* (Adam, 1992, 1996; Castellà, 1994). Concretamente, las nociones de prototipo textual y secuencia textual nos permiten entender las fluctuaciones de algunos géneros entre dos o más tipos textuales.

Atendiendo a los cuatro macrogéneros establecidos, observamos cómo en los géneros dramáticos, predomina el foco contextual narrativo (películas, series, telenovelas, telefilmes, dibujos animados), combinado con el descriptivo (películas documentales y filosóficas) y el expresivo (teatro filmado, películas musicales, literarias, ópera filmada).

Los géneros informativos tienen un gran espectro de posibilidades: el foco contextual narrativo (documentales, informativos de actualidad, reportajes, *reality-shows,* docudramas, programas sobre la vida social) se combinan con el descriptivo y el argumentativo. Hay también un grupo de géneros caracterizados por el foco contextual conversacional (entrevistas, debates, tertulias). La previsión meteorológica sería también un género informativo con un foco contextual descriptivo-predictivo. Finalmente, en otros géneros informativos en los que hay también una

---

[7] Peraire (1997, 161-185), en un artículo muy interesante sobre los géneros audiovisuales, propone seis macrogéneros: géneros informativos, géneros de opinión, publicidad, programas de entretenimiento, retransmisiones deportivas y narrativa audiovisual (cine). Se basa en los siguientes criterios: el ámbito discursivo y las características de la situación comunicativa, la intención comunicativa dominante, las operaciones de anclaje discursivo, los tipos de secuencias discursivas y las estrategias enunciativas. Nosotros hemos incluido lo que él denomina géneros de opinión dentro de los informativos, puesto que así lo reconocen autores como Cebrián (1992); por otra parte, debido al carácter de espectáculo que han adquirido hoy en día ciertas retransmisiones deportivas, las incluimos dentro de los géneros de entretenimiento.

intención de explicar o clarificar contenidos, aparece como foco dominante el expositivo (programas divulgativos, culturales) combinado con el instructivo (programas dedicados al espectador-consumidor-ciudadano: cocina, jardinería, bricolaje, teletrabajo, programas sobre cine y televisión, etc.).

Los géneros dramáticos se caracterizan por el foco contextual dominante instructivo, que combinan con el conversacional (publicidad dialogada) y el expositivo (campañas institucionales de información y prevención, publirreportajes, venta por televisión, propaganda electoral).

Finalmente, los géneros de entretenimiento forman un grupo muy heterogéneo: hay programas con un foco contextual dominante narrativo (crónica social, retransmisiones deportivas), programas en los que predomina el conversacional (concursos, magazines), el expresivo (programas de humor, programas musicales), el predictivo (horóscopo) o incluso el instructivo (programas de gimnasia).

El análisis de las características generales del texto audiovisual realizado en el apartado 2 *(supra)* nos da también una guía de cuáles pueden ser otros criterios menores para establecer y caracterizar los géneros audiovisuales (House, 1981; Halliday y Hasan, 1976): el *campo* nos permite establecer los subgéneros de las películas (Romaguera, 1991) —del Oeste, ciencia ficción, policíacas, comedia, drama, musical, etc. El *modo* nos posibilita la distinción entre géneros en los que domina la oralidad, la espontaneidad (géneros de entretenimiento); géneros que participan más de las características del lenguaje escrito (la mayoría de los géneros informativos); y géneros donde se intenta mantener un equilibrio entre oralidad y escritura (géneros dramáticos y publicitarios) (Agost, 1997). Por último, el *tenor* mide la implicación del enunciatario, su actitud, el tono y la distancia enunciativa: esto nos permite distinguir entre el subgénero del documental o el *reality-show,* por ejemplo.

Esta clasificación, basada en los criterios de ámbito discursivo, medio, intención comunicativa dominante, foco contextual dominante y registro, intenta ofrecer una perspectiva de análisis multidimensional (Hatim y Mason, 1990; Trosborg, 1997). Somos conscientes de que no se trata de una propuesta cerrada; la aparición de nuevos géneros televisivos es una prueba fehaciente de que las clasificaciones son relativas, y que tan sólo se trata de intentos de organizar lo que la sociedad crea y el uso social determina. Sin embargo, pensamos que un análisis de los géneros audiovisuales puede ayudar al traductor (Trosborg, 1997, 17):

241

Text typology with genre conventions and knowledge of how communicative functions and text types are realized in different languages within and across genres are useful knowledge in translator training and in translation itself.

6. Doblar o no doblar, ésa es la cuestión

Un análisis de la programación televisiva nos ha llevado a la conclusión de la existencia de cuatro macrogéneros: géneros dramáticos, informativos, publicitarios y de entretenimiento. Sin embargo, no todos los programas que se pueden adscribir a uno de estos macrogéneros son susceptibles de ser doblados. Veamos a continuación cuáles son los factores que condicionan la decisión de doblar un texto audiovisual.

Éste es el primer paso para un análisis de la traducción para el doblaje en conjunto, y también para establecer cuáles son sus características y cuáles los problemas que plantea al traductor.

a) Factores técnicos. La inmediatez de la emisión es uno de los condicionantes de que se opte por el doblaje o no de un determinado texto audiovisual, ya que si las imágenes grabadas tienen que emitirse enseguida o con un margen de tiempo mínimo, el doblaje es impracticable y en ese caso se recurre a la subtitulación o a la interpretación simultánea. Éste es el caso de las entrevistas o de las conexiones en directo que podemos ver cada día en los telediarios: un acto retransmitido en directo, por ejemplo, los funerales del presidente de Israel, Isaac Rabin, nos llega con interpretación simultánea; o las declaraciones en catalán del presidente de Cataluña, Jordi Pujol, que aparecen subtituladas en los telediarios de ámbito estatal.

b) Los factores económicos. Las productoras compran aquellos productos para los que prevén un público potencial garantizado. Respecto a las televisiones, el criterio económico es también fundamental. Un caso que demuestra bien a las claras que se dobla también «con afán de lucro»[8], puede ser el de Antena 3,

---

[8] Debray (1994) se refiere al discurso televisivo como un negocio lucrativo que se dedica a la compraventa de miradas.

canal privado que emite en español series como *Los Simpson* en el ámbito estatal, aunque no en Cataluña, donde los espectadores reciben dicha serie en su versión catalana. Evidentemente, los directivos de este canal saben que la audiencia apreciará esta versión doblada. Recordemos, por ejemplo, la tensión social que provocó la negativa de la productora estadounidense de *Pocahontas* a exhibir esta película en catalán en las salas comerciales y los recientes desacuerdos entre productoras estadounidenses a la hora de cumplir la ley del Parlamento catalán de ofrecer una cuota de sus productos doblados al catalán: los sectores de la sociedad más sensibilizados por la falta de normalización de la lengua catalana en el sector de los audiovisuales se manifestaron insistentemente para exigir una igualdad de derechos.

c) *Los factores políticos.* En ocasiones, especialmente por lo que se refiere a las televisiones públicas, los gobiernos son quienes deciden qué es lo que se dobla, e incluso cómo ha de hacerse. La importancia de los factores políticos aumenta en proporción inversa a la situación de «normalidad» de una lengua. En el caso de las lenguas minoritarias (el francés en el Quebec) o en proceso de normalización (el catalán, el gallego y el euskera en España), las políticas lingüísticas adoptadas por los diferentes gobiernos influyen directamente en el mercado del doblaje de cada comunidad lingüística. El hecho de doblar una película en una lengua minoritaria, por ejemplo el caso del catalán en la Comunidad Valenciana —el dialecto valenciano—, cuando esta película ha sido ya doblada en la misma lengua pero en un dialecto diferente en los estudios de doblaje de Barcelona, significa un gasto adicional, que tan sólo obedecería a factores sociopolíticos. Por otra parte, debemos tener en cuenta que la televisión y el cine son también agentes importantes de culturización de la sociedad, juntamente con el resto de medios de comunicación de masas, como la prensa o la radio. En este contexto, la figura del asesor lingüístico adquiere una importancia especial dentro del proceso habitual del doblaje, ya que controla la aplicación del modelo de lengua que se quiere difundir.

d) *La función del producto.* Por ejemplo, en el caso de los diálogos de continuidad, los metadiscursos televisivos (programas que hablan sobre lo que podemos ver a lo largo de la semana en nuestras pantallas), como tienen la finalidad de informar y de captar el interés de un público muy concreto, se realizan en la lengua materna y son propios de cada cadena televisiva; por tanto, no son productos susceptibles de ser doblados. Se trata de productos de consumo televisivos destinados exclusivamente a la audiencia de una comunidad determinada. Otros productos audiovisuales que, por su idea original, son difícilmente doblables, son algunos vídeos con finalidades didácticas muy concretas. Es el caso de *Portraits. Un village dans Paris*, una serie de documentos concebidos con la finalidad de mejorar el conocimiento de la lengua y cultura francesas a alumnos extranjeros.

e) *El destinatario*. El tipo de espectador también condiciona el hecho de que una película se doble o se presente en versión original. Es el caso típico de los países defensores de la subtitulación, como los centroeuropeos o los nórdicos. Estos países, sin embargo, doblan todos los productos destinados a los niños y a la gente mayor, quienes, por impedimentos propios de sus respectivas edades, no son capaces de leer los subtítulos. En el caso de España, podríamos mencionar el caso del público de las filmotecas, un público más elitista que disfruta con las versiones originales: los programas destinados a este tipo de público no se doblan, se subtitulan. En el cine, suelen exhibirse en salas muy determinadas, y en la televisión, en franjas horarias de baja audiencia (de madrugada) y en cadenas que se caracterizan por su nivel cultural o por el interés que muestran por el cine (Canal +, TV2, Canal 33).

f) *La intertextualidad*. Cuando un programa hace continuas referencias a lo que ocurre en una sociedad determinada, y centra su mensaje en el comentario de los últimos acontecimientos sociales, políticos, culturales; cuando hace referencia constante a personajes presuntamente conocidos por el gran público presentándonos diversas facetas de su vida, pública y privada; cuando se alude constantemente a otros programas de otras cadenas, de otras televisiones; es decir, cuando un programa tiene grandes dosis de intertextualidad, su posibilidad de ser doblado a otras lenguas es mínima. Un espectador perteneciente a otra comunidad no podría entender los «guiños» de los presentadores del programa. Un ejemplo pueden ser programas como *Caiga quien caiga, Malalts de tele, El informal, Sabor a ti, Qué me dices, Tela marinera*, entre otros. Son programas cuya única misión es entretenernos, de forma más o menos inteligente, eso sí, según los casos.

7. Los géneros de la traducción para el doblaje[9]

Los factores analizados en el apartado anterior nos dan las claves para poder discernir, a partir de la clasificación general de los textos audiovisuales que hemos presentado en el apartado 5 *(supra)*, cuáles son los géneros audiovisuales susceptibles de ser doblados.

7.1. *Géneros dramáticos*

Si tenemos en cuenta los factores mencionados con anterioridad, podemos deducir que, por lo que, se refiere a los textos fundamentalmente narrativos, cualquier tipo de película, serie, dibujos animados o telefilmes se puede doblar. Aunque cada uno de ellos tiene una serie de características que se han de tener presentes a la hora de hacer el respectivo doblaje.

Estas particularidades son muy importantes en los textos narrativos con un foco secundario descriptivo, como las películas documentales o las filosóficas. Los problemas terminológicos en las primeras y la intertextualidad y la comprensión de los conceptos abstractos de las segundas hacen que a las restricciones más generales del doblaje (el sincronismo visual) se añadan los problemas que puede representar la dificultad del contenido.

Respecto de los textos narrativos con un foco secundario expresivo, consideramos que las retransmisiones de ópera no son susceptibles de ser dobladas, ya que la prioridad en estos casos es la interpretación de los cantantes, y el libreto ocupa un lugar claramente secundario. Por lo general, las retransmisiones de ópera suelen hacerse en versión original o en versión original subtitulada para que el espectador pueda seguir el argumento. El caso del teatro es también especial. Cuando una televisión retransmite una obra de teatro es porque la considera un acto social importante que interesa a la audiencia. Si por un momento nos situamos fuera del ámbito de la televisión, observamos que la mayoría de los espectáculos teatrales a los que podemos asistir se realizan en la lengua del espectador. Si el autor de la obra es extranjero, ésta se traduce, o se adapta. De hecho, en el ámbito televisivo, es esta versión traducida, adaptada o libre la que se transmite. Así pues, podemos de-

---

[9] Este apartado está basado en Agost (1999, 34-40).

cir que las representaciones teatrales generalmente no son susceptibles de ser dobladas. Por otra parte, las películas musicales (y también las canciones) presentan una variedad de situaciones muy amplia: detectamos la existencia de películas musicales con las canciones traducidas (pensemos, por ejemplo, en las de la productora
Disney), o subtituladas *(An American in Paris,* 1951, dirigida por
Vincent Minnelli) o sin traducir *(Yellow Submarine,* 1968, dirigida
por George Dunning). Además, las canciones, cuando aparecen en
programas musicales (género de entretenimiento), generalmente
tampoco se traducen.

7.2. *Géneros informativos*

Los factores más importantes a la hora de doblar un texto audiovisual informativo son, en primer lugar, el problema de la inmediatez de
transmisión del texto, y en segundo lugar, el interés que un programa
determinado, a causa de los temas que trata, puede tener en la audiencia. Algunos autores llaman a estos fenómenos operaciones de anclaje
discursivo (Bronckart, 1985). Si los temas que se tratan son muy localistas y difícilmente pueden atraer la atención de un público que no
pertenece a una comunidad muy concreta, no se consideran exportables y, por tanto, el proceso de traducción será también inexistente.
Éste suele ser el caso de los géneros predictivos (por ejemplo, las pre-
visiones del tiempo en Estados Unidos únicamente tendrían una cierta relevancia en el contexto de una película) y de los argumentativos
con foco secundario conversacional, como las tertulias y los debates,
porque suelen tratar temas de actualidad muy ligados a la vida social,
política y económica de una sociedad concreta.

Respecto a otros géneros informativos, como la entrevista, tendríamos que especificar en qué espacio televisivo se inserta: si es en un telediario, generalmente estará subtitulada o habrá una interpretación simultánea, y si pertenece a los diálogos de una película, si ésta está doblada, la entrevista también lo estará.

Si nos centramos en textos narrativos, como los informativos de actualidad, algunos *reality-shows* o determinados programas sobre la vida
social, debido a su carácter localista (acontecimientos sociales, personajes populares, famosos, etc.), tampoco son exportables. El problema
del doblaje es, pues, inexistente.

Muy diferente es lo que ocurre con los documentales (los documentales de la BBC, las series de Cousteau sobre *L'odysée submarine,*

etc.), los reportajes (sobre la guerra de Kosovo, la extradición de Pinochet, etc.), los programas divulgativos o culturales. Si los programas realizados en otros países tienen un público potencial en España, se llevará a cabo su distribución en las diferentes televisiones existentes actualmente y entonces tendrá lugar su doblaje (preferentemente, voces superpuestas para los documentales y reportajes).

Otro tipo de textos informativos como los que tienen un foco expositivo e instructivo, no suelen ser objeto de doblaje, ya que van dirigidos a un público muy determinado, con unas costumbres y unos referentes muy definidos. Cada televisión suele hacer sus propios programas sobre cocina, ecología, jardinería, bricolaje, teletrabajo, cine y televisión, etc.

7.3. Géneros publicitarios

La internacionalización de la economía y la presencia de numerosas multinacionales origina que la traducción de la publicidad de cada compañía sea un hecho incuestionable. En el caso de la traducción en España, hemos de tener en cuenta diversas cuestiones: por una parte, tenemos la traducción de la publicidad extranjera y, por otra, la realizada dentro de España (que aparece traducida también en algunas televisiones autonómicas). Mientras que en el primer caso observamos que a veces la estrategia es la adaptación, en el segundo caso la variedad estratégica reside en el hecho de traducir el anuncio o bien emitirlo en español. En ambos casos, son los factores sociales los que determinan la línea de actuación.

En el caso de la publicidad institucional en España, las campañas públicas de información y prevención suelen estar patrocinadas por el Gobierno central o por el de cada comunidad autónoma. Por otra parte, los responsables de los programas de propaganda electoral pueden estar interesados en el hecho de traducir sus campañas en las comunidades bilingües. Como ejemplo, podríamos citar la campaña para la racionalización del consumo de medicamentos, realizada en catalán y en castellano, patrocinada por la Conselleria de Sanitat de la Comunidad Valenciana. En este sentido, habría una traducción interna, es decir, una traducción de las campañas realizadas en España, filmadas en alguna de las lenguas oficiales y traducidas a otra lengua oficial.

En cuanto a las campañas de propaganda política, un análisis de los espacios publicitarios de las elecciones generales celebradas en España en 1995 nos muestra que los partidos políticos de ámbito estatal, y también autonómico, prefieren adaptar su campaña a las diversas comunidades bilingües, como una estrategia para identificarse más con las particularidades de cada comunidad.

En síntesis, si tenemos presente el conjunto de géneros publicitarios, consideraremos susceptibles de ser doblados los anuncios, los publirreportajes, los programas de venta por televisión y las campañas institucionales de información y prevención (en comunidades bilingües).

7.4. *Géneros de entretenimiento*

El análisis de la programación televisiva nos revela que la traducción de los programas de entretenimiento, como los concursos, programas de gimnasia, de música, retransmisiones deportivas (pensemos en la concepción del fútbol como espectáculo) o el horóscopo, es muy escasa. A pesar de ello, podemos recordar el programa *That's Incredible*, que presentaba situaciones, casos y cosas espectaculares, o el concurso *Humor amarillo*, en que el espectador español podía ver las imágenes originales de esta producción japonesa con unos comentarios completamente adaptados. Respecto a los concursos, las televisiones suelen vender los derechos no para que puedan emitirse en otros países, sino con la finalidad, que se hagan adaptaciones. Así, por ejemplo, *La ruleta de la fortuna* es un programa que se puede ver en muchas televisiones en versiones diferentes. En cuanto a programas de humor, como *Mr. Bean* o *Benny Hill*, se basan en el lenguaje no verbal, con lo cual la actuación del traductor es mínima.

Finalmente, en el género audiovisual de los magazines, llamados también programas contenedor (Gomis, 1997), hay que distinguir entre los destinados al público infantil, juvenil y adulto. Cada país suele tener sus propios magazines para niños, jóvenes y adultos, presentados por famosos y conocidos de cada sociedad. Pero, en ocasiones, sí que podemos encontrar casos en que programas destinados a los niños son emitidos en versión doblada en otras televisiones. Se trata de programas con un componente didáctico muy importante: un ejemplo muy conocido para el público español es el de *Sesam Street*, *Barrio Sésamo*, en el cual podemos encontrar canciones, cuentos, instrucciones para hacer alguna cosa, explicación de nociones y conceptos básicos, etc.

Otro tipo de magazines más actuales son aquellos que incluyen series de dibujos o series juveniles. Éstas aparecen dobladas, pero en este caso las consideramos géneros dramáticos. A pesar de ello, la heterogeneidad de estos programas es muy grande y podemos encontrar dentro de este tipo «macroprogramas» susceptibles de ser doblados. Es el caso de *El món d'en Beekman,* en TV3, un programa destinado a los jóvenes que, de forma muy entretenida, enseña nociones básicas de las ciencias experimentales.

Ésta es, básicamente, nuestra propuesta sobre los géneros de la traducción para el doblaje. Aunque la cuestión de la traducción de textos multimedia es un aspecto que no hemos tratado, ya que tan sólo lo mencionamos al presentar las diferentes modalidades de traducción audiovisual, consideramos que es importante su aparición en este panorama general de los géneros de la traducción para el doblaje. Su inclusión responde al reconocimiento de la importancia de este nuevo ámbito de la traducción audiovisual. Así, por una parte, podemos citar los juegos interactivos de ordenador, que hemos clasificado como textos narrativos dentro de los géneros de entretenimiento y, por otra, los textos fundamentalmente expositivos, por ejemplo, una parte de los materiales interactivos didácticos e informáticos, que hemos clasificado dentro de los géneros informativos.

8. CONCLUSIÓN

Es evidente que esta clasificación de los géneros audiovisuales del doblaje es tan sólo un esquema simplificado de la realidad televisiva y cinematográfica y del mundo de los multimedia. La heterogeneidad del mundo audiovisual hace que sea muy difícil establecer una clasificación perfecta. Pensemos, por ejemplo, que una película puede incluir cualquiera de los géneros que hemos considerado no susceptibles de doblarse, como una tertulia, una predicción meteorológica o un fragmento de una representación teatral. Ahora bien, consideramos que se trata de casos excepcionales y, por tanto, fuera de una norma general. Lo que pretendemos con este panorama general es establecer los géneros que, de forma más habitual, pueden aparecer doblados en las pantallas del cine, del televisor e incluso, de nuestro ordenador. A partir de ahí, podremos establecer las características y los problemas principales que plantea su traducción para el doblaje[10].

---

[10] Para un análisis de la traducción de los géneros del doblaje, véase Agost (1999).

Capítulo XIII

La traducción del humor en textos audiovisuales

Patrick Zabalbeascoa Terran
Universitat Pompeu Fabra (Barcelona)

1. Introducción

Para entender la traducción del humor en los textos audiovisuales es necesario conocer los factores propios de la traducción, por un lado, del humor, por otro, y de los textos audiovisuales, por otro. En última instancia perseguimos ofrecer una explicación de cómo se combinan todos estos factores. Curiosamente, ninguno de estos tres campos puede presumir de un importante aparato teórico formal universalmente reconocible y aplicable. Esta situación hace los tres hayan tenido que tomar prestado descubrimientos y modelos de otras disciplinas, como la semiótica, las teorías de la comunicación, la psicología, la lingüística, las teorías literarias y estéticas e incluso de la filosofía, la etnografía y la sociología. El humor, la traducción y la comunicación audiovisual tienen todos una dimensión comunicativa, sociocultural, histórica, ideológica y psicológica. Así, por un lado, es necesario conocer sus especificidades, pero, por otro, también es necesario darse cuenta de sus comunes denominadores.

Es posible estudiar el humor como un aspecto de la traducción o la traducción como un aspecto del humor, y lo mismo podríamos decir de estos dos con respecto a la comunicación audiovisual hasta agotar todas las combinaciones posibles. Aquí vamos a centrarnos en el humor y la comunicación audiovisual como aspectos de la traducción, o quizás sea más preciso decir de algunas traducciones.

2. LA TRADUCCIÓN Y EL DOBLAJE

La complejidad del estudio de la traducción proviene del gran número de variables que pueden llegar a intervenir. Éstas incluyen:

a) La importancia relativa de los distintos papeles que hay que desempeñar y las personas que las asumen (autor/guionista, traductor/adaptador, emisor/distribuidor, iniciador de la traducción/productor, terminólogo, documentalista, corrector, censor/editor/ajustador, receptor, evaluador o crítico, etc.).
b) Los medios materiales y técnicos disponibles.
c) La/s finalidad/es que se persigue/n con la traducción y la función potencial y real de ésta, y en general, el papel sociocultural de la actividad traductora de una comunidad.
d) Las características lingüísticas, discursivas y textuales, tanto del texto de partida como del texto meta (TM).
e) Las modas, tendencias, tradiciones, los tabúes, los impedimentos legales que determinan la aceptabilidad de las traducciones y de cualquier otro tipo de producción textual o modo de expresión.

El doblaje se halla ampliamente tratado en otros apartados de este libro, pero quisiera señalar aquí que, cuando el doblaje se utiliza como término para referirse a un determinado modo de traducir, es importante recordar que el papel del traductor en la mayoría de los casos se limita a la propuesta de un primer borrador escrito de lo que podríamos llamar el guión de la versión doblada. Por lo tanto, en el caso del doblaje delhumor se requerirán destrezas en los siguientes apartados: capacidad de interpretación para encontrar un sentido coherente a la versión original (incluyendo una buena apreciación de los elementos humorísticos) y de expresión para poder plasmarlo convenientemente en la lengua meta; capacidad de ajuste de la (primera) versión traducida a los espacios disponibles y de sincronización con los demás elementos sonoros y visuales del texto audiovisual; capacidad de producción de un texto que funcione como un guión humorístico y gracioso, en el que el texto no sólo refleje el contenido original de manera verosímil sino que produzca el efecto deseado. Aunque estas destrezas no siempre coinciden en una misma persona, se pueden evitar muchas incoherencias de todo tipo, también en el plano humorístico, si se sigue contando con el traductor durante todo el proceso de elaboración de la versión doblada, en vez de olvidarse de él, como tantas veces se hace, una vez ha entregado una traducción que puede reflejar a menudo solamente la primera de las destrezas arriba mencionadas.

En la literatura especializada es posible que se haya exagerado el carácter individualista y personal de la traducción, cuando muchas veces puede (y hasta debe) ser un trabajo de colaboración e intercambio de impresiones. El doblaje es uno de los casos más claros de la necesidad de trabajar en equipo. No hay que olvidar que en la elaboración de la versión original también trabaja un equipo de guionistas que a su vez trabajan en colaboración con el resto del equipo de dirección y producción. Aprovecho para aclarar que en este trabajo utilizo la palabra *traductor* como un término que designa cualquier número de personas que intervengan en la elaboración de una traducción, independientemente de cómo esté repartido el trabajo, es decir, todos los responsables de las palabras de la versión final y su relación con los otros elementos textuales.

3. LA COMUNICACIÓN AUDIOVISUAL

La comunicación audiovisual, así como la multimedia, nos obliga a revisar algunas ideas simplistas que podamos tener sobre la traducción. En primer lugar, tenemos que reconocer que la dimensión verbal no es la única que comunica contenidos e intenciones. En segundo lugar, ciertas cosas sólo son posibles si se dispone de la tecnología y de la financiación adecuadas. Por lo tanto, hay que admitir que la traducción tiene, entre otras muchas, una dimensión técnica y una económica. En tercer lugar, hay que subrayar la importancia de los aspectos temporales, por ejemplo, el ritmo, la sincronía y la velocidad, y también la dicción y ejecución por parte de las voces. A veces, el humor se consigue no por lo que se dice, sino por cómo se dice. De hecho, en el doblaje al castellano se recurre poco a tipos especiales de voz o maneras poco usuales de hablar; el humor es precisamente uno de los casos en los que sí se utilizan, pero hasta en este caso se usan menos que en los originales.

Se dice típicamente que el doblaje es uno de esos casos en los que el traductor no puede recurrir a notas explicativas a pie de página; sin embargo, esto es una verdad a medias, porque, aunque es cierto que no se admite que los espectadores puedan leer en pantalla aclaraciones de lo que están viendo y escuchando, también es verdad que hay toda una serie de anotaciones que acompañan las palabras de la versión traducida para indicar al director cómo o en qué circunstancias se tienen que articular, no sólo para respetar los criterios vigentes de sincronía, sino también para ayudar a dar mayor coherencia a lo que los actores de doblaje tendrán que interpretar.

Con respecto a la dimensión técnica de la traducción, hay que decir que se tiene que explotar al máximo como fuente potencial de compensación (en sentido traductológico) y de humor. A grandes rasgos, hay, por un lado, todas las técnicas de grabación y manipulación del sonido, y por otro, las técnicas cada vez más informatizadas y sofisticadas de manipulación de la imagen. Es decir, todos los elementos no verbales que se interpretan como portadores de significado o con un valor comunicativo o expresivo pueden ser manipulados si así se cree conveniente: por ejemplo, la melodía de una canción puede tener un valor textual (por alusión a su letra o su contexto habitual), los colores a veces tienen valor semiótico, así como el valor connotativo o asociativo de cualquier objeto o imagen que pueda mostrarse en pantalla.

Todos estos elementos que tienen la potencialidad de significar también lo tienen de producir humor. Sin embargo, dado el peso de una tradición que se ha forjado, en gran medida justamente por limitaciones tecnológicas, hasta ahora se ha considerado que la producción de versiones extranjeras implicaba única y exclusivamente un cambio en las pistas de sonido que llevan la grabación de las voces. Así, aspectos como la coloración de imágenes en blanco y negro, la inserción de objetos o personas en escenas, o más recientemente, la espectacular manipulación de los labios de personajes famosos, bebés y hasta animales para que vocalicen cualquier cosa que queramos que digan, se han ceñido a productos audiovisuales no traducidos (especialmente la publicidad con cierto carácter humorístico). Pero si realmente se llega a aplicar la manipulación del movimiento de los labios mediante imágenes digitalizadas por ordenador, se podrá decir que se ha vencido de alguna manera la barrera que supuestamente distinguía el doblaje de todas las demás formas de traducción: la sincronía labial. Dejando de lado los derechos de autor o consideraciones estéticas o éticas, existe ya la tecnología que permite ajustar los movimientos de los labios a las palabras, así que no siempre tendrá porqué ser al revés.

La sincronía labial no es la única restricción que impone la traducción de textos audiovisuales. Otra, que afecta muy especialmente la traducción del humor, es el ajuste de la velocidad de emisión de la información a la velocidad de asimilación por parte de los destinatarios. Recordemos que en el texto escrito cada lector puede ajustarse a su velocidad de lectura e incluso volver atrás cuando le convenga. En el humor audiovisual, el tiempo suele ser un factor decisivo, por ejemplo, en la limitación de no poder ir tan deprisa que dejemos atrás a la audiencia, y también en el de buscar el ritmo adecuado para conseguir el efecto cómico con la máxima efectividad en cada caso, así como el margen que a veces hay que dejar para que la audiencia «caiga» o simplemente pueda reírse un rato a gusto sin temor a perder el hilo del diálogo o el siguiente chiste.

Un aspecto que tiene que ver con esto último y con la manipulación técnica es la cuestión de las risas de fondo. No parece conveniente mantenerlos en algunos casos que podríamos llamar improcedentes. Por ejemplo, si el traductor «se rinde» en algún chiste concreto, es decir, es plenamente consciente de que su versión no consigue el efecto humorístico donde aparece en el original, dejar las risas grabadas producirá una incoherencia que muy probablemente despistará, desorientará o molestará a la audiencia, con el agravante de que el espectador no tiene por qué saber la causa de esta incoherencia y puede suponer que se debe a un sentido del humor típico del país de origen. Un caso parecido es el de la compensación por desplazamiento. Si el traductor compensa el no haber podido lograr el efecto deseado en un lugar concreto introduciéndolo en otro, resulta que si el efecto es la risa en los espectadores y esto se ve favorecido por las risas grabadas, el problema será doble si tenemos risas grabadas donde no hay humor y no las tenemos (y no las tendremos si no se introducen durante el proceso de doblaje) donde sí hay una clara intención humorística. Otro ejemplo de inconveniencia de introducir risas grabadas por norma es el caso de audiencias a las que les molesta oír estas risas de fondo, ya sea porque no es la norma en su país o por alguna otra razón.

4. EL HUMOR

El humor no es fácil de definir ni de estudiar. Aquí definiremos humor (como elemento textual) como todo aquello que pertenece a la comunicación humana con la intención de producir una reacción de risa o sonrisa (de ser gracioso) en los destinatarios del texto. Desde este punto de vista, la relación entre humor y gracia es la de causa y efecto, aunque cabe puntualizar que el humor no es lo único que puede llegar a hacer gracia. El humor puede ser un ingrediente que aparezca en muchos tipos de textos y en muchos géneros distintos; en cambio, la comedia suele entenderse como un género concreto que debe cumplir con unos requisitos formales y estructurales (por ejemplo, un final feliz, una cierta densidad de humor) que lo distinguen de otros géneros.

Un traductor deberá estar atento a la posible existencia de elementos humorísticos en cualquier texto de partida, y, una vez detectados, deberá decidir sobre la importancia que tienen y la función que cumplen, y luego deberá decidir sobre la manera en que va a tratarlos según las características y la función que se hayan determinado para el TM. A continuación, propongo algunas etiquetas para referirse al tipo de prioridad que puede suponer el humor en el conjunto global de un texto, acompañados de ejemplos:

a) *Alta*, por ejemplo: comedia de televisión *(El príncipe de Bel Air)* o de cine *(La vida de Brian)* y actuaciones de cómicos (Chiquito de la Calzada).

b) *Media*, por ejemplo: ficción de aventuras *(En busca del arca perdida, Pulp Fiction)* o romántica con final feliz *(Pretty Woman)*, musicales *(Cabaret, Cantando bajo la lluvia)*. Los concursos televisivos no se suelen doblar, sino que se exporta el formato y la idea; con la excepción interesante de concursos que tienen un ingrediente importante que no es el estrictamente competitivo, como en *Humor amarillo*, que es un caso de doblaje sin traducción y donde la prioridad del humor es *alta*.

c) *Baja*, por ejemplo: un discurso parlamentario salpicado con alguna chanza o agudeza, las tragedias de Shakespeare que suelen incluir algunos juegos de palabras o referencias irónicas. Esta etiqueta no quiere decir que el humor no sea importante, sino que es menos importante que otras prioridades, o que no es una prioridad *global* sino *local*.

d) *Negativa*, es decir, la prioridad consiste precisamente en procurar que no haya nada que pueda interpretarse como humor; por ejemplo: una historia de terror como *Drácula* (no se incluyen aquí parodias del género), o situaciones que requieren seriedad o solemnidad como algunos ritos o tipos de discurso, ofrecimientos públicos de empleo, pésames, redacción de noticias bélicas o trágicas, etc. La inconveniencia del humor puede ser estilística, situacional, o prohibida expresamente o de manera implícita pero clara.

El humor puede cumplir muchas funciones diferentes (a veces simultáneamente) además de hacer reír, aunque hay que comenzar por la función de puro entretenimiento. Consideremos, por ejemplo, la utilización del humor con fines propagandísticos, didácticos (auto)críticos, retóricos, fáticos, terapéuticos, etc. La importancia de analizar la función del humor se deriva del hecho de que es uno de los aspectos que puede variar en el doblaje, igual que el tipo de prioridad. Si consideramos el caso de la autocrítica o parodia de algún aspecto de la comunidad a la que uno pertenece, difícilmente seguirá siendo autocrítico si se traslada el texto a otra comunidad. Entonces hay que ver si el humor seguirá funcionando, y si es así, de qué manera. Por ejemplo, muchas series cómicas inglesas tienen este elemento de autocrítica o parodia de algún aspecto de la sociedad británica. Si el éxito de sus versiones dobladas en España se debe a que se perciben por parte del público como parodia de la sociedad británica, entonces han dejado de ser autocrítica para convertirse en parodia de *otro*. Ello no impide que de manera indirecta los españoles se puedan ver reflejados en aquellas verdades más *universales* de las relaciones humanas y las contradicciones de la sociedad.

Aparte de la importancia y la función, hay que fijarse también en la clase de humor con la que nos enfrentamos. Con esto no pretendo introducir aquí una tipología del humor (ya que supera el ámbito de este trabajo), sino a algo más práctico que consiste en que el traductor reconozca los mecanismos o recursos utilizados en la producción del humor. El humor puede basarse en juegos de lengua o estilo, de conceptos o de situaciones, o una combinación de éstos. En otro nivel, puede delatar el estado de ánimo o la ideología de quien la produce (dando lugar a términos como humor racista, machista, sarcástica, cínica, pesimista, morbosa). Según los temas tratados, hablamos de humor político, verde, negro, escatológico, etc.

En un caso ideal (para los que no encuentran divertidas las situaciones complejas), la importancia, la función y el tipo de humor se mantienen constantes en todo el texto, y tampoco varían en la versión traducida. Resulta que los casos reales suelen estar bastante alejados de esta situación tan estable. Así, hay que distinguir entre prioridades globales que son aplicables al texto en su conjunto y aquellos casos en que una prioridad puede ser importante sólo en un segmento del texto. Por lo tanto, «producir efectos cómicos siempre que sea posible» podría ser la expresión de una prioridad para el conjunto de una comedia, y «producir un efecto cómico al principio y al final (o en otro punto concreto) del discurso» podría ser la expresión de una prioridad muy localizada dentro de una intervención parlamentaria con una intención *global* muy seria. En el cambio de una lengua a otra, segmentos de texto que son candidatos frecuentes a estar sujetos a prioridades localizadas son: los ejemplos, los componentes de las enumeraciones, y otras expresiones con un fuerte componente pragmático (promesas, insultos, etc.) o estilístico, y, por su puesto, los chistes. El criterio de conserva en estos casos puede no ser el de conservar el contenido o significado de las palabras, sino uno de índole un poco más abstracto como incluir: «el ejemplo que (mejor) funcione como un ejemplo en el TM» o «algo que funcione como insulto en este contexto», «sustituir el chiste de la versión original por otro que cumpla mejor con el conjunto de prioridades fijadas para este encargo de traducción».

Las prioridades más frecuentes que son a la vez *globales* y *altas* para la comedia televisiva son: conseguir un buen nivel de audiencia (o ser rentables de alguna otra forma), ser entretenidas y provocar la risa en los espectadores. Parece lógico pensar que éstas serán también prioridades de equivalencia que se buscarán para los doblajes de los programas y películas de humor y no importará tanto la equivalencia a otros niveles, como podría ser la equivalencia léxica o sintáctica. Con demasiada frecuencia, las comedias dan la impresión de haber sido traducidos según criterios aplicables a otras situaciones de traducción o doblaje. ¿Si los chistes no funcionan como chistes buenos en el TM, qué importa que se hayan traducido fielmente cada una de las palabras que los componían o su contenido informativo?

5. LA TRADUCCIÓN DE CHISTES EN TEXTOS AUDIOVISUALES

Propongo una posible clasificación de chistes (bastante rudimentaria pero ilustrativa) según los problemas que suponen para la traducción audiovisual.

El chiste *internacional:* una historia graciosa o chiste que no depende de ningún juego de palabras ni familiaridad con un contexto cultural específico. El término *internacional* no quiere decir *universal,* es decir, la falta de restricción lingüística o cultural se entiende como válida para un grupo limitado de lenguas y culturas. Por lo que concierne al traductor ante un encargo concreto de traducción, lo único que importa es que el chiste sea *binacional,* es decir, su internacionalidad abarque por lo menos los ámbitos del texto de partida así como los del texto meta. Los chistes internacionales suelen ser conceptuales o situacionales. En la serie de la BBC *Yes, Minister* hay muchos chistes sobre ministros que se podrían incluir en esta categoría, ya que no aluden a ningún ministro en concreto, sino a la condición de ser ministro y al cinismo con que se refieren a ellos sus funcionarios (por ejemplo, «*A Minister with two ideas? I can't remember the last one we had*»).

El chiste *cultural-institucional:* este tipo de chiste normalmente exige una solución en la que se realice algún tipo de adaptación o cambio en la(s) referencia(s) a instituciones o elementos culturales y nacionales para poder conseguir el efecto humorístico en una audiencia que no está familiarizada o identificada con ellos. En caso contrario, la suposición será que el público destinatario de la traducción está suficientemente familiarizado con los aspectos pertinentes de la cultura foránea. En el doblaje del humor, una estrategia bastante extendida consiste en cambiar los nombres de marcas comerciales y de personas famosas para que resulten igualmente familiares. Este tipo de solución suele funcionar mejor cuando se consigue que el nuevo nombre también pertenezca a la cultura original o al menos que pueda ser conocido allí (por ejemplo, sustituir una referencia a una marca americana poco conocida en España por una americana muy conocida aquí antes que por una marca española desconocida en América). A veces, este tipo de cambio tampoco es posible, y es en ese momento que hay que ir a un nivel más abstracto para ver el mecanismo de funcionamiento del chiste. En *Yes, Minister* hay un chiste que depende totalmente de la referencia *Daily Mail.* En este caso no era posible conservar el humor cambiando la referencia ni por otro periódico inglés ni por uno español. Entonces, era necesario ver que lo importante era que este diario es representativo de una institución permanentemente crítica con la gestión del Gobierno y que el público del doblaje se podría reír si podía entender esto. Como el *Daily Mail* no tenía ninguna otra relevancia en el programa, la solución pasaba por sustituir esta referencia por otra que se pudiera entender inmediatamente como siempre crítica con la labor del Gobierno, por ejemplo «la oposición».

El chiste *nacional:* en esta categoría entran estereotipos (suegras, para el caso español, o el «nuevo ruso» para el caso de la Rusia poscomunista que ha creado una clase de nuevos ricos desesperados por gastar su dinero de la manera más llamativa posible), temas (el divorcio, la emigración, la familia real, la educación), géneros cómicos (farsa, parodia literaria, sátira política, canciones, poemas, etc.) que son propios de una coyuntura histórica o de la comunidad original y menos conocidos o populares en otras. Esta categoría incluye el aspecto que podría llamarse el *sentido del humor nacional* de cada país o comunidad. Por ejemplo, se dice que en algunas comunidades a la gente les gusta reírse de sí mismos, mientras que en otras gusta más reírse a costa de terceros. A unos les va más el humor escatológico (o tiene una mayor tradición) que a otros, y lo mismo podríamos decir del humor (por ejemplo, el racista o sexista), que en unos lugares causa risa y en otras ofensa. Un caso curioso es el tratamiento de Manuel en la comedia televisiva *Fawlty Towers.* Según la versión original procede de España, Barcelona más concretamente, y eso, según sus jefes ingleses, «explica» en gran medida su comportamiento tan ridículo. En la versión doblada al catalán Manuel ya no procede de Barcelona, sino de Jalisco, México, ya que en este caso el criterio era que la gente no iba a reírse precisamente de un compatriota suyo retratado de esta manera.

El chiste *lingüístico-formal:* depende de fenómenos lingüísticos como la polisemia, la homonimia, la rima, referencias metalingüísticas, etcétera, pero por lo demás son bastante «internacionales», lo cual quiere decir que podrían ser fácilmente traducibles algunos de ellos si se cancelara la restricción lingüística, porque se diera la coincidencia que la lengua del TM fuera capaz de reproducir el mismo (tipo de) juego lingüístico. En esta categoría de chistes lingüístico-formales se incluyen todos aquellos que no tienen otra intención que la de mostrar ciertas relaciones sorprendentes entre signos lingüísticos y sus usos pragmáticos, propios de críos que están todavía en edades de adquisición del léxico, o de personas con aficiones filológicas. Estos chistes suelen ser muy difíciles de traducir o de adaptar, precisamente por carecer de otra función que la de mostrar el virtuosismo lingüístico de su autor. Un divertido y complicado ejemplo lo encontramos en una escena de la película *Cabaret* en la que el protagonista está dando clases particulares de lengua inglesa a una acaudalada alumna alemana y la clase se ve saboteada de alguna manera por los comentarios jocosos (y metalingüísticos) de Sally, la americana. Otro ejemplo se encuentra en *Cuatro bodas y un funeral* en la escena en la que un cura muy nervioso confunde muchas palabras durante las misas de boda (confunde *Holy Ghost* por «*Holy Goat*», que en la versión castellana es Espíritu Santo por «Espíritu sano»). Para este último ejemplo las equivocaciones de la versión inglesa están más cargadas de doble sentidos ofensivos que la versión doblada al español.

El chiste *no verbal:* es el que no depende para nada de ningún tipo de elemento verbal; es típico del cine mudo. Incluye elementos (no verbales) visuales, sonoros o una combinación de los dos. Sin embargo, no debemos pensar que la imagen y la música son universalmente interpretables de la misma manera para los espectadores de todo el mundo. No es tan fácil como parece encontrar imágenes, dado su carácter semiótico, que no dependan para nada de unos conocimientos culturales. En el cine, sin ir más lejos, hay muchas imágenes que pretenden evocar imágenes o escenas de otras películas o documentos gráficos muy conocidos.

El chiste *paralingüístico:* depende de una combinación de elementos verbales y no verbales, lo cual supone una restricción considerable si tiene vigencia la convención de que la imagen es «sagrada». Un tipo de chiste es el que resulta de la sincronización de elementos verbales con otros no verbales (una caída, una aparición sorprendente, el sonido de un disparo, etc.). Otro tipo incluido en esta misma categoría agrupa a aquellos elementos aparentemente no verbales, pero que en realidad son el reflejo de alguna unidad lingüística, normalmente una palabra o una representación visual de algún modismo o expresión. Es el caso de la mímica de una palabra o de una articulación oral exagerada sin emitir ningún sonido para que «se lean los labios» (a veces con la intención de que sepa lo que decimos sólo el que está de cara a nosotros o para dar satisfacción a nuestras ganas de decir algún improperio sin que se oiga, práctica común entre deportistas televisados). La representación de algún modismo también se puede hacer con la mímica (y por otros medios). Un ejemplo de esto sería el cuadrado que «dibuja en la pantalla» el personaje de la película *Pulp Fiction* encarnado por Uma Thurman, que en inglés se entiende perfectamente como la última palabra de la frase (iniciado verbalmente) «don't be square». En el contexto en el que se produce da al conjunto *(don't be* + el gesto) el sentido de «no seas antiguo», que dista mucho de una traducción literal de *don't be* por «no seas» y luego ver el cuadrado en pantalla, reforzado además por unas línea de puntos que sigue el trazo dibujado en el aire por las manos de la actriz. Una solución puramente verbal, sería buscar una expresión en castellano que acabara con *cuadrado* y encajara en el contexto (tipo «no seas un cabeza ... cuadrada» o quizás «no seas tan ... cuadrado», aunque las dos son mejorables). Una solución más «tecnológica» consistiría en borrar la línea de puntos de la imagen para dar cabida a versiones menos literales («abre tu mente», «rompe tus esquemas» que dieran otra interpretación al gesto de la actriz).

El chiste *complejo:* una combinación de dos o más de los tipos mencionados. Muchos chistes son difíciles porque presentan problemas en varios niveles a la vez. La comedia televisiva *Allo, Allo* es uno de los retos más grandes para cualquier traductor, ya que se recurre a casi todas las formas de producir humor. Especialmente complicado resulta la diversidad de nacionalidades y su reflejo en las interpretaciones. En la versión original todos hablan inglés, pero unos hablan en inglés haciendo ver, según la nacionalidad del personaje, que entre ellos hablan en francés, otros en alemán y otros en inglés, con lo que también representa que los que hablan francés e inglés no se entienden entre ellos. Por último, hay un personaje que es un aviador inglés haciéndose pasar por gendarme francés pero que habla un francés fatal. Él no habla inglés con acento francés como los demás franceses, sino que habla de manera muy idiosincrática equivocándose casi exclusivamente en las vocales dando lugar casi siempre a otra palabra del vocabulario inglés (dice *massage* en vez de *message),* muy a menudo con connotaciones sexuales.

Otro factor a tener en cuenta es el grado de integración del chiste con otros aspectos del texto como el argumento, la caracterización de los personajes, o el chiste como parte de una serie concatenada de chistes relacionadas entre sí.

6. Conclusión

La traducción de textos audiovisuales puede mejorar con la especialización, es decir, con una mayor comprensión por parte del traductor de los mecanismos de funcionamiento del humor y de las tradiciones cómicas de cada comunidad, por un lado, y por otro, la variedad de estrategias de adaptación y compensación que tiene a su alcance, tanto lingüísticas, como paralingüísticas y tecnológicas. Es importante decidir la importancia relativa de todos los factores. ¿Hasta dónde hay que buscar la sincronización labial perfecta si eso compromete el valor cómico del texto (y viceversa)? Hace falta una mayor profesionalización y mayor especialización dentro de la profesión. Las soluciones se derivarán de tácticas encaminadas a conseguir un mismo efecto por medios diferentes, como es la sustitución de elementos verbales (palabras) por elementos no verbales (entonación, tipo de voz) o una combinación de los dos. En el doblaje se permite el uso de la subtitulación, pero a la inversa no. Un ejemplo de la explotación del subtitulado con efectos cómicos, aunque sea en versión original, es una escena de *Annie Hall* en la que Annie y Alvy tienen una conversación intelectual sobre la fotografía como forma de expresión artística y simultáneamente los subtítulos nos permiten leer sus pensamientos (¡literalmente!) que incluyen reflexiones de tipo sexual y banal. La voz en *off* es otro recurso que hay que explotar.

Los estudios sobre traducciones audiovisuales contribuyen a que se entienda mejor la complejidad de los factores sociales, técnicos y profesionales que también tienen una presencia importante en muchas otras traducciones.

La traducción audiovisual en España y en otras partes del mundo conforma un campo de estudio en el que todavía queda mucho por descubrir, y esto se conseguirá mediante el estudio sistemático de los datos que ofrece cada caso más que por la explicación de anécdotas más o menos divertidas de meteduras de pata del traductor, y dicho sea de paso, en la evaluación de traducciones audiovisuales es muy arriesgado atribuir las meteduras de pata exclusivamente al traductor. Algo que podría derivarse de estos estudios, convirtiéndose en un instrumento de gran utilidad para los traductores de cine y de televisión, sería un compendio de ejemplos ilustrativos de tipos de chistes y técnicas humorísticas. Un buen libro de estilo, o manual, orientado a la traducción del humor en textos audiovisuales podría combinar las pautas y normas con una amplia colección ilustrativa de ejemplos de chistes, acompañados de traducciones imaginativas y eficaces.

Tercera parte

PRÁCTICA

CAPÍTULO XIV

El traductor de películas

XOSÉ CASTRO ROIG
Traductor profesional (Madrid)

1. INTRODUCCIÓN

La intención de este trabajo es describir someramente el proceso de traducción para doblaje y subtitulación a aquellos profesionales interesados en esta disciplina. El interés por ella es creciente, a juzgar por el número de clases, artículos y conferencias. Mi trabajo trata sobre ciertos aspectos prácticos, técnicos y profesionales de esta profesión: la de *traductor de material audiovisual* o, para entendernos, *traductor de películas,* y no tanto sobre la historia, la hermenéutica o las fórmulas para lograr la traducción correcta de textos de esta índole, seguramente discutida con más extensión en otros escritos de esta obra e impartida durante horas en muchas aulas universitarias. Dado que tanto en mi profesión como en mi especialización soy autodidacto (paradójicamente *intruso* en ciertos círculos), he redactado mi trabajo con pautas algo informales y me he permitido la licencia de introducir algunas digresiones en el hilo discursivo que me parecieron oportunas para obtener una idea global de lo tratado. (Adjunto al final un glosario de términos propios de esta materia para comprender mejor lo aquí escrito).

2. EL PERFIL DEL TRADUCTOR DE PELÍCULAS

Para ser un buen traductor de películas, hay que tener en cuenta que la principal diferencia entre éste y los colegas de otras disciplinas es que traduce un texto que va a ser *interpretado, hablado;* un trabajo a medio camino entre la traducción y la interpretación.

La principal característica que —a mi modo de ver— debe primar en cualquier traductor es la curiosidad por aprender. En esta disciplina, además, debe poseer una equilibrada combinación de lingüista, ortógrafo y cinéfilo. Asimismo, como persona formada, es un espectador activo que escruta lo que ve, lo analiza y lo usa en su provecho.

Dado que en televisión y en cine se emite gran parte de la cultura y el ocio que recibe un país, el traductor de material audiovisual debe estar informado de las últimas novedades y ser diligente en la búsqueda de información sin olvidar la máxima de que «Tiene más valor saber dónde está la información que la información en sí». Si alguien observa la biblioteca de un traductor de películas, encontrará títulos tan diversos como la Torá, glosarios de zoología, las obras completas de Shakespeare, hasta libros de citas, refranes y chistes, pasando por libros de historia o criminología. Sin olvidar una abultada factura telefónica por el acceso a Internet...

Pero, sobre todo, el traductor debe tener un conocimiento exhaustivo de su propio idioma. Un traductor es un lingüista, pero un lingüista principalmente en su propia lengua. Los traductores nunca debemos dejar de estudiar ni de aprender, pues los que trabajamos con el idioma y transmitimos la cultura (con nuestros textos) tenemos la gran responsabilidad de usar el lenguaje como utensilio de trabajo en préstamo. El idioma estaba aquí cuando llegamos y deberá seguir estando cuando faltemos; mientras tanto, en ese período intermedio, deberemos haberlo tratado con la dilección que merece y, sopesando a la postre nuestra labor, haber aportado más en su provecho que en su detrimento. Es nuestra obligación y también nuestro derecho.

3. POR QUÉ SE TRADUCEN MAL LOS TÍTULOS DE LAS PELÍCULAS EN ESPAÑA

Ahora, en lugar de empezar con el orden lógico de las cosas, comenzaré hablando de una cuestión polémica y enjundiosa que siempre surge en conferencias y mesas redondas sobre traducción audiovisual: la mala traducción de los títulos de películas en España. Como sé que sobre esta punto hay bastante desconocimiento y demasiada cábala, me permito hacer una breve digresión (la primera) para intentar aportar algo de luz al asunto.

Sobre esto ya escribió un artículo muy completo el profesor Óscar Jiménez, de la Universidad de Granada. Recuerdo haberle recomendado que se pusiera en contacto con la oficina de la Twentieth Century Fox en Madrid para confirmar algunas de sus pesquisas. Ésta es una cuestión fácilmente criticable (quién no ha dicho alguna vez: «Menudo asco de título» al ver la cartelera de cine) y, sin embargo, sus causas son bastante desconocidas fuera del sector.

Aunque no son porcentajes fijos, las grandes distribuidoras estadounidenses emiten en España entre un 25% y un 40% del material estrenado en Estados Unidos (cantidad que varía en función de la productora y del año). Tan pronto se decide si una película va a estrenarse en nuestro país, se pone en marcha una compleja cadena de trabajo cuyo objetivo es promocionar la película y hacerla llegar al máximo número de clientes posibles (no sólo telespectadores, como se aclara a continuación).

Así pues, cuatro, cinco... quizá seis meses antes de un estreno, el departamento de márketing urge al responsable de doblaje para que le dé un título en español y poder empezar a trabajar con él. Del mismo modo, si con la película va a generarse toda una serie de productos (ropa, juegos en CD-ROM, material de papelería, libros, etc.; algo muy frecuente en las películas de dibujos animados), la importancia de decidir un título —que en esta fase ya es un nombre comercial, en realidad— es harto importante. Aquí tenemos el primer factor: la urgencia y la decisión de un título que, además, puede tener implicaciones comerciales (patentes, derechos de autor, etc.).

La distribuidora debe acudir al Ministerio de Cultura para comprobar si su propuesta de título es viable. La película estadounidense *Devil's Advocate* (1997), por ejemplo, no pudo titularse *El abogado del diablo* —como sería lógico— porque ya había una película llamada así, por lo que pasó a denominarse *Pactar con el diablo*. Según las productoras (no he podido contrastar tal punto con el Ministerio), las razones que reciben para rechazar algunos títulos son algo caprichosas y, así, se impugna el título de una película porque es muy parecido al de otra estrenada recientemente, aunque se aprueban títulos realmente semejantes a los que tan sólo se les ha quitado un artículo o un pronombre (v. gr., la película *The Negotiator* no pudo tomar la traducción *El negociador*, pero sí *Negociador*).

Para rizar el rizo, los telefilmes pueden llegar a tener varios títulos. Recuerdo un telefilme estadounidense llamado *Russian Holiday*. Adjunté a mi traducción, como suelo hace siempre, dos o tres posible títulos en español para que el estudio de doblaje los ofreciera, si lo deseaban, a la televisión. No usaron ninguno de los propuestos, pero la película se emitió en distinta fechas con títulos como *El medallón del zar* y *Relaciones misteriosas,* entre otras (más adelante se explica la condición de las televisiones como derechohabientes de la emisión de programas durante un período de tiempo fijado). Así, no es nada extraño que los departamentos de programación de algunas televisiones cambien a capricho la traducción de los títulos de ciertas películas para adecuarlas al momento. Por ejemplo, si el principal competidor de la televisión XYZ emite una película de éxito llamada *El sicario,* no sería raro que otra televisión emitiera, en la misma franja horaria, otra llamada *El asesino,* aunque versara sobre un vulgar ratero. También es bastante común aprovechar ciertos sucesos (el fallecimiento de la princesa Diana o la guerra del golfo Pérsico, por ejemplo) para *adecuar* al momento histórico la traducción del título de las películas. Durante la guerra del golfo Pérsico, por ejemplo, se emitieron algunas películas de guerra con títulos españoles que eran mucho más sugerentes y más relacionados con aquella guerra que el título original.

En resumen, en esta toma de decisión intervienen muchos factores y personas..., aunque no siempre un traductor. Para concluir esta extensa digresión sobre las malas traducciones de títulos, debo decir que, aparte de lo explicado, las películas se traducen mal por otras razones: incuria en un gran porcentaje, cierta querencia por todo lo proveniente de Estados Unidos mezclado con cierto esnobismo, y poco prurito lingüístico en la toma de decisiones de este tipo. Todo ello da como resultado una retahíla de traducciones literales, crípticas, anglohispanas (título original con subtítulo español), incorrectas y en general, pavisosas: *El hombre que subió una colina, Postales desde el filo, Sister act: una monja de cuidado, Mi nombre es Joe,* etc. Fin de la digresión.

4. ENTRE BASTIDORES, EL DOBLAJE

Mucho antes de que un estudio de doblaje nos telefonee para ofrecernos la traducción de una película y un mensajero nos haga llegar una cinta VHS con un guión a nuestra oficina, existe un largo proceso de trabajo que conviene conocer. El traductor es uno de los últimos eslabones en la cadena que empieza con la adquisición de una película y su emisión o estreno. Ser conscientes de nuestro papel y responsabilidad en esta gran cadena y hacer un esfuerzo por conocer cada uno de los pasos previos y posteriores a nuestro trabajo nos ayudará a mejorar profesionalmente.

Los departamentos de doblaje de las distribuidoras de cine y vídeo reciben de su casa matriz el material para doblar, tras decidir si la película es viable para su exhibición en nuestro país o, por el contrario, no será rentable. En este último caso, puede tomarse la decisión de no doblar la película o de enviarla directamente al mercado nacional de vídeo, donde los costes de doblaje —y promoción, sobre todo— son mucho menores. Así pues, las grandes distribuidoras estadounidenses, por ejemplo, no exportan a España todo el material que estrenan en Estados Unidos. En ocasiones, el éxito de la película en Hispanoamérica influye en su comercialización en nuestro país. Asimismo, se suele tomar el título dado en el mercado hispanoamericano como referencia para nuestro país. A pesar de ello, en España vivimos un momento de cierta anglofilia que lleva, entre otras razones explicadas anteriormente, a los departamentos de márketing de muchas distribuidoras de cine a dejar los títulos de sus películas en inglés *(Independence Day, Ransom,* etc.), a pesar de que en el mercado hispanoamericano —con mayor ascendiente estadounidense— se traducen casi todos los títulos. A modo de anécdota, recuerdo ahora que la película *An Indecent Proposal* fue traducida en España como *Una proposición indecente,* y en Hispanoamérica como *Una propuesta indecorosa.*

En las cadenas de televisión españolas, los departamentos de producción ajena (así se llaman las secciones encargadas de administrar el material de emisión producido fuera de nuestro país) envían representantes a los mercados internacionales de televisión (NATPE, MIPCON, mercado de Cannes...) para adquirir los derechos de emisión de series, largometrajes, telefilmes y dibujos animados. Se adquieren derechos de emisión, no se adquieren películas. En estos grandes mercados o ferias internacionales, las distribuidoras y productoras exhiben sus productos a los compradores de cadenas de televisión de todo el mundo y efectúan una venta de los derechos de emisión, es decir, el comprador adquiere un determinado número de capítulos (en el caso de las series) en función de su presupuesto y expectativas de comercialización y, además, se estipula durante cuánto tiempo será el poseedor de tales derechos de emisión y cuántas veces podrá emitir dicho material. Por ejemplo, la televisión A compra a la productora B los derechos de emisión de diez capítulos de la serie XYZ (que tiene un total de cien) por un período de dos años y estipula un máximo de tres emisiones (denominadas *runs* en inglés) en ese período. De este modo, la productora puede vender los derechos de emisión a otra cadena de televisión para que emita la serie cuando prescriba el período comprado por la A.

La segunda cadena de televisión que adquiere los derechos recibe el material de la productora o llega a un acuerdo con A para ahorrar tiempo y costes (si están en el mismo país, por ejemplo). En este acuerdo también se puede incluir la adquisición del doblaje ya realizado en los diez capítulos por un tanto alzado. Por este motivo, algunas series pasan de televisión en televisión con el mismo doblaje original.

Así pues, el personal de compras de los departamentos de producción ajena firma el contrato de adquisición de derechos con el que sus compañeros de tráfico de materiales se encargarán de reclamar los materiales a la productora o distribuidora: imagen, guiones, banda sonora, material de promoción. Los mayores problemas que debe afrontar el personal del tráfico de materiales es la falta de algunos elementos imprescindibles para la emisión (por ejemplo, que llegue la imagen del capítulo 1 con la banda sonora del capítulo 4 y el guión del 3).

Es importante tener en cuenta las limitaciones y presiones de las personas que trabajan en los puestos anteriores a nosotros dentro de esta larga cadena, pues nos ayuda a ser conscientes de la urgencia e importancia de nuestra parte del trabajo. Los traductores somos la antepenúltima fase de un largo proceso; tras nosotros queda el doblaje y la emisión.

La lentitud e ineficacia de algunas productoras a la hora de enviar el material que hay que traducir y doblar, la urgencia inherente a este medio, la *contraprogramación* (hacer cambios en la programación según lo que emitan los competidores) y la cadena de desajustes que esto provoca acaba afectando al trabajo del traductor y del estudio de doblaje. No es infrecuente recibir la oferta de traducir una serie en la que faltan los guiones de algunos capítulos, que además no son consecutivos.

Cuando comenzaron a operar las televisiones privadas en España (1989-1990), hubo un largo período de gran demanda de doblaje y, por tanto, de traducción. Todas las televisiones necesitaban material, y lo necesitaban «para anteayer». Empezaron a surgir estudios de doblaje y traductores, y se vivieron casi tres años de bonanza que no fueron más que el prólogo de un caída anunciada. La crisis del sector del doblaje, que sólo ahora empieza a estabilizarse, empezó en 1993, marcada por una huelga de los actores de doblaje de Madrid y de Barcelona. La gran demanda de doblaje de los primeros años de las televisiones privadas provocó la apertura de nuevos estudios, una gran competencia en las tarifas de doblaje, y una saturación del mercado a fin de cuentas. A partir de 1992, el mercado del doblaje se estabiliza (las televisiones ya tienen bastante material doblado), las baratas telenovelas hispanoamericanas y los concursos ocupan gran parte de la programación diaria y, por fin, las series de producción española comienzan a aumentar exponencialmente. No en vano, en este momento, los programas más vistos de toda la televisión española son las series de producción española seguidas, muy de lejos, por los noticiarios.

Cuando el material llega al estudio, éste hace una copia de trabajo y envía otra al traductor. De este modo, el traductor recibe, normalmente: la película en formato VHS y una lista de diálogos (denominada comúnmente *guión).* La película lleva sobreimpreso un TCR (siglas inglesas de *Time Code Recording,* 'registro del código de tiempo'), es decir, un cronómetro digital que cuenta las horas, minutos, segundos y cuadros, y que sirve al traductor y al estudio para localizar ciertos puntos de la película.

5. Uso del código de tiempo en la traducción para doblaje

a) Localización de todo tipo de incidencias (fallos en el sonido o en la imagen que el traductor quiera hacer llegar al estudio).

b) Localización de rótulos o signos que deben ser doblados o subtitulados (por ejemplo, un personaje lee una carta cuyo texto se ve en pantalla).

c) En los programas narrados, es decir, aquellos compuestos de imágenes narradas por una voz en *off* (por ejemplo, documentales), el traductor debe indicar en qué momentos empieza a hablar el narrador, para que el doblador tenga una indicación del tiempo y pueda saber cuándo entra su voz. Ejemplo:

00:25:13:06. El leopardo abandona el árbol que le había servido como refugio.

00:25:26:10. Pero en su camino se topa con una leona herida... y algo hambrienta.

En este caso, el narrador terminó la primera frase en el minuto 25, segundo 13, cuadro 6 y comenzó la segunda en el minuto 25, segundo 26, cuadro 16. Suele despreciarse el cuadro por ser una unidad demasiado pequeña y redondearse a la siguiente unidad, el segundo (00:25:13 y 00:25:26, respectivamente).

6. Uso del código de tiempo en la traducción para subtitulación

El uso del TCR es más importante en la subtitulación, pues es necesario para llevar a cabo la *localización* de la película, como se verá más adelante.

7. El doblaje

Una vez recibido el material, comienza la labor del traductor.

7.1. *Comprobación del material*

Lo primero que hay que hacer es comprobar que se ha recibido el material acordado, sobre todo si se trata de series y se reciben varias cintas y varios guiones.

Es preciso recordar la importancia de esta comprobación inicial. Me ha ocurrido en varias ocasiones en los últimos diez años: recibo el guión y la película, llamo al estudio de doblaje para confirmar que han llegado correctamente y que tendrán la traducción el lunes, por ejemplo. Cuando introduzco la cinta, ésta no tiene sonido o falta un fragmento de la película, o puede ser que las últimas veinte páginas del guión se hayan quedado en alguna mesa del estudio de doblaje. Errar es humano. Cuando me doy cuenta, es viernes por la tarde, han cerrado el estudio y no podré comunicarme con ellos hasta el lunes, que es la fecha en la que debo haber entregado el material...

Así pues, es conveniente dar una ojeada inicial al material, sobre todo si no nos vamos a poner a trabajar con él de inmediato.

7.2. *Visionado*

El traductor debe visionar la película con el guión en la mano para: 1) comprobar que todo lo que sale en pantalla está escrito en el guión, y 2) marcar texto ausente, insertos, indicar voces en *off* y finales de secuencias. En el caso de que el tiempo no sea un problema, es recomen-

274

dable ver la película entera primero sin prestar atención al guión y luego, hacer un visionado técnico.

Es especialmente importante *sacar ambientes*, es decir, transcribir las frases inteligibles que pueda haber en los ambientes. Ejemplo: cuando un personaje entra en una cafetería o pasa junto a un grupo de gente, suelen oírse frases sueltas. La regla básica que debe tener en cuenta todo traductor de películas es: «si se entiende, se traduce». Así, aunque no conste en el guión, podemos encontrarnos con ambientes en los que se habla... y mucho (escenas de manifestaciones, comisarías, plazas y calles populosas, oficinas, salas de juicio, escenas de accidentes o crímenes con ambulancias, policía y curiosos, etc.). Hay otro tipo de incidencias normales al visionar una película: el guión está mal transcrito y faltan algunas frases o fragmentos, o ha perdido hojas accidentalmente, etc. En ese caso, el traductor tiene que transcribir el texto de pantalla para luego traducirlo.

Durante esta fase, el traductor puede ir anotando a mano los ambientes y todo el texto que pueda faltar del guión, o bien mecanografiarlo con el ordenador si su televisor y su ordenador están próximos (o si dispone de un ordenador portátil). Durante el visionado, también deberá marcar las partes en las que aparecen letreros o mensajes escritos que haya que traducir (carteles, subtítulos en otro idioma y, en general, cualquier texto que deba ser entendido por el espectador español). Para indicar al estudio de doblaje en qué puntos de la película están estos textos, el traductor debe tomar nota del código de tiempo (TCR) en el que aparece cada cartel. El proceso de visionado suele durar, más o menos, el doble del metraje del programa; es decir, un largometraje de 90 minutos suele visionarse en 160 minutos, aproximadamente.

7.3. *Traducción y adaptación*

Al terminar el visionado, el traductor debe tener una lista de diálogos que refleje los diálogos y ambientes de la película. La traducción debe realizarse con un procesador de textos en un ordenador (utensilio indispensable). Huelga decir que cuanto mejor se domine este utensilio y todas sus aplicaciones prácticas (zonas de consulta en Internet, foros de traducción, material de referencia en CD-ROM, macros, conceptos básicos de programación, etc.), más sencillo será nuestro trabajo y mayor agilidad y calidad conseguiremos.

A continuación, se ilustra un fragmento de un diálogo traducido:

275

Danny	**(OFF)** Mira, me han autorizado a hacer el intercambio **(ON)** pero tengo que entrar, **(OFF)** echar un vistazo y asegurarme de que no hay más rehenes, ¿estamos?
Omar	Sí. Nathan **(OFF)** ¿Podemos hacer blanco?
Argento	En el dormitorio, **(sovoz irónico)** pero no está cerca.
Bell	**(OFF)** ¡Inspector! Me parece que **(B)** he encontrado algo.
	(ON) [Son] cuentas en el extranjero.*/// (Nota: la traducción sería «Son cuentas en paraísos fiscales», pero es demasiado larga. Alternativas: Blanqueo de dinero, Dinero negro).*
Inserto	**(01.12.32)** Extracto de cuenta. Enero de 1996. San Vicente y las Granadinas.

El formato del texto para la traducción de un doblaje es como se ilustra: dos columnas; en la izquierda están los personajes, y en la derecha, el texto de los diálogos.

Todas las marcas que el traductor debe hacer en su traducción están pensadas para el siguiente eslabón en la cadena de producción: el director de doblaje, que es, además, la persona que suele ajustar la traducción.

Otra regla que debe tener siempre presente el traductor es que la mayoría de los directores de doblaje españoles no hablan otro idioma que el suyo, así que siempre que hagamos indicaciones, remisiones y comentarios sobre el texto original o sobre cualquier incidencia de la película, debemos tener en cuenta este hecho.

El traductor debe indicar en qué momentos la boca del personaje no está en plano (y marcarlo entre paréntesis con la palabra OFF y en qué momentos, la boca vuelve a entrar en plano (y marcarlo con la palabra ON). O por explicarlo de otro modo, en el primer texto de Danny, el personaje comienza a hablar cuando la cámara tiene en plano a Omar, tras decir la palabra *exchange* (intercambio) la cámara lo enfoca, pero vuelve a enfocar la casa de Omar cuando dice *take a look* (echar un vistazo). Si el personaje está dentro de plano, pero no se le ve la boca (está medio girado o da la espalda a la cámara), se hará una indicación distinta, ya que no es un OFF completo (yo suelo usar una B para indicar que no se ve la Boca).

También se pueden introducir a discreción otras marcas que crea conveniente, como *sovoz, irónico* y, en general, cualquier tipo de indicación relativa a la intención o tono del diálogo que el director quizá no capte debido su desconocimiento del idioma original. Asimismo, se puede incluir entre corchetes texto que pueda suprimirse del diálogo sin que haya una merma significativa del significado y ayude al ajuste, especialmente en parlamentos extensos.

También es conveniente añadir notas muy breves cuando sean necesarias para facilitar el entendimiento de ciertos pasajes o aclarar situaciones ambiguas o que puedan tener alguna alternativa. Por ejemplo, Bell dice en inglés *Tax heaven accounts*. Esta frase es tan corta, que resulta muy difícil introducir una traducción que pueda ajustarse a la longitud y duración del original. En este caso, el traductor ha optado por explicar el problema en una nota al director y darle un par de alternativas. Las tres barras indican el final de una secuencia (generalmente marcada en la lista de diálogos original).

Por último, el traductor marca un inserto con su código de tiempo que corresponde a un extracto bancario de unas cuentas en paraísos fiscales caribeños, que se muestran en pantalla durante unos segundos. El estudio de doblaje (o el responsable de doblaje de la distribuidora o de la televisión) decidirá si subtitula o hace una narración de este texto.

La representación y uso de la mayoría de estos códigos (excepto OFF y ON) varía de una ciudad a otra y aun de un estudio a otro. Es conveniente acordar con el estudio las marcas que desean que el traductor indique.

7.4. *Entrega*

El formato del texto y la entrega también depende de cada estudio. Cada vez es más frecuente el uso del correo electrónico para el envío de las traducciones. En general, casi todos los estudios piden un documento en formato Word (o WordPerfect) con interlínea doble (que permita al director o ajustador escribir entre líneas y hacer modificaciones a mano, una vez impresa la traducción). Algunos estudios tienen programas informáticos de división en tomas *(teikeo)* y pueden exigir el texto en ASCII o ANSI. Estos programas toman la traducción y extraen una lista de personajes y *takes,* con los que planificarán el doblaje. Por eso es muy conveniente escribir los nombres de los personajes siempre del mismo modo (es conveniente crear una macro de teclado), pues si varía una sola letra, el programa lo toma como un personaje distinto.

8. LA SUBTITULACIÓN

La subtitulación consta de cinco pasos:

a) Localización.
b) Traducción.

c) Adaptación.
d) Simulación.
e) Impresión.

Se puede ver una descripción de cada uno en el glosario adjunto.

8.1. *Algunos datos técnicos*

a) La unidad de medida de los subtítulos es el pie y los fotogramas. Un pie de película contiene 16 fotogramas. Cada segundo de película tiene 24 fotogramas (para el cine) y 25 cuadros (para la televisión).

b) En este contexto, se entiende que un «carácter» es lo mismo que una «matriz tipográfica», es decir, una letra, un número, un espacio o un signo de puntuación.

c) Un pie de película equivale a 10 caracteres escritos. Un fotograma, por tanto, equivale a 0,625 caracteres.

d) Los subtítulos pueden contener un máximo de dos líneas de 35 o 40 caracteres de anchura cada uno como máximo (varía según el tipo de letra y el programa de subtitulación empleado).

e) Entre un subtítulo y otro suele transcurrir un mínimo de cuatro fotogramas (según el país y el laboratorio, esta cantidad puede oscilar entre dos y seis fotogramas).

e) Para facilitar la comprensión del texto en el caso de los subtítulos largos, conviene no aprovechar al máximo la capacidad de caracteres que nos brinda el subtítulo y distribuirlo en dos líneas para mejorar la lectura.

f) Una película se divide, transporta y manipula en «bobinas», fragmentos de 1.000 pies de longitud y 10 minutos de duración aproximadamente.

g) En las listas de subtítulos se divide el guión en bobinas. Dentro de cada uno se estructuran los subtítulos, cuya duración se indica con un número $X.YY$ en el que X es el número de pies, e Y, el número de fotogramas.

h) No todos los caracteres ocupan lo mismo. Una *i* o una *l* no tienen la misma anchura ni detienen tanto la lectura como una *W* o una *o*. El traductor debe tener en cuenta esta cuestión técnica y aprovecharla para alargar o constreñir su traducción. Ejemplo: los subtítulos *¡Es Teresa!...* y *Eres un patoso* ocupan el mismo número de caracteres (14), pero se tarda más en leer éste que aquél.

8.2. Lista de equivalencias de pies y fotogramas con caracteres

Pies Fotogr.	Caracteres Fotogr.	Pies Fotogr.	Caracteres Fotogr.	Pies Fotogr.	Caracteres	Pies	Caracteres	Pies	Caracteres
1.1	11	2.1	21	3.1	31	4.1	41	5.1	51
1.2	11	2.2	21	3.2	31	4.2	41	5.2	51
1.3	12	2.3	22	3.3	32	4.3	42	5.3	52
1.4	13	2.4	23	3.4	33	4.4	43	5.4	53
1.5	13	2.5	23	3.5	33	4.5	43	5.5	53
1.6	14	2.6	24	3.6	34	4.6	44	5.6	54
1.7	14	2.7	24	3.7	34	4.7	44	5.7	54
1.8	15	2.8	25	3.8	35	4.8	45	5.8	55
1.9	16	2.9	26	3.9	36	4.9	46	5.9	56
1.10	16	2.10	26	3.10	36	4.10	46	5.10	56
1.11	17	2.11	27	3.11	37	4.11	47	5.11	57
1.12	18	2.12	28	3.12	38	4.12	48	5.12	58
1.13	18	2.13	28	3.13	38	4.13	48	5.13	58
1.14	19	2.14	29	3.14	39	4.14	49	5.14	59
1.15	19	2.15	29	3.15	39	4.15	49	5.15	59
1.16	20	2.16	30	3.16	40	4.16	50	5.16	60

Pies	Caracteres	Pies	Caracteres
6.1	61	7.1	71
6.2	61	7.2	71
6.3	62	7.3	72
6.4	63	7.4	73
6.5	63	7.5	73
6.6	64	7.6	74
6.7	64	7.7	74
6.8	65	7.8	75
6.9	66	7.9	76
6.10	66	7.10	76
6.11	67	7.11	77
6.12	68	7.12	78
6.13	68	7.13	78
6.14	69	7.14	79
6.15	69	7.15	79
6.16	70	7.16	80

8.3. Normas ortotipográficas

a) Es obvio que al tratarse de una traducción escrita, la ortografía debe ser perfecta.

b) Puesto que el tiempo de lectura es limitado, las expresiones de un subtítulo deben ser comprensibles en ese determinado tiempo. Las siglas, símbolos o expresiones no comunes pueden hacer perder el ritmo de lectura del espectador.

c) La primera línea puede ser más corta que la segunda y viceversa, aunque es necesario hacer una división equilibrada de ambas: no conviene dejar una sola línea demasiado larga y al cortar —tarea importante— deberá dividirse por unidades oracionales lógicas, es decir, se evitará separar locuciones (adjetiva, adverbial...), el verbo del predicado, o el sujeto del verbo, etc.

d) En cada cambio de plano, deberá haber un nuevo subtítulo. Si un subtítulo se mantiene en pantalla durante un cambio de plano, la reacción inconsciente del espectador es releerlo (si se había quedado a medias leyendo, volverá a empezar y perderá el tiempo). Ésta es una de las tareas más onerosas del localizador y del traductor, pues algunos directores y algunas temáticas (como las películas de acción) prefieren usar una gran cantidad de planos para dar dinamismo a la narración fílmica.

e) Cuando dos personajes hablan simultáneamente, comparten subtítulo. En la línea superior se indica el primero en hablar y en la segunda, el siguiente. Van precedidos de un guión (se usa guión en vez de raya por ser más corto). Algunos programas de subtitulación no aceptan la raya (código ANSI 0151) y otros sí. Conviene acordar con el laboratorio de subtítulos cuál será el signo que se empleará.

f) Es correcto y conveniente hacer uso de abreviaturas *(Sr.* por *señor,* etc.) siempre que sean conocidas y no provoquen confusión en el espectador.

g) Los insertos y títulos se escriben con letras mayúsculas. Nunca se usarán versalitas.

h) Se emplea la letra cursiva para indicar: 1) voces en *off* dentro de secuencia; 2) voces en *off* emitidas por cualquier aparato (teléfono, radio, televisor...); 3) la letra de las canciones, y 4) expresiones foráneas.

i) No pueden emplearse las comillas normales («») sino las altas o inglesas (").

Se usan comillas para denotar palabras jergales, inventadas o pronunciadas incorrectamente (p. ej., Perdón, he tenido un «lapso».). Se entrecomillan las referencias bibliográficas y literarias, así como los títulos de publicaciones o nombres de ciertos conceptos especiales (p. ej., *Lo leí en "People")* y las citas o frases leídas por personajes.

j) No se usan puntos suspensivos iniciales excepto si venimos de un silencio prolongado y está cortado el comienzo de la frase.

k) En algunos laboratorios se estila que para indicar una frase que continúa en el siguiente subtítulo, deben añadirse puntos suspensivos finales, excepto si la frase termina en coma, dos puntos o punto y coma. En otros —acaso la tendencia mayoritaria y más comprensible— se omiten los puntos suspensivos a no ser que tengan una función realmente elíptica u omisora, nunca para indicar que una frase continúa en el siguiente subtítulo.

l) Aunque una de las ventajas del español es la posibilidad de combinar signos de admiración e interrogación en el caso de frases exclamativas-interrogativas o interrogativas-exclamativas *(¡Pero ya has venido? ¿Cómo que te has ido a bañar!),* su lectura puede confundir al espectador y, por tanto, no es aconsejable su uso (a diferencia del doblaje).

m) Cuando se expresan cifras en dólares, conviene unir el símbolo del dólar a la cifra pues facilita la lectura. El espectador tiende a confundir el símbolo al verlo aislado *(20.000$* en lugar de *20.000 $).*

n) No debe comenzarse un subtítulo con una cifra expresada en número (guarismo).

o) Deben eliminarse los insertos que tienen igual grafía en español (p. ej., *Washington).*

p) Si el subtítulo contiene una sola línea, se pone abajo.

q) Se permite cierta libertad a la hora de puntuar las siglas y acrónimos. En un caso apurado, el traductor puede encajar un subtítulo si elimina los puntos de una sigla (p. ej., *EEUU* por *EE.UU.).*

8.4. *Normas de estilo*

a) Quizá la principal y más importante, casi un lema, sea «Lo bueno, si breve, dos veces bueno».

b) Cambiar el sentido de las frases (de interrogativo a afirmativo, de afirmativo a negativo, etc.) puede despistar al espectador, aunque a veces sea conveniente. Debe emplearse este recurso con precaución, ya que no es de uso tan frecuente como en doblaje (aunque el espectador no entienda el idioma original, puede in-

terpretar el tono de lo dicho en su sentido literal afirmativo, irónico...).

c) Conviene conservar, si es posible, la rima —o al menos, cierto
ritmo— de las canciones y poemas, aun a costa de traicionar le-
vemente el texto original.

d) Uno de los mayores inconvenientes de los subtítulos es la dificultad para expresar ciertos tonos de la voz, la ironía, el estado
de ánimo, la euforia, o recursos retóricos como la parresia, etc. El
traductor debe aportar una traducción que supla en lo posible
esta carencia.

8.5. *Ahorros generales*

a) La principal característica del subtitulador debe ser su capacidad
de extractar, abreviar y simplificar para mermar lo menos posible el sentido del argumento.

b) Entre las partículas que debe tender a eliminar el traductor, si no
son necesarias, están: coletillas a final y a comienzo de subtítulo,
expresiones vacías, expresiones enfáticas innecesarias que queden
claras en pantalla, signos de admiración que no haga falta reforzar,
pronombres personales, artículos, preposiciones y conjunciones,
cópulas iniciales, nombres de cosas y personas sobreentendidos o
repetidos, referencias a elementos o personas mostrados en pantalla, nombres propios, apodos, ciertos marcadores de discurso, pe-
rífrasis verbales y ciertos tiempos compuestos.

8.6. *Localización y visionado*

El proceso de recepción del material es similar al del doblaje. El traductor recibe una copia de la película y una lista de subtítulos. El laboratorio puede darle la *localización* (es el caso más común) ya hecha o
puede pedirle que la haga (deberá cobrarla aparte). Para hacer la localización, debe aplicar las normas técnicas antes descritas.

Algunos laboratorios entregan al traductor la lista de subtítulos
con la localización original (creada por la empresa que transcribió el
texto). Otros, sin embargo, prefieren descartarla y toman la lista de diálogos para hacer una localización propia. Algunos entregan un documento ASCII sobre el que el traductor debe trabajar:

```
YOUR FRIENDS AND NEIGHBORS
BOB1
ELENA
XOSÉ
INGLÉS
04/09/1998
04/09/1998
**.**.** **
**.**.** **
**.**.** **
1: 00:01:34.07 00:01:35.23 2.1
2: 00:01:36.15 00:01:38.03 2.2
3: 00:01:38.20 00:01:40.22 3.7
4: 00:01:41.03 00:01:42.04 1.0
[...]
```

Este documento contiene un encabezamiento con el título de la película y otros datos técnicos, como el número de bobina, el nombre del traductor, el idioma, la persona que ha hecho la localización, la fecha, etc. El traductor debe tomar como referencia la lista de subtítulos recibida e introducir la traducción bajo cada línea de subtítulo. Los subtítulos están numerados y tienen un código de tiempo de entrada y otro de salida, además del número de pies y fotogramas que admiten; en este caso 2.1, 2.2, 3.7 y 1.0. (Véase la lista de equivalencias anterior).

```
YOUR FRIENDS AND NEIGHBORS
BOB1
ELENA
XOSÉ
INGLÉS
04/09/1998
04/09/1998
**.**.** **
**.**.** **
**.**.** **
1: 00:01:34.07 00:01:35.23 2.1
¿Quieres que grite
2: 00:01:36.15 00:01:38.03 2.2
o que te agarre
3: 00:01:38.20 00:01:40.22 3.7
y haga como si
bailásemos los dos?
4: 00:01:41.03 00:01:42.04 1.0
Dime.
```

8.7. *Traducción y adaptación*

Este fase es relativamente compleja y requiere cierta pericia que mejora con la práctica. Aquí, de nuevo, nuestros conocimientos informáticos nos ayudarán a agilizar el trabajo: macros que conviertan automáticamente el número de pies y fotogramas en caracteres, configuración de márgenes que impidan introducir más de los caracteres fijados, etc.

El proceso varía mucho respecto al doblaje, pues aquí todo lo superfluo sobra. Es una constante tarea de sintetización en la que, inevitablemente, se pierde información. A continuación, ilustro algunos casos típicos y propongo una traducción. A la izquierda figura el número de pies y fotogramas (véase la tabla de equivalencias).

3.1	—So, man, what do you say? —Well, I think I like it.	–¿Qué te parece? –Me gusta.

Disponemos de 31 caracteres. Se trata de un diálogo. Aunque en el original puede constar una raya, debemos usar un guión (algunos programas de subtitulación admiten la introducción de un menos, algo más largo que un guión, pero más corto que una raya). Si quitamos toda la información superflua que nos impida ceñirnos a los caracteres fijados, la traducción sería la indicada.

2.0	—You sure? —Michael, trust me!	–¿Seguro? –Créeme.

Disponemos de 20 caracteres. Es muy común que en los guiones estadounidenses la transcripción del texto sea totalmente fiel a lo dicho y, por tanto, refleje giros y construcciones propias del lenguaje coloquial. Debemos descartar cualquier adaptación similar de nuestra traducción si no es totalmente pertinente para la definición de un personaje.

3.5	Then I called him and he told me about her problem.	Lo llamé y me contó lo de Kathy.

Disponemos de 33 caracteres. Si el traductor hubiera puesto [...] *me contó su problema,* tendríamos un problema de anfibología (¿de quién es el problema?). En este caso, optó por hacer referencia a la persona que tenía el problema, dado que el espectador ya sabía de su existencia.

4.2	As you can see in the document, the assault was planned in advance.	Como ves, el asalto había sido planeado.

Disponemos de 41 caracteres. En este caso, el documento aparece en pantalla y se puede omitir su cita. Siempre que haya una referencia visual, deberá tener preferencia sobre cualquiera escrita.

3.5	Come on, Alice, I was kiddin'. Oh, Alice, please, listen to me!	Alice, era una broma. Escúchame.

Disponemos de 33 caracteres. Aquí se ve la principal diferencia con la traducción para doblaje: las onomatopeyas y construcciones repetidas deben eliminarse, pues el espectador recibe esta información aunque el idioma original no sea inteligible. Cuando sea inevitable introducir onomatopeyas (casos aislados), no deberán duplicarse (oh, oh, oh...) ni alargarse (oooh, aaah).

2.8	Vote for me. What a heck of a slogan!	"Vóteme". Menudo eslogan.

Disponemos de 25 caracteres. El personaje está citando un cartel; por tanto, la frase va entrecomillada.

4.5	Truth will set you free. Remember that?	"La verdad os hará libres". ¿Lo recuerdas?

Disponemos de 43 caracteres. Éste es un ejemplo típico de frases pertenecientes al acervo de un país. A veces, la lengua original y la de destino coinciden o hacen referencia a una cuestión cultural local, pero conocida en ambas (v. gr., *Liberté, Egalité et Fraternité; I had a dream...; To turn the other cheek*) y a veces, puede tratarse de conocidas referencias universales. En este caso se trata de una conocida frase del apóstol Juan (capítulo 8, versículo 32). Es una cita y debe ir entrecomillada.

Como ejemplo de lo funesta que puede ser una mala traducción de estas referencias culturales, recuerdo ahora un capítulo de la serie *Expedientes X* en la que la agente Scully dice «La verdad te liberará» (emitido el 19/X/97). También en la serie *El príncipe de Bel-Air* el protagonista decía en cierta ocasión que «La lluvia en España permanece tranquila en el llano», haciendo referencia a la famosa frase «The rain in Spain stays mainly in the plain», de la película *My Fair Lady,* traducida en su momento como «La lluvia en Sevilla es una pura maravilla». Aunque el traductor sea joven y muchos de estas referencias puedan escapársele, debemos trabajar con absoluta cautela al respecto y sospechar (e indagar) cuando encontramos frases forzadas o que provocan un efecto distinto al que esperábamos. Por eso se insiste al principio de este artículo en el perfil de un traductor de películas.

2.8	I'd like to see Mr. Finch, please.	Quiero ver al Sr. Finch.

Disponemos de 25 caracteres. Éste es uno de los casos en los que el español es más conciso que el inglés. En nuestro idioma, las fórmulas de cortesía se basan más en la inflexión que en las palabras.

3.0	¿Do you think we have time for twenty questions?	No es momento para exámenes.

Disponemos de 30 caracteres. Aquí el traductor ha optado por variar el tono y cambiar una frase interrogativa por una afirmativa para ajustarse al espacio.

2.7	Well... er... I... I'll let you know.	Bueno... Ya te lo diré.

Disponemos de 24 caracteres. Los titubeos se suprimen y, además, en este caso, entre *Well...* y el resto de la frase había una breve pausa, que se denota con los puntos suspensivos. Dado que el subtítulo tiene poca duración, puede ser difícil dividirlo en dos subtítulos de una línea cada uno, pero ésta suele ser la mejor solución.

2.3	—Then will you come? —Of course I'll be there.	–¿Vendrás? –Pues claro.

Disponemos de 22 caracteres. Se presenta esto como ejemplo de una norma siempre presente en subtitulación: abreviar o reducir las afirmaciones dobles, las afirmaciones enfáticas y los pleonasmos.

8.8. *Simulación*

El traductor debe entregar su traducción en varios archivos ASCII (uno por bobina) para abrirlos con el programa informático de subtitulación. Deberá desplazarse al laboratorio de subtítulos para realizar la última parte de su trabajo: la simulación.

Se denomina así porque se simulan los subtítulos sobreimprimiéndolos en una proyección en vídeo. Durante la simulación (en la que está presente un operario y quizá un supervisor de la empresa distribuidora) se realizan retoques de última hora, ajustes de líneas, se decide cortar o ampliar subtítulos y se graba.

8.9. *Impresión*

Se llama así al proceso de imprimir los subtítulos en el celuloide. Un proyector láser, a modo de trazador, escribe cada subtítulo quemando y velando la parte iluminada por el haz en el celuloide.

9. GLOSARIO ABREVIADO DE TERMINOLOGÍA

1/4 de pulgada   *Véase cuarto de pulgada.*

35 mm   Forma común de designar el cine, en contraste con otros formatos (vídeo, principalmente). Recibe este nombre por la anchura de la película cinematográfica.

ad líbitum, ad lib   Voz con la que el traductor indica un texto de interpretación libre. Ejemplo: «Gritos de niños ad líbitum».

adaptación   En doblaje, otra forma de denominar el ajuste. *Véase ajuste.*

En subtítulos, proceso posterior a la traducción mediante el cual se adapta ésta a la longitud y dimensiones de los subtítulos.

ajustador Persona que ajusta o sincroniza el guión traducido de una película. En la mayoría de los casos suele ser el propio director de doblaje.

ajustar Proceso que sigue el ajustador para sincronizar el guión traducido acortando, alargando o variando la estructura de las frases para que se adecuen al ritmo de los labios del personaje. *Véase sincronía, ajuste.*

ajuste Proceso de sincronía de una película. Éste es el paso inmediatamente posterior a la traducción. *Véase ajustar.*

ambiente Voces de personas que están de fondo en una escena: el murmullo de una cafetería, el vocerío de un estadio de fútbol, el grupo de personas que cuchichea ante un accidente en la calle, etc. Hay ambientes que son ininteligibles (murmullo) y otros en los que pueden entenderse algunas frases.

analógico, sistema Sistema de grabación, emisión o reproducción de imágenes y sonido plasmado mediante emulsiones de partículas metálicas que reaccionan según reciben impulsos eléctricos sobre una cinta magnética. Cada vez es mayor la implantación de sistemas digitales de grabación y reproducción de imágenes y sonido. Una cinta de casete es un medio magnético analógico, mientras que un DAT o un disco compacto es un sistema digital.

Cabe destacar que los medios analógicos pierden calidad cuando se copian varias veces y son más sensibles a cambios ambientales externos, a diferencia de los medios digitales. *Véase digital.*

animación Término con el que se indica un programa de dibujos animados en contraposición con *película* o *documental*, por ejemplo.

atril En el doblaje, soporte en el que apoyan los actores de doblaje el texto del guión traducido que deben interpretar. Por metonimia, «sala de doblaje». Ejemplo: «La traducción sufrió muchos cambios *en atril*».

avance Término español para *trailer*, aunque de uso poco frecuente. *Véase tráiler.*

banda internacional Banda sonora, también denominada así porque es la única banda que no se adapta a otros idiomas y, por tanto, es de uso internacional.

banda sonora Banda o pista de sonido que contiene los sonidos, efectos y músicas de una película, pero no las voces de los diálogos, que van en otra banda o pista denominada «versión original». No confundir la banda sonora *(soundtrack)* con la música de la película *(score)*, aunque en el lenguaje no jergal se entienda así. *Véase banda internacional, soundtrack,* M + E, *sesión original.*

Betacam digital El mismo sistema que Betacam SP, pero digital en lugar de analógico. *Véase analógico.*

Betacam SP Formato de vídeo fabricado por Sony que dispone de cuatro pistas. También se denomina así la cinta. Este formato es el más común en España para el transporte, emisión y tratamiento de material televisivo, aunque hay un cambio gradual al sistema digital. *Véase analógico, digital.*

Betacar Máquina robotizada para la emisión de programas televisivos fabricada por Sony y que funciona con cintas Betacam.

bobina Fragmento de película cinematográfica de 2.000 pies (600 m) de longitud y unos 18 minutos de duración, aproximadamente. *Véase rollo.*

boca Término con el que se indica que un personaje habla en pantalla, pero no se ve su boca (el actor está girado, agachado, etc.). Es importante que el traductor indique qué parte del diálogo «va en boca», es decir, cuál es el texto dicho mientras no se ve la boca en pantalla. Puede abreviarse como B. *Véase face off.*

caption Subtítulo.

celuloide Denominación genérica de la película de cine. Este material ha dado paso al acetato y al poliéster.

CG Siglas de Convocatoria General. *Véase convocatoria.*

cinta Formato de vídeo en aposición a «cine».

closed caption Subtítulos para sordos. Debido a la variedad de uso que recibe últimamente, también se denominan «subtítulos independientes» o «subtítulos internacionales». A diferencia de los subtítulos normales, no van impresos en la película, sino en una pista aparte y en el caso de los subtítulos para sordos, se trata de una transcripción, no de una traducción.

convocatoria Acción de convocar al actor para que se presente en un estudio de doblaje. Los actores cobran por dos conceptos, principalmente: convocatoria y *take*.

cuadro Cada una de las imágenes que componen una grabación de vídeo. Un segundo de vídeo contiene 25 cuadros, numerados del 0 al 24.

289

cuarto de pulgada   Formato de cinta exclusivamente empleada para banda sonora o M + E.

dialogue list   Término inglés que significa «lista de diálogos».

digital, sistema   Sistema de grabación, emisión o reproducción de imágenes y sonido mediante sistema numérico informático (unos y ceros). *Véase analógico.*

director de doblaje   Persona encargada de la elección del reparto artístico que lleva a cabo el doblaje de una película así como de su dirección artística. En muchos casos, el director es también ajustador o adaptador.

distribuidora   Empresa que distribuye en el mercado nacional películas propias, de su casa matriz o de empresas filiales y que cuenta con un departamento de «doblaje y subtitulación», de «materiales» o «técnico», según la empresa. También puede ser productora.

doblaje   Interpretación y grabación del texto de una película en otro idioma distinto del original.

estudio de doblaje   Empresa que dispone de oficinas de producción y salas de grabación para el doblaje de películas.

etalonaje   Proceso de igualación de imperfecciones de planos de luz al montar una película o copiar un negativo.

exhibidor   Empresa que recibe las copias de la distribuidora y las exhibe en salas comerciales del país.

face off   Término inglés cuyo equivalente en la jerga de doblaje suele ser boca. *Véase boca.*

fade   Término inglés. *Véase fundido.*

filmar   Tomar imágenes con una cámara de cine. El cine se filma, pero el vídeo o la televisión se graban. *Véase grabar.*

flashback   En cine y televisión, acción sucedida en el pasado pero narrada y mostrada en el presente.

footage   Término inglés que indica *metraje,* pero también división en pies de una película para su subtitulación.

fotograma   Cada una de las fotografías que componen una película cinematográfica. Cada segundo de película tiene 24 fotogramas (comúnmente numerados del 0 al 23). Un metro de película tiene 52 fotogramas aproximadamente. *Véase cuadro.*

frame   Como en el caso de *reel,* el inglés sólo dispone de este término para designar dos conceptos separados en español: fotograma y cuadro. En este momento, en el mercado de vídeo y de televisión está más extendido el uso del término inglés (pronunciado *freim*) que de su equivalente español. *Véase fotograma, cuadro.*

fundido   Proceso de desvanecimiento de la imagen en pantalla como modo de transición entre secuencias. En un «fundido a negro», las imágenes se desvanecen hasta que la pantalla queda completamente en negro durante un tiempo.

grabar   Como concepto visual, tomar imágenes con una cámara de vídeo. El cine se filma, pero el vídeo o la televisión se graban. *Véase filmar.*

guión   Originalmente es el texto que interpretan los actores en una película. En este contexto, término genérico con el que se indica el texto de una película, generalmente referido a la *lista de diálogos.*

impresión   Último paso del proceso de subtitulación. Tras localizar, traducir, adaptar y simular los subtítulos, éstos se envían a impresión. El proceso previo es fundamental, puesto que la impresión en la película es irreversible. *Véase subtítulos químicos, subtítulos láser.*

inserto   Rótulo que se sobreimprime en pantalla para indicar la traducción de información que aparece escrita en la película. Indicado especialmente para la traducción de fechas, carteles, anuncios, subtítulos y otro tipo de información visual que sea importante para la comprensión del argumento.

ITAL   Abreviatura de ITALICS (cursiva). En algunas listas de subtítulos se indica así el uso de letra cursiva o bastardilla al traductor. En la explicación de las técnicas de subtitulación veremos la aplicación de este tipo de letra.

labial   En fonética, sonido que se articula poniendo en contacto ambos labios. Este tipo de sonidos y algunas vocales abiertas suelen ser el principal problema fonético, a grandes rasgos, del proceso de ajuste de una película. Por extensión, se habla de «labiales» para referirse a dificultades o problemas fonéticos de diversa índole. Ejemplos: «Hay que repasar bien las labiales en esta película», «Nos rechazaron varias secuencias por un problema de labiales».

laboratorio   Empresa que dispone de material para la localización, simulación e impresión de subtítulos.

lata   Nombre común que suele darse a los rollos y bobinas de cine, pues se transportan en latas metálicas circulares.

lista de diálogos   Lista de los diálogos (comúnmente denominada *guión* en televisión) que se entrega al traductor para traducir. Diferénciese de *lista de subtítulos*.

lista de subtítulos   Guión de una película dividido en subtítulos, listos para traducir.

localización   Acción de localizar y marcar todos los puntos de entrada y salida de los subtítulos de una película para luego encajar la traducción en ellos. Es una tarea que puede llevar a cabo el laboratorio o el traductor. Supone el primer paso del proceso completo de subtitulación, que consta de estos otros:

1) Localización,
2) traducción,
3) adaptación,
4) simulación e
5) impresión.

Véase spotting.

locución   Barbarismo de la jerga del doblaje que indica una narración hecha por un locutor. *Véase locutor, locutar.*

locutar   Barbarismo de la jerga del doblaje que indica que un programa debe ser narrado por un locutor. *Véase locutor.*

locutor   En doblaje, persona que narra un texto sin aparecer en pantalla. Generalmente, se emplea este término en el doblaje de programas menores (vídeos corporativos, programas comerciales, etc.) en contraste con *narrador*.

M + E   Siglas de «Música + Efectos» o banda sonora.

magnetoscopio   El «padre» del actual videograbador. El magnetoscopio convertía las señales electrónicas de una cámara y un micrófono en señales eléctricas traspasables a una cinta de vídeo. Hoy en día, se aplica este término a un videograbador de uso profesional, más completo que el doméstico en sus funciones y manejo.

metraje   Longitud de una película y, por ende, su duración. Una película de 90 minutos de duración tiene 2,5 kilómetros de película, aproximadamente, y unos 130.000 fotogramas. Aunque solemos hablar de metros en un contexto general, la unidad de medida del celuloide es en pies y fotogramas.

mezcla   Proceso que realizan en los estudios de doblaje para combinar la banda sonora y el doblaje en castellano.

morcilla	En doblaje, texto que añaden los actores de doblaje —y que no consta en el guión traducido— para ajustar la sincronía, suplir un olvido o para dar cierto efecto (cómico o no) a su interpretación.
movie	Telefilme.
narración	En doblaje, acción de narrar la acción de un programa por parte de un narrador, generalmente en *off*.
narrador	En el contexto del doblaje, persona que narra un texto sin aparecer en pantalla, es decir, una voz en *off* que suele describir una acción sin personajes (un documental, por ejemplo) o encarna a un personaje de la trama que rememora una acción (en un *flashback*, por ejemplo), etc. *Véase locutor.*
narrative title	Término inglés que indica un *inserto* en la lista de diálogos. *Véase inserto.*
norma	En el contexto de televisión, formato o sistema nacional de emisión de una televisión. España y Alemania usan PAL, pero Estados Unidos usa NTSC.
NTSC	Siglas de *National Television System Committee*. Norma de televisión en Estados Unidos y otros países.
OFF	*Véase voz en off.*
off screen	*Véase OFF.*
oficio	Tipo de papel en el que suelen imprimirse originalmente las listas de diálogos y listas de subtítulos de cine. Dimensiones: 21,6 × 35,6 cm.
ON	Término que se usa sólo con OFF y que significa «en pantalla» *(on screen)*, es decir, indica cuándo vuelve a aparecer en pantalla el actor que estaba diciendo un texto en *off*.
on screen	*Véase ON.*
óptico	En este contexto, se emplea para diferenciar el sistema óptico (cine), en el que la información está plasmada en un celuloide, del magnético, es decir, del vídeo.
OPTIONAL	Término inglés que indica «texto optativo». En algunas listas de subtítulos se indica así al traductor un tipo de texto que el espectador sobrentenderá y que, si no se subtitula, no afectará a la comprensión del argumento (por ejemplo, *bye, hello, good!)*.
overlapping	Término inglés que indica «superposición» en las listas de diálogos. *Véase superposición.*
PAL	Siglas de *Phase Alternation Line*. Norma de televisión en España y otros países.
película	En este contexto se utiliza en el sentido de «cine», en aposición a «cinta» o «programa» (televisión).

293

pie　　　En este contexto, unidad de medida que equivale a 30,48 cm.

También es la unidad de medida en la que se mide la duración de los subtítulos de una película. Un pie (30,48 cm) de película ocupa 16 fotogramas en la película que duran 0,66 segundos, si se tiene en cuenta que un segundo de película equivale a 24 fotogramas. En la lista de equivalencias de pies y caracteres adjunta se puede ver la correspondencia.

Para la lectura de los subtítulos se asigna un segundo de permanencia en pantalla por pie subtitulado.

pietaje　　　Barbarismo para localización. *Véase localización, spotting.*

plano　　　Posición de la cámara respecto a los intérpretes. Los cambios de plano son muy importantes en la confección de los subtítulos.

producción ajena　　　Departamento interno de las televisiones que se encarga de remitir el material a los estudios de doblaje y subtitulación. No confundir con «producción externa».

programa　　　En este contexto, «material televisivo» de cualquier índole, en contraposición con «material cinematográfico». Así, cuando se habla de *programa,* puede tratarse de una serie, de animación, de documentales...

pulgada　　　En este contexto, unidad de medida que equivale a 2,54 cm.

reel　　　A diferencia del español, en inglés sólo existe este término para designar tanto la bobina como el rollo. *Reel* significa bobina originalmente, pero como una bobina puede contener dos rollos, para referirse a estos, se habla de *reel-1A* y *reel-1B, reel-2A,* etc. *Véase rollo, bobina.*

reforzar *soundtrack*　　　Expresión común en la jerga televisiva para indicar la necesidad de «reforzar la banda sonora». En ocasiones, la banda sonora, es decir, los ruidos, músicas, ambientes y efectos de una película, fallan, son de señal débil, tienen lloros, imperfecciones o necesitan ser reforzados.

rollo　　　Fragmento de película cinematográfica de 1.000 pies (300 m) de longitud y unos diez minutos de duración aproximadamente. Es el que suele emplearse para filmar las películas debido a su tamaño.

Va contenido en una lata circular y es lo que podría entenderse como unidad de medida para el manejo de una película por parte de distribuidoras y estudios de doblaje o laboratorios de subtítulos. En varias regiones, ésta es la unidad de media con la que trabajan para facturar su trabajo directores de doblaje, ayudantes de dirección y adaptadores-ajustadores. Ejemplo: «Esta película es larga; tiene 14 rollos». *Véase bobina.*

ruidero Persona que genera y crea ruidos para suplir fallos en la banda sonora o dotar de ciertos efectos a una película nueva. Con la introducción de las bibliotecas de efectos de sonidos, este oficio casi ha desaparecido.

sala En el doblaje, sala del estudio en la que se hace el doblaje. *Véase atril.*

SECAM Siglas de *Séquentiel Couleur À Mémoire,* norma de televisión en Francia y otros países.

secuencia Sucesión de planos que se refieren a una misma parte del argumento.

show Término inglés que significa «programa». *Véase programa.*

simulación Cuarto paso en el proceso de subtitulación de una película. Tras la localización, traducción y adaptación, el traductor debe asistir a la simulación de los subtítulos en un monitor para hacer la últimas correcciones técnicas y lingüísticas antes de pasar a la fase de impresión. Se denomina así porque se simula la impresión de los subtítulos sobre una copia en vídeo de la película. Una vez hecha la simulación, se emplean los archivos de subtítulos en la impresión, proceso que altera la película irreversiblemente. *Véase localización.*

sincronía Acción de sincronizar el guión traducido con el movimiento de la boca de los actores. También denominado comúnmente «ajustar en boca» o «meter en boca». *Véase ajustar.*

sitcom Acrónimo de *Situation Comedy.* Comedia de situación.

sonorización Se usa con dos sentidos:

1) ambientar escenas en las que faltaban sonidos, ruidos o ambientes, y

2) poner sonido a un programa que generalmente será narrado (documentales) en contraposición con programas que van doblados (películas, series). *Véase reforzar soundtrack.*

soundtrack   Término inglés que significa «banda sonora». Se usa comúnmente en la jerga española. *Véase banda internacional.*

sovoz   Término que emplea el traductor para indicar que un personaje habla con voz baja y suave en determinado momento (en las listas de diálogo en inglés suele indicarse *sotto* o *sotto voce*).

spotting   Término inglés (frecuentemente usado en español) para indicar «localización de subtítulos». *Véase localización.*

spotting list   Término inglés que significa «lista de subtítulos». *Spotting* (localizar) indica que la lista contiene todos los subtítulos localizados en el lugar donde deben ir, con sus códigos de entrada y salida.

subtitulación   Impresión de carteles en pantalla con la traducción del texto de una película.

subtítulo   Sobreimpresión de la traducción de los diálogos de una película en la pantalla. Los subtítulos pueden tener hasta dos líneas de 36 ó 40 caracteres como máximo (en función del formato de emisión y el tipo de letra).

subtítulos láser   Sistema de impresión de subtítulos en la película mediante rayo láser. Es el sistema de mayor uso actualmente.

subtítulos químicos   Sistema de impresión de subtítulos en la película mediante proceso químico, en desuso actualmente.

superposición   Momento en que dos o más personajes superponen su parlamento y hablan simultáneamente. Debe indicarse al traducir el guión.

take   Voz inglesa que significa «toma» y es de uso generalizado en la jerga del doblaje (pronunciado *teik*).

Es la unidad de medida que se emplea para estructurar el doblaje de una película y facturar el trabajo de los actores de doblaje. Un *take* consta de un máximo de ocho líneas cuando hay más de un personaje, y de cinco si es un solo uno. Una línea consta de 60 caracteres (espacios y signos incluidos).

takeo, takear (pronunc. *teikeo, teikear*)   Barbarismos de la jerga del doblaje que significan «división en tomas» y «dividir en tomas» respectivamente. Del inglés *take (teik)*, toma. Hay programas informáticos que analizan el guión traducido en formato electrónico (recibido en disquete o correo electrónico) y lo dividen en *takes*. De este modo, el personal de producción obtiene una lista exhaustiva de los personajes que deben doblarse y el número de *takes* de cada uno.

TCR Siglas inglesas de Time Code Recording. Medidor que aparece sobreimpreso en pantalla y que indica horas, minutos, segundos y cuadros (00:00:00:00) para control de tiempos de entrada y sincronización de texto y colocación de insertos. Las últimas dos cifras miden cuadros (en vídeo) o fotogramas (en cine).

telecinar Pasar las imágenes de una película en formato cinematográfico a formato electrónico de vídeo para manipularla o emitirla por televisión.

telecine Apócope de telecinematógrafo. Aparato que convierte los fotogramas de una filmación en señales electrónicas al proyectarlas sobre el objetivo de una cámara de vídeo. *Véase telecinar.*

tráiler Avance de una película. Montaje realizado con secuencias de la película a modo de avance de su contenido. *Véase avance.*

U-matic Formato de vídeo Sony poco usado actualmente, excepto como copia de trabajo dentro de algunos estudios de doblaje.

versión original Término que designa la banda o pista que contiene la imagen o el sonido originales de una película en aposición a la «banda sonora».

VHS Siglas de Video Home System. Este sistema de uso doméstico sólo se utiliza en doblaje para el control de calidad y como copia de trabajo para el traductor y el ajustador.

visionar, -ado Ver cualquier material audiovisual con el propósito de examinarlo, bien para hacer comprobación de calidad (sonido, doblaje, mezclas) o bien para trabajar con él (ajuste, traducción).

vo Abreviatura de *voice over* que aparece frecuentemente en las listas de diálogos. Aunque a veces se usa equivocadamente, no debe confundirse con «voz en *off*».
Puede indicar varias cosas:
> *a)* Voz de un narrador o locutor no presente en pantalla;
> *b)* de un personaje ausente, pero cuya boca no se ve o,
> *c)* voz de un televisor, radio, etc.
Véase voice over.

voice over *Véase* VO, *voz en off, face off.*
voz en *off* Término inglés que indica «voz fuera de cuadro» o «voz fuera de pantalla» *(off screen);* de uso habitual en las listas de diálogos. Significa que el personaje que habla no está en pantalla mientras dice su texto.
Véase OFF.

Capítulo XV

La traducción en el doblaje
o el eslabón perdido

Joan Fontcuberta i Gel
Universidad Autónoma de Barcelona

1. Introducción

Ignoro el interés que podrá tener para el lector mi experiencia en el campo de la traducción para el doblaje. Particularmente, siempre me he sentido más atraído por lo que dicen los traductores que por los textos de los teóricos de la traducción. Confieso que leo a estos últimos con prevención, incluso a veces con indiferencia, excepto cuando —y entonces el disfrute es mayúsculo— hablan de temas que (al menos para mí) sí tienen interés, temas que atañen a la traducción y al traductor, que ayudan a comprender mejor el proceso de traducción y, por lo tanto, a mejorar lo que ahora se ha dado por llamar «producto». Pero desconfío soberanamente de los que hablan de una profesión sin haberla practicado, apenas o nada. Vean si no el testimonio de Cattrysse (1988, 7), que dice lo siguiente:

> Before dealing more in detail with these two examples (audio-visual translation and translation/adaptation within so called multimedia communication), I want to explain, however, that my point of view is that of the researcher. Therefore, I am interested in developing a method for *studying* translations and adaptations, not making them.

299

Y esta prevención se hace todavía más profunda cuando teóricos reconocidos, de la talla, por ejemplo, de un George Steiner, casi reniegan de sus pecados de juventud. Dice Steiner (1998, 17 y 18):

> La invocación de la *teoría* en el terreno de las humanidades, en la historia y en los estudios sociales, en la evaluación de la literatura y las artes, me parece mendaz. Las humanidades no son susceptibles ni de experimentos cruciales ni de verificación (salvo en un plano material, documental). Nuestras respuestas a ellas son pura intuición.

En el mundo del doblaje —¿por suerte?— pocas cosas se han dicho y escrito sobre traducción, y de estas pocas contamos con algunas muy buenas. Estoy convencido de que en este mismo volumen aparecerán con rigor y con mérito.

En otros países europeos se ha venido hablando del tema desde hace años, pero con un enfoque distinto, puesto que su interés principal no estaba en el doblaje, sino en la subtitulación. En el libro de donde figura la cita de Cattrysse aparecen veinticinco artículos de distintos autores, pertenecientes a países de casi todo el mundo. Pues bien, sólo cinco hablan propiamente de doblaje y, por lo tanto, de traducción, puesto que es de todos sabido que la subtitulación, tal como se lleva a cabo hoy, muy poco tiene que ver con la traducción propiamente dicha.

Son muchos los que se han subido al carro de la traducción en estos diez últimos años. Las facultades de Traducción han proliferado por toda la geografía española como setas. Otras facultades, tradicionalmente de Filología, se han sacado de la manga cursos de posgrado, *masters,* etc., de y sobre traducción. El fenómeno no es nuevo: desde siempre, en nuestro país, cualquiera se ha visto capaz de traducir. Se coge a un estudiante de idiomas o a alguien que ha pasado una temporadita en el extranjero y se le encarga una traducción: técnica, jurídica, literaria o audiovisual; no importa, se le paga una miseria y listos.

Algo parecido está ocurriendo en el campo de los estudios de traducción. Basta con fijarse en la profusión de libros y artículos en este campo. Quien se interesa por ellos tiene que empezar por separar el grano de la paja.

2. Una vocación tardía

El *boom* de la traducción de guiones para televisión empezó con las televisiones autonómicas, a las que siguieron las privadas. Hasta aquel momento la demanda se venía cubriendo tradicionalmente con los mismos traductores que trabajaban para las distribuidoras de cine.

Por aquel entonces la EUTI de la UAB invitó a un representante de TVC (Televisión Autonómica Catalana) a dar una charla sobre la programación que el canal autonómico estaba preparando para cuando empezaran las emisiones regulares. Naturalmente, el capítulo más importante fue el de la traducción de series y películas. Al terminar, el conferenciante invitó a los alumnos a presentarse a una prueba para traductores.

De ahí salieron muchos voluntarios, entre ellos bastantes alumnos míos que, a partir de aquel momento, me inundaron con preguntas sobre soluciones para resolver tal o cual problema de traducción. Confieso que me vi abrumado por mi ignorancia y decidí correr la misma aventura. Me presenté a TVC y pedí guiones para traducir. Corría el año 1983 y el trato se hacía directamente con el canal autonómico y no, como ahora, con los estudios de doblaje.

3. VOLVER A APRENDER

Casi inmediatamente me di cuenta de que mi experiencia anterior como traductor me servía de muy poco. Comprendí que traducir guiones no era lo mismo que traducir textos técnicos o jurídicos, ni siquiera novelas. Las imágenes primaban sobre las palabras y éstas había que dosificarlas de acuerdo con el espacio disponible.

En el caso de la traducción al catalán había un problema añadido: la lengua. La falta de tradición dificultaba la labor de encontrar soluciones acertadas para contextos en que el registro pedía una lengua muy familiar, incluso argot. En pleno debate en torno al catalán *light* y el catalán *heavy,* cuando no se había definido ni siquiera cuál era la lengua estándar, cualquier decisión podía ser —y era— combatida o criticada en las cartas al director o en artículos de periódicos. Hurgando entre mis recortes de prensa, he encontrado documentos interesantes que no voy a citar aquí, pero que, al releerlos al cabo de estos años, siguen causándome cierta sorpresa. Diré tan sólo que uno viene firmado por el malogrado escritor, traductor y ensayista Jaume Vidal i Alcover, y otro por el profesor de la Universidad de Barcelona, Jordi Garcia-Petit. El hecho de que el primero hable de series de televisión y el otro alerte de la penetración dominante del inglés demuestran el interés y la preocupación por aspectos lingüísticos y sociales determinados por este medio de comunicación.

El propio canal autonómico andaba a ciegas en sus intentos de aconsejar a los traductores. Se creó la figura del «lingüista», por regla general un licenciado en Filología Catalana, que, aparte de corregir las traducciones, estaba a disposición de los traductores para resolver dudas y buscar soluciones. Ciertamente eran una ayuda, pero no fueron pocas las veces que un problema de traducción suscitaba encendidos debates en su propio seno o entre ellos y el traductor. A partir de marzo de 1988, los responsables de los programas traducidos de TVC empezaron a editar y a enviar a los traductores y lingüistas unos folletos de *Orientacions de normalització lingüística* para tratar de paliar esta deficiencia. Posteriormente, ya en 1997, se recopilaron, ampliaron, corrigieron y publicaron en un libro: *Criteris lingüístics sobre traducció i doblatge*. Esta publicación iba acompañada de un *Libro de estilo* y ambos han contribuido enormemente, creo yo, a unificar criterios y a dignificar la lengua, por lo menos en esta parte de la programación.

4. EL PRIMER ESLABÓN DE UNA CADENA
   (PERDIDO EN EL ANONIMATO)

En el proceso de doblaje, la traducción es el primer paso, y nunca el definitivo. Aparte del traductor y del lingüista-corrector, interviene, como es sabido, el ajustador, es decir, el encargado, como su nombre casi indica, de hacer coincidir las frases con el espacio de tiempo disponible y con los movimientos de la boca de los protagonistas.

Ahí se suelen producir nuevos cambios respecto al primer texto traducido y corregido. No fue fácil para los primeros ajustadores de entonces, acostumbrados a pensar y escribir en español, adaptarse a una nueva lengua, a pesar de que la mayoría eran catalanohablantes de toda la vida. Se les escapaban muchos tics, adquiridos a lo largo de años de profesión.

Todo ello contribuía a hacer del doblaje un proceso lento y arduo. Por suerte aún no habíamos entrado en la «era Berlusconi» y el traductor contaba incluso con un mes de tiempo para traducir, por ejemplo, una película.

Sin embargo, poco a poco, se fue entrando en una dinámica interesante y fructífera: a fuerza de corregir errores, de debates entre todos los responsables, de estudio y reflexión, se ha llegado a una cierta normalidad y se puede afirmar con rigor que el resultado medio de los productos doblados es aceptable.

Esta normalidad incluye también el cambio de relaciones entre los «eslabones» de la cadena. Así, el traductor (asimismo homologado por TVC tras un examen) trata directamente con los estudios de doblaje (también homologados); el texto traducido pasa por el lingüista y el ajustador homologados, y puede ocurrir que el producto una vez doblado tenga que ser sometido a *retakes* propuestos por TVC.

He creído necesaria esta introducción, entre histórica y reivindicativa, para destacar las diferencias entre la situación del traductor al catalán con el —llamémosle— tradicional. Justamente Barcelona ha sido pionera en el doblaje desde los años treinta, pero con la llegada de la TVC tanto traductores como ajustadores y actores tuvieron que adaptarse en un principio a las necesidades de una lengua no normalizada.

Pero esta adaptación, o aprendizaje para muchos, ha suscitado un fenómeno hasta entonces desconocido en este campo: la reflexión, también académica y universitaria, en torno al doblaje. Y no sólo en España, como hemos visto. La necesidad de preparar traductores para este campo de trabajo sólo se puede comparar con la de formación de intérpretes después de la Segunda Guerra Mundial. Y, naturalmente, los profesores tuvieron que reciclarse y organizar unos planes de estudios y unos programas avalados por sólidas bases teóricas.

Modestamente, intentaré resumir algunas de estas reflexiones desde mi experiencia, la experiencia ajena, y las ideas surgidas de congresos, artículos, libros y tesis doctorales sobre el tema.

5. LA LUCHA CON LOS GUIONES O EL PODER DE LAS IMÁGENES

Para el no iniciado en la traducción audiovisual, el primer contacto con los guiones de películas puede llegar a ser traumático. En efecto: acostumbrados a la traducción de textos escritos, en los que sentido y significado vienen dados exclusivamente por los elementos lingüísticos y por el contexto, los primeros guiones producen en el traductor el mismo efecto que el «perder pie» al bañista que se adentra en el mar.

Con el tiempo, uno llega casi a prescindir del guión escrito y presta atención exclusivamente al sonido y a las imágenes. Pero para llegar aquí, hay que pasar un duro aprendizaje, tachonado de muchas idas y venidas y de equivocaciones. El traductor tradicional tiene que vencer la inercia de la lectura y no dejarse llevar por la palabra escrita; tiene que aprender a «ver» y a «oír»: ver los gestos y la expresión de las caras, oír el tono de las voces y el ritmo de las palabras, porque, aunque sea ficción, las situaciones descritas suelen parecerse más a las de la vida real, en las que concurren prácticamente todos los sentidos.

En la traducción escrita, la imaginación tiene que suplir todo lo que no se ve ni se oye. En la audiovisual, uno tiene que dejarse llevar por la torrentera de imágenes y de sonidos.

El vídeo se convirtió, por lo tanto, en la herramienta imprescindible del traductor.

Como el uso constante y abusivo (tanto ir para adelante y para atrás, deprisa y despacio, parar y congelar la imagen) estropea muchísimo estos aparatos, decidí finalmente grabar el *soundtrack* en una cinta de audio y trabajar con un simple magnetófono y auriculares, acudiendo al vídeo sólo cuando conviniera consultar las imágenes.

Con todo ello, el aspecto tradicional de un despacho de traductor cambió radicalmente para convertirse en casi un laboratorio: la pluma y el papel, el atril con el original, la montaña de diccionarios y libros de consulta, cedieron el paso al ordenador con su pantalla, teclado e impresora, al vídeo y al televisor, al magnetófono y a los auriculares. (En despachos de otros traductores he visto también *modems,* torres de CD-ROM y faxes.)

Una pequeña confesión: cuando traduzco otros textos, no audiovisuales, me consuelo volviendo a la estilográfica. La máquina de escribir servía en otros tiempos para «pasar en limpio» la primera traducción manuscrita. El paso de la máquina tradicional a la electrónica fue relativamente fácil, pero el paso al ordenador fue traumático.

Me resultaba insoportable tener la pantalla del ordenador encendida, esperando las frases que la inspiración se negaba a dictarme. Era como una exigencia impertinente que, más que estimularme, me ponía nervioso. Los hábitos pueden más que la técnica.

Volviendo a los guiones, todos los que se hayan dedicado a este género saben sobradamente lo zafios que pueden llegar a ser. Me he encontrado con todo tipo de casos:

a) Guiones ilegibles.
b) Guiones con sólo las páginas pares o, al revés, sólo las impares.
c) Guiones con escenas cambiadas: algunas sobran, otras faltan.
d) Imágenes sin guión.
e) Guión sin imágenes.
f) Guión en una lengua e imágenes en otra.

Aparte de estos inconvenientes casi «normales», mi chapucería de novato me jugó también algunas jugarretas: por ejemplo, borrar por error la cinta de vídeo (apretar el botón de grabación en vez del de *stop* o pausa); romper y tirar algunas páginas del guión confundiéndolas con papeles viejos; llevar a los estudios un disquete equivocado; borrar la traducción recién hecha en el ordenador, etc.

6. LO QUIERO PARA AYER

Buena parte de estas chapuzas se deben a las prisas y también, hay que reconocerlo, al cansancio.

Lo más normal en este campo es que los estudios te llamen el jueves para encargarte una traducción para el lunes siguiente. Esto significa tener que trabajar el fin de semana. Cuando este tipo de encargos se convierte en costumbre, sin darte cuenta terminas el año sin un fin de semana de descanso.

El primer eslabón de la cadena es, claro está, imprescindible, pero para el mundo del doblaje es el menos difícil e interesante; es como la base para la pizza, el lienzo para el cuadro, la tela para el vestido: tiene que estar lista para el comienzo de la semana laboral, cuando los artistas ponen manos a la obra.

El lector me perdonará este pequeño desahogo, pero pocos ajustadores, actores y directores de doblaje tienen suficiente sensibilidad para entender lo que es la traducción. Cualquiera de ellos «se atreve» a retocar el texto traducido. Y es que no hay que olvidar que el doblaje es una industria y que la producción es lo más importante: cuanta más, mejor. La calidad es un factor bastante secundario. Y no estará de más recordar que la SGAE sólo reconoce propiedad intelectual a los ajustadores de guiones audiovisuales, no a los traductores.

Con los canales autonómicos primero y los privados después, la producción de películas y series dobladas ha aumentado en proporción geométrica. Además, la competencia es feroz, la contraprogramación es la norma y no la excepción. Así, también la cantidad repercute en la calidad. Y no sólo en el doblaje, sino también en la producción de originales: para abastecer tan amplio mercado, la industria audiovisual produce bodrios como churros.

El traductor tiene entonces que ser muy profesional para no dejarse arrastrar por la ordinariez del texto original: la tentación de cortar por lo sano («total, nadie se va a enterar») es muy grande, y el tiempo apremia. Es de todos sabido que un texto puede estimular al traductor por su belleza o su interés o puede dejarle tan indiferente, e incluso hastiado, que su trabajo se convierta en pura rutina, si no en dejadez.

Y encima sabe que el anonimato le protege, que no está sometido ni siquiera a la menguada crítica de traducciones a la que está expuesto el traductor literario.

No puedo resistirme a citar unas palabras del prólogo del libro de Fernando Lázaro Carreter (1998):

> Los titubeos en el manejo del idioma son de muy diversa etiología cultural y psicológica, y de difícil tratamiento cuando se ha salido de los estudios medios y universitarios sin haber establecido íntima amistad con el lenguaje, que tal vez va a servir de instrumento profesional. Y son especialmente preocupantes como radiografía de la instrucción del país y del estado de su razón, así como de su enseñanza, porque mientras la han recibido los escolares, no se les han corregido yerros que lo merecían, ni se les han sugerido modos mejores: es nefasta la fe pedagógica en el espontaneísmo, también profesada por muchas de sus víctimas, según la cual parece sagrada lo primero que viene a la lengua o a la pluma (a la tecla, ahora); merece respeto casi reverencial y prima sobre lo resultante de la reflexión o del estudio, que es «artificial», según ese dogma integrista, degradación última del rousseaunismo. Sus adeptos —¡tantos locutores!— practican con mayor o menor denuedo esa actitud laxista, y la defienden con el argumento de que así están más cerca del auditorio y de los lectores.

7. EL RETO DE LA LENGUA

Ya he dicho antes que para el catalán se tuvo que hacer un esfuerzo de adaptación de la lengua y sobre todo de reflexión. En un primer momento se recurrió a modelos consagrados por el tiempo de la traducción audiovisual al castellano. No se trataba, naturalmente, de copiar, sino de ver cómo se resolvían problemas típicos de este género, con una especial atención, por supuesto, a los productos estadounidenses.

Pronto nos dimos cuenta de que, detrás de muchas «soluciones», se escondían tics casi espontáneos, no siempre acordes con la situación dada. También «descubrimos» (a algunos parecerá la sopa de ajo) que aspectos comerciales o de mercado primaban sobre los lingüísticos y estilísticos. Recordemos, por ejemplo, la traducción de los títulos de películas, una actividad muy ilustrativa de lo que venimos diciendo. ¿Por qué *Advise and Consent* se tradujo por «Tempestad sobre Washington»? Otros títulos, aun siendo un calco del original, hicieron fortuna, y han pasado a la lengua común incluso como frase hecha. Éste es el caso de la famosa «Murieron con las botas puestas», cuando en español existía «Morir al pie del cañón».

Óscar Jiménez Serrano (1997, 294), analizando un profuso corpus de títulos, llega a la conclusión de que «el traductor no forma parte en absoluto del proceso de traducción».

Dejando a un lado los cambios dictados por la censura, no siempre se respetaba la intención, el tono y el registro de la lengua. A pesar de todo, se notaba también el «oficio» de los traductores y ajustadores, adquirido con la práctica de muchos años. Aún hoy día podemos volver a notarlo cuando los canales de televisión reponen películas y series de otros tiempos, desprovistos de prisas y seguramente con más atención y respeto al original.

¿Quiero decir con eso que se traduce peor que antes? En general y a juzgar por los productos que nos «echan», sí.

Ya he señalado algunas de las causas: prisa, originales malos, intereses comerciales por encima de todo. Pero hay otra, mucho más grave a mi entender: escasa profesionalidad.

Todos sabemos quién traduce para los estudios de doblaje, los cuales, a su vez, reciben el encargo (y el dinero) de las distribuidoras y los canales de televisión. No siempre son traductores. Después de años y más años de insistir en ello, se sigue pensando, a pesar de todo, que «eso de traducir lo puede hacer cualquiera».

Podría poner innumerables ejemplos. Cualquier espectador de televisión puede hacer el simple experimento de escuchar con un mínimo sentido crítico un telefilme estadounidense. Estoy convencido de que llegará a las mismas conclusiones que, por ejemplo, mis alumnos de la Facultad de Traducción.

Así, por ejemplo, oímos a un policía decir a un delincuente: «Lo detengo por perturbar la paz», cuando creíamos que el delito, por lo menos en nuestro país y en nuestra lengua, consistía en «alterar el orden público».

Y casi ya no nos extraña oír frases como «La historia que ahora les vamos a contar...» en los informativos de televisión. Sin duda los redactores saben mucho inglés o ven demasiada televisión.

Si recordamos las famosas «Fresas *salvajes*», ya no nos chocará oír decir a alguien que ha tenido «sueños salvajes» *(wild dreams)*.

Los despachos han desaparecido para dar paso exclusivamente a las «oficinas».

Ya no se entierra a los muertos, porque ahora sólo existen los funerales. Y los personajes de las películas acuden al *funeral* a ver cómo entierran a sus «seres queridos». Y una vez acabada la ceremonia, todos los presentes comentan: «Qué bonito funeral, una ceremonia deliciosa».

Todos los amigos sin excepción son viejos. Y hay personas de 20 años que ya son viejas en boca de los amigos, como la *Old Bettie*.

Y el odio se ha vuelto tan general y feroz, que ya no basta decir que no te gusta o que te da asco algo. «Odio comer garbanzos», «odio tener que decir esto»...

En cambio, las personas cada vez nos queremos más, y para demostrarlo ya no nos llamamos por el nombre, sino siempre por el apodo «cariño».

La gente se acostumbra a todo y repite lo que oye, sobre todo si viene de la televisión. Así, no es raro que alguien «escuche» sin «oír». Pronto conoceremos a alguien que «mire» sin «ver».

Y la gente de hoy se maravilla de una forma muy *funny*. Así, dice «¿No es maravilloso?» con toda naturalidad. Y pide favores con raras inflexiones: «¿Abre la puerta, quieres?». También se pregunta muchas más cosas que antes: «Me pregunto quién será». Y teme cosas inauditas, se diría que tiene más miedos que antes: «Me temo que tu padre ha muerto», «Me temo que tengo que marcharme». Y encuentra todas las cosas «terriblemente... bonitas, feas, grandes, pequeñas». Los hombres han dejado de ser hombres para convertirse en «tíos» y «tipos». Y la educación manda preguntar «¿Estás bien?» en todas las circunstancias de la vida, por ejemplo, después de que alguien ha sido arrollado por un camión.

Y la digitalización ha llegado tan lejos, que incluso las huellas dactilares se han vuelto digitales. Y los detectives ya no buscan pruebas, sino evidencias, con lo cual dejan en evidencia al traductor. Y ya nadie agradece nada, sino que lo aprecia mucho («Aprecio mucho su ayuda»).

Un capítulo aparte lo merecería la traducción de los expletivos ingleses *damn, bloody, fucking*, etc., utilizados como adjetivos delante de nombres, pero con una función más bien de partículas modales o intensificadoras. Nunca en castellano se habían oído frases como: «Este jodido avión», «esa jodida cartera», etc. A lo máximo, «maldito». Pero es más propio de la lengua jurar y maldecir con otras fórmulas, por ejemplo: «Mierda de avión», «carretera de marras».

Por último, cabría comentar esos «yoes» descolgados, testigos de frases interrumpidas que en inglés tienen sentido porque la norma obliga a colocar siempre los pronombres personales delante del verbo, pero no lo tienen en español. Y, así, oímos a hombres hechos y derechos pedir balbuceando un «yo... yo».

8. UNA GIMNASIA MENTAL

Las peculiaridades de la traducción para el doblaje obligan al traductor a una serie de ejercicios que con el tiempo se automatizan, pero que le habrán servido para adquirir más agilidad y unos reflejos muy útiles para cualquier otro tipo de traducción.

En efecto, el traductor, a pesar de no ser el responsable directo del ajuste, tiende a adaptarse al medio y a sus límites, procura buscar frases que se correspondan en longitud, tono y ritmo a las originales, además de tener en cuenta la situación y el registro.

Todos estos condicionantes le obligan a buscar siempre más de una solución, a hurgar en la lengua de llegada, a echar mano de todos sus recursos, en una palabra: a no contentarse con la solución más fácil.

Por otro lado, hay un aspecto del que pocos se percatan y al que, por tanto, dan poca importancia. No es raro encontrar en guiones de por sí simples y normales fragmentos de auténtica traducción técnica o científica, francamente especializada. Y no me refiero sólo a las películas o series de ciencia ficción (aunque también) o a las de lenguaje jurídico *(Ironside),* sino también a otras aparentemente «anodinas» que sin aviso previo plantean problemas de este tipo.

El traductor que afronta una serie como *Yes, Minister* o *Yes, Prime Minister* está psicológicamente preparado para encontrarse con jerga política, juegos de palabras y otras lindezas por el estilo. Quien va a traducir *Star Trek* sabe que tendrá que consultar diccionarios técnicos e incluso a expertos en ciencia. Pero el traductor de *Mad about you* ignora de entrada que los personajes de la serie utilizan bastantes palabras de *yiddish,* o el de *Magnum,* que tendrá que consultar diccionarios de informática, de jurisprudencia, de deportes, de náutica, etc.

La traducción para el doblaje difiere considerablemente, por todos estos rasgos que la caracterizan, de cualquier otro género de traducción. Por lo que se desprende de mi experiencia, ello obliga al traductor:

a) A ser muy preciso y conciso, justamente a causa de la limitación de tiempo que el medio impone. Por esta misma razón le obliga a realizar transformaciones sintácticas constantes, a manipular la lengua de llegada y a utilizar todos sus recursos.

b) A traducir, más que en cualquier otro tipo de traducción, no por el «significado», sino por el «sentido» del contexto situacional, dado sobre todo por las imágenes. Por consiguiente:

c) A fijarse en los elementos extralingüísticos que ese contexto determina: gestos, entonación, silencios, ritmo, emotividad. El traductor tiene que dar a ciertos elementos lingüísticos, como, por ejemplo, los «conectores», el valor comunicativo que los personajes y la situación dictan.

d) Puesto que los guiones son básicamente diálogos que reflejan la lengua hablada de cada día por personajes de distintos niveles culturales y profesionales y en situaciones muy diversas, el traductor tiene que recorrer prácticamente todos los registros de la lengua de llegada, a veces en un mismo guión.

Si antes he hablado de «volver a aprender», también debo decir que este aprendizaje ha influido positivamente en mis otras traducciones, principalmente las literarias. La traducción audiovisual, por todo ese cúmulo de circunstancias que la rodean, tanto intrínsecas como extrínsecas, me dio una agilidad insospechada a la hora de encontrar soluciones, de hacer y rehacer frases, en definitiva de jugar con la lengua.

La recomiendo a mis alumnos y, aunque en nuestro plan de estudios actual la traducción audiovisual no existe como asignatura aparte, la incluyo dentro de mi programa, aun a sabiendas de que no todos van a dedicarse a esta especialidad.

9. EL PROBLEMA DE LOS «TACOS»

Creo que no está resuelto. No se ha estudiado con profundo rigor la función social y comunicativa de los insultos, los tacos y las exclamaciones en general. Los diccionarios ayudan poco o nada en estos casos; suelen dar traducciones neutras que casi nunca coinciden con la intención de quien los profiere o con la situación en que se producen.

A este respecto dice Sally Templer (1995, 153), una traductora de guiones con mucha experiencia y gran profesionalidad:

> En un diálogo en que proliferan los reniegos —que son quizá los términos de más difícil traducción— no se puede conservar el contenido, y colorido, del original exacto —como en «Shut your fucking face, you motherfucking son of a fucking gun», por ejemplo—, pero dependiendo del medio social del personaje, de la situación que lo ha provocado a expresarse así, y de a quién va dirigido el mensaje, se conseguirá una expresión —de igual duración y que acople a los movimientos labiales— que transmita el estado de ánimo

de quien la profiere y que resulte inmediatamente asimilable para los espectadores de cualquier punto del Estado español.

Por otro lado, Rosa Agost (1999, 120) habla del problema de la aceptación social del lenguaje soez por parte de la sociedad de llegada y pone un ejemplo de *Pulp Fiction,* «donde se utiliza un lenguaje obsceno que contrasta mucho con los doblajes de épocas anteriores, en que los máximos exponentes del lenguaje soez eran los tan socorridos *¡Cielo santo! ¡Demonios!* o *¡Córcholis!*».

El ejemplo en cuestión es el siguiente:

> *Honey Bunny:* Any of fuckin' pricks move and I'll execute every one of you motherfuckers! Got that?

> *Honey Bunny:* ¡Y como algún jodido capullo se mueva, me cago en la leche, me pienso cagar hasta en el último de vosotros!

Básicamente, se trata del mismo problema de traducción que en el caso de las exclamaciones en general. ¿Cuántas veces no hemos oído decir a personajes de películas y series: «¡Dios!» (por *God!,* claro)? Esto nos recuerda un poco las traducciones sudamericanas con sus «¡Oh, cielos!».

A un espectador atento le puede llegar a extrañar que los anglófonos enfadados o contrariados digan siempre «¡Mierda!», sabiendo que «*shit!*» no necesariamente ha de corresponder con nuestra indignación escatológica en todas las situaciones. Y lo mismo podríamos decir del «¿Bromeas?» *(No kidding. Are you kidding?),* cuando incluso los diccionarios lo traducen por «¡No me digas!», y del «¿Qué apuestas?» por «¡Ya lo creo!» o «¡Por supuesto!».

Xosé Castro Roig (1997) analiza en un breve pero sustancioso artículo su experiencia de siete años como traductor para las cadenas de televisión. Atribuye la baja calidad de las traducciones a la urgencia, las bajas tarifas, la falta de revisión y la diversidad de contextos. Y termina con una afirmación tajante y contundente: en ocasiones el traductor tendrá que cometer «alta traición». He aquí su razonamiento (1997, 422):

> Así, debemos traicionar intencionadamente al texto cuando nos encontramos expresiones vulgares y malsonantes, mucho más variadas en nuestra lengua que en inglés y que, sin embargo, se ven una y otra vez mutiladas por la falta de imaginación de algunos traductores (jodido, jódete, bastardo, etc.). El habla vulgar y la germanía

también es muy fértil en castellano y no se le saca todo el partido por miedo a hacer una adaptación demasiado libre del texto original. Y especial atención hay que prestar a las muletillas y a las onomatopeyas, completamente distintas de las nuestras y que, no obstante, se nos cuelan cada día en nuestras pantallas: *oh oh; ¡oh, no!; ¡yija!; para serte honesto...; oh, sí; esto apesta; te diré algo...; lee mis labios; ¡bingo!; dame un respiro;* etcétera.

10. El lenguaje de los «indios»

No sólo en el caso de los *westerns* se encuentran personajes que desconocen o hablan mal el idioma de los protagonistas principales. El guionista da cuenta de ello con pinceladas de este idioma en boca de los «forasteros», pinceladas reales o inventadas pero siempre acorde con las normas de los hablantes.

Una solución, que ya se ha convertido en tradición, es hacer hablar a estos personajes con infinitivos, ignorando que en realidad el no hablante adopta el recurso más fácil, que consiste en conjugar todos los verbos en su forma regular y con una única persona, la cual coincide con el infinitivo por la carencia casi total de terminaciones de los verbos en inglés.

Con un poco más de imaginación y de reflexión lingüística, el traductor descubriría que un aprendiz de español no cometería los mismos errores gramaticales que otro que chapucea inglés.

11. Doblar o subtitular

Es la historia interminable. La polémica vuelve en oleadas cíclicas a las páginas de los periódicos y a las conversaciones de los más o menos metidos en el mundo de la traducción. Yo no voy a entrar en ella. Simplemente, quiero recordar algo que aprendí cuando me dedicaba a enseñar idiomas: el sentido de la vista es mucho más fuerte que el del oído; para aprender a escuchar bien, no hay que leer.

Me encontraba este verano pasado en un hotel de Praga y había puesto la televisión. Daban una película italiana subtitulada en checo. A pesar de no entender ni pizca de este idioma y de estar más familiarizado con el italiano, me empeñaba en leer los subtítulos, con lo que no prestaba oídos —nunca mejor dicho— al diálogo hablado. Y, así, acabé de ver la película sin haberme enterado ni siquiera del argumento.

Quizás sea por deformación profesional, por mis años de profesor de lengua y de traducción, pero lo cierto es que el monólogo me resulta raro. Y si encima es para hablar de uno mismo, de raro pasa a ser incómodo. Tal vez por esta razón he ido intercalando citas de otros. ¿Forma eso quizás parte del carácter del traductor? De tanto permanecer invisible, ¿le cuesta salir a la luz? Tradicionalmente, la voz del traductor se oye sólo en las —así llamadas— «notas del traductor» o en prólogos que le sirven de presentación de la obra traducida, pero también de justificación e incluso de excusa. La costumbre viene de lejos: los traductores medievales recurrían a las «glosas».

El traductor que traduce para el doblaje no tiene ninguno de estos recursos: permanece irremisiblemente en el anonimato. La verdad es que, en vista del éxito (es decir, de la calidad media tan baja de los productos), en este caso es mejor recurrir a esta capa protectora, a esa «invisibilidad» tradicional del traductor.

Sin embargo, parece que algo está cambiando en el mundillo del doblaje. Se habla, y ya con cierta insistencia, del trabajo en equipo: la colaboración, como mínimo, entre traductor y ajustador se hace cada vez más necesaria y, aunque si bien es cierto que puede haber —y de hecho las hay— una misma persona que haga las dos funciones (traducir y ajustar), también lo es que cuatro ojos ven más que dos y que no es lo mismo que un traductor aprenda a ajustar que a la inversa: que un ajustador aprenda a traducir. No quisiera que los ajustadores se me ofendieran, pero no se puede negar que el ajuste es un trabajo más mecánico que la traducción y que el ajustador dispone del texto en la lengua de llegada, es decir, ha habido una labor previa de búsqueda, reflexión y reescritura que el traductor le sirve en bandeja.

A pesar de todo, tengo mucho que agradecer a las personas del mundo del doblaje que me iniciaron en este arte, me ayudaron con sus consejos y su paciencia y me enseñaron con su profesionalidad a no rebajar ni un ápice la exigencia de calidad y el rigor en el trabajo.

El mundo da muchas vueltas y en uno de sus giros me he quedado —¿temporalmente?— al margen de la traducción audiovisual. Otras labores me reclaman. Pero también necesitaba un descanso. Muchos traductores tienen que cultivar campos distintos para sobrevivir. Yo he compaginado siempre la traducción con la docencia. Llega un momento en que el cansancio obliga a hacer un alto en el camino o a escoger. Todo es prescindible, pero nada es superfluo. Las pequeñas experiencias de la vida se suman y a la larga constituyen un bagaje importante. Yo estoy contento con el mío.

Capítulo XVI

Subtitular: toda una ciencia... y todo un arte

Fernanda Leboreiro Enríquez
y Jesús Poza Yagüe
Bandaparte (Tres Cantos, Madrid)

1. Introducción

Subtitular una película es la única manera de respetar y conservar intactos sus diálogos y su sonido original. Los subtítulos son una o —como máximo— dos líneas de texto situadas en la parte inferior de la imagen. Su finalidad es tratar de recoger la síntesis del mensaje original, y su dificultad radica en el hecho de que es casi imposible leer a la misma velocidad que se escucha. Es importante tener en cuenta, pues, que los subtítulos no constituyen en todos los casos una transcripción fiel del diálogo original, sino una adaptación que, en muchos casos, debe sacrificar parte de la información.

Bandaparte, primera empresa española especializada en el subtitulado de películas, comenzó su trayectoria en 1987. Durante los cinco primeros años utilizó un complejo sistema químico con el cual se subtitularon películas tan emblemáticas como *Átame, ¡Ay, Carmela!, Bienvenido Mr. Marshall, Jamón, jamón, Laberinto de pasiones, Vacas...*, entre las españolas, o *Cyrano de Bergerac, Instinto básico, Delicatessen, Bailando con lobos, El padrino, Paseando a Miss Daisy, El último emperador...*, entre las extranjeras. En 1992 instaló en España la primera máquina láser para subtitular y comenzó a utilizar programas *ad hoc* para la confección de los subtítulos. Estas dos circunstancias introdujeron una diferencia cualitativa y cuantitativa importante respecto al pasado en términos de producción. En la actualidad, la empresa cuenta con tres máquinas láser para subtitular en 35 mm, tres máquinas para lavar películas de poliéster, un completo sistema de vídeo para subtitular también en este formato, así como programas específicos para transferir los subtítulos a DVD.

2. El proceso de subtitulación

Para subtitular una película en 35 mm, es preciso contar con los siguientes materiales de partida: una lista con los diálogos en el idioma original y una copia de la película. Respecto a la primera, siempre es preferible trabajar sobre la original, ya que para el traductor constituye la fuente de información más rica a la hora de preparar los subtítulos. En cuanto a la segunda, si no se dispone todavía de copia en 35 mm, se puede empezar a trabajar con un vídeo, aunque luego requerirá el ajuste de los subtítulos al tiempo de la copia de cine.

El plazo medio para subtitular una película suele ser de unos quince días naturales para obtener una primera copia. El trabajo previo de localización y realización de los subtítulos se repercute en la primera copia, y esta información es válida para las copias restantes, puesto que únicamente se trabaja con ellas en el láser y en el lavado posterior.

El proceso de subtitulación consta de varias fases y en él participan técnicos de diferente especialización. Dichas fases, que se van cubriendo una vez recibidas las copias en el laboratorio, son las siguientes: *a)* telecinado; *b)* localización; *c)* traducción y adaptación; *d)* simulación; *e)* impresión con láser; *f)* lavado; *g)* visionado; *h)* expedición; *i)* archivo.

Veamos en detalle cada una de ellas.

2.1. *Telecinado*

En el momento en que la copia original se recibe en el laboratorio, se realiza la operación denominada *telecinado,* que consiste en realizar copias en vídeo de ella como soporte para los trabajos que se han de realizar a continuación. Gracias a esta tarea, si el cliente necesita la copia original, el laboratorio puede avanzar en las siguientes etapas sin mayores dilaciones.

En la etapa de telecinado, el laboratorio suele llevar a cabo otras dos operaciones fundamentales para la plena satisfacción del cliente. La primera estriba en certificar que las copias que hace del original destruidas con posterioridad y así garantizar su seguridad (si el cliente lo solicita, el laboratorio puede realizar también insertos especiales antipirateo). La segunda radica en supervisar la calidad del material recibido e informar al cliente de las posibles anomalías detectadas.

2.2. Localización

En la etapa de *localización* (en inglés, *spotting*) se fijan los códigos de tiempo de entrada y de salida para la posterior inserción de los subtítulos. De la correcta realización de esta labor dependerá la calidad de las etapas posteriores y, en especial, que la lectura de los rótulos se haga con facilidad.

En la localización es importante tener en cuenta los siguientes factores:

a) *Respetar los cambios de plano.* Si se mantiene el mismo subtítulo cuando la cámara ha cambiado de plano, el espectador, inconscientemente, tiende a leerlo de nuevo y ello le produce confusión. Cuando el diálogo es continuo y los cambios muy seguidos, es imposible ser estrictos con esta norma y entoces (y sólo entonces) suele ser permisible el salto de plano.

b) *Cuidar la entrada y salida del subtítulo.* Es fundamental, para una buena lectura de los subtítulos, que éstos se ajusten al *tempo* de la versión original, motivo por el cual es necesario hacer coincidir con exactitud el comienzo y el final del subtítulo con el del diálogo.

c) *Establecer un criterio uniforme en toda la película.* En caso de que en la película se intercalen, por ejemplo, canciones, se deben subtitular o todas o ninguna, según decisión del cliente. No seguir un criterio claro desconcierta al espectador

El programa con el que trabaja Bandaparte está diseñado para calcular el número máximo de caracteres que el subtítulo debe contener para que resulte legible en situación de confort. Dicho número está en función del tiempo que el subtítulo permanece en pantalla, y el traductor debe ajustarse a él.

Esta información, junto con la lista de diálogos original y un vídeo en formato VHS con la película en versión original son los materiales que se entregan al traductor para la realización de la versión subtitulada.

2.3. *Traducción y adaptación*

La etapa de traducción y adaptación la ejecutan los traductores, que *traducen* y *adaptan* la lista de diálogos al idioma requerido por el cliente. Bandaparte cuenta con una cartera de traductores autónomos con los que colabora habitualmente y que son de probada profesionalidad. El cliente puede escoger entre tres opciones:

a) El laboratorio asigna el encargo a un traductor, según su criterio.
b) El cliente solicita la colaboración de un traductor en particular con quien trabaja habitualmente el laboratorio.
c) El cliente designa un traductor propio.

El proceso de traducción y de adaptación es uno de los que más influyen para una óptima lectura y comprensión de los subtítulos. Como antes se indicó, el oído es más veloz que la vista, por lo que es imposible leer y escuchar a la vez la misma cantidad de palabras. Por lo tanto, el traductor debe ser sincrético y evitar todo artificio a la hora de traducir, sobre todo porque está limitado a un número de caracteres inferior a la información narrada o dialogada.

A modo de ejemplo, valga el caso siguiente. Un personaje de una película dice en italiano «Sono molto contento di revederti, amico mio»; en el supuesto de que la traducción sea literal «Estoy muy contento de verte de nuevo, amigo mío», el subtítulo contendrá 47 caracteres. Pero si el programa indica que solamente es posible utilizar 29, el traductor debería omitir «amigo mío» y cambiar «contento» (8 caracteres) por «feliz» (5 caracteres) para ahorrar espacio, con lo que el subtítulo final sería «Estoy feliz de verte de nuevo», que tiene, en efecto, 29 caracteres; y si por cualquier motivo el subtítulo tuviera que acortarse incluso más, se podría sintetizar en «Me alegro de verte» (18 caracteres). Inevitablemente se sacrifica información, pero un traductor con experiencia en la realización de subtítulos por lo general es capaz de mantener el hilo conductor durante la película utilizando únicamente la información esencial.

Otro factor importante es la pulcritud gramatical y ortográfica. Es responsabilidad de los traductores verificar las posibles dudas gramaticales que puedan surgir (laísmo, leísmo, dequeísmo...), así como pasar el corrector ortográfico antes de entregar los subtítulos. De esta manera, se minimiza el riesgo de omisiones y erratas, faltas de ortografía, etcétera, en el texto final.

2.4. Simulación

En la siguiente etapa, llamada *simulación,* se le ofrece al cliente la posibilidad de efectuar las correcciones que crea oportunas antes de pasar a la impresión por láser. El cliente suele estar representado por el responsable tanto del doblaje como del subtitulado de la película, denominado *jefe de tráfico* (en caso de que el largometraje sea español, en ocasiones es el propio director o productor el que acude a las sesiones).

La simulación se realiza en vídeo y consiste en proyectar al mismo tiempo la película con los subtítulos; su objetivo es que el cliente tenga una perspectiva lo más realista posible de cómo va a ser el resultado final.

La simulación de una película de metraje normal (noventa minutos y mil subtítulos) suele durar alrededor de tres horas. Durante este período, el cliente contará con la asistencia del traductor de su película, así como de un operador de simulación, que será el que ejecute los cambios que el cliente decida.

Es importante no olvidar que tanto los traductores como los simuladores no hacen sino realizar una propuesta de subtitulado al cliente, quien en cualquier momento podrá cambiar, anular, sustituir... lo que desee, tanto de texto como de tiempo, antes de la etapa siguiente: el proceso irreversible de la impresión con láser.

2.5. Impresión con láser

Como se ha señalado anteriormente, en sus inicios Bandaparte utilizó el método denominado *sistema químico,* consistente en quemar la emulsión de la película mediante baños y placas e imprimir en ella los rótulos de los subtítulos. Este método, esencialmente manual, tenía el inconveniente de que estaba siempre sujeto al factor humano y a todo tipo de contingencias, por lo que sus resultados no eran siempre de la calidad deseada.

El inconveniente mencionado quedó resuelto con la automatización del proceso. La llegada de los ordenadores y del láser industrial contribuyó a mejorar sustancialmente la calidad y la precisión de este tipo de trabajo.

Los tubos láser que se empezaron a utilizar para subtitular películas eran de muy alto rendimiento y gran consumo, tanto de agua como de electricidad. Sin embargo, a medida que se ha ido avanzando en la investigación de esta aplicación del láser, se han ido diseñando otros de menor consumo e igual calidad, que abaratan el coste de producción y son más ecológicos (no es necesario el consumo de agua para su refrigeración).

El efecto del láser sobre la película es el mismo que el que producía el sistema químico: quemar la emulsión de la copia positiva e imprimir en ella el texto que previamente ha sido aprobado por el cliente. La diferencia es que el resultado obtenido con él es de una rapidez, calidad y precisión muy superiores. Bobina a bobina se va repitiendo esta misma operación hasta completar todas las copias. Una vez concluida, se pasa a la siguiente etapa.

2.6. *Lavado*

Hasta hace algunos años, el soporte tradicional de las copias de cine era el triacetato, que, por resultar contaminante y de difícil reciclaje, ha sido sustituido por el poliéster. Este material, por ser un tipo de plástico y sufrir fricción al pasar por el láser, genera energía electrostática que hace que el polvo resultante de quemar la emulsión quede depositado sobre la película. El subtítulo aparece oscurecido, por lo que debe lavarse en una máquina especial que retira delicadamente los restos de la emulsión y seca y rebobina de nuevo la película.

Este procedimiento ha supuesto un incremento de coste, del tiempo empleado y una manipulación más de la copia. En la actualidad se está investigando en la fabricación de un tipo de poliéster que no necesite este tratamiento especial después del proceso de impresión con láser.

2.7. *Visionado*

Una vez lavadas, las copias son revisadas en la moviola con objeto de verificar que tanto la impresión en el láser como el lavado se han realizado de manera correcta. Como en las dos etapas anteriores, la comprobación se realiza bobina a bobina y copia a copia, pues ésta es la mejor forma de asegurarse de que el trabajo que se entrega al cliente tiene la calidad exigida.

2.8. *Expedición*

Éste es el momento en el que las copias subtituladas se entregan al cliente, en el lugar y a la hora especificados por él. Es muy importante no descuidar ningún detalle de la expedición, ya que en este sector los plazos se cuentan por horas.

2.9. *Archivo*

La última etapa del proceso de subtitulación consiste en archivar la versión original subtitulada de la película entregada al cliente. De forma permanente puede disponer de los subtítulos para volcarlos en cualquier otro formato (vídeo, DVD, televisión...). Tras más de una década subtitulando, Bandaparte cuenta en su archivo con más de 2.000 películas, la mayor parte de las cuales son títulos representativos del mejor cine español y extranjero.

3. PROBLEMAS Y PERSPECTIVAS

3.1. *Problemas*

Las dificultades con las que se enfrenta un laboratorio de subtitulación se pueden enfocar desde distintas vertientes.

Por un lado, el laboratorio se expone a que los continuos avances tecnológicos conviertan en obsoletos equipos que han supuesto inversiones importantes y que todavía están en buen estado. La aparición de nuevas aplicaciones y tecnologías exige una continua revisión de los equipos y su posterior actualización. La introducción de la tecnología digital en el mundo del vídeo, la aparición del DVD y de las operadoras digitales son algunas de las transformaciones obligadas que el laboratorio debe acometer para seguir ofreciendo un buen servicio.

Por otro lado, la aparición de competidores en un mercado tan reducido puede aquilatar la participación que el laboratorio tiene. Aquellos que quisieran abrirse hueco en este mercado, hoy por hoy, deben superar unas difíciles barreras de entrada, como son: una alta inversión en infraestructura, un capital humano técnicamente muy especializado, un *know-how* difícil de adquirir, una fidelidad muy alta por parte de los clientes, etc. Por otra parte, el laboratorio debe enfrentarse diariamente a otra serie de cuestiones más concretas, pero no por ello menos importantes, que afectan directamente a su imagen. Los defectos que se detectan en las copias una vez concluido el trabajo se achacan por término general al proceso de subtitulación, ya que es la última manipulación que sufren. Es preciso partir de la premisa de que los materiales que llegan al laboratorio son correctos en cuanto a calidad de imagen y sonido, ya que en éste resulta de todo punto imposible realizar una verificación previa. Como se ha indicado anteriormente, en el ámbito del cine no se comprueba la calidad del trabajo hasta que éste está concluido, por lo que es difícil demostrar si el defecto procedía del estado inicial de la copia o se produjo durante el proceso de manipulación al que es sometido en la subtitulación. Cuando se trata de varias copias, es más fácil comprobarlo, ya que se puede comparar la copia subtitulada con una que todavía no se ha manipulado. En el caso de que sea una sola copia, las oportunidades de demostrar la procedencia de la anomalía disminuyen. Las causas de los fallos que no se deben al subtitulado pueden proceder del tiraje de copias, por haberse proyectado con anterioridad, entre otras.

3.2. *Perspectivas*

Al mundo de los subtítulos se le presenta un futuro estable. Hoy por hoy, las distribuidoras y productoras siguen apostando por esta forma de «domesticación» a la hora de estrenar sus películas, tanto en cine como en vídeo o en DVD. Esto, junto con la venta de derechos a las televisiones, constituye en la actualidad las vías naturales de explotación de una película.

La tendencia en cuanto al número de copias que se estrenan en el cine es al alza, aunque tímidamente, ya que este tipo de versión sigue interesando sólo a una minoría.

Además de las películas extranjeras que se exhiben subtituladas, otra cuota del negocio la constituyen títulos de cine español que participan en festivales y certámenes internacionales. Depende, por tanto, del esfuerzo de promoción que las instituciones competentes realicen.

Otra vía a través de la cual también se solicitan películas subtituladas es la de las ventas internacionales: éstas suponen un goteo importante de copias y contribuyen a internacionalizar el prestigio de la subtitulación.

En cuanto a la apertura de mercados, el sudamericano empieza ya a solicitar películas estrenadas en Europa y a adaptar los subtítulos según su idiosincrasia. Por esta razón, si la recuperación económica se hace realidad, es probable que este mercado crezca con fuerza y llegue a demandar el subtitulado de películas que en paralelo se estrenan en España.

A más largo plazo, el llamado *cine virtual* proyectado en pantallas de plasma mediante la transmisión por satélite de imagen y sonido, evitaría la manipulación de copias tal y como se concibe en el cine actualmente, limitando el trabajo de subtitulación a las fases previas (localización y traducción) y anulando el proceso de impresión con láser y el lavado del poliéster. Sin embargo, lo que es insustituible es el capital humano que está detrás de un trabajo de esta índole, que requiere de la creatividad, ingenio y maestría de los traductores.

4. CONCLUSIÓN

Subtitular, como el título de este trabajo bien indica, no es solamente una técnica, sino también un arte: el arte de reproducir un diálogo de cincuenta caracteres en una frase de quince sin perder información; o el arte de engranar a todas las personas implicadas en el trabajo (técnicos de vídeo, localizadores, traductores, simuladores, técnicos de láser...) dando cabida a todas las peticiones de subtitulación; o el arte de llegar a tiempo con plazos muy ajustados (¡subtitular en un solo día!); o el arte de dar lo mejor de uno mismo para que el resultado final lo disfruten miles de ojos ávidos de leer y entender lo que tienen que contar un director bosnio, de Hong Kong o de la Colombia más profunda. Eso es subtitular.

Capítulo XVII

La sincronización y adaptación de guiones cinematográficos

Anna Gilabert, Iolanda Ledesma
y Alberto Trifol
Q. T. Lever, S.A. (Barcelona)

1. Introducción

La adaptación de guiones cinematográficos para el doblaje es un oficio desconocido para la mayoría. Habitualmente, se habla de la figura del traductor como si fuera la única persona que manipula los diálogos del guión antes de que se realice el doblaje. Pero el doblaje es un proceso en cadena en el cual nadie es el último responsable del producto. Se trata de una responsabilidad compartida desde el principio hasta el final, aunque es el director de doblaje quien asume la función de responsable frente a la empresa que contrata los servicios. Hay que tener en cuenta que la figura del adaptador existe desde los inicios del doblaje, ya que es un paso imprescindible. De todas maneras, el hecho de que en Estados Unidos no exista tradición de doblaje —allí consumen mayoritariamente sus propios productos y la poca producción extranjera que les llega suelen subtitularla— ha propiciado que se trate de un oficio desconocido, propio sobre todo de países de lenguas románicas, y que se encuentre muy poca bibliografía sobre el tema. Tampoco es una disciplina académica, ya que no se contempla en los estudios universitarios y hay muy pocos centros privados de estudios de cinematografía en los que se imparta como asignatura. Así pues, es un oficio que se adquiere como los antiguos oficios: siendo aprendiz al lado de alguien que ya sepa. De esta manera, las diferentes generaciones se han ido pasando el testigo.

2. Definiciones

Lo que se conoce en el argot de la profesión del doblaje como *ajuste* incluye dos conceptos diferentes: la *sincronización* y la *adaptación*.

La sincronización consiste en conseguir que la duración y el movimiento de la boca de la frase que hay que doblar en la lengua de llegada —entendemos por *frase* lo que hay entre dos pausas, ya sea una palabra, una simple onomatopeya o un sermón de cinco líneas seguidas— coincidan al máximo con la duración y el movimiento de la boca de la frase en la lengua original. Esto tiene como objetivo que el espectador pueda llegar a creer que el actor de la pantalla habla en la lengua de llegada. En realidad, un buen doblaje es el que no se nota y para conseguirlo disponemos de la técnica de la sincronización, además de, por supuesto, la habilidad y la profesionalidad del actor de doblaje (es decir, que el actor entienda las estrategias del ajuste y que doble la frase tal como el ajustador ha previsto).

La adaptación, en cambio, tiene que ver con el estilo del guión. Es la continuación del trabajo de traducción. El adaptador es, al fin y al cabo, quien crea —por segunda vez— el guión. Los personajes hablarán como él proponga y dirán las frases que él dé como definitivas. Es por este motivo por lo que el adaptador de guiones cinematográficos es una figura considerada por la Sociedad General de Autores susceptible de cobrar derechos.

Cuando se hace la adaptación de un guión, hay que evitar las construcciones impropias de la lengua de llegada y las traducciones literales; es decir, por un lado, el orden sintáctico de las frases tiene que responder a la estructura espontánea de la lengua de llegada y no de la original —evitando las tentaciones de la sincronización— y, por otro, no se puede decir, por ejemplo, que «vemos elefantes rosas» cuando queremos decir que alguien «está borracho», o que «usamos» drogas cuando en realidad «se toman». Al adaptar el guión, tendremos en cuenta, también, la coherencia entre imagen y sonido (un personaje no puede decir «no» si asiente con la cabeza), que cada personaje conserve durante toda la película su registro y que los diálogos sean verosímiles en la lengua oral —generalmente muy alejada del registro literario. Asimismo, hay que localizar los posibles errores de traducción debidos, en primer lugar, a un visionado incorrecto de la imagen (una caja de galletas no se puede convertir en un paquete de cereales); en segundo lugar, a errores del guión original, ya que no siempre se dispone del guión de posproducción —también conocido como guión *from moviola*—, con lo cual los diálogos pueden diferir mucho de la versión definitiva a causa de los cambios efectuados durante el rodaje; y, en tercer lugar, a la prisa con la que se haya hecho la traducción, una de las causas más habituales en los tiempos que corren. Por todos estos motivos, es conveniente que el adaptador conozca bien la lengua original, que conozca muy bien la lengua de llegada y que pueda contar siempre con la colaboración del traductor.

3. EL PROCESO

Los procesos de adaptación y de sincronización se hacen simultáneamente, trabajando frase por frase todo el guión de la película o episodio. Y cuando decimos *todo el guión,* nos referimos al texto de los protagonistas y de los personajes secundarios, a los textos que servirán para cubrir ambientes y al texto de programas de televisión, de radio o de altavoces que se oyen. En definitiva, el adaptador tiene que dejar lista la versión nueva para que, durante el doblaje, el director no tenga que improvisar diálogos. Para hacerlo, además de soporte técnico, se necesita la traducción escrita de los diálogos, el guión original —siempre que exista— y la imagen y el sonido originales.

Antes de empezar a trabajar con el guión, visionaremos la película o episodio para tener un conocimiento global del producto. Esto nos ayudará a conocer los personajes y sus reacciones y nos evitará cometer errores cuando adaptemos el texto. Concluido el visionado, podemos empezar a *ajustar* el guión, o sea, a buscarle la sincronía. En primer lugar, escuchamos la intervención, es decir, la frase o conjunto de frases con sentido. Aprovecharemos las pausas que haga el personaje para decidir el trozo de texto con el que trabajaremos. Suelen ser un par de líneas o tres como mucho, ya que hay que memorizarlas. A continuación, probamos cómo encaja el texto que tenemos traducido con el trozo que hemos escogido. Para hacerlo hay que decir el texto en voz alta al mismo tiempo que oímos la voz en la lengua original, empezando a hablar justo cuando empieza el personaje de la pantalla, siguiendo el mismo ritmo e intentando interpretarlo con la entonación y el volumen de voz con los que lo hará el actor durante el doblaje. Es importante recalcar que no hay que leer la frase, sino memorizarla. Eso se debe a dos razones: por un lado, a que la duración de la intervención varía sensiblemente de leerla a pronunciarla como una frase espontánea y, por otro, a que hay que mirar a la pantalla y no al papel cuando decimos la frase, para comprobar si encaja con los movimientos de la boca. También es importante decir la frase en voz alta, porque no se tarda lo mismo en pronunciar el texto bien vocalizado y a tono con el personaje que si lo decimos susurrando.

Al comprobar la medida de la frase nos pueden pasar tres cosas: que encaje perfectamente, que nos falte letra o que nos sobre. Si nos falta letra, tenemos que encontrar una frase más larga que tenga el mismo significado; si nos sobra, tenemos que acortarla manteniendo el significado, evitando sacar contenido semántico. Cuando hayamos conseguido la medida que nos conviene, nos tendremos que fijar en el movimiento de la boca. Los fonemas que marcan más la apertura y el cierre de la boca son, por un lado, las vocales y, por otro, los sonidos labiales. Modificaremos la frase tantas veces como sea necesario hasta que coincida el movimiento de los labios, sobre todo en los primeros planos, que es cuando la traición que supone el doblaje se hace más evidente. Ejemplos: la frase inglesa *See you* corresponde perfectamente con un «Adiós». En cambio, la frase inglesa *What are you doing?* traducida por un «¿Qué haces?» es corta. La podemos alargar diciendo '¿Pero qué haces?' para cubrir toda la boca, introduciendo a su vez una bilabial inicial para que encaje mejor.

Cuando tengamos la frase que encaja correctamente, comprobaremos que sea verosímil, que siga los movimientos del personaje —los golpes de cabeza, la gesticulación de las manos, la expresión de la cara...—, que suene natural, que sea correcta, que no haya errores de coherencia entre la imagen y el texto, que no repita palabras que se hayan dicho hace poco, que no se produzcan rimas, etcétera.

En el momento en que demos la frase por definitiva, la repetiremos en voz alta sin escuchar el sonido original para acabar de comprobar que, efectivamente, sigue los movimientos de la boca. A continuación, introduciremos en el guión escrito una serie de convenciones que ayuden al actor de doblaje y al técnico de sonido.

   a) Las indicaciones para el actor son las siguientes:
      / (pausa o momento de silencio)
      (ON) (el personaje que habla está en la pantalla y le vemos la boca)
      (OFF) (no está en la pantalla o no le vemos la boca)

(DE) (está de espaldas)
(RÍE)
(LLORA)
(G) y (GS) (hace un ruido, tose, estornuda, suspira... o hace muchos ruidos, como, por ejemplo, en el caso de una pelea)
(TAP) (tiene algo que le tapa la boca, un pañuelo, una máscara, un casco...)
(S) (se indica cuando en la versión original hay una pausa que no nos interesa hacer en la lengua de llegada, siempre que la boca lo permita)
(A) (indica al actor que avance su intervención, que empiece a hablar antes que el personaje, siempre que la boca lo permita)
(R) (cuando no se puede acortar el texto porque es imprescindible dar toda la información, el actor tendrá que decir la frase a más velocidad)
(SS) (equivale a *Sin Sonido* e indica que el personaje mueve la boca pero no se oye nada)
(P) (indica que su intervención pisa la de otro personaje)

b) Las indicaciones para el técnico de sonido son, entre otras:
(ATT) (el personaje habla a través del teléfono)
(ATR) (el personaje habla a través de la radio)
(ATTv) (el personaje habla a través del televisor)
(REVER) (hay que añadir un efecto de reverberación)

Se trata, pues, de una serie de indicaciones de cómo hay que filtrar técnicamente la voz del personaje según hable a través de algún aparato, o se trate de un recuerdo, o de un pensamiento o si hay efecto de eco, etc. Son convenciones más o menos establecidas, pero no fijadas. No siempre coinciden en cada ajustador ni en cada estudio de doblaje. Una vez finalizado todo este proceso, ya podemos pasar a la frase siguiente.

Además de adaptar y sincronizar el texto de los personajes frase por frase, ya hemos dicho que el ajustador tiene que dedicarse también al texto de los ambientes de fondo, televisores, radios y altavoces que puedan aparecer. En este caso, deberá ponerse en contacto con el ayudante de dirección que, en colaboración con el técnico de sonido, le dirá si esos elementos sonoros se encuentran en la llamada *soundtrack*. La *soundtrack* es la pista de sonido que contiene la música y los efectos sonoros de la película o episodio y que, una vez finalizado el doblaje, se mezcla con la pista de los diálogos. En algunas ocasiones, los ambientes, televisores, radios y altavoces están grabados en esa pista, con lo cual no se pueden doblar. En caso contrario, habrá que doblarlos. Suelen ser diálogos que no están especificados en el guión original y bastante ininteligibles, de los cuales pocas veces el adaptador dispone de la traducción o, en el mejor de los casos, tiene un par de frases orientadoras. A partir de estas frases, creará el texto, que tiene que ser coherente con lo que está sucediendo en la pantalla —una pelea en la calle, un grupo de periodistas, un partido de béisbol, etcétera.

4. Conclusión

La adaptación y la sincronización de guiones cinematográficos es un proceso muy lento y laborioso. El adaptador tiene que ser paciente, tener mucha capacidad de concentración y ser competente lingüísticamente hablando. En realidad, es el que hace el primer doblaje —sin grabarlo, evidentemente— de la película o episodio. Es un oficio que requiere un período largo de aprendizaje y que está ligado al proceso general del doblaje. Es aconsejable, pues, que el adaptador tenga nociones de lenguaje cinematográfico —deberá saber qué es una secuencia, un cambio de plano, un *flashback*, etc.—, ya que tendrá que colaborar con el director de doblaje o con el ayudante de dirección, si así lo requieren. Como ya hemos dicho al principio, se trata de un trabajo en cadena o, si cabe, de un trabajo en equipo.

Para terminar, hay que añadir que encontrar el equilibrio entre la sincronización y la adaptación es, sin duda, lo más difícil. A menudo tenemos que sacrificar una labial que encaja en la boca del personaje por una expresión más verosímil o más afín con la cara del personaje o con la mirada, porque no podemos olvidar un postulado inicial: el cine es imagen y los diálogos del doblaje deben ser coherentes con la interpretación del actor de la versión original. Generalmente, el espectador no se fija en la sincronización, ya que mira a los ojos del actor y no a la boca —aunque una mala sincronía hace que la voz se salga del personaje haciendo evidente el doblaje—, pero sí que nota inmediatamente cuando un personaje dice una cosa que no responde a la expresión de la cara. Es por este motivo por lo que los actores y los directores de doblaje consideran que un buen guión adaptado es aquel que les permite memorizar rápidamente el texto e interpretarlo mirando a los ojos del actor de la pantalla y no a la boca. El ritmo es un factor importante para conseguir una buena adaptación, ya que el doblaje es música y un buen adaptador tiene que tenerlo en cuenta.

Referencias bibliográficas

CAMPOS DE ESTUDIO Y TRABAJO EN TRADUCCIÓN AUDIOVISUAL

AA. VV., *Cinéma et traduction, Babel*, 6, 3 (número monográfico), 1960.
AGOST, Rosa, *La traducció audiovisual: el doblatge*, Castellón, Universitat Jaume I (tesis doctoral), 1996.
— «El registre col·loquial: el doblatge», en Monserrat Barcardí (coord.), *II Congrés Internacional sobre traducció. Actes*, Barcelona, Universidad Autónoma de Barcelona, 1997a, págs. 213-334.
— «La traducció per al doblatge: a la recerca de l' equilibri entre oralitat i escriptura», *Quaderns de Filología. Estudis linguistics. II,* Valencia, Universidad de Valencia, 1997b, págs. 110-124.
— *Traducción y doblaje: palabras, voces e imágenes,* Barcelona, Ariel, 1999a.
— *et al.,* «La traducción audiovisual; doblaje y subtitulación», en Amparo Hurtado (coord.), *Enseñar a traducir,* Madrid, Edelsa, 1999b, págs. 182-195.
— «Traducción y diversidad de lenguas», en Lourdes Lorenzo y Ana M.ª Pereira (coord.), *Traducción subordinada (I). El doblaje (inglés-español/galego),* Vigo, Universidad de Vigo, 2000, págs. 49-68.
ÁVILA, Alejandro, *El doblaje,* Madrid, Cátedra, 1997.
BACCOLINI, R., BOLLETTIERI BOSINELLI, R. M. y GAVIOLI, L. (coord.), *Il doppiagio. Trasposizioni linguistiche e culturali,* Bolonia, Clueb, 1994.
BAKER, R. G. *et al., Handbook for Television Subtitlers,* Winchester, I.B.A. Engineering Division, 1984.
BALLESTER CASADO, Ana, *La política del doblaje en España* (número monográfico de *Eutopías,* 94), Valencia, Episteme, 1995.
— *Traducción y nacionalismo: la recepción del cine americano en España a través del doblaje (desde los inicios del sonoro hasta los años cuarenta),* Granada, Universidad de Granada (tesis doctoral), 1999.

— *Traducción y nacionalismo. La recepción del cine americano en España a través del doblaje (1928-1948)*, Granada, Comares, 2001.

BARTRINA, Francesca y ESPASA, Eva (en prensa), «Teaching Audiovisual Translation».

— (en prensa-b), «Doblar y subtitular en el aula: el reto hacia la profesionalización mediante actividades didácticas».

— (en prensa-c), «La previsió del procés d'ajust com a estratègia de traducció per a l'ensenyament del doblatge».

— (en prensa-d), «La traducció per al teatre i per al doblatge a l'aula: un laboratori de proves».

BASNETT-MCGUIRE, Susan, *Translation Studies*, Londres, Methuen, 1980.

BERRY, Virginia Eva, «Audiovisual media: voice and pen as instruments», en Patricia E. Newman (coord.), *ATA Silver Tongues* (Actas del XXV Congreso Anual de la ATA celebrado en Nueva York en 1984), Medford, Learned Information, 1985, págs. 39-40.

BETTETINI, Gianfranco, *La conversación audiovisual: Problemas de la enunciación fílmica y televisiva*, Madrid, Cátedra, 1984.

BRAVO, José M.ª (coord.), *La literatura en lengua inglesa y el cine*, Valladolid, Universidad de Valladolid, 1993.

BRONDEEL, Herman, «Teaching Subtitling Routines», *Meta*, 39, 1, 1994, páginas 26-33.

BRUN, Laura y MARQUINA, Irene, *El traductor, la traductología y el doblaje fílmico*, México D. F., Instituto Superior de Intérpretes y Traductores de la Ciudad de México (tesis de licenciatura), 1996.

CAILLE, P. Fr., «La traduction au cinéma», en *Le Linguiste/De taalkundige*, 13, 5-6, 1967, págs. 1-4.

CARMIÑA, Rosa M.ª y SÁNCHEZ, Olga, «La traducción de productos audiovisuales en la comunidad gallega», en Lourdes Lorenzo y Ana M.ª Pereira (coord.), *Traducción subordinada (I). El doblaje (inglés-español/galego)*, Vigo, Universidad de Vigo, 2000, págs. 39-46.

CARMONA, Ramón, *Cómo se comenta un texto fílmico*, Madrid, Cátedra, 1991.

CARROLL, Mary, «Subtitler training: Continuing training for translators», en Yves Gambier (coord.), *Subtitling for the Media*, Turku, Universidad de Turku, 1988, págs. 265-266.

CARY, Edmond, *La traduction dans le monde moderne*, Ginebra, Georg et Cie, 1956.

— *Comme faut-il traduire?*, Lille, Presses Universitaires de Lille, 1985.

CASTRO, Xosé, «Aspectos tributarios de la profesión de traductor e intérprete», en Lourdes Lorenzo y Ana M.ª Pereira (coord.), *Traducción subordinada (I). El doblaje (inglés-español/galego)*, Vigo, Universidad de Vigo, 2000, págs. 29-38.

CATTRYSSE, Patrick, «The study of film adaptation: a state of the art and some «new» functional proposals», en Federico Eguíluz *et al.* (coord.), *Transvases culturales: literatura, cine, traducción*, Vitoria, Universidad del País Vasco, 1994, págs. 37-55.

— «Translation in the new media age. Implications for research and training», en Ives Gambier (coord.), *Translating for the Media,* Turku, Universidad de Turku, 1998, págs. 7-12.

CEBRIÁN, Mariano, *Fundamentos de la teoría y técnica de la información audiovisual* (2 volúmenes), Madrid, Mezquita, 1983.

CHAUME, Federico, «El canal de comunicación en la traducción audiovisual», en Federico Eguíluz *et al.* (coord.), *Transvases culturales: literatura, cine, traducción,* Vitoria, Universidad del País Vasco, 1994, págs. 139-47.

— «El mode del discurs alls llenguatges àudiovisuals. Problemes en llengües en procés de normalització. El cas del valencià», en Miquel Edo, *I Congrés Internacional sobre traducció. Actes,* Barcelona, Universidad Autónoma de Barcelona, 1996, págs. 381-394.

— «La traducción audiovisual: estado de la cuestión», en Miguel Ángel Vega Cernuda y Rafael Martín-Gaitero, *La palabra vertida. Investigaciones en torno a la traducción* (coord.), Madrid, Editorial Complutense/Ediciones del Orto, 1997, págs. 393-406.

— *La traducción audiovisual: estudio descriptivo y modelo de análisis de los textos audiovisuales para su traducción,* Castellón, Universitat Jaume I (tesis doctoral), 2000.

CHAVES, M.ª José, *La traducción cinematográfica: el doblaje,* Sevilla, Universidad de Sevilla (tesis doctoral), 1996.

— *La traducción cinematográfica. El doblaje,* Huelva, Universidad de Huelva, 2000.

CHION, Michel, *Cómo se escribe un guión,* Madrid, Cátedra, 1988.

COMMISSIÓ DE NORMALITZACIÓ LINGÜÍSTICA DE TVC, TELEVISIÓ DE CATALUNYA, *Criteris lingüístics sobre traducció i doblatge,* Barcelona, TV3/Edicions 62, 1997.

COMPANY, Juan Miguel, *El trazo de la letra en la imagen: texto literario y texto fílmico,* Madrid, Cátedra, 1987.

CROS, Anna *et al.* (coord.), *Llengua oral i llengua escrita a la televisió,* Barcelona, Publicacions de l'Abadia de Montserrat, 2000.

DABORN, John, *Cine Titling,* Londres, Fountain Press, 1960.

DELABASTITA, Dirk, «Translation and mass-communication: film and TV translation as evidence of cultural dynamics», *Babel,* 35, 4, 1989, páginas 193-218.

DELEUZE, Gilles, *Estudios sobre cine I: La imagen movimiento,* Barcelona, Paidós, 1984.

DELMAS, C., «Les traductions synchrones», en Paul A. Horguelin (coord.), *La traduction, une profession* (Actas del VIII Congreso Mundial de la FIT, celebrado en Montreal en 1977), Ottawa, Council of Translators and Interpreters of Canada (CTIC), 1978, págs. 413-419.

DI FORTUNATO, Eleonora y PAOLINELLI, Mario (coord.), *La questione dopiaggio: Barriere linguistiche e circolazione delle opere audiovisive,* Roma, Aidac, 1996.

DÍAZ CINTAS, Jorge, *El subtitulado en tanto que modalidad de traducción fílmica dentro del marco teórico de los Estudios sobre Traducción* (Misterioso asesinato

333

en Manhattan, *Woody Allen,* 1993), Valencia, Universidad de Valencia (tesis doctoral), 1997.

— *La traducción audiovisual. El subtitulado,* Salamanca, Almar, 2001.

DOLÇ, Mavi y SANTAMARÍA, Laura, «Els referents culturals en la subtitulació», en Anna Cros *et al.* (coord.), *Llengua oral i llengua escrita a la televisió,* Barcelona, Publicacions de l'Abadia de Montserrat, 2000, págs. 75-88.

DOLLERUP, C., «On Subtitles in television programmes», *Babel,* 20, 4, 1974, págs. 197-202.

DOTOLI, Giovanni, «Tradurre nel cinema», *Lingua e letteratura,* II, 2 (mayo), 1984, págs. 219-223.

DRIES, Josephine, *Dubbing and Subtitling Guidelines for Production and Distribution,* Düsseldorf, The European Institute for the Media, 1995.

EGUÍLUZ, Federico *et al.* (coord.), *Transvases culturales: literatura, cine, traducción,* Vitoria, Universidad del País Vasco, 1994.

ETXEBARRIA, Igone, «Doblaje y subtitulación en Euskal Telebista», en Federico Eguíluz *et al.* (coord.), *Transvases culturales: literatura, cine, traducción,* Vitoria, Universidad del País Vasco, 1994, págs. 191-197.

EUROPEAN INSTITUTE FOR THE MEDIA, *Bibliography on Language Transfer,* Düsseldorf, EIM, 1996.

FAURA, Neus, «Llengua oral i llengua escrita en els espots televisius», en Anna Cros *et al.* (coord.), *Llengua oral i llengua escrita a la televisió,* Barcelona, Publicacions de l'Abadia de Montserrat, 2000, págs. 175-192.

FODOR, István, *Film Dubbing: Phonetic, Semiotic, Esthetic and Psychological Aspects,* Hamburgo, Buske, 1976.

FONTCUBERTA, Joan, «La creativitat en el llenguatge en la traducció audiovisual», en Luis B. Meseguer (coord.), *Metàfora i cretivitat,* Castellón, Universitat Jaume I, 1994, págs. 253-260.

— «Traducción para el doblaje: una gimnasia polivalente», en Lourdes Lorenzo y Ana M.ª Pereira (coord.), *Traducción subordinada (I). El doblaje (inglés-español/galego),* Vigo, Universidad de Vigo, 2000, págs. 85-89.

FRIEDMAN, Sonya, «Subtitling: The Art of the Film Translator», en T. Ellen Crandell (coord.), *Translators and Translating: selected Essays from the American Translators Association Summer Workshops,* Binghamton (Nueva York), ATA y SUNY Binghamton Department of Comparative Literature, 1974, págs. 43-46.

FUENTES, Adrián, *La recepción del humor audiovisual traducido: estudio comparativo de fragmentos de las versiones doblada y subtitulada al español de la película Duck Soup, de los hermanos Marx,* Granada, Universidad de Granada (tesis doctoral), 2001.

GAMBIER, Yves y SUOMELA-SALMI, Eija, «Subtitling: a type of transfer», en Federico Eguíluz *et al.* (coord.), *Transvases culturales: literatura, cine, traducción,* Vitoria, Universidad del País Vasco, 1994, págs. 243-252.

GAMBIER, Yves (coord.), *Language Transfer and Audiovisual Communication. A Bibliography,* Turku, Universidad de Turku, 1994a.

— «Audiovisual communication: Typological detour», en Cay Dollerup y

Anne Lindegaard (coord.), T*eaching Translation and Interpreting: Insights, aims, visions,* Amsterdam, John Benjamins, 1994b, págs. 275-283.

— (coord.), *Traslatio, Nouvelles de la FIT/FIT Newsletter,* XIV, 3-4 (Actas del International Forum on Audiovisual Communication and Language Transfers), 1995.

— (coord.), *Les transferts linguistiques dans les médias audiovisuels,* Villeneuve d'Ascq (Nord), Presses Universitaires du Septentrion, 1996.

— «Communication audiovisuelle et traduction: perspectives et enjoux», *Parallèles,* 19, 1997, págs. 79-86.

— (coord.), *Translating for the Media,* Turku, Universidad de Turku, 1998.

— (en prensa), «Les traducteurs face aux écrans: une élite d'experts».

GAUTHIER, Guy, *Veinte lecciones sobre la imagen y el sentido,* Madrid, Cátedra, 1986.

GÓMEZ, Juan (s. f.), «Calcos sintácticos, fraseológicos y pragmáticos en los doblajes del inglés al español» (inédito).

GOTTLIEB, Henrick, «Subtitling — a New University Discipline», en Cay Dollerup y Anne Loddegaard (coord.), *Teaching Translation and Interpreting. Training, Talent and Experience,* Amsterdam, John Benjamins, 1992, págs. 161-172.

— *Subtitles, Translation and Idioms* (2 volúmenes), Copenhague, Universidad de Copenhague, 1997.

GREGORY, Michael, «Aspects of varieties differentiation», *Journal of Linguistics,* 3, 2, 1967, págs. 177-197.

— y CARROLL, Suzanne, *Language and Situation: Language varieties and their social contexts,* Londres, Routledge & Kegan Paul, 1978.

GRICE, H. P., «Logic and Conversation», en *The William James Lectures,* Cambridge (Massachusetts), Harvard University Press, 1968, págs. 41-58.

GUTIÉRREZ-LANZA, Camino, «Proteccionismo y censura durante la etapa franquista: Cine nacional, cine traducido y control estatal», en Rosa Rabadán (coord.), *Traducción y censura inglés-español: 1939-1985. Estudio preliminar,* León, Universidad de León, 2000, págs. 23-60.

GUTT, Ernst-August, *Translation and Relevance: Cognition and Context,* Oxford, Blackwell, 1991.

HARDY, Claudia, «The Art of Dubbing», en Patricia E. Newman (coord.), *ATA Silver Tongues* (Actas del XXV Congreso Anual de la ATA celebrado en Nueva York en 1984), Medford, Learned Information, 1985, páginas 35-38.

HART, Margaret, «Subtítulos o doblaje: ¿Cuál cumple mejor con el transvase cultural?», en Federico Eguíluz *et al.* (coord.), *Transvases culturales: literatura, cine, traducción,* Vitoria, Universidad del País Vasco, 1994, págs. 261-268.

HART, Margaret, «Subtitles vs. Dubbing», en Miquel Edo, *I Congrés Internacional sobre traducció. Actes,* Barcelona, Universidad Autónoma de Barcelona, 1996, págs. 343-350.

HATIM, Basil y MASON, Ian, *Discourse and the Translator,* Londres, Longman, 1990.

HENDRICKX, Paul, «Partial dubbing», *Meta,* 29, 2, 1984, págs. 217-218.

HESSE-QUACK, O., *Der Ubertragungsprozess bei der Synchronisation von Filmen. Eine interkulturelle Untersuchung*, Múnich/Basilea, Reinhardt, 1967.

HOCHEL, Braño, «Communicative aspects of translation for TV», *Nouvelles de la FIT/FIT Newsletter*, 5, 3, 1986, págs. 151-157.

HURTADO, Amparo (1994-1995 y 1995), «Modalidades y tipos de traducción», *Vasos Comunicantes*, 4 y 5, 19-27 y 72-75.

INDEPENDENT TELEVISION COMMISSION, *ITC Guidance on Standards for Subtitling*, s. l., ITC, 1993.

IVARSSON, Jan, *Subtitling for the Media: A Handbook of an Art*, Estocolmo, Transedit, 1991.

— y CARROLL, Mary, *Subtitling*, Simrishamn, Jan Ivasson, Mary Carroll y Transedit, 1998.

IZARD MARTÍNEZ, Natalia, *La traducció cinematogràfica*, Barcelona, Centre d'Investigació de la Communicació, 1992.

JAMES, Heulwen, «Screen translation training and European cooperation», en Yves Gambier (coord.), *Translating for the Media*, Turku, Universidad de Turku, 1998, págs. 243-258.

KAHANE, Eduardo, «Los doblajes cinematográficos: trucaje lingüístico y verosimilitud», *Parallèles*, 12, 1990-1991, págs. 115-120.

KARAMITROUGLOU, Fotios, «A Proposed Set of Subtitling Standards in Europe», *Translation Journal*, 2, 2 (http://accurapid.com/journal/04stndr.htm), 1998.

KLERKX, Jan, «The place of subtitling in a translator training course», en Yves Gambier (coord.), *Translating for the Media*, Turku, Universidad de Turku, 1998, págs. 259-264.

— *Jezikoslovni pogled na prodnaslovno prevajanje televizijskih oddaj [A Linguistic Approach to Subtitling Television Programs]*, Liubliana, Universidad de Liubliana (tesis doctoral), 1992.

— «Relevance as a factor in subtitling reductions», en Cay Dollerup y Anne Lindegaard (coord.), *Teaching Translation and Interpreting: Insights, aims, visions*, Amsterdam, John Benjamins, 1994, págs. 245-251.

— «Reception of subtitles — the non-existent ideal viewer», *Translatio. Nouvelles de la FIT-FIT Newsletter*, 14 (3-4), 1995a, págs. 376-383.

— «Reinforcing or changing norms in subtitling», en Cay Dollerup y Vibeke Appel (coord.), *Teaching Translation and Interpreting 3. New Horizons*, Amsterdam, Jon Benjamins, 1995b, págs. 105-110.

— «Language in the media — A new challenge for translation trainers», en Ives Gambier (coord.), *Translating for the Media*, Turku, Universidad de Turku, 1998, págs. 123-129.

L'ANGLAIS, P., «Le doublage, art difficile», *Journal des Traducteurs*, 55, 4, 1960, págs. 109-113.

LAKS, Simon, *Le sous-titrage de films. Sa technique — son esthétique*, París (edición del autor), 1957.

LAMBERT, Jose, «La traduction, les langues et la communication des masses», *Target*, 1, 2, 1989, págs. 215-237.

— «Le sous-titrage et la question des traductions. Rapport sur une enquete», en Reiner Arntz y Gisela Thomé (coord.), *Übersetzungswissenschaft. Ergebnisse und Perspektiven*, Tubinga, Günter Narr, 1990, págs. 228-238.

LECUONA, Lourdes, «Entre el doblaje y la subtitulación: la interpretación simultánea en el cine», en Federico Eguíluz *et al.* (coord.), *Transvases culturales: literatura, cine, traducción*, Vitoria, Universidad del País Vasco, 1994, págs. 279-285.

LINDE, Zoe de y Neil Kay, *The Semiotics of Subtitling*, Manchester, St. Jerome, 1999.

LORENZO, Lourdes, «Características diferenciales de la traducción audiovisual (I). El papel del traductor para el doblaje», en Lourdes Lorenzo y Ana M.ª Pereira (coord.), *Traducción subordinada (I). El doblaje (inglés-español/galego)*, Vigo, Universidad de Vigo, 2000, págs. 39-46.

— y PEREIRA, Ana M.ª (coord.), *Traducción subordinada (I). El doblaje (inglés-español/galego)*, Vigo, Universidad de Vigo, 2000.

LOTMAN, Yuri, *Estética y semiótica del cine*, Barcelona, Gustavo Gili, 1974.

LUYKEN, Georg-Michael *et al., Overcoming Language Barriers in Television: Dubbing and Subtitling for the European Audience*, Manchester, The European Institute for the Media, 1991.

MALM, J., «Translation for TV and how we do it in Sweden», en Kopczynski *et al.* (coord.), *The Mission of the Translator Today and Tomorrow* (Actas del IX Congreso Mundial de la FIT, Varsovia, 1981), Varsovia, Polska Agencja Interpress, 1982, págs. 461-464.

MARLEAU, Lucien, «Les sous-titres... un mal nécessaire», *Meta*, 27, 3, 1982, págs. 271-285.

MARQUÉS, Inmaculada y TORREGROSA, Carmen, «Aproximación al estudio teórico de la subtitulación», en Miquel Edo, *I Congrés Internacional sobre traducció. Actes,* Barcelona, Universidad Autónoma de Barcelona, 1996, páginas 367-380.

MARTÍN, Laurentino, «Estudio de las diferentes fases del proceso de doblaje», en Federico Eguíluz *et al.* (coord.), *Transvases culturales: literatura, cine, traducción*, Vitoria, Universidad del País Vasco, 1994, págs. 323-330.

MAYORAL ASENSIO, Roberto, «El doblaje de películas y la fonética visual» (reseña), *Babel: revista de los estudiantes de la EUTI*, 2 (mayo), 1984a, págs. 7-15.

— «La traducción y el cine. El subtítulo», *Babel: revista de los estudiantes de la EUTI*, 2 (mayo), 1984b, págs. 16-26.

— «Concept of constrained translation. Non-linguistic perspectives of translation», *Meta*, 33, 3, 1988, págs. 356-367.

— «El lenguaje en el cine», *Claquette: Vídeo, lenguas, culturas*, 1, 1989-1990, págs. 43-57.

— «La traslengua y los calcos en español: hechos recientes», *Boletín Informativo de APETI*, 13, 2, 1991, págs. 9-12.

— «La traducción cinematográfica, el subtitulado», *Sendebar*, 4, 1993, págs. 45-68.

— «La traducción para doblaje de películas, traducción impura», en Eva M.ª Iñesta (coord.), *Perspectivas hispanas y rusas sobre la traducción* (Actas del II Seminario Hispano-Ruso de Traducción e Interpretación), *Sendebar* (número extraordinario), Granada, Universidad de Granada, 1995, págs. 115-125.

— «Sincronización y traducción subordinada: de la traducción audiovisual a la localización de software y su integración en la traducción de productos multimedia», en Roberto Mayoral y Antonio Tejada (coord.), *Actas del Primer Simposium de Localización Multimedia*, Granada, Departamento de Lingüística Aplicada a la Traducción e Interpretación de la Universidad de Granada/ITP Spain, s. p., 1997.

— Dorothy Kelly y Natividad Gallardo, «Concepto de «traducción subordinada» (cómic, cine, canción, publicidad). Perspectivas no lingüísticas de la traducción (I)», en Francisco Fernández, *Pasado, presente y futuro de la lingüística aplicada en España* (Actas del II Congreso Nacional de Lingüística Aplicada), Valencia, AESLA, 1986, págs. 95-105.

— «La traducción audiovisual y los nombres propios», en Lourdes Lorenzo y Ana M.ª Pereira (coord.), *Traducción subordinada (I). El doblaje (inglés-español/galego)*, Vigo, Universidad de Vigo, 2000, págs. 103-114.

— (en prensa-a), «Nuevas perspectivas para la traducción audiovisual».

— (en prensa-b), «El espectador y la traducción audiovisual».

METZ, Christian, *Ensayos sobre la significación en el cine*, Buenos Aires, Tiempo Contemporáneo, 1972.

— *Lenguaje y cine*, Barcelona, Planeta, 1973.

MIGUEL, Marta, «El cine de Hollywood y la censura franquista en la España de los 40: Un cine bajo palio», en Rosa Rabadán (coord.), *Traducción y censura inglés-español: 1939-1985. Estudio Preliminar*, León, Universidad de León, 2000, págs. 61-86.

MILOSZ, A., «Traduction et adaptation de textes filmiques destinés aux besoins de la cinematographie», en Kopczynski *et al.* (coord.), *The Mission of the Translator Today and Tomorrow* (Actas del IX Congreso Mundial de la FIT, Varsovia, 1981), Varsovia, Polska Agencja Interpress, 1982, págs. 352-356.

MOGESEN, Else, «New terminology and the translator», en Yves Gambier (coord.), *Translating for the Media*, Turku, Universidad de Turku, 1988, págs. 267-272.

NIDA, Eugene A., *Toward a Science of Translating*, Leiden, E. J. Brill, 1964.

NOEL, Cl., «Le doublage de films», *Traduire*, 64, 1970, págs. 3-10.

PAJARES, Eterio *et al.* (coord.), *Transvases culturales: literatura, cine, traducción 3*, Vitoria, Universidad del País Vasco, 2001.

PARRA, Joan, *Fonaments de la localització de software*, Barcelona, Universidad de Barcelona (trabajo de investigación), 1998.

PEREIRA, Ana M.ª, «Doblaje y traducción en España y Galicia: su historia», en Lourdes Lorenzo y Ana M.ª Pereira (coord.), *Traducción subordinada (I). El doblaje (inglés-español/galego)*, Vigo, Universidad de Vigo, 2000, págs. 7-16.

PIASTRA, Liliana, «La traducción cinematográfica», en J. C. Santoyo, *Fidus interpres* (vol. 2), León, Universidad de León, 1989, págs. 344-352.

PINEDA, Francisco, «Retórica y comunicatividad en el doblaje y subtitulado de películas», en Federico Eguíluz *et al.* (coord.), *Transvases culturales: literatura, cine, traducción*, Vitoria, Universidad del País Vasco, 1994, págs. 395-400.

— *Ficción y producción cinematográfica: estudio de cuatro novelas vertidas en el cine*, Granada, Universidad de Granada (tesis doctoral), 1997.

POMMIER, Christopher (s. f.), *Doublage et postsynchronisation*, París, Dujarric.

RABADÁN, Rosa (coord.), *Traducción y censura inglés-español: 1939-1985. Estudio preliminar*, León, Universidad de León, 2000.

REID, H. J. B., «Sub-titling: the intelligent solution», en P. A. Horguelin (coord.), *Translating, a Profession* (Actas del VIII Congreso Mundial de la FIT, Montreal, 1977), Montreal, The Canadian Translators and Interpreters Council, 1978, págs. 420-428.

— «The translator on the screen», en Kopczynski *et al.* (coord.), *The Mission of the Translator Today and Tomorrow* (Actas del IX Congreso Mundial de la FIT, Varsovia, 1981), Varsovia, Polska Agencja Interpress, 1981, páginas 357-362.

REISS, Katharina, *Möglichkeiten und Grenzen der Übersetzungskritik. Kategorien und Kriterien für eine sachgerechte Beurteilung von Übersetzungen*, Múnich, Hueber, 1971.

— y VERMEER, Hans J., *Fundamentos para una teoría funcional de la traducción*, Madrid, Akal, 1996.

RICO, Albert, «Música per a camaleons: subitulació i traducció», en Anna Cross *et al.* (coord.), *Llengua oral i llengua escrita a la televisió*, Barcelona, Publicacions de l'Abadia de Montserrat, 2000, págs. 89-113.

RODRÍGUEZ, Marcos y ÁLVAREZ, Sergio, «Dificultades técnicas y culturales del subtitulado», en Leandro Félix *et al.* (coords.), *Segundos Estudios sobre traducción*, vol. 2, Málaga, Universidad de Málaga/Excma. Diputación de Málaga, 1998, págs. 707-719.

ROWE, T. C., «The English Dubbing Text», *Babel*, 6, 1960, págs. 116-120.

SANTAMARÍA, J. M. *et al.* (coord.), *Transvases culturales: literatura, cine, traducción 2*, Vitoria, Universidad del País Vasco, 1997.

SCHRÖDER, Hartmut, «Semiotic aspects of multimedia texts», *Koiné*, 2, 1-2, 1992, págs. 315-325.

SEGER, Linda, *El arte de la adaptación: cómo convertir hechos y ficciones en películas*, Madrid, Rialp, 1993a.

— *Cómo convertir un buen guión en un guión excelente*, Madrid, Rialp, 1993, 2.ª ed.

SEREN-ROSSO, M. L., «Dubbing: le doublage made in France», *Language International*, 1, 5, 1989, págs. 31-33.

SERVAIS, Berbard, «La traduction par sub-titrage», *Le langage et l'homme*, 21 (enero), 1973, págs. 50-52.

SHANNON, Claude E. y WEAVER, Warren, *The Mathematical Theory of Communication*, Urbana, University of Illinois, 1948.

SNELL-HORNBY, Mary, *Translation Studies: An Integrated Approach*, Amsterdam, John Benjamins, 1995, 2.ª ed.

SPERBER, Dan y WILSON, Deirdre, *Relevance: Communication and Cognition*, Oxford, Blackwell, 1986.

STAEHLIN, Carlos, *Teoría fundamental del cine II. Iconología fílmica*, Valladolid, Universidad de Valladolid, 1982.

THIBAULT-LAULAN, A. M., «Traduction et cinéma», *Le Linguiste/De taalkundige*, 1, 5, 1956, pág. 10.

T<small>ITFORD</small>, Christopher, «Sub-titling: Constrained Translation», *Lebende Sprachen,* 3, 1982, págs. 113-116.

T<small>ORREGROSA</small>, Carmen, «Subtítulos: traducir los márgenes de la imagen», *Sendebar,* 7, 1996, págs. 73-88.

T<small>ORRENT</small>, Ana M., «Llegir la pantalla: la subitulació dels informatius», en Anna Cros *et al.* (coord.), *Llengua oral i llengua escrita a la televisió,* Barcelona, Publicacions de l'Abadia de Montserrat, 2000, págs. 7-48.

V<small>ALE</small>, Eugene, *The Technique of Screen and Television Writing,* Englewood Cliffs, Prentice-Hall, 1982.

V<small>OGE</small>, H., «The translation of films: Sub-titling versus dubbing», *Babel,* 23, 1977, págs. 120-125.

W<small>HITMAN</small>-L<small>INSEN</small>, Candace, *Through the Dubbing Glass: The Synchronization of American Motion Pictures into German, French and Spanish,* Fráncfort del Meno, Peter Lang, 1992.

W<small>ILSON</small>, Kevin G., «From Semiology to Semiotics: Towards a Peircean Understanding of Signification in Film», *Recherches Semiotiques/Semantic Inquiry,* 3, 2, 1983, págs. 103-139.

Z<small>ABALBEASCOA</small> T<small>ERRAN</small>, Patrick, *Developping Translation Studies to Better Account for Audiovisual Texts and Other New Forms of Text Production,* Lérida, Universidad de Lérida (tesis doctoral), 1993.

— «In Search of a Model that Will Work for the Dubbing of Television Comedy», en Miquel Edo, *I Congrés Internacional sobre traducció. Actes,* Barcelona, Universidad Autónoma de Barcelona, 1996, págs. 351-366.

— «La traducción del humor de Woody Allen o el arte de dominar la sutileza y la ironía», en Lourdes Lorenzo y Ana M.ª Pereira (coord.), *Traducción subordinada (I). El doblaje (inglés-español/galego),* Vigo, Universidad de Vigo, 2000, págs. 115-126.

Z<small>ARO</small>, Juan Jesús, «Perspectiva social del doblaje y la subtitulación (Una aplicación de los conceptos de Pierre Bourdieu», en Lourdes Lorenzo y Ana M.ª Pereira (coord.), *Traducción subordinada (I). El doblaje (inglés-español/galego),* Vigo, Universidad de Vigo, 2000, págs. 127-138.

C<small>ONCEPTOS TRADUCTOLÓGICOS PARA EL ANÁLISIS DEL DOBLAJE</small>
Y <small>LA SUBTITULACIÓN</small>

A<small>GOST</small>, R., *Traducción y doblaje: palabras, voces e imágenes,* Madrid, Ariel, 1999.

Á<small>VILA</small>, A., *El doblaje,* Madrid, Cátedra, 1997.

B<small>AKER</small>, M., «Corpus Linguistics and Translation Studies: Implications and Applications», en M. Baker, G. Francis y E. Tognini-Bonelli (coord.), *Text and Technology: In Honour of John Sinclair,* Amsterdam, John Benjamins, 1993, págs. 233-250.

B<small>ALLESTER</small> C<small>ASADO</small>, Ana, «The politics of dubbing. Spain: a case study», en Peter Jansen (coord.), *Translation and the manipulation of discourse. Selected papers of the CETRA research seminars in Translation Studies 1992-1993,* Lovaina,

The Leuven Research Center for Translation, Communication and Cultures, 1995, págs. 125-132.

BOURDIEU, P., *In Other Words: Essays Towards a Reflexive Sociology*, Stanford (California), Stanford University Press, 1982.

DANAN, M., «Dubbing as An Expression of Nationalism», *Meta*, 36, 4, 1994, págs. 606-614.

DELABASTITA, D., «Translation and the Mass Media», en S. Bassnett y A. Lefevere (coord.), *Translation, History and Culture*, Londres, Pinter, 1990, páginas 97-109.

DORFLES, G., *Nuevos ritos, nuevos mitos*, Barcelona, Lumen, 1969.

EVEN-ZOHAR, I., *Papers in Historical Poetics*, Tel Aviv, The Porter Institute for Poetics and Semiotics, 1978.

FAWCETT, P., *Translation and Language*, Manchester, St. Jerome, 1997.

HESSE-QUACK, O., *Der Übertragunsprozess bei den Synchronization von Filmen. Eine Interkulturelle Untersuchung*, Múnich, Ernst Reinhart, 1969.

IZARD MARTÍNEZ, Natalia, *La traducció cinematogràfica*, Barcelona, Centre d'Investigació de la Comunicació, 1992.

KOVACIC, I., «Reception of Subtitles: The Non-Existent Ideal Viewer», en Y. Gambier (coord.), *Audiovisual Communication and Language Transfers*, Sint-Amandsberg, FIT, 1995, págs. 376-383.

LYOTARD, J.-F., *The Postmodern Condition*, Minneapolis, University of Minnesota Press, 1985.

MCALLISTER, M. P., *The Commercialization of American Culture. New Advertising Control and Democracy*, Thousand Oaks (California), Sage Publications, 1996.

NEDERGAARD-LARSEN, B., «Culture-Bound Problems in Subtitling», *Perspectives: Studies in Translatology*, 2, 1993, págs. 207-241.

ROSSI-LANDI, F., *Between Signs and Non-Signs*, Amsterdam, John Benjamins, 1992.

SWARTZ, D., *Culture and Power. The Sociology of Pierre Bourdieu*, Chicago, The University of Chicago Press, 1997.

TOURY, G., *Translational Norms and Literary Translation into Hebrew, 1930-1945*, Tel Aviv, The Porter Institute for Poetics and Semiotics, 1977.

VERMEER, H. J., «Ein Rahmen für eine allgemeine Translationtheorie», *Leben-de Sprachen*, 23, 1, 1978, págs. 99-102.

WHITMAN-LINSEN, C., *Through the Dubbing Glass. The Synchronization of American Motion Pictures into German, French and Spanish*, Fráncfort del Meno, Peter Lang, 1992.

MÁS ALLÁ DE LA LINGÜÍSTICA TEXTUAL: COHESIÓN Y COHERENCIA EN LOS TEXTOS AUDIOVISUALES Y SUS IMPLICACIONES EN TRADUCCIÓN

a) *Fuentes primarias*

KAZAN, Elia (director), *Viva Zapata*, Twentieth Century-Fox, 1952.

TARANTINO, Quentin, *Pulp Fiction*, Londres, Faber and Faber, 1994.

TARANTINO, Quentin (director), *Pulp Fiction*, Lauren Films, 1994.

b) *Fuentes secundarias*

ÁVILA, Alejandro, *El doblaje,* Madrid, Cátedra, 1997.
CARBONELL, Ovidi, *Traducir al Otro. Traducción, exotismo, poscolonialismo,* Cuenca, Ediciones de la Universidad de Castilla-La Mancha, 1997.
CARTER, Ronald, *Introducing Applied Linguistics,* Londres, Penguin, 1993.
CHION, Michel, *La audiovisión,* Barcelona, Paidós, 1993.
DE BEAUGRANDE Robert de y DRESSLER, Wolfgang, *Introduction to Text Linguistics,* Londres, Longman, 1981.
— *Linguistic Theory. The Discourse of Fundamental Works,* Londres, Longman, 1991.
FODOR, István, *Film Dubbing: Phonetic, Semiotic, Esthetic and Psychological Aspects,* Hamburgo, Helmut Buske, 1976.
FOWLER, Roger, *Linguistic Criticism,* Oxford, Oxford University Press, 1986.
GARÍ, Joan, *La conversación mural,* Madrid, Fundesco, 1995.
GAMBIER, Yves y SUOMELA-SALMI, Eija, «Subtitling: A Type of Transfer», EGUÍLUZ, Federico *et al.* (eds.), *Trasvases Culturales: Literatura, Cine, Traducción,* Vitoria-Gasteiz, Universidad del País Vasco-Euskal Herriko Unibersitatea, 1994, págs. 243-252.
HALLIDAY, Michael y HASAN, Ruqaiya, *Cohesion in English,* Londres, Longman, 1976.
— *Language, Context and Text: Aspects of Language in a Social-Semiotic Perspective,* Oxford, Oxford University Press, 1985.
HOEY, Michael, *Patterns of Lexis in Text,* Oxford, Oxford University Press, 1991.
HUDDLESTON, Rodney, «On classifying anaphoric relations», *Lingua,* 45, 1978, págs. 333-354.
MEDEROS MARTÍN, Humberto, *Procedimientos de cohesión en el español actual,* Santa Cruz de Tenerife, Excmo. Cabildo Insular de Tenerife (Col. Lingüística y Literatura, núm. 8), 1988.
MCCARTHY, Michael, *Discourse Analysis for Language Teachers,* Cambridge, Cambridge University Press, 1991.
NEWMARK, Peter, «The use of systemic linguistics in translation analysis and criticism», en R. Steele y T. Threadgold (coord.), *Language Topics: Essays in Honour of Michael Halliday,* Amsterdam y Filadelfia, John Benjamins, 1987.
NUNAN, David, *Language Teaching Methodology: A Textbook for Teachers,* Hemel Hempstead, Prentice Hall International, 1991.
PENNOCK, Barry, *Re-entry patterns in British broadsheet editorials,* Universidad de Valencia (tesis doctoral), 1998.
POYATOS, Fernando, «The reality of multichannel verbal-nonverbal communication in simultaneous and consecutive interpretation», Fernando Poyatos (ed.), *Nonverbal Communication and Translation,* Amsterdam y Filadelfia, John Benjamins, 1997, págs. 249-282.

VILLAFAÑE, Justo, *Principios de Teoría General de la Imagen*, Madrid, Pirámide, 1996.

WHITMAN-LINSEN, Candace, *Through the Dubbing Glass*, Fráncfort del Meno, Peter Lang, 1992.

ZABALBEASCOA, Patrick, *Developing Translation Studies to Better Account for Audio-visual Texts and Other New Forms of Text Production*, Universidad de Lérida (tesis doctoral), 1993.

INFIDELIDADES

GUBERN, Román, *Un cine para el cadalso. 40 años de censura cinematográfica en España*, Barcelona, Euros, 1975.

— *La censura: función política y ordenamiento jurídico bajo el franquismo (1936-1975)*, Barcelona, Península, 1981.

— «Voces que mienten», prólogo al libro de Alejandro Ávila, *La censura del doblaje cinematográfico en España*, Barcelona, CIMS, 1997.

LOS «ESTUDIOS SOBRE TRADUCCIÓN» Y LA TRADUCCIÓN FÍLMICA

AGOST, Rosa, *Traducción y doblaje: palabras, voces, imágenes*, Barcelona, Ariel Practicum, 1999.

ÁVILA, Alejandro, *El doblaje*, Madrid, Cátedra, 1997a.

— *La censura del doblaje cinematográfico en España*, Barcelona, CIMS, 1997b.

— *Historia del doblaje cinematográfico*, Barcelona, CIMS, 1997c.

BASSNETT, Susan y LEFEVERE, André, *Constructing Cultures. Essays on Literary Translation*, Clevedon, Multilingual Matters, 1998.

CHAVES GARCÍA, M.ª José, *La traducción cinematográfica. El doblaje*, Huelva, Universidad de Huelva, 2000.

DÍAZ CINTAS, Jorge, *El subtitulado en tanto que modalidad de traducción fílmica dentro del marco teórico de los estudios sobre traducción (*Misterioso asesinato en Manhattan, *Woody Allen, 1993)*, Valencia, Universidad de Valencia (tesis doctoral), 1997.

— «Propuesta de un marco de estudio para el análisis de subtítulos cinematográficos», *Babel*, 44(3), 1998, págs. 254-267.

— *La traducción audiovisual: el subtitulado*, Salamanca, Ediciones Almar, Biblioteca de Traducción, 2001.

DRIES, Jacqueline, *Bibliography on Language Transfer*, Düsseldorf, European Institute for the Media, 1997).

EVEN-ZOHAR, Itamar, «Polysystem theory», *Poetics Today*, 1-2, págs. 287-310.

FAWCETT, Peter, «Translating film», en Geoffrey T. Harris (coord.), *On Translating French Literature and Film*, Amsterdam, Rodopi, 1996, págs. 65-88.

GALLEGO ROCA, Miguel, «La teoría del polisistema y los estudios sobre traducción», *Sendebar*, 2, 1991, págs. 63-70.

GAMBIER, Yves (coord.), *Language Transfer and Audiovisual Communication. A Bibliography*, Turku, Universidad de Turku, 1994.

— (coord.), *Traslatio, Nouvelles de la FIT/FIT Newsletter*, XIV, 3-4 (Actas del International Forum on Audiovisual Communication and Language Transfers), Estrasburgo, 1995.

GOTTLIEB, Henrik, «Subtitling: diagonal translation», *Perspectives: Studies in Translatology*, 2, 1, 1994, págs. 101-121.

HERMANS, Theo, «Translation Studies and a new paradigm», en Theo Hermans (coord.), *The Manipulation of Literature*, Nueva York, St Martin's Press, 1985, págs. 7-15.

IVARSSON, Jan, *Subtitling for the Media: A Handbook of an Art*, Estocolmo, Transedit, 1992.

JAMES, Heulwen *et al.*, «Assessment and skills in screen translation», en Cay Dollerup y Vibeke Appel (coord.), *Teaching Translation and Interpreting 3*, Amsterdam y Filadelfia, John Benjamins, 1996, págs. 177-186.

JARQUE, Fietta, «Los cursos culturales de verano se centran en la revisión de las artes de la España reciente», *El País*, 30 de junio, 1996.

LAMBERT, Jose y VAN GORP, Hendrik, «On describing translations», en Theo Hermans (coord.), *The Manipulation of Literature*, Nueva York, St Martin's Press, 1985, págs. 42-53.

LAMBERT, Jose, «Le sous-titrage et la question des traductions. Rapport sur une enquête», en R. Arntz y G. Thome (coord.), *Übersetzungswissenschaft. Ergebnisse und Perspektiven. Festschrift für Wolfram Wilss zum 65 Geburtstagt*, Tubinga, Günter Narr, 1990, págs. 228-238.

— «Literary translation. Research update», en Josep Marco Borillo (coord.), *La traducció literària*, Castellón, Universitat Jaume I, 1995, págs. 19-42.

LEFEVERE, André, «Programmatic second thoughts on "literary" and "translation" or: where do we go from here?», *Poetics Today*, 2, 4, 1981, págs. 39-50.

— «Literature, comparative and translated», *Babel*, 23, 2, 1983, págs. 70-75.

— «Why waste our time on rewrites? The trouble with interpretation and the role of rewriting in an alternative paradigm», en Theo Hermans (coord.), *The Manipulation of Literature*, Nueva York, St Martin's Press, 1985, páginas 215-243.

RABADÁN, Rosa, *Equivalencia y traducción: problemática de la equivalencia translémica inglés-español*, León, Universidad de León, 1991.

TOURY, Gideon, «The nature and role of norms in literary translation», en James S. Holmes *et al.* (coord.), *Literature and Translation*, Lovaina, ACCO, 1978, págs. 83-100.

— *In Search of a Theory of Translation*, Tel Aviv, The Porter Institute for Poetics and Semiotics, Tel Aviv University, 1980.

— *Descriptive Translation Studies and Beyond*, Amsterdam y Filadelfia, John Benjamins, 1995.

VIDAL CLARAMONTE, M.ª Carmen África, *Traducción, manipulación, desconstrucción*, Salamanca, Colegio de España, 1995.

WHITMAN-LINSEN, Candace, *Through the Dubbing Glass. The Synchronization of*

American Motion Pictures into German, French and Spanish, Fráncfort del Meno, Peter Lang, 1992.

ZABALBEASCOA TERRAN, Patrick, *Developing Translation Studies to Better Account for Audiovisual Texts and Other New Forms of Text Production,* Lérida, Universidad de Lérida (tesis doctoral), 1993.

SUBTITULADO Y DOBLAJE COMO PROCESOS DE DOMESTICACIÓN CULTURAL

AA. VV., *Collins Cobuild English Language Dictionary,* Londres y Glasgow, Collins, 1987.

— *Diccionario de la lengua española,* Madrid, Real Academia Española/Espasa-Calpe, 1992, 21ª ed.

— *The New Shorter Oxford English Dictionary* (dos volúmentes), Oxford, Clarendon Press, 1993.

ALLEN, Woody, *Misterioso asesinato en Manhattan,* Barcelona, Tusquets (traducción de Claudio López Lamadrid), 1995.

DELABASTITA, Dirk, «Translation and the Mass Media», en Susan Bassnet y Andre Lefevere (coord.), *Translation, History & Culture,* Londres y Nueva York, Pinter, 1990, págs. 97-109.

— *There's a Double Tongue,* Amsterdam y Atlanta, Rodolpi, 1993.

FRANCO, Javier, «Culture-Specific Items in Translation», en Román Álvarez y M.ª Carmen África Vidal Claramonte (coord.), *Translation, Power, Subversion,* Clevedon, Multilingual Matters, 1996, págs. 52-78.

GENETTE, Gérard, *Palimpsestos (La literatura en segundo grado),* Madrid, Taurus (obra publicada originalmente en francés en 1962), 1989.

HATIM, Basil y MASON, Ian, *The Translator as Communicator,* Londres y Nueva York, Routledge, 1997.

HERMANS, Theo, «On Translating Proper Names, with Reference to De Witte and Max Havelaar», en M. Wintel (coord.), *Modern Dutch Studies. Essays in Honor of Peter King,* Londres y Nueva York, Atlantic Highlands-The Athlone Press, 1988, págs. 11-24.

HERVEY, S., I. Higgins y HAYWOOD, L. M., *Thinking Spanish Translation (A Course in Translation Method: Spanish to English),* Londres, Routledge, 1995.

LÁZARO CARRETER, F., *Diccionario de términos filológicos,* Madrid, Gredos, 1987.

MOLINER, María, *Diccionario de uso del español* (dos volúmenes), Madrid, Gredos, 1994.

MORTARA GARAVELLI, B., *Manual de retórica,* Madrid, Cátedra, 1991.

NEWMARK, P., *A Textbook of Translation,* Nueva York y Londres, Prentice Hall, 1988. [Trad. esp.: *Manual de traducción,* Madrid, Cátedra, 1999, 3ª. ed.]

NIDA, E. A., *Towards a Science of Translating,* Leiden, E. J. Brill, 1964.

PARTRIDGE, E., *A Dictionary of Slang and Unconventional English,* Londres y Henley, Routledge/Kegan Paul, 1979.

PYTHIAN, Brian, *A Concise Dictionary of English Slang and Colloquialisms,* Londres, Hodder and Stoughton, 1978.

VENUTI, L., *The Translator's Invisibility*, Londres, Routledge, 1995.
— (coord.), *Rethinking Translation: Discourse, Subjectivity, Ideology*, Londres y Nueva York, Routledge, 1992.

EL ANÁLISIS DEL DISCURSO APLICADO AL DOBLAJE CINEMATOGRÁFICO: «THE GREAT GATSBY»

ÁVILA, Alejandro, *El doblaje*, Madrid, Cátedra, 1997.
BEAUGRANDE, Robert de y DRESSLER, Wolfran, *Introduction to Text Linguistics*, Londres y Nueva York, Longman, 1981.
FUENTES, Adrián, «La traducción de los títulos de películas y series de televisión ("¿Y esto... de qué va?")», *Sendebar* (en prensa), 1997.
GORIS, Oliver, «The Question of French Dubbing: Towards a Frame for Systematic Investigation», *Target*, 5, 2, 1993, págs. 169-190.
HATIM, Basil y MASON, Ian, *Discourse and the translator*, Londres y Nueva York, Longman, 1990.
— *The translator as communicator*, Londres y Nueva York, Routledge, 1997.
NORD, Christiane, «Las funciones comunicativas y su realización textual en la traducción», *Sendebar*, 5, 1994, págs. 85-103.

LA IMPORTANCIA DEL ENTORNO CULTURAL EN EL DOBLAJE Y EN LA SUBTITULACIÓN: «EL PACIENTE INGLÉS»

a) *Fuentes primarias*

MINGHELLA, Anthony, *The English Patient. A Screenplay*, Londres, Methuen, 1997.
ONDAATJE, Michael, *The English Patient*, Londres, Picador, 1993.
ZAENTS, Saul (director), *The English Patient*, Londres, Miramax, 1996.
— (director), *El paciente inglés*, Madrid, Laurens Films, 1997.

b) *Fuentes secundarias*

BALLESTER CASADO, Ana, «The Politics of Dubbing. Spain: A Case Study», en Peter Jansen (coord.), *Translation and the Manipulation of Discourse: Selected Papers of the CETRA Research Seminars in Translation Studies 1992-1993*, Lovaina, The Leuven Research Center for Translation, Communication and Cultures, 1995, págs. 159-181.
BARCO COLLAZOS, José Luis del, *La Civilización Fragmentaria*, Madrid, Rialp, 1995.
BASSNETT, Susan y LEFEVERE, André (coord.), *Translation, History and Culture*, Londres y Nueva York, Pinter, 1990.

CARBONELL, Ovidio, «Lingüística, traducción y cultura», *TRANS*, 1, 1996, páginas 143-150.

CASADO VELARDE, Manuel, *Lenguaje y Cultura*, Madrid, Síntesis, 1988.

CHAUME, Federico, «La traducción audiovisual: estado de la cuestión», en Miguel Ángel Vega y Rafael Martín-Gaitero (coord.), *La palabra vertida. Investigaciones en torno a la traducción*, Madrid, Editorial Complutense/Ediciones del Orto, 1997, págs. 393-406.

DANAN, Martine, «Dubbing as an Expression of Nationalism», *Meta* 36, 4, 1991, págs. 606-614.

DELABASTITA, Dirk, «Translation and Mass-Communication: Film and TV Translation as Evidence of Cultural Dynamics», *Babel*, 35, 4, 1989, páginas 193-218.

— «Translation and Mass Media» en Susan Bassnett y André Lefevere (coord.), *Translation, History and Culture*, Londres y Nueva York, Pinter, 1990, páginas 97-109.

DRIES, Josephine, *Dubbing and Subtitling: Guidelines for Production and Distribution*, Manchester, The European Institute for the Media, 1995.

ECO, Umberto, *A Theory of Semiotics*, Bloomington, Indiana University Press, 1976.

FAWCETT, Peter, «Translating Film», en Geofrey T. Harris (coord.), *On Translating French Literature and Film*, Amsterdam, Rodopi, 1995, págs. 65-88.

FAWCETT, Peter, «Translation and Power Play», *The Translator*, 1, 2, 1995, páginas 177-192.

FODOR, István, *Film Dubbing: Phonetic, Semiotic, Esthetic and Psychological Aspects*, Hamburgo, Helmut Buske, 1976.

GALANES VALLDEJULI, Luis Roberto, *Interpretando a Clifford Geertz desde una Perspectiva Filosófica* (tesis de máster), Pamplona, Universidad de Navarra, 1994.

GAMBIER, Yves (coord.), *Les transferts linguistiques dans le médias audiovisuels*, Villeneuve d'Ascq (Nord), Presses Universitaires du Septentrion, 1996.

GORIS, Olivier, «The Question of French Dubbing: Towards a Frame for Systematic Investigation», *Target*, 5, 2, 1993, págs. 169-190.

HERBST, Thomas, *Linguistische Aspekte der Synchronisation von Fernsehserien*, Tubinga, Niemeyer, 1994.

KRAMSCH, Claire, *Context and Culture in Language Teaching*, Oxford, Oxford University Press, 1994.

LAMBERT, Jose y DELABASTITA, Dirk, «La traduction de textes audiovisuels: modes et enjeux culturels», en Y. Gambier (coord.), *Les transferts linguistiques dans le médias audiovisuels*, Villeneuve d'Ascq (Nord), Presses Universitaires du Septentrion, 1996, págs. 33-58.

LUYKEN, Georg-Michael *et al.*, *Overcoming Language Barriers in Television: Dubbing and Subtitling for the European Audience*, Manchester, The European Institute for the Media, 1991.

MAYORAL, Roberto, «La traducción cinematográfica: el subtitulado», *Sendebar*, 4, 1993, págs. 45-68.

POYATOS, Fernando, *Nonverbal Communication in Translation: New Perspectives* and *Challenges in Literature, Interpretation and the Media,* Amsterdam y Filadelfia, John Benjamins, 1997.

REISS, Katharina, *Möglichkeiten und Grenzen der Übersetzungskritic,* Múnich, Max Hueber, 1971.

SNELL-HORNBY, Mary, «Linguistic Transcoding or Cultural Transfer? A Critique of Translation Theory in Germany», en Susan Bassnett y André Lefevere (coord.), *Translation, History and Culture,* Londres y Nueva York, Pinter, 1990, págs. 79-86

WHITMAN-LINSEN, Candace, *Through the Dubbing Glass: The Synchronization of American Motion Pictures into German, French, and Spanish,* Fráncfort del Meno, Peter Lang, 1992.

«ERES PATÉTICO»: EL ESPAÑOL TRADUCIDO DEL CINE Y DE LA TELEVISIÓN

a) *Fuentes primarias*

AA. VV., *Miami Vice,* Estados Unidos, The Columbia House, 1982-1984.
— *Corrupción en Miami* (versión española emitida por Televisión Española), 1982-1984.
CAMERON, James (director), *Titanic,* Estados Unidos, 1997.
— *Titanic* (versión española distribuida por Hispano Foxfilms), 1998.
CAMPION, Jane (directora), *The Piano,* Australia y Francia, 1993.
— *El piano* (versión española distribuida por Cinemussy), 1993.

b) *Fuentes secundarias*

ACOSTA, Luis A., «Transferencias lingüísticas: préstamos y calcos», en AA. VV., *Problemas de la traducción. Mesa redonda 1983,* Madrid, Fundación Alfonso X El Sabio, 1987, págs. 51-57.
CHOMSKY, Noam, *Aspects of the Theory of Syntax,* Cambridge (Massachusetts), The MIT Press, 1965.
DE MADARIAGA, Salvador, «El castellano en peligro de muerte (I): desesperanto», *ABC,* 4 de enero, 1970a, págs. 6-11.
— «El castellano en peligro de muerte (II): El salvamento», *ABC,* 11 de enero, 1970b, págs. 4-9.
DELISLE, Jean y WOODSWORTH, Judith, *Translators through History,* Amsterdam y Filadelfia, John Benjamins/UNESCO, 1995.
DE MIGUEL, Amando, *La perversión del lenguaje,* Madrid, Espasa-Calpe, 1994, 4.ª ed.
DURO MORENO, Miguel, «La crisis de la diacrisis o la cursiva mal traducida», en Esther Morillas García y Juan Pablo Arias Torres (coord.), *El papel del traductor,* Salamanca, Colegio de España, 1997, 1997, págs. 267-292.
ESTRANY, Manuel, «Calcos sintácticos del inglés», *Filología Moderna,* 38, X, 1970, págs. 199-203.

Even-Zohar, Itamar, «Polysystem theory», *Poetics Today,* i, 1-2, 1979a, páginas 287-310.
— «Translation Theory Today. A Call for Transfer Theory», *Poetics Today,* ii, 4, 1979b, págs. 1-7.
Fodor, István, *Film Dubbing: Phonetic, Semiotic, Esthetic and Psychological Aspects,* Hamburgo, Buske, 1976.
Fontanillo, Enrique y Riesco, María Isabel, *Teleperversión de la lengua,* Madrid, Anthropos, 1990 [1994].
García Yebra, Valentín, *Teoría y práctica de la traducción,* Madrid, Gredos, vol. I, 1984, 2.ª ed.
Gómez Capuz, Juan, «Calcos y malas traducciones en los doblajes del inglés al español: estudio y taxonomía de un corpus reciente y su contribución a la traductología y la enseñanza de lenguas», en Jorge Fernández-Barrientos Martín (coord.), *Jornadas internacionales de lingüística aplicada. Actas,* Granada, Universidad de Granada, 1993, vol. I, 1993, págs. 627-638.
— «Observaciones sobre la función de los extranjerismos en el español coloquial: valores estilísticos, semánticos y pragmáticos», en Antonio Briz Gómez *et al.* (coord.), *Pragmática y gramática del español hablado. Actas del II Simposio sobre el análisis del discurso oral,* Valencia, Universidad de Valencia, 1996, págs. 305-310.
Grijelmo, Álex, *Defensa apasionada del idioma español,* Madrid, Taurus, 2000, 2.ª ed.
Hagerty, Miguel, *El síndrome léxico de Estocolmo* (conferencia pronunciada en la Universidad de Málaga), 2000.
Hatim, Basil, «The Method in their Adness: the Juggling of Texts, Discourses and Genres in the Language of Advertising and Implications for the Translator», en Amparo Hurtado Albir (coord.), *La enseñanza de la traducción,* Castellón, Universitat Jaume I, 1996, págs. 109-126.
Lázaro Carreter, Fernando, *El cine* (publicación electrónica en el diario *El País* del 2 de abril de 2000: www.elpais.es/p/d/debates/dardo14.htm).
Mayoral Asensio, Roberto, Kelly, Dorothy y Gallardo San Salvador, Natividad, «Concepto de «traducción subordinada» (cómic, cine, canción, publicidad). Perspectivas no lingüísticas de la traducción (I)», en Francisco Fernández (coord.), *Pasado, presente y futuro de la lingüística aplicada en España* (Actas del II Congreso Nacional de Lingüística Aplicada), Valencia, AESLA, 1986, págs. 95-105.
Santoyo, Julio César, «Los calcos como forma de traducción», en AA. VV., *Problemas de la traducción. Mesa redonda 1983,* Madrid, Fundación Alfonso X El Sabio, 1987, págs. 91-97.
— *El delito de traducir,* León, Universidad de León, 1996, 3.ª ed.
Skinner, Burrhus Frederic, *Verbal Behavior,* Nueva York, Appleton-Century-Crofts, 1957.
Titford, Christopher, «Sub-Titling-Constrained Translation», *Lebende Sprachen,* III, 1982, págs. 113-116.
Toury, Gideon, «The Nature and Role of Norms in Literary Translation», en

James S. Holmes *et al.* (coord.), *Literature and Translation: New Perspectives in Literary Studies*, Lovaina, ACCO, págs. 83-100.
— (1980), *In Search of a Theory of Translation*, Tel Aviv, The Porter Institute for Poetics and Semiotics, 1978.
VENUTI, Lawrence, *The Translator's Invisibility*, Londres/Nueva York, Routledge, 1995.
VINAY, Jean-Paul y DARBELNET, Jean, *Stylistique comparée du français et de l'anglais*, París, Didier, 1958.

DOBLAJE Y SUBTITULACIÓN: UNA APROXIMACIÓN HISTÓRICA

ALEXANDROV, Eisenstein y Pudovkin, «Statement on Sound», en S. Eisenstein, *Selected Works I*, Londres, BFI Publishing, 1987, págs. 113-114.
ÁVILA, A., *El doblaje*, Madrid, Cátedra, 1997.
BALLESTER CASADO, Ana, *La política del doblaje en España* (número monográfico de *Eutopías*, 94), Valencia, Episteme, 1995b.
BROWNLOW, K., *The Parade's Gone By*, Nueva York, Ballantine Books, 1968.
BUÑUEL, L., *Mon dernier soupir*, París, Robert Laffont, 1982.
CAMERON, E. W. (coord), *Sound and the Cinema*, Nueva York, Redgrave, 1980.
DANAN, M., «Dubbing as an Expression of Nationalism», *Meta*, 36, 4, 1991, págs. 606-614.
FIELDING, R., «The Technological Antecedents of the Coming of Sound», en E. W. Cameron (coord.), *Sound and the Cinema*, Nueva York, Redgrave, 1980, págs. 57-64.
GOMERY, D., «Economic Struggle and Hollywood Imperialism: Europe converts to Sound», *Yale French Studies*, 60, 1980a, págs. 158-161.
— «Hollywood Converts to Sound», en E. W. Cameron (coord.), *Sound and the Cinema*, Nueva York, Redgrave, 1980b, págs. 82-83.
GREGG, E. S., *The Shadow of Sound*, Nueva York, Vantage Press, 1967.
— «The Coming of Sound to the American Cinema: A History of the Transformation of an Industry», Ann Arbor, University of Wisconsin-Madison (tesis doctoral inédita), 1975.
IZARD MARTÍNEZ, Natalia, *La traducció cinematogràfica*, Barcelona, Centre d'Investigació de la Comunicació, 1992.
— «La traducció i la normalització de la llengua catalana: el cas de la televisió», en *Actes du XXIIe Congrès International de Linguistique et de Philologie Romanes*, vol. III, Tubinga, Niemayer, 2000.
— «Dubbing for Catalan Television: The Acceptable Translation», en Beeby, Ensinger y Presas (eds.), *Investigating Translation*, Amsterdam/Filadelfia, John Benjamins, 2000b.
KEATON, Buster, *My Wonderful World of Slapstick*, Nueva York, Da Capo Press, 1960.
KIESLING, B. C., *Talking Pictures, How Are They Made, How to Appreciate Them*, Nueva York, Johnson Publishing Company, 1937.

KROWS, A. E., *The Talkies,* Nueva York, Henry Holt & Co, 1930.
LUYKEN, Georg-Michael *et al., Overcoming Language Barriers in Television: Dubbing and Subtitling for the European Audience,* Manchester, The European Institute for the Media, 1991.
MAST, G., *A Short History of the Movies,* Nueva York, Macmillan, 1986.
PINTO, A., «Hollywood Spanish-Language Films», *Films in Review,* XIV, 8, 1973, págs. 118-129.
SHOCHAT, E. y STAM, Robert, «The Cinema After Babel: Language, Difference, Power», *Screen,* 26, 3-4, 1985, págs. 71-84.
VINCENDEAU, G., «Hollywood Babel», *Screen,* 1988, págs. 30-41.
WEINBERG, H. G., «I Title Foreign Films», *Theatre Arts,* 1948, págs. 23-34.

EL DOBLAJE EN CONTEXTO: EL CASO DE «SANGRE Y ARENA»
EN LA ESPAÑA DE POSGUERRA

AA. VV., *Repertorio de legislación,* Elcano (Navarro), Aranzadi, 1930-1947.
AGOST, Rosa, *La traducció audiovisual: el doblatge* (tesis doctoral), Castellón, Universitat Jaume I, 1996.
ÁVILA, Alejandro, *La censura del doblaje cinematográfico en España,* Barcelona, CIMS, (1997.
BALLESTER CASADO, Ana, «The politics of dubbing. Spain: a case study», en Peter Jansen (coord.), *Translation and the manipulation of discourse. Selected papers of the CETRA research seminars in Translation Studies 1992-1993,* Lovaina, The Leuven Research Center for Translation, Communication and Cultures, 1995a, págs. 125-132.
— *La política del doblaje en España* (número monográfico de *Eutopías,* 94), Valencia, Episteme, 1995b, págs. 3-25.
— *Traducción y nacionalismo. La recepción del cine americano en España a través del doblaje (1928-1948),* Granada, Comares, 2000.
BLUM-KULKA, Shoshana, «Shifts of Cohesion and Coherence in Translation», en J. House y S. Blum-Kulka (coord.), *Interlingual and Intercultural Communication. Discourse and Cognition in Translation and Second Language Acquisition Studies,* Tubinga, Günter Narr, 1986, págs. 17-35.
BOVINELLI, B. y GALLINI, S., «La traduzione dei riferimenti culturali contestuali nel doppiaggio cinematografico», en R. Baccolini, R. M. Bollettieri Bosinelli y L. Gavioli (coord.), *Il doppiagio. Trasposizioni linguistiche e culturali,* Bolonia, Clueb, 1994, págs. 89-98.
COSERIU, E., *Competencia lingüística. Elementos de la teoría del hablar* (trad. de F. Meno Blanco), Madrid, Gredos, 1992.
COSSÍO, José María de, *Los Toros. Tratado técnico e histórico,* 4 vols., Madrid, Espasa-Calpe, 1943.
DANAN, Martine, «Dubbing as an expression of nationalism», *Meta,* 36, 4, 1991, págs. 606-614.

DELABASTITA, Dirk, «Translation and mass communication: film and television translation as evidence of cultural dynamics», *Babel,* 35,4, 1989, páginas 193-218.

— «Translation and the mass media», en Susan Basnett y André Lefevere (coord.), *Translation, History and Culture,* Londres, Pinter, 1990, páginas 97-109.

GORIS, Olivier, *A La recherche de normes pour le doublage. Etat de la question et propositions pour une analyse descriptive* (proyecto de investigación), Lovaina, Universidad Católica de Lovaina, 1991.

— «The Question of French Dubbing: Towards a Frame for Systematic Investigation», *Target,* 5, 2, 1993, págs. 169-190.

GUBERN, Román y FONT, Domènec, *Un cine para el cadalso. 40 años de censura cinematográfica en España,* Barcelona, Euros, 1975.

HALLIDAY, M. A. K. y HASAN, R., *Cohesion in English,* Londres, Longman, 1976.

HATIM, B. y MASON, I., *Discourse and the Translator,* Londres, Longman, 1990.

LAMBERT, Jose y DELABASTITA, Dirk, «La traduction de textes audiovisuels: modes et enjeux culturels», en Yves Gambier (coord.), *Les transfers linguistiques dans les médias audiovisuels,* Villeneuve d'Ascq (Nord), Presses Universitaires du Septentrion, 1996, págs. 33-58.

QUESADA, Luis, *La novela española y el cine,* Madrid, Ediciones JC, 1986.

SHUTTLEWORTH, Mark y COWIE, Moira, *Dictionary of Translation Studies,* Manchester, St. Jerome, 1997.

TOURY, Gideon, *In search of a Theory of Translation,* Tel Aviv, The Porter Institute for Poetics and Semiotics, 1980.

WHITMAN-LINSEN, Candace, *Through the dubbing glass. The synchronization of American motion pictures into German, French and Spanish,* Fráncfort del Meno, Peter Lang, 1992.

ZABALBEASCOA TERRAN, Patrick, *Developing Translation Studies to better account for audiovisual texts and other new forms of text production (with special attention to the TV3 version of Yes, Minister)* (tesis doctoral), Lérida, Universidad de Lérida, 1993.

LOS GÉNEROS DE LA TRADUCCIÓN PARA EL DOBLAJE

AA. VV., *Archivos de la Filmoteca,* 19 (número monográfico sobre las comedias), Valencia, Filmoteca Valenciana, 1995.

ADAM, J. M., *Les textes: types et prototypes. Récit, description, argumentation, explication et dialogue,* París, Nathan, 1992.

ADAM, J. M. y REVAZ, F., *L'analyse des récits,* París, Seuil, 1996.

AGOST, R., «The Colloquial Register and Dubbing», en Peter Jansen (coord.), *Translation and the manipulation of discourse. Selected papers of the CETRA research seminars in Translation Studies 1992-1993,* Lovaina, The Leuven Research Center for Translation, Communication and Cultures, 1995, págs. 183-200.

— *La traducció audiovisual: el doblatge,* Castellón, Universitat Jaume I, 1996.
— «Diversitat tipològica i traducció audiovisual», en M. D. Burdeus *et al.* (coord.), *La diversitat discursiva,* Castellón, Universitat Jaume I, 1997, págs. 289-305.
— «La traducció per al doblatge: a la recerca de l'equilibri entre oralitat i escriptura», *Quaderns de Filología. Estudis linguistics. II,* Valencia, Universidad de Valencia, 1997, págs. 109-124.
— *Traducción y doblaje: palabras, voces e imágenes,* Barcelona, Ariel, 1999.
AGOST, R. y CHAUME, F., «L'ensenyament de la traducció audiovisual», en A. Hurtado (coord.), *La enseñanza de la traducción,* Castellón, Universitat Jaume I, 1996, págs. 207-211.
AGOST, R., CHAUME, F. y HURTADO, A., «La traducción audiovisual» en A. Hurtado (coord.), *Enseñar a traducir,* Barcelona, Edelsa, 1999, págs. 182-195.
BAJTÍN, M. M., *Estética de la creación verbal,* México D. F., Siglo XXI, 1982.
BARROSO, J., *Realización de los géneros televisivos,* Madrid, Síntesis, 1996.
BATHIA, V. K., *Analysing Genre. Language use in professional settings,* Londres y Nueva York, Longman, 1993.
BECERRA, A. *et al., El discurso de la televisión. Teoría y didáctica del medio televisivo,* Granada, Grupo Imago, 1994.
BENET, V., *El tiempo de la narración clásica,* Valencia, Coord. Textos Filmoteca, 1994.
BETTETINI, G., *La conversación audiovisual,* Madrid, Cátedra, 1986.
BIBER, D., *Dimensions of Register Variation. A cross-linguistic comparison,* Cambridge, Cambridge University Press, 1995.
BLUM, R. A. y LINHEIM, R. D., *Programación de las cadenas de televisión en horario de máxima audiencia,* Madrid, Instituto Oficial de Radio y Televisión, 1989.
BRONCKART, J. P. *et al., Le fonctionement des discours,* París y Lausana, Delachaux-Niestlé, 1985.
CASALMIGLIA, H. y TUSÓN, A., *Las cosas del decir. Manual de análisis del discurso,* Barcelona, Ariel, 1999.
CASTELLÀ, J. M., «Les tipologies textuals», en M. J. Cuenca (coord.), *Lingüística i ensenyament de llengües,* Valencia, Universidad de Valencia, 1994, páginas 109-123.
CEBRIÁN, M., *Géneros informativos audiovisuales,* Madrid, Ciencia, 1992.
CIAPUSCIO, G. E., *Tipos textuales,* Buenos Aires, Universidad de Buenos Aires, 1994.
COHEN, R., «Do Postmodern Genres Exist?», en M. Perloff (coord.), *Postmodern Genres,* Oklahoma, University of Oklahoma Press, 1989, págs. 11-27.
DANAN, M., «Dubbing as an expression of nationalism», *Meta,* 36, 4, 1993, págs. 606-614.
DEBRAY, R., *Vida y muerte de la imagen. Historia de la mirada en Occidente,* Barcelona, Paidós, 1994.
ECO, U., «Apuntes sobre la televisión», en *Apocalípticos e integrados,* Barcelona, Lumen, 1968, págs. 335-403.

EMERY, P. G., «Text classification and Text Analysis in Advanced Translation Teaching», *Meta*, 36, 4, 1991, págs. 567-577.

FAIRCLOUGH, N., *Critical disourse analysis. The Critical Study of Language*, Londres y Nueva York, Longman, 1995.

FOUCAULT, M., *L'archéologie du savoir*, París, Gallimard, 1969.

FREEDMAN, A. y MEDWAY, P. (coord.), *Genre and the New Rhetoric*, Londres, Taylor & Francis, 1994.

GARCÍA BERRIO, A. y HUERTA, J., *Los géneros literarios. Sistema e historia*, Madrid, Cátedra, 1992.

GARCÍA IZQUIERDO, I., *Contraste lingüístico y traducción. La traducción de los géneros textuales* (número monográfico de *LynX*, 23), 1998.

— «The concept of text type and its implications for translators trainings» (en prensa), 1999.

GARCÍA JIMÉNEZ, J., *Narrativa audiovisual*, Madrid, Cátedra, 1993.

GHADESSY, M. (coord.), *Register Analysis. Theory and Practice*, Londres y Nueva York, Pinter, 1993.

GOMIS. Ll., «Gèneres literaris i gèneres televisius», en M. D. Burdeus *et al.* (coord.), *La diversitat discursiva*, Castellón, Universitat Jaume I, 1997, páginas 187-197.

GONZÁLEZ REQUENA, J., *El discurso televisivo*, Madrid, Cátedra, 1988.

— *El espot publicitario: las metamorfosis del deseo*, Madrid, Cátedra, 1995.

GUBERN, R., «Las fronteras de la imagen», *Claves*, 58, 1995, págs. 36-43.

GÜNTHNER, S. y KNOBLAUCH, H., «Culturally patterned speaking practices: the analysis of communicative genres», *Pragmatics*, 5, 1, 1995, págs. 1-32.

HALLIDAY, R. A. K y HASAN, R., *Cohesion in English*, Londres, Longman, 1971.

HATIM, B. y MASON, I., *Discourse and the Translator*, Londres, Longman, 1990.

HOUSE, J., *A model for Translation Quality Assessment*, Tubinga, Günter Narr, 1981.

HUESO, A. L., *Los géneros cinematográficos. Materiales bbliográficos y filmográficos*, Bilbao, Mensajero, 1983.

IZARD MARTÍNEZ, Natalia, *La traducció cinematogràfica*, Barcelona, Centre d'Investigació de la Comunicació, 1992.

JENSEN, K. B., *The Social Semiotics of Mass Communication*, Londres, Sage, 1995.

LECKIE-TERRY, H., «The specification of a text: register, genere and language teaching», en M. Ghadessy (coord.), *Register Analysis. Theory and Practice*, Londres y Nueva York, Pinter, 1993, págs. 26-42.

MAINGUENEAU, D., *L'Analyse du Discours. Introduction aux lectures de l'archive*, París, Hachette, 1991.

— *Les termes clés de l'analyse du discours*, París, Seuil, 1996.

— *Analyser les textes de communication*, París, Dunod, 1998.

MAYORAL, R., «Sincronización y traducción subordinada: de la traducción audiovisual a la localización de software y su integración en la traducción de productos multimedia», en Roberto Mayoral y Antonio Tejada (coord.), *Actas del Primer Simposium de Localización Multimedia*, Granada, Departamento de Lingüística Aplicada a la Traducción e Interpretación de la Universidad de Granada/ITP Spain, s. p., 1997.

MAYORAL, Roberto, «Concept of constrained translation. Non-linguistic perspectives of translation», *Meta*, 33, 3, 1988, págs. 356-367.

NEUBERT, A., *Text and translation*, Tubinga, Günter Narr, 1985.

NORD, Ch., *Text analysis in translation: theory, methodology and didactic aplication of a model for translation-oriented text analysis*, Amsterdam, Rodopi, 1991.

PERAIRE, J., «El discurs televisiu: gèneres i estructures textuals», en M. D. Burdeus *et al.* (coord.), *La diversitat discursiva*, Castellón, Universitat Jaume I, 1997, págs. 161-185.

PERLOFF, M. (coord.), *Postmodern Genres*, Oklahoma, University of Oklahoma Press, 1989.

REISS, K., *Texttyp und Übersetzungsmethode, Der Operative Text*, Heidelberg, Julius Gross, 1983.

REYES, G., *Cómo escribir bien español. Manual de redacción*, Madrid, Arco/Libros, 1998.

ROMAGUERA, J., *El lenguaje cinematográfico. Gramática, géneros, estilos y materiales*, Madrid, Ediciones de la Torre, 1991.

SWALES, J. M., *Genre Analysis. English in Academic and research settings*, Cambridge, Cambridge University Press, 1990.

TITFORD, Christopher, «Sub-titling: Constrained Translation», *Lebende Sprachen*, 3, 1982, págs. 113-116.

TROSBORG, A. (coord.), *Text Typology and Translation*, Amsterdam y Filadelfia, John Benjamins, 1997.

VILCHES, L., *La televisión*, Barcelona, Paidós, 1993.

WERLICH, E., *Typologie der Texte*, Heidelberg, Quelle & Meyer, 1975.

WOLF, M., «Géneros y televisión», *Anàlisi*, 9, 1984, págs. 189-198.

WOLF, M. (coord.), *Contributi di studio. Tra informazione ed avasione: i programmi televisivi di intratenimento*, Turín, ERI-VPT, 1982.

ZUNZUNEGUI, S., *Pensar la imagen*, Madrid, Cátedra, 1989.

LA TRADUCCIÓN DEL HUMOR EN TEXTOS AUDIOVISUALES

BASSNETT-MCGUIRE, S., *Translation Studies*, Londres, Methuen, 1980.

BEAUGRANDE, R. de y DRESSLER, W., *Introduction to Text Linguistics*, Londres, Longman, 1981.

CHIARO, D., *The Language of Jokes*, Londres, Routledge, 1992.

DELABASTITA, D., «Translation and Mass-communication: Film and T.V. Translation as Evidence of Cultural Dynamics», *Babel*, 35, 4, 1989, páginas 193-218.

FODOR, I., *Film Dubbing: Phonetic, Semiotic, Esthetic and Psychological Aspects*, Buske, Hamburgo, 1976.

GORIS, O., «The Question of French Dubbing: Towards a Frame for Systematic Investigation», *Target*, 5, 2, 1993), págs. 169-190.

GOTTLIEB, H., «Subtitling: Diagonal Translation», *Perspectives. Studies in Translatology*, 1, 1993, págs. 101-121.

GUTT, E., *Translation and Relevance*, Oxford, Basil Blackwell, 1991.

HALLIDAY, M., *Spoken and Written Language*, Victoria (Australia), Deakin University, 1985.

HATIM, B. y MASON, I., *Discourse and the Translator*, Londres, Longman, 1990.

HEWSON, L. y MARTIN, J., *Redefining Translation. The Variational Approach*, Londres, Routledge, 1991.

MAYORAL, R., «La traducción cinematográfica: el subtitulado», *Sendebar*, 4, 1991, págs. 45-68.

NASH, W., *The Language of Humour*, Londres, Longman, 1985.

NEDERGAARD-LARSEN, B., «Culture-Bound Problems in Subtitling», *Perspectives. Studies in Translatology*, 2, 1993, págs. 207-241.

NIDA, E., *Towards a Science of Translating*, Leyden, E. J. Brill, 1964.

PALMER, J., *The Logic of the Absurd*, Londres, BFI, 1987.

RABADÁN, R., «Traducción, Función, Adaptación», en *Aspectos de la Traducción Inglés/Español. Segundo Curso Superior de Traducción*, Valladolid, Universidad de Valladolid, 1994, págs. 31-41.

ROWE, T., «The English Dubbing Text», *Babel*, 6, 3, 1960, págs. 116-120.

SANTOYO, J-C., *El delito de traducir*, León, Universidad de León, 1989.

SAVORY, T., *The Art of Translation*, Londres, Cape, 1957.

SNELL-HORNBY, M., *Translation Studies: An Integrated Approach*, Amsterdam y Filadelfia, John Benjamins, 1988.

TOURY, G., *Descriptive Translation Studies and Beyond*, Amsterdam y Filadelfia, John Benjamins, 1995.

VÖGE, H., «The Translation of Films: Sub-titling versus Dubbing», *Babel*, 23, 1977, págs. 120-125.

ZABALBEASCOA TERRAN, Patrick, «A New Factor in Translation Theory, an Old Factor in Translation Practice: the Client», *Sintagma*, 4, 1992, páginas 35-45.

— *Developing Translation Studies to Better Account for Audiovisual Texts and Other New Forms of Text Production*, Lérida, Universidad de Lérida (tesis doctoral inédita), 1993.

— «Factors in Dubbing Television Comedy», *Perspectives, Studies in Translatology*, 1, 1993, págs. 89-100.

— «In Search of a Model that will work for the Dubbing of Television Comedy», en *Actes del Primer Congrés Internacional sobre Traducció*, Barcelona, Universidad Autónoma de Barcelona, 1996, págs. 351-366.

— «Translating Jokes for Dubbed Television Situation Comedies», en D. Delabastita (coord.), *The Translator*, 2, 2 *(Wordplay and Translation)*, 1996, páginas 235-258.

— «Dubbing and the Nonverbal Dimension of Translation», en Fernando Poyatos (coord.), *Nonverbal Communication in Translation: New Perspectives and Challenges in Literature, Interpretation and the Media*, Amsterdam y Filadelfia, John Benjamins, 1997, págs. 327-342.

AA. VV., *Libro de estilo de ABC*, Madrid, Prensa Española, 1993.

ÁVILA, Alejandro, *El doblaje*, Barcelona, Cátedra, 1997.

— *La historia del doblaje cinematográfico*, Barcelona, CIMS, 1997.

BALLESTER CASADO, Ana, *La política del doblaje en España* (número monográfico de *Eutopías*, 94), Valencia, Episteme, 1995b.

CATTRYSSE, Patrick, Audiovisual Translation and New Media, en Robert Highson y Paul A. Soukup (coord.), *From One Medium to Another: Basic Issues for Communicating the Scriptures in New Media*, Kansas City, Sheed & Ward, 1997, págs. 67-88.

CEBRIÁN, M., *Diccionario de radio y televisión*, Madrid, Alhambra, 1981.

CERÓN GONZÁLEZ-REGUERAL, Clara, *A Comparative Study of the French Subtitles and Dubbing of The Draughtsman's Contract, a Film by Peter Greenaway*, París, Université de Paris III (La Sorbonne Nouvelle) (tesina), 1989.

DRIES, Josephine, *Dubbing and Subtitling Guidelines for Production and Distribution*, Düsseldorf, The European Institute for the Media, 1995.

ETXEBARRIA, Igone, «Doblaje y subtitulación en Euskal Telebista», en Federico Eguíluz *et al.* (coord.), *Transvases culturales: literatura, cine, traducción*, Vitoria, Universidad del País Vasco, 1994, págs. 191-197.

GAMBIER, Yves (coord.), *Les transferts linguistiques dans les médias audiovisuels*, Villeneuve d'Ascq (Nord), Presses Universitaires du Septentrion, 1996.

IZARD MARTÍNEZ, Natalia, *La traducció cinematogràfica*, Barcelona, Centre d'Investigació de la Comunicació, 1992.

LUYKEN, Georg-Michael *et al.*, *Overcoming Language Barriers in Television: Dubbing and Subtitling for the European Audience*, Manchester, The European Institute for the Media, 1991.

MARTÍNEZ DE SOUSA, José, *Diccionario de ortografía de la lengua española*, Madrid, Paraninfo, 1995.

— *Diccionario de usos y dudas del español actual*, Madrid, Vox, 1997.

— *Diccionario de tipografía y del libro*, Madrid, Paraninfo, 1992.

— *Diccionario de ortografía técnica. Normas de metodología y presentación de trabajos científicos, bibliológicos y tipográficos*, Madrid, Pirámide/Fundación Germán Sánchez Ruipérez, 1987.

MAYORAL ASENSIO, Roberto, «Formas inarticuladas y formas onomatopéyicas en inglés y español. Problemas de traducción», *Sendebar*, 3, 1992, págs. 107-139.

— «La traducción cinematográfica, el subtitulado», *Sendebar*, 4, 1993, págs. 45-68.

MENZIES, Yolanda, «La traducción para TV y cine», *Sendebar*, 2, 1991, págs. 59-62.

PIASTRA, Liliana, «La traducción cinematográfica», en J. C. Santoyo, *Fidus interpres* (vol. 2), León, Universidad de León, 1989, págs. 344-352.

SECO, Manuel, *Diccionario de dudas y dificultades de la lengua española*, Madrid, Espasa-Calpe, 1998.

SOL, Ramón, *Manual práctico de estilo*, Barcelona, Urano, 1992.

COMMISSIÓ DE NORMALITZACIÓ LINGÜÍSTICA DE TVC, TELEVISIÓ DE CATA-
LUNYA, *Criteris lingüístics sobre traducció i doblatge*, Barcelona, TV3/Edicions
62, 1997.
TORREGROSA, Carmen, «Subtítulos: traducir los márgenes de la imagen», *Sendebar*, 7, 1996, págs. 73-88.

LA TRADUCCIÓN EN EL DOBLAJE O EL ESLABÓN PERDIDO

AGOST, Rosa, *Traducción y doblaje: palabras, voces e imágenes*, Barcelona, Ariel,
1999.
CASTRO ROIG, Xosé, «Breve nota sobre el papel del traductor de material televisivo en España», en Esther Morillas, y Juan Pablo Arias (coord.), *El papel
del traductor*, Salamanca, Colegio de España, 1997, págs. 419-422.
CATTRYSSE, Patrick, «Translation in the new media age: Implications for research and training», en Yves Gambier (coord.), *Translating for the Media*,
Turku, Universidad de Turku, 1998, págs. 7-24.
JIMÉNEZ SERRANO, Óscar, «El peso de la ausencia: el papel del traductor en la
adaptación al español de los títulos de largometrajes en inglés», en Esther
Morillas, y Juan Pablo Arias (coord.), *El papel del traductor*, Salamanca, Co-
legio de España, 1997, págs. 293-317.
LÁZARO CARRETER, Fernando, *El dardo en la palabra*, Barcelona, Galaxia Gu-
tenberg, 1998.
STEINER, George, *Errata. El examen de una vida*, Madrid, Siruela, 1998.
TEMPLER, Sally, «Traducción para el doblaje. Transposición del lenguaje hablado (casi una catarsis)», en Purificación Fernández Nistal y José M.ª Bra-
vo Gozalo (coord.), *Perspectivas de la traducción inglés/español*, Valladolid,
Universidad de Valladolid, 1995, págs. 153-165.

Índice

Nómina de colaboradores 9

Preámbulo 11

Primera parte
TEORÍA

Capítulo primero. Campos de estudio y trabajo en traducción audiovisual (Roberto Mayoral Asensio) 19

   1. Introducción 19
   2. Concepto de «traducción audiovisual» 20
   3. Panorama general 21
   4. Documentación 24
   5. Estudios centrados en el producto 25
      5.1. Estudios semióticos (o semiológicos) 25
      5.2. La cultura en el producto de la traducción 26
      5.3. Normalización de procedimientos y estilo 28
      5.4. El neutro 28
      5.5. Aspectos sociológicos 29
      5.6. Aspectos históricos 30
   6. Estudios centrados en el proceso 30
      6.1. Los estudios comunicativos 30
      6.2. Efectos lingüísticos de la sincronización 32
      6.3. Aspectos psicolingüísticos 33
      6.4. Estudios profesionales 34
         6.4.1. Estudios descriptivos 34
         6.4.2. La localización de productos multimedia como tra-
             ducción audiovisual 34

  6.4.3. La traducción de la variación 36
  6.4.4. El humor 36
  6.4.5. La cultura 36
  6.4.6. Los nombres propios 37
 7. Aplicación instrumental de la traducción audiovisual 37
 8. El subtitulado para sordos 38
 9. El caso italiano 38
 10. Cursos de formación 39
  10.1. Universitarios 39
  10.2. Privados 43
  10.3. Extranjeros 43
 11. Congresos 44
 12. Instituciones 45

Capítulo II. Conceptos traductológicos para el análisis del doblaje y la
subtitulación (Juan Jesús Zaro Vera) 47

 1. Introducción 47
 2. Normas en traducción 49
 3. Escopo 51
 4. Hábitus 52
 5. Domesticación/extranjerización 55
 6. Estatus 57
 7. Nivelación *(Levelling)* 59
 8. Conclusiones 60

Capítulo III. Más allá de la lingüística textual: cohesión y coherencia
en los textos audiovisuales y sus implicaciones en traducción (Fre-
deric Chaume Varela) 65

 1. Los mecanismos de cohesión 65
 2. El valor añadido o cohesión extra en los textos audiovisuales 67
 3. Los mecanismos de cohesión en traducción audiovisual 69
  3.1. La sustitución y la elipsis 71
  3.2. La cohesión léxica y la cohesión semiótica 75
 4. Conclusiones 80

Capítulo IV. Infidelidades (Román Gubern) 83

 1. Introducción: esbozo de una tipología 83
 2. La censura 84
 3. La autocensura 85
 4. El acomodo ante las dificultades de una traducción 86
 5. La ignorancia o la incompetencia 87

CAPÍTULO V. Los *Estudios sobre Traducción* y la traducción fílmica (Jorge Díaz Cintas) 91

1. Introducción 91
2. Los *Estudios sobre Traducción* 93
3. Conclusiones y perspectivas de futuro 101

CAPÍTULO VI. Subtitulado y doblaje como procesos de domesticación cultural (Marcos Rodríguez Espinosa) 103

1. Introducción 103
2. Normas y traducción audiovisual: extranjerización y domesticación 103
3. La traducción de los nombres propios 104
4. La traducción de los topónimos 106
5. La traducción de los alimentos 107
6. La traducción de los chistes 109
7. La traducción de las alusiones literarias 110
8. La traducción de los juegos de palabras 111
9. Traducción y estereotipos sexuales 112
10. Traducción e identidades nacionales 115
11. Conclusiones 117

CAPÍTULO VII. El análisis del discurso aplicado al doblaje cinematográfico: *The Great Gatsby* (Francisco Pineda Castillo) 119

1. Introducción 119
2. Restricciones del medio cinematográfico 120
3. Comentario crítico de las escenas 121
4. Conclusiones 144

CAPÍTULO VIII. La importancia del entorno cultural en el doblaje y en la subtitulación: *El paciente inglés* (Adela Martínez García) 147

1. Introducción 147
2. El papel de la cultura en el doblaje y en la subtitulación 149
3. El entorno cultural en el doblaje de *El paciente inglés* 154
4. Conclusión 158

CAPÍTULO IX. «Eres patético»: el español traducido del cine y de la televisión) (Miguel Duro Moreno) 161

1. Introducción 161
2. La vía de invasión: la pantalla (pequeña o grande) 165
3. El agente infeccioso: el calco 170

4. Impacto de la traducción audiovisual en la evolución de la norma del español peninsular: el modelo de Hagerty 177
5. Conclusiones 181
6. Apéndice: calcos más frecuentes 184

Segunda parte
HISTORIA Y GÉNEROS

Capítulo X. Doblaje y subtitulación: una aproximación histórica
(Natalia Izard Martínez) 189

1. Introducción 189
2. El cine mudo 189
3. El cine sonoro 191
4. El sonido: una segunda Babel 194
5. La traducción del cine hablado 196
6. Las versiones multilingües 198
7. Las versiones multilingües en español 203
8. El fin de las versiones multilingües 205
9. Conclusión 208

Capítulo XI. El doblaje en contexto: el caso de *Sangre y arena* en la
España de posguerra (Ana Ballester Casado) 209

1. Introducción 209
2. Metodología 210
3. Justificación del corpus 210
4. Estrategias de traducción en *Sangre y arena* 212
   4.1. La autocensura 213
   4.2. La naturalización 221
   4.3. La explicitación 226
5. Conclusión 228

Capítulo XII. Los géneros de la traducción para el doblaje (Rosa Agost) . 229

1. Introducción 229
2. Características de los textos audiovisuales 231
   2.1. Investigación sobre los medios audiovisuales 232
   2.2. Características generales de los textos audiovisuales 233
3. El concepto de género 235
4. Los géneros audiovisuales 238
5. Criterios de clasificación y géneros audiovisuales 239
6. Doblar o no doblar, ésa es la cuestión 242

7. Los géneros de la traducción para el doblaje 245
    7.1. Géneros dramáticos 245
    7.2. Géneros informativos 246
    7.3. Géneros publicitarios 247
    7.4. Géneros de entretenimiento 248
8. Conclusión 249

CAPÍTULO XIII. La traducción del humor en textos audiovisuales (Patrick
Zabalbeascoa Terran) 251

1. Introducción 251
2. La traducción y el doblaje 252
3. La comunicación audiovisual 253
4. El humor 255
5. La traducción de chistes en textos audiovisuales 258
6. Conclusión 262

TERCERA PARTE
PRÁCTICA

CAPÍTULO XIV. El traductor de películas (Xosé Castro Roig) 267

1. Introducción 267
2. El perfil del traductor de películas 268
3. Por qué se traducen mal los títulos de las películas en España. 268
4. Entre bastidores, el doblaje 270
5. Uso del código de tiempo en la traducción para doblaje 273
6. Uso del código de tiempo en la traducción para subtitulación ... 274
7. El doblaje 274
    7.1. Comprobación del material 274
    7.2. Visionado 274
    7.3. Traducción y adaptación 275
    7.4. Entrega 277
8. La subtitulación 277
    8.1. Algunos datos técnicos 278
    8.2. Lista de equivalencias de pies y fotogramas con caracteres. 279
    8.3. Normas ortotipográficas 279
    8.4. Normas de estilo 281
    8.5. Ahorros generales 282
    8.6. Localización y visionado 282
    8.7. Traducción y adaptación 284
    8.8. Simulación 287
    8.9. Impresión 287
9. Glosario abreviado de terminología 287

CAPÍTULO XV. La traducción en el doblaje o el eslabón perdido (Joan Fontcuberta i Gel) 299

1. Introducción 299
2. Una vocación tardía 300
3. Volver a aprender 301
4. El primer eslabón de una cadena (perdido en el anonimato) .. 302
5. La lucha con los guiones o el poder de las imágenes 303
6. Lo quiero para ayer 305
7. El reto de la lengua 306
8. Una gimnasia mental 309
9. El problema de los «tacos» 310
10. El lenguaje de los «indios» 312
11. Doblar o subtitular 312

CAPÍTULO XVI. Subtitular: toda una ciencia…y todo un arte (Fernanda Leboreiro Enríquez y Jesús Poza Yagüe) 315

1. Introducción 315
2. El proceso de subtitulación 316
    2.1. Telecinado 316
    2.2. Localización 317
    2.3. Traducción y adaptación 318
    2.4. Simulación 319
    2 5. Impresión con láser 319
    2.6. Lavado 320
    2.7. Visionado 321
    2.8. Expedición 321
    2.9. Archivo 321
3. Problemas y perspectivas 321
    3.1. Problemas 321
    3.2. Perspectivas 322
4. Conclusión 323

CAPÍTULO XVII. La sincronización y la adaptación de guiones cinematográficos (Anna Gilabert, Iolanda Ledesma y Alberto Trifol) 325

1. Introducción 325
2. Definiciones 326
3. El proceso 327
4. Conclusión 330

REFERENCIAS BIBLIOGRÁFICAS 331

Colección
Signo e Imagen

TÍTULOS PUBLICADOS

1. *La conversación audiovisual*, GIANFRANCO BETTETINI (2ª. ed.).
2. *Veinte lecciones sobre la imagen y el sentido*, GUY GAUTHIER (3ª. ed.).
4. *Guía del vídeo-cine*, CARLOS AGUILAR (7ª. ed.).
5. *El tragaluz del infinito*, NOEL BURCH (4ª. ed.).
6. *El nacimiento del relato cinematográfico*, GIAN PIERO BRUNETTA (2ª. ed.).
7. *El trazo de la letra en la imagen*, JUAN MIGUEL COMPANY-RAMÓN.
8. *Aproximación a la telenovela. Dallas/Dinasty/Falcon Crest*, TOMÁS LÓPEZ-PUMAREJO.
9. *El discurso televisivo*, JESÚS GONZÁLEZ REQUENA (4ª. ed.).
10. *El discurso del comic*, LUIS GASCA/ROMÁN GUBERN (3ª. ed.).
11. *Cómo se escribe un guión*, MICHEL CHION (8ª. ed.).
12. *La pantalla demoniaca*, LOTTE H. EISNER (2ª. ed.).
13. *La imagen publicitaria en televisión*, JOSÉ SABORIT (4ª. ed.).
14. *El film y su espectador*, FRANCESCO CASETTI (2ª. ed.).
15. *Pensar la imagen*, SANTOS ZUNZUNEGUI (4ª. ed.).
16. *La era neobarroca*, OMAR CALABRESE (3ª. ed.).
17. *Textos y manifiestos del cine*, JOAQUIM ROMAGUERA/HOMERO ALSINA (3ª. ed.).
18. *Semiótica Teatral*, ANNE UBERSFELD (3ª. ed.).
19. *La máquina de visión*, PAUL VIRILIO (2ª. ed.).
20. *El vestido habla*, NICOLA SQUICCIARINO (3ª. ed.).
21. *Cómo se comenta un texto fílmico*, RAMÓN CARMONA (4ª. ed.).
22. *La imagen precaria*, JEAN-MARIE SCHAEFFER.
23. *Videoculturas de fin de siglo*, VV. AA. (2ª. ed.).
25. *Cine de mujeres*, ANNETTE KUHN.
27. *El cine y sus oficios*, MICHEL CHION (2ª. ed.).
28. *Literatura y cine*, CARMEN PEÑA-ARDID (3ª. ed.).

30. *Cómo se lee una obra de arte*, OMAR CALABRESE (3ª. ed.).
31. *Tratado del signo visual*, GROUPE µ.
32. *Cómo hacer televisión*, CARLO SOLARINO (2ª. ed.).
33. *Narrativa audiovisual*, JESÚS GARCÍA JIMÉNEZ (2ª. ed.).
34. *El montaje*, DOMINIQUE VILLAIN (2ª. ed.).
35. *El lenguaje radiofónico*, ARMAND BALSEBRE (3ª. ed.).
36. *Paisajes de la forma*, SANTOS ZUNZUNEGUI.
37. *Teorías del cine*, FRANCESCO CASETTI (2ª. ed.)..
38. *El istmo de las luces*, ANTONIO ANSÓN.
39. *El espot publicitario (Las metamorfosis del deseo)*, JESÚS GONZÁLEZ REQUENA Y AMAYA ORTIZ DE ZÁRATE. (2ª. ed.).
40. *Historia del cine español*, VV.AA. (3ª. ed.).
41. *La comunicación*, M. BAYLON Y X. MIGNOTE.
42. *El escritor y el cine*, FRANCISCO AYALA.
43. *Escritura e información*, ÁNGEL LÓPEZ.
44. *Teoría general de la información*, GONZALO ABRIL.
45. *El oficio de director de cine*, JAIME CAMINO (2ª. ed.).
46. *El doblaje*, ALEJANDRO ÁVILA.
47. *La escenografía*, SANTIAGO VILA.
48. *Manual del cámara de cine y vídeo*, H. MARIO RAIMUNDO SOUTO.
49. *La entrevista en radio, televisión y prensa*, ARMAND BALSEBRE, MANUEL MATEU Y DAVID VIDAL.
50. *Documentalismo fotográfico (Éxodos e identidad)*, MARGARITA LEDO ANDIÓN.
51. *La producción cinematográfica*, LUIS A. CABEZÓN Y FÉLIX G. GÓMEZ URDÁ.
52. *El trabajo del actor de cine*, ASSUMPTA SERNA.
53. *La música en el cine*, RUSSELL LACK.
54. *Los medios globales (Los nuevos misioneros del capitalismo corporativo)*, EDWARD S. HERMAN Y ROBERT W. MCCHESNEY.
55. *Manual de documentación informativa*, JOSE ANTONIO MOREIRO (COORD.).
56. *Retórica y comunicación política*, ANTONIO LÓPEZ EIRE Y JAVIER DE SANTIAGO GUERVÓS.
57. *La argumentación publicitaria (Retórica del elogio y de la persuasión)*, JEAN-MICHEL ADAM Y MARC BONHOMME.
59. *Retórica de la pintura*, ALBERTO CARRERE Y JOSÉ SABORIT.
60. *Dirección estratégica de empresas de comunicación*, ALFONSO SÁNCHEZ-TABERNERO.
61. *Literatura y cine en España (1975-1995)*, ANTOINE JAIME.
62. *La dirección de actores en cine*, ALBERTO MIRALLES.
63. *La traducción para el doblaje y la subtitulación*, MIGUEL DURO MORENO (COORD).

DE PRÓXIMA APARICIÓN

Estética en la actualidad, JACQUES AUMONT.